HOMMES, CIMES ET DIEUX

HOMMES, CIMES ET DIEUX

LES GRANDES MYTHOLOGIES DE L'ALTITUDE
ET LA LÉGENDE DORÉE DES MONTAGNES
À TRAVERS LE MONDE

PAR

SAMIVEL

ARTHAUD

Cet ouvrage présente une version réduite et révisée de l'édition originale
publiée aux Éditions Arthaud en 1973.

ISBN 2-7003-0459-4. Imprimé en France.

PRÉFACE

Le sujet de ce livre est ambitieux, puisqu'il s'agit des rapports séculaires de l'homme et de l'altitude. Il est abordé dans une perspective particulière, limitée, celle des récits fabuleux où la montagne, à travers temps et traditions, tient le rôle principal. Un voyage insolite à des sommets insolites demeurés à l'écart de la plupart des inventaires, bien qu'ils soient incontestablement les plus grands et les plus vieux du monde. En leur absence, le monde, justement, eût été autre, l'espèce humaine n'eût probablement pas survécu. Les cimes du rêve furent nécessaires aux hommes, plus encore que leurs projections terrestres.

A propos des termes *mythe* et *légende*, on admet généralement que le mythe-récit traite d'actions exemplaires accomplies par des êtres surhumains, héros et dieux ; ou qu'il se développe à propos de quelque énigme majeure. La légende, d'intentions plus modestes, souvent très localisée, reste dans un ton fantastique mais familier. La frontière entre les genres demeure floue.

Le temps où l'on considérait l'ensemble des traditions fabuleuses comme un fatras est révolu. Les premiers chercheurs se sont d'abord aperçus qu'elles constituaient une sorte de langage cryptique, une manière de dire. Puis ils ont tenté de les déchiffrer. Au XIXe siècle, sous l'influence du rationalisme ambiant, on a voulu découvrir au mythe une interprétation « raisonnable ». On l'imaginait souvent comme une sorte d'ornement, une paraphrase naïve jetée sur des faits tels que les mises en scène de la nature : l'orage, les trajectoires astrales, les mystères de la végétation... Parfois, on le croyait allégorique, chargé de symboles, d'un message magique ou religieux. Tout cela pouvait d'ailleurs se vérifier à un certain niveau de lecture, mais la véritable création mythique était autre. Certains s'en doutaient, surtout du côté des poètes.

Le grand travail des spécialistes fut alors de remonter aux sources, de restituer le mythe à sa propre sphère, à son environnement originel, d'en retrouver, de l'intérieur, le sens réel et la portée. Les enquêtes des ethnologues menées chez les populations dites primitives ne contribuèrent pas peu à clarifier la question. Il fallut alors admettre que ces histoires n'avaient nullement le caractère d'invention inconsistante, ou infantile, qu'on leur avait d'abord attribué. Il ne s'agissait ni d'un ornement plaqué sur les apparences, ni, dans leur forme initiale et pure, d'une tentative d'explication « pré-logique » assimilable à telle ou telle attitude moderne, mais bien d'un état de conscience. L'âge où la pensée fleurit en mythes — dont l'expression littéraire n'est elle-même qu'une transcription ultérieure, déjà dégradée — est aussi l'âge qui les ignore. Il s'intéresse d'abord au réel et veut l'exprimer.

Inséparables des contextes sociaux et culturels qui les ont modelés, et qu'ils ont modelés, les mythes expriment avec fidélité une certaine vision du monde — et la plus cohérente qui soit. Grâce à elle, des groupes humains sont parvenus à se situer, à se fixer, dans l'hallucinante dérive des phénomènes, à éliminer les terreurs destructrices et à survivre.

Détachés de leur origine propre, isolés du courant qui les a portés, les récits mythiques perdent forcément de leur signification et de leurs couleurs originelles. Une « mythologie alpestre », objet de ce livre, risque de passer pour une convention réductrice. Elle permet pourtant d'établir des rapports, d'amorcer des synthèses, de déceler certains courants de l'imagination mythique et d'en saisir la profonde unicité.

C'est un univers qui recèle une somme prodigieuse d'expériences dont beaucoup se situent hors du temps commun. On y trouve reflétés le passé et le futur, et les perspectives s'y confondent assez souvent avec celles de la poésie pure. Le fait témoigne d'une vérité méconnue : l'interprétation poétique est une démarche naturelle aux hommes. On peut la prendre à l'origine pour un mode fondamental d'investigation du réel, car d'un seul élan et par des voies strictement intuitives elle a su découvrir des solutions aux équations fondamentales indispensables à la survivance, aux développements harmonieux des sociétés anciennes, et elle leur fut donnée comme un instinct nécessaire.

S'il en avait été autrement, si, comme on l'a d'abord cru, la conscience mythique, dont un autre nom serait l'inconscience rationnelle, n'avait engendré que des représentations et des réponses aberrantes, ces vieilles cultures n'auraient pu franchir le cap du temps, et l'Histoire depuis belle lurette en aurait témoigné : une histoire bien entendu sans auteur ni lecteurs, écrite de Sirius. Mais les hommes non dénaturés portaient en eux une sorte de prescience du cosmos, et ils l'ont exprimé dans une langue merveilleusement éloquente, et universelle.

Après une introduction générale, l'ouvrage se divise en trois parties. La première est consacrée aux Structures et décrit les grandes ordonnances où le thème de l'Altitude se trouve intimement mêlé. La deuxième passe en revue les « Êtres » qui peuplent les hauteurs dans les croyances et les légendes des civilisations les plus diverses. La troisième rassemble les traditions, cette fois explicatives, concernant la création des montagnes et la production des phénomènes propres à la nature alpestre ; enfin, un dernier chapitre sur d'autres cimes, celles édifiées par les hommes.

Malgré son ampleur apparente, il est évident que ce travail n'a aucun caractère exhaustif. Un tel sujet déploie à l'infini de nouveaux horizons. Il a fallu partout se limiter à certaines perspectives, à certains niveaux d'interprétation ; choisir, c'est-à-dire abandonner souvent, des éléments pleins d'intérêt. Les hommes de l'art y découvriront sans aucun doute de nombreuses lacunes. On a tenté d'y faire au moins allusion aux thèmes essentiels.

Étant donné le caractère d'un tel écrit, qui ne saurait, bien entendu, s'absorber « comme un roman », l'auteur s'est efforcé d'en faciliter l'abord, en évitant pour commencer les expressions inusuelles, un jargon trop spécialisé. Le texte principal se suffit à lui-même, et le lecteur, s'il le désire, peut en rester là. Mais s'il s'intéresse aux sources, aux références, à certains développements, des notes ont été rassemblées en fin de volume. Le fait que telle ou telle question s'y trouve reléguée signifie seulement qu'elle est en l'occurrence secondaire, ou parallèle au discours.

Un problème s'est posé à propos de l'orthographe de nombreux noms propres, surtout géographiques, laquelle varie suivant les auteurs. On a pris le parti d'adopter successivement celles qui correspondaient aux citations, solution bancale mais peut-être de moindre inconvénient.

D'autre part, comme la substance des mythes forme un réseau très complexe de causes, d'effets, de rapports, d'analogies, il est arrivé plus d'une fois que les récits interfèrent. Tout en évitant autant qu'il était possible confusions et répétitions, j'ai souhaité conserver à l'ensemble une certaine souplesse, éviter des divisions trop rigides, didactiques, sans jamais non plus bouder le plaisir d'envisager une question sous différents angles, discuter les faits ou les idées, émettre des hypothèses... Enfin, je me suis promené dans cet univers chatoyant une gaule et non une règle à la main. Je sais bien à quel genre de critique m'expose cette méthode, mais j'ai préféré en courir le risque, conserver en somme un certain relief aux choses, plutôt que de réduire une récolte si riche et souvent excitante pour l'esprit à un étalage d'herbier, présentant dans un ordre conforme et indiscutable les restes aplatis et desséchés de ce qui fut plein de lumière, de couleurs et de parfums.

Il me reste l'agréable devoir d'exprimer mes remerciements aux nombreux correspondants qui ont bien voulu m'apporter aide ou documentation au cours d'une longue enquête préalable, et en particulier à : MM. G. André et Aufschnaiter. Mmes B. Arnason et G. E. van Baaren. MM. H. Barrera et H. Baud. Mlle R. Beaulaton. MM. S. Bergerot, S. Bertino, R. P. Bille, Blanquemont, H. Bonneville, J.-M. Brunn, A. de Cailleux, P. Celet, G. Combet.

Mmes Dardel, A. Dermonville, G. Dieterlen. MM. Drago, E. Echevarria, J. Feniès, R. Fouéré, R. Frison-Roche, colonel Geniès, F. Germain, B. Heuvelmans. Mme Iablokoff. L'Institut tibétain de Zurich, MM. J. Kappès-Grangé, Lacombe, Dr Larcher, A.-J. Laure, B. Leclerc, J. Le Touzé, J. Lombard.

Mlle E. Maillart, Mme M.-T. de Mallmann. MM. A. et R. Mallieux, R. P. Mari. Mme P. Martel. MM. P. Martinet, Aimé Michel, Dr V. Paschetta, P. Payot. Mlle R. Poyanne, M. P. Prévot. Mlle F. Reffienna. MM. B. Roesch, J.-P. Roux, S. Santiago, A. Tunc, G. Vallette, P. Veyret, Vidoudez.

Quelques ouvrages, plus particulièrement, ont été pour moi d'excellents compagnons de route, entre autres ceux de MM. R. Caillois, G. Dumézil, P. Deffontaines, M. Eliade, R. Grousset, G. Gusdorf, A. David-Neel, Gilbert Durand, F. Maraini, Ch. P. Mountford, F. Mowat, R. de Nebesky-Wojkowitz, B. Peret, U. Harva.

Enfin, je ne voudrais pas achever ces lignes sans rendre hommage à deux disparus. Le premier, C. F. Jung, dès le début de ces recherches, m'avait aimablement communiqué certaines observations. Le second, Gaston Bachelard, n'a si bien parlé des métaphores du langage, et de ce que l'on pourrait nommer l'esthétique de l'inconscient que parce que ce philosophe était aussi lui-même un poète.

INTRODUCTION

Toutes les satisfactions de la pensée
et de l'art, toutes les conquêtes de la technique
ne restitueront pas cette harmonie unique de l'homme
avec l'intégralité du réel qui est le privilège
de la conscience mythique.

G. Gusdorf.

Les espèces animales évoluent dans un environnement taillé pour chacune à son exacte mesure.

En accédant peu à peu au plan supérieur de la conscience, l'homme, crevant ces frontières, débouche dans une sphère géante, foisonnant d'horizons et de virtualités, où sa propre place cesse d'être évidente, imposée. L'angoisse d'être, ignorée des autres formes vivantes, naît automatiquement de cette lente métamorphose. C'est la pulpe amère de la Pomme.

Avant cette crise, l'Ancêtre baigne dans l'univers des phénomènes comme un fœtus dans les eaux maternelles. Il fait intimement partie d'un magma frissonnant de vie et le réseau d'innombrables relations l'unit aux « choses », dont il se distingue mal lui-même.

Dans la suite des millénaires, au cours d'immenses et incertaines périodes d'évolution, se dégage une autre certitude, apparemment contradictoire. Produit d'une haute concentration cellulaire — on oserait presque dire : en état permanent d'implosion — le Bipède s'éprouve comme fortement centré, différent de l'espace qui l'entoure, qui tourne autour de lui ; et non moins situé au milieu du temps.

C'est alors qu'il commence à déserter l'Éden initial. Cet arrachement, cette rupture douloureuse, se répercutera inlassablement dans les contes. Et la blessure, en plein XXe siècle, n'est toujours pas cicatrisée.

Mais l'instinct de conservation veille, élabore des systèmes du monde, précurseurs archaïques de ceux médités ultérieurement par la Science, dont l'un des buts est analogue. Il s'agit d'établir de nouvelles et satisfaisantes relations entre l'espèce et l'univers, de tisser une coque protectrice de certitudes.

Ce grand œuvre, qui se confond avec la recherche d'un nouvel état d'équilibre, s'accomplit en fonction de l'unique système de référence dont dispose son auteur, c'est-à-dire lui-même[1].

Un être centré

Chaque individu règne au centre de son domaine de perceptions, ce qui peut s'exprimer par un graphisme, en projection plane :

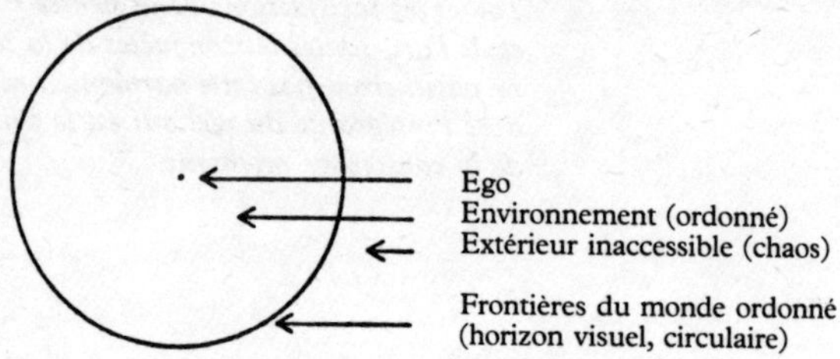

Cette conception élargie au groupe social dont il fait partie modèle les anciennes cosmogonies, toutes bâties autour d'un Centre, point de l'espace insigne et privilégié[2].

Un être vertical

La mise en ordre se poursuivra par l'établissement de polarités, de hiérarchies spatiales, à défaut desquelles l'environnement demeurerait chaotique. En fait, l'Homme, qui les incarne à sa façon, se contente de les reconnaître, puisqu'elles existent dans la nature, et d'abord sous l'irrésistible influence de l'attraction terrestre. La pesanteur est en effet le grand architecte des formes à la surface de la terre, où l'Homme seul peut se définir comme un animal vertical.

Ce choix de la position verticale fut sa chance. Elle date de loin ! Du temps où un être qui nous ressemblait s'avisa d'abandonner les jungles tièdes, hantées par de nombreux congénères, pour mettre définitivement pied à terre. Elle détermine toute son évolution ultérieure. On peut en effet démontrer qu'en fonction des contraintes de la pesanteur *la position verticale est paradoxalement la plus économique pour l'expansion des formes vivantes*[3].

Attitude normale de l'homme en état d'activité, la verticalité définit donc à ses yeux, de bas en haut, une direction préférentielle, opinion renforcée par d'autres particularités, toutes convergentes : la distribution des organes le long de la colonne vertébrale, avec, au sommet, le poste de commandement et les vestibules sensoriels ; la croissance de la taille en hauteur, de l'enfance à l'âge adulte, le sentiment de puissance et de sécurité naissant d'une situation « élevée ». Enfin, l'érection du phallus.

Il en résulte qu'en soi la verticalité est qualifiée positivement, et que tous les objets développés dans cet axe participeront de la même valorisation,

... que le Grand est « mieux » que le petit, car ce qui est plus grand est plus fort, et (séquelle naïve), dans tous les domaines, ... que le Haut

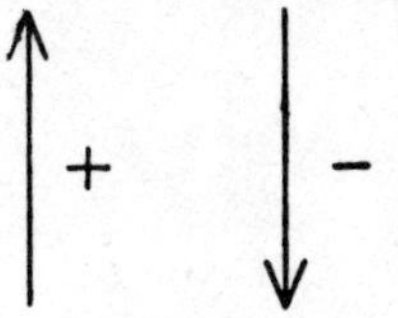

est « mieux » que le bas. Ces jugements émanent du tréfonds de l'âme primitive, structurent l'espace, lui confèrent un sens positif et négatif, se reflètent, comme il fallait s'y attendre, dans les métaphores courantes de la langue (*cf.* note 125) et colorent entièrement l'univers des mythes.

Le Monde à trois étages

L'Imago mundi primitive distribue les choses autour d'un Centre, dans un espace à deux dimensions. Elle doit absorber la troisième pour rendre compte de la totalité des apparences.

L'existence de niveaux superposés s'impose à l'attention des anciens observateurs. Le premier est celui qu'ils occupent : la surface terrestre. Le second est constitué par la voûte du ciel, que son opacité et la présence d'astres suspendus font généralement considérer comme façonnée d'une matière à la fois dure et translucide. Le troisième, complémentaire, d'ailleurs révélé par les volcans, les gouffres, etc., est le subterrestre. Tous trois, dans la vision la plus simple, affectent la forme discoïdale déjà précisée à propos du Centre.

Ces étages ne peuvent demeurer indépendants. Une telle discontinuité ne saurait satisfaire l'esprit humain, instinctivement avide de coordination et d'unité. D'ailleurs, étant donné le processus de sacralisation du domaine céleste dont il sera question plus loin, l'isolement de l'Homme à son propre niveau serait une conception absurde et déprimante. Le système du monde, pour remplir son rôle protecteur et dynamisant, ne doit former qu'un Tout, complet, clos, solidement relié dans ses parties[4].

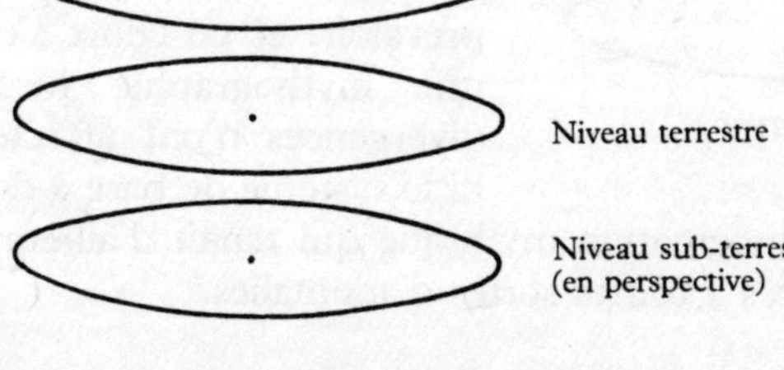

C'est pourquoi, en dépit des apparences (au moins dans les plaines), le penseur primitif, qui jusqu'alors leur était resté humblement soumis, fait un bond dialectique prodigieux et crée un lien unissant les trois mondes. Dans son expression la plus dépouillée, il s'agira d'une droite s'élevant de centre à centre, du niveau inférieur au niveau céleste.

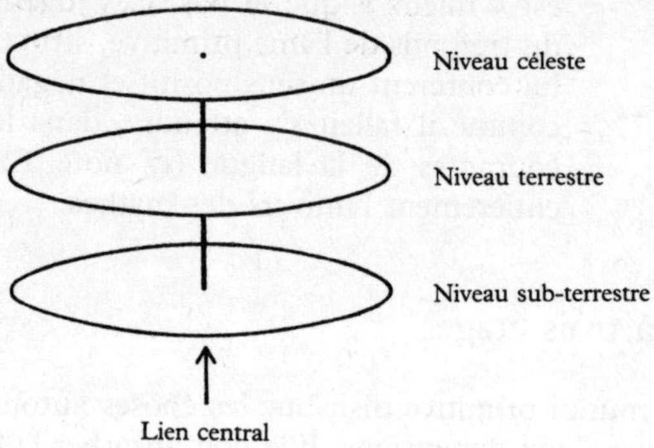

Trois majeures vers le Haut

Ce lien est qualifié ici de droite, et non de verticale. C'est qu'en effet, outre celle définie par l'attraction terrestre, l'espace contient vers le Haut deux autres directions préférentielles.

Celle, variable suivant les lieux, les jours, les saisons, indiquée par le soleil au culmen de sa course.

Celle marquée par la Polaire, seul point fixe au milieu du tourbillon stellaire dans l'hémisphère boréal. Cette singularité fit sans doute l'objet des toutes premières méditations astronomiques, et fournit d'autre part un élément capital à l'élaboration des premiers systèmes car la surprenante immobilité de ce feu lointain le désigna comme le centre de la voûte céleste, et le pivot de l'axe du monde.

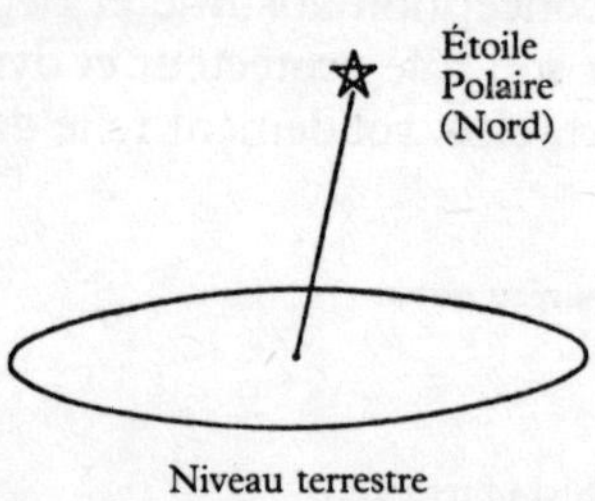

Les trois directions majeures ne coïncidaient pas, ou mal. Suivant les temps, les lieux, l'une ou l'autre a pu prévaloir, et ce choix s'est reflété dans une mythographie locale. Mais ces divergences n'ont affecté sérieusement ni le système de base à dominante verticale, ni gêné l'imagination mythique qui tenait d'ailleurs prêtes toutes sortes de réponses à toutes sortes d'anomalies.

Une majeure vers le Bas

Le système était complété vers l'En-Bas par une droite plongeant vers le centre de la terre, et définie cette fois par la gravité, l'itinéraire de la chute d'un corps, complémentaire de la verticale du lieu. Elle aboutit au Nadir des Arabes.

Quatre majeures horizontales

L'ordonnance de l'espace se poursuivait horizontalement par la définition de quatre directions : celle du point cardinal Nord, encore indiqué par la Polaire. Un point homologue au Sud. Celles du soleil à son lever et à son coucher, qui se confondaient à peu près avec l'Est et l'Ouest. L'ensemble évoquait les orientations élémentaires déterminées par la structure du corps humain :

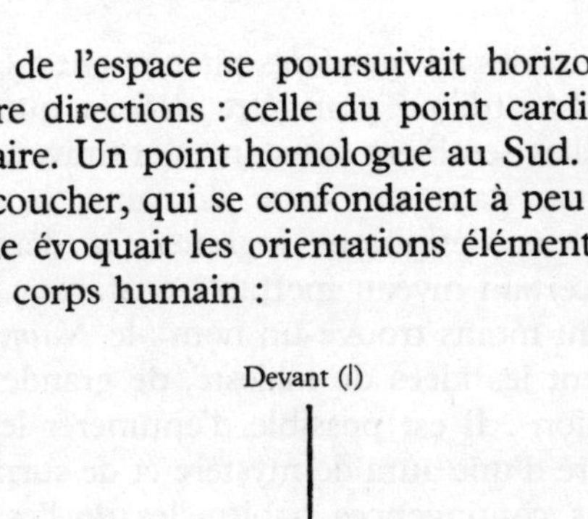

et ordonnait un système à base quadrangulaire qui, à son tour, ne correspondait plus à la vision circulaire des horizons, fruit de l'expérience courante. Les civilisations ont hésité entre les deux figurations, ou bien en ont tenté la synthèse, comme en Chine, où la terre (espace matériel) est représentée par un carré, et le ciel (espace spirituel) par un cercle, symbole classique de la totalité.

L'Axe-Centre

La droite reliant désormais les étages cosmiques par leurs centres [5] définissait simultanément :

Un pivot central assumant la cohésion matérielle de cette architecture.

Un pilier supportant éventuellement la voûte du ciel.

Un lien assurant l'unité de l'ensemble.

Un passage, sorte de « pont » vertical reliant les niveaux cosmiques et pouvant être emprunté dans un sens ou dans un autre par des énergies, ou des êtres. Il faut noter que les deux premières attributions révèlent déjà le souci de découvrir des réponses *techniques* (mécaniques) aux énigmes de l'univers.

Le Sacré

Il y a deux attitudes à l'égard des phénomènes. L'une est déductive et rationalisante. L'autre ne peut être définie que par les réactions qu'elle entraîne. Elles semblent constantes et universelles[6].

De même que, dans un autre domaine, la notion de Beauté échappe souvent aux définitions logiques, la démarche sacralisante s'accomplit à un certain niveau ineffable en faveur d'un certain Objet pour lequel on a au moins trouvé un nom : le *Numineux*, du mot latin *numen*, qui contient les idées de majesté, de grandeur, de sublime, de force, de domination[7]. Il est possible d'énumérer les qualités d'un tel Objet. Il est entouré d'une aura de mystère et de surpuissance, indépendant ou libéré des contingences habituelles de l'espace et du temps. Comme tel, il attire, fascine, méduse, au sens propre de l'expression, c'est-à-dire qu'il paralyse au moins temporairement les facultés critiques et provoque une sorte de silence intérieur. Il projette le sujet « au-delà », dans une dimension transcendante, situation productrice d'une euphorie d'autant plus difficile à exprimer qu'elle est fortement ressentie et secoue jusqu'au tréfonds. Le Numineux suscite la curiosité craintive, le respect, la vénération, la terreur, voire l'horreur, l'amour tremblant, tout cela parfois simultanément. C'est en somme, si l'on en croit le fameux « Tel qu'en lui-même », le contact anticipé d'un être fragile, imparfait, fluent, avec ce que l'Éternité doit éveiller en lui.

Il existe de nombreuses nuances dans cette métamorphose temporaire, et aussi des simulacres, mais tout ce qui présente ce caractère insolite et provoque ces effets se trouve plus ou moins revêtu de sacralité.

L'expérience prouve qu'au hasard des circonstances à peu près n'importe quoi peut briller pour un temps de cette étrange phosphorescence, qui tire les choses de l'ombre, les fait scintiller quelques secondes ou quelques siècles, puis les abandonne et glisse ailleurs. Mais d'autre part, en vertu d'une sorte de consentement universel, la sacralité s'attache si bien à certaines formes ou lieux qu'elle les qualifie d'une manière définitive. Ainsi la notion d'un Centre où s'annulent les divergences et les multiplicités, nœud d'interférences cosmiques, point d'impact entre la terre des hommes et l'Ailleurs, se confond pratiquement avec celle du Sacré.

Le Ciel

La voûte céleste révèle sa sacralité d'une manière immédiate. D'abord parce qu'elle est par définition cet Ailleurs, l'En-Haut suprême, et que les prestiges de l'Altitude jouent totalement en sa faveur.

Ensuite parce qu'elle présente au plus haut degré les caractéristiques de l'Objet numineux[8], auxquelles s'ajoutent les siennes propres, dont l'association ne se retrouve nulle part ailleurs :

Immensité, unicité, ubiquité, intemporalité, immatérialité, inaccessibilité[9]...

Elle contient le Soleil, source universelle de lumière, de chaleur et de vie ; la Lune, mère des rythmes et des générations ; la Polaire, pivot du monde, et tous les astres, planètes, étoiles, comètes, bolides, etc.

L'espace aérien est le domaine des météores : vents, nuages, pluies, neiges, tempêtes, orage et foudre, arcs-en-ciel, aurores boréales, phénomènes solaires, etc., événements merveilleux ou terrifiants, bénéfiques ou maléfiques. Et il renferme encore d'autres apparences mystérieuses.

Pour toutes ces raisons, comme le Centre dans le monde des concepts, la voûte céleste dans celui des étendues spatiales est la « chose » sacrée par excellence.

Les dieux

La démarche religieuse comporte la personnification des énergies en action dans l'univers et, à son niveau le plus évolué, la reconnaissance d'un Principe unique et transcendant, qui est Dieu.

Le Ciel fut communément désigné comme demeure du Maître de l'univers et des principales divinités. Celui des mythologies pullule littéralement d'êtres divins.

L'Altitude

Il n'est pas facile d'évaluer la nature réelle des rapports entre l'Homme en sa jeunesse, et son milieu. Mais il semble qu'ils aient comporté des échanges dont l'ampleur et la continuité nous échappent, et tels qu'ils pouvaient naître d'une sorte d'osmose. De même, l'impact de l'univers extérieur sur ses sens et son intelligence est à présent presque inimaginable. Seul le langage de la poésie pourrait désormais en fournir un écho.

A propos des systèmes brièvement décrits, il convient de souligner la remarquable correspondance des concepts et des décors. A l'édifice solidement charpenté et rigoureusement orienté des niveaux cosmiques, du bas vers le Haut, et du moins vers le Plus, répondent, trait pour trait, des aspects frappants de l'univers physique.

On note d'abord l'opposition primordiale, élémentaire, entre le ciel et la terre, à laquelle s'attachent les notions de pesanteur, d'opacité, de matérialité, d'inertie, d'obscurité, de froid, de rugosité, etc.

En revanche l'altitude accumule les observations positives : tout d'abord, dès lors que cette altitude rapproche un objet quelconque du niveau céleste, elle commence à lui conférer ses propres vertus. En outre, on note les caractéristiques suivantes :

- Isolement progressif de la forme alpestre dans l'espace. Disparition de la végétation. Apparition du roc nu, de la neige et de la glace : singularisation de l'objet-montagne parmi tous les autres aspects naturels.
- Cet objet est insolite et gigantesque. C'est le plus grand de tous ceux qui se dressent à la surface du sol. Il incarne donc excellemment la Puissance.
- Les lignes de force du paysage, d'abord multiples et contradictoires, convergent peu à peu, se simplifient, s'annulent enfin au point nuptial de la cime : expression évidente d'un retour à l'unité.
- L'éventail des couleurs se résorbe dans les pôles antithétiques du Noir (Noir-Bleu), et du Blanc, synthèse de toutes les teintes : il y a là aussi une figure du retour à l'unité [10].
- Passages des mouvements et des sons multiples de la plaine à l'immobilité et au silence du monde minéral ; des lumières moyennes et tamisées à la luminosité intense, prolongée — à l'aurore et au crépuscule — des sommets : c'est l'accès à un univers supra-humain, solaire, astral.
- Pérennité apparente des lumineuses montagnes dans l'univers fluent des phénomènes et des générations : idées d'indestructibilité, d'immortalité, de permanence. Ce monde est autre. Il échappe au cycle de la vie et de la mort, au temps commun.
- La Montagne engendre le feu (foudre) (*cf.* note 58), les nuages (pluie), les sources, les minéraux, les pierres précieuses... Elle est à l'origine des choses. Elle assume une fonction fécondatrice.
- Aux horizontales se substituent peu à peu des lignes tendant à la verticale et entraînant naturellement le regard vers l'En-Haut. Le décor alpestre a, visuellement, une vertu dynamisante, exaltante.

• Plus l'on s'élève, plus l'on embrasse d'objets différents qui s'amenuisent par la distance. Le fait de la domination physique suscite un sentiment de domination mentale [11].

• Enfin, l'altitude est le siège de phénomènes spécifiques se répercutant sur la physiologie et le psychisme. Les principales modifications paraissent les suivantes : diminution de la pesanteur, de la pression atmosphérique, du taux d'oxygène et d'humidité, de la température, purification de l'air, augmentation des radiations solaires et cosmiques.

Outre des altérations plus ou moins prononcées de l'appareil sensoriel, on a noté : un affaiblissement de la mémoire, de la volonté, de l'intelligence déductive, un développement des états émotifs. Bref, l'homme a pénétré dans un milieu nouveau, un « autre monde », présentant des aspects fascinants, mais peu favorable à la survie. De cette expérience il conserve un souvenir à la fois craintif et émerveillé [12, 386]. Pour mémoire, la montagne-refuge, espace de sécurité, ce qui la qualifie encore positivement.

Cet impressionnant faisceau de convergences a déterminé universellement la sacralisation des montagnes et de leurs productions naturelles, en particulier les minéraux et les sources. En outre, quand elles ne furent pas elles-mêmes divinisées, elles servirent de résidences terrestres aux divinités de l'En-Haut.

Mais aucune interprétation n'est jamais linéaire ; elle présente toujours un envers, une contrepartie. Une telle ambivalence est la loi d'un monde qu'elle informe et structure. Au glorieux mythe de la cime solaire s'élançant au zénith et canalisant les regards et les espoirs des hommes s'oppose celui de la montagne-obstacle, hérissement des formes hostiles où s'efface la vie, déchaînement de matière inerte et chaotique, manifestation forcenée de pesanteur ; et pesant en effet de tout son énorme poids sur les êtres chétifs qui vivent à ses pieds ou sur ses flancs. Cette montagne-là est celle des glaciations, des tourmentes, des orages, des avalanches ; un espace inutile, pire : maudit ; et le repaire de puissances redoutables. Bien loin de fournir une route vers les empyrées, elle en barre l'accès, les occulte de son énorme masse, et se trouve désormais associée aux thèmes d'épreuves et d'interdictions. C'est une sacralisation noire.

Avec ces généralités nous avons franchi nous-mêmes les premiers contreforts du livre, et peut-être les plus abrupts. A présent, les grandes formes mythiques commencent à briller à des hauteurs incommensurables, et ce qui va suivre trouvera sa juste place et révélera sa signification sous-jacente au sein d'architectures grandioses et coordonnées, qui sont aussi les plus anciennes images du monde.

I

LES STRUCTURES

« L'ordre est la première loi du ciel. »
ALEXANDRE POPE

I

L'AXE DU MONDE ET LE PILIER DU CIEL

Je tourne autour de Dieu, de cette Tour sans âge
depuis des milliers d'ans.
Qui suis-je ? Je l'ignore encor: faucon, orage
ou cantique puissant.

R. M. RILKE (trad. J. Chuzeville).

Dans le conte magnifique de la naissance du Bouddha, il est dit qu'en sept Pas qui ébranlèrent l'univers le Seigneur des mondes parvint au sommet de la Montagne cosmique, au nœud des espaces et des temps[13].

On voit ici surgir le thème du Centre élevé de la terre où s'accomplissent les transcendances. L'invention d'un axe central, pivot, lien, culmen et soutien du cosmos ne pouvait demeurer au stade de l'abstraction géométrisante ou du symbole mystique. Les hommes sont avides de voir et de toucher. Il lui fallait, pour jouer un rôle actif dans la vie des anciennes civilisations, revêtir une forme concrète, situable dans un espace relativement familier. Ce choix a varié suivant les temps, les géographies locales. Tout objet orienté principalement dans l'axe vertical était capable d'assumer une telle fonction.

De telles verticalités, à l'exception de l'Homme lui-même — à l'exception aussi du feu — n'appartiennent (*cf.* note 5) qu'à quelques catégories : les arbres — et les piliers de bois — certains blocs ou colonnes, ou pierres levées. Enfin, la variété presque infinie des formes alpestres : tumuli, collines, pics, dômes, aiguilles, montagnes de toutes dimensions et altitudes.

L'Arbre au centre

C'est la figuration qu'ont adoptée les indigènes du nord de la Mélanésie, vivant dans des cases à poteau, les Lapons, ou les nomades d'Asie centrale chez lesquels les piliers de bois, considérés comme axes du monde et échelles célestes, sont utilisés dans les cérémonies des sorciers-hommes-médecine (chamans : *cf.* note 65).

Ailleurs, c'est l'arbre lui-même qui remplit le rôle de pivot cosmique, en l'enrichissant du thème de la fécondité, du renouvellement inépuisable des saisons[14].

On le rencontre parfois mélangé au thème alpestre, qu'il complète heureusement. Les Mongols se figuraient la Montagne cosmique sous la forme d'une pyramide à quatre faces, avec un arbre au sommet. Les Tartares Abakan parlent d'une montagne de fer, symbole d'indestructibilité, sur laquelle pousse un bouleau à sept branches. Chez les anciens Germains, outre l'image-mère du frêne Yggdrasil, de monumentales colonnes de bois, sans doute peintes et décorées, s'érigeaient sur les collines et leur sommet se « biramifiait » vers le ciel. La plus grande passe pour avoir été abattue par Charlemagne. On les nommait Irmensul, et il existe toujours un menhir Ar-men-sul en Bretagne, près de Lannion. On peut en déduire des fonctions voisines.

Au sommet de la terre

Les blocs dressés naturellement sont des symboles possibles de l'axe-centre (*cf.* note 404). L'affabulation se fait plus éloquente avec les tumuli, les collines, les hautes montagnes elles-mêmes. L'imagination se trouve relayée par les apparences puisque leurs cimes touchent le ciel.

En fait, la montagne de par son énormité apportait seule au mythe un substrat parfaitement adéquat. On ne s'étonnera donc pas de la trouver au centre de nombreuses traditions.

Pour les géographes, les plus hautes montagnes du monde se nomment Everest, Aconcagua, mont Saint-Élie, Elbourz, mont Blanc, etc. Cette liste ne correspond pas à celle dressée par les mythologues, où l'on découvre des résonances insolites : *Haraberezaiti* (Iran), *Thabor, Garizim* (Palestine), *Alborj* (Perse), *Qaf* (monde arabe), *Himinbjör* (Germanie), *Sumbur, Surö* (peuples ourano-altaïques), *Batu-Ribn* (Malacca), *Mérou* (Indes), *Muto* (Chine), *Olympe,* etc. Chacune de ces cimes fut, ou est encore, pour des millions d'êtres, la seule « plus-haute-montagne-du-monde », le point le plus élevé de la terre, au centre de l'univers[15], axe cosmique où convergent et d'où ruissellent toutes les manifestations de l'énergie.

Dans le nord-est du Tibet, surgissant des plateaux désertiques, l'*Amne Matshen,* colosse d'apparence si formidable que l'on a pu se demander si son altitude, qui, en fait, serait de 6 094 mètres, ne dépassait pas la Chomolungma, est considérée par les farouches Gologs, qui vivent à ses pieds, comme ayant son sommet dans les sphères de la lune et du soleil, tandis que ses fondations plongent au cœur du sub-terrestre. C'est l'axe de *leur* monde. Toute montagne de forme et d'élévation caractéristiques peut être désignée pour remplir ce rôle, d'importance majeure dans les anciennes civilisations. Les chaînes occidentales ont connu de telles élections. Le Baïgura qui sépare le Labourd de la Navarre fut jadis la Montagne des Basques. Dans les Alpes, on recueille encore des échos de traditions analogues, par exemple dans la région des aiguilles d'Arves, imposante triade rocheuse au centre d'un petit univers alpestre, où les morts « étaient toujours enterrés les pieds tournés vers les aiguilles[16] ». Le détail, s'il est authentique, est significatif.

Chacune de ces cimes est « au centre », avec des valorisations éminentes qui s'attachent à cette situation privilégiée. Il y a évasion hors de l'espace et du temps communs dans une nouvelle dimension mythique.

Le mont Mérou

Le mont Mérou, ou *Meru,* ou *Maha Mérou,* ou *Souméroù,* ou *Sumer,* ou *Sumbur,* ou *Mandara* des traditions indiennes et centre-asiatiques est

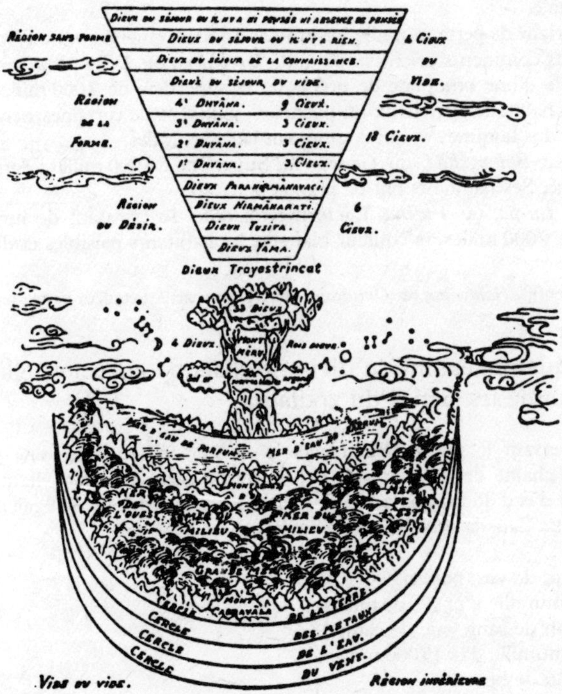

Une représentation graphique du Mont Mérou d'après Feer : *Fragments extraits du Kandjour*

un exemple-type de cime sacrée. Il correspond d'ailleurs à une montagne réelle, puisqu'on peut l'identifier avec le Kaïlas, ou Kailâsa, sommet de l'Himalaya, haut de 22 000 pieds et situé sur territoire tibétain, au nord du Garwhal. Dans d'autres versions (géographie des Puranas), on distingue trois montagnes : Mérou, Mandara, à l'est du Mérou, et Kaïlas, au nord ; elles se partagent les fonctions. Mérou est l'axe-centre. Mandara, le pilier supporté par Vishnu la tortue, et servant à baratter la mer au début des temps. Kaïlas est la résidence de Çiva et de son épouse Pârvati. Un autre nom du Mérou est *Jayadhara,* c'est-à-dire support de Jaya le Soleil. Il cumule donc bien tous les rôles de la Montagne sacrée centrale.

Une « carte » tibétaine permet d'inscrire sa situation dans le cosmos de la manière suivante :

Tout d'abord, notre univers, lequel comprend, entre autres, le monde habité par les hommes, n'est qu'un des innombrables univers contenus dans le Grand Tout.

La terre est un disque enfermé dans une haute muraille de fer, ou chaîne de montagnes circulaire nommée *Lokaloka.* Elle sépare le monde créé, *Loka,* des ténèbres extérieures, *Aloka.* Elle a 312 milles de hauteur sur 3 602 625 milles de tour, et il y règne une obscurité totale.

A l'intérieur de cette muraille, on trouve d'abord, émergeant de l'Océan des mondes, quatre grands continents orientés : au sud, *Jambulina* ou *Dohamboudvipa,* dont la forme ovale est celle d'une omoplate de brebis, et la superficie de 7 000 milles. Sa couleur est bleue, et ses habitants, vertueux ou pécheurs, jouissent de certaines richesses. Il s'agit ici du « monde des hommes », qui comprenait jadis les Indes.

A l'ouest, *Balongchöd,* ou *Godhanya.* Superficie : 8 000 milles ; forme d'un disque ; couleur rouge. Ses habitants ont de grands pouvoirs.

A l'est, *Lu-pa,* ou *Videha.* La forme est celle du croissant de lune ascendante, la superficie de 9 000 milles, la couleur blanche, les habitants paisibles et doux.

Au nord enfin, *Damynian* ou *Outtarakourou* ; forme carrée ; couleur verte ; habitants sauvages et bruyants.

Ces quatre régions se divisent chacune en trois ; elles deviennent douze, comme les signes du zodiaque.

En traversant le grand Océan vers le centre, on rencontre une première grande muraille, ou chaîne de montagnes d'or, de forme quadrangulaire, haute de 625 milles ; puis une mer d'eau douce qui la sépare d'une seconde chaîne en or, également quadrangulaire, et incluse dans la première. Elle est haute de 1 250 milles.

Ensuite :

— Océan de vin (poison).
— IIIe muraille d'or (2 500 milles).
— Océan de sang (suc de canne).
— IVe muraille d'or (5 000 milles).
— Océan de beurre.
— V^e muraille d'or (2 000 milles).
— Océan de petit-lait.

— VIe muraille d'or (20 000 milles).

— Océan de lait.

— VIIe muraille d'or (40 000 milles). Au-dessus de cette septième chaîne circulent le Soleil dans un char de cristal, et la Lune dans un char d'argent.

Enfin, tout à fait au centre, s'érige la suprême Cime du monde, dont la hauteur est encore le double de la VIIe muraille, soit 80 000 milles.

En forme de pyramide, elle présente quatre faces orientées, composées des matières les plus précieuses : or, rubis, saphir, cristal. Ou bien or (nord), rubis (ouest), argent (est), jaspe ou saphir (sud).

Au-dessus du sommet s'élève une ultime structure : celle des cieux superposés, dont la forme est encore celle d'une pyramide, ou d'un cône, mais sur sa pointe, sorte de projection céleste inversée de la Montagne sacrée, on y trouve les cieux des divinités, les cieux moyens et supérieurs de Brahma, le ciel de Bouddha, le ciel de l'Adi-Bouddha... Leur nombre varie suivant les interprétations.

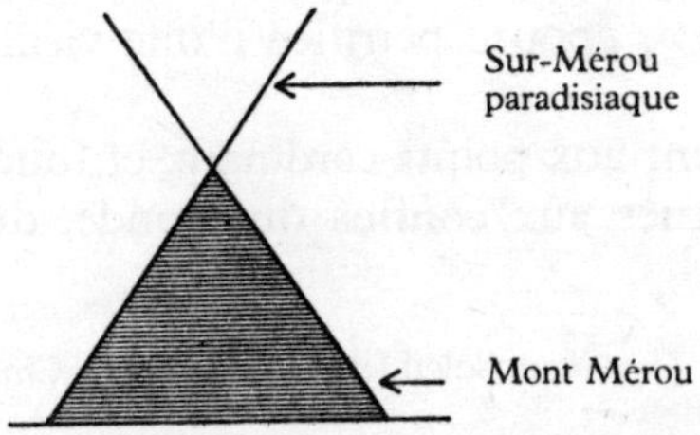

De nouvelles traditions plus ou moins complexes, regroupant des éléments divergents, s'ajoutent à cette Forme-Mère du Mérou qui a servi de catalyseur à l'imagination mythique [17]. De ce qui peut apparaître à un esprit occidental d'abord comme un fatras se dégagent quelques traits intéressants.

La rigueur d'une structure orientée, cloisonnée et hiérarchisée dans tous ses détails, conforme à la symbolique de l'Altitude, et de nature unitaire : tout converge vers le culmen central.

Ensuite, accumulation de barrières successives introduisant la notion d'interdiction (tabou), sauf pour les initiés, ceux qui « savent », et précisant l'indicible sacralité du point Alpha, confirmée par le détail des pierres précieuses.

Il faut noter encore les dimensions gigantesques attribuées aux chaînes de montagnes, qui font partie, rappelons-le, d'un seul univers parmi des myriades d'autres. La pensée asiatique traditionnelle avait appréhendé l'énormité du cosmos bien avant la science occidentale. Les comptes actuels en années-lumière ne l'auraient pas déconcertée.

On remarque, enfin, la présence simultanée des systèmes circulaires et quadrangulaires, et celle du nombre 7 pour noter les degrés vers le Centre : allusion possible aux cinq planètes et aux deux astres, comme en Babylonie [18].

Les colonnes chinoises

Tandis que, dans la tradition indienne, on s'est en somme peu préoccupé de résoudre l'énigme technique de l'équilibre des mondes, l'esprit pratique des Chinois accorde une grande importance au problème.

On trouve chez eux d'abord quatre montagnes-piliers du ciel, parmi lesquelles le mont *P'ou-tcheou* ouvrait une voie vers les mondes inférieurs. Puis un autre ensemble cohérent de cinq montagnes sacrées :

Au centre, la montagne *Soung-Kao,* région du Ho-Nan, joue, en principe, le rôle d'axe cosmique et de lien géo-céleste. Elle est associée à la couleur jaune, allusion solaire, et son symbole est un petit tube de jade jaune. Elle possède « la Pierre fendue », épouse pétrifiée d'une vieille entité fécondatrice : Yu le Grand.

Les montagnes secondaires s'érigent aux points cardinaux et fournissent autant de passages célestes situés aux confins du monde, du monde chinois bien entendu.

A l'est, région du Chan-Tung, la montagne *T'ai-Shan.* Soleil levant. Printemps. Couleur verte. Symbole : tablette rectangulaire de jade vert.

Au sud, région du Hou-Nan, la montagne *Heng-Shan.* Été. Maturité. Couleur rouge. Symbole : tablette rectangulaire de jade rouge.

A l'ouest, région du Chen-Si, la montagne *Houa-Shan.* Soleil couchant. Déclin. Automne. Couleur blanche (celle du deuil chinois). Symbole : tablette rectangulaire de jade blanc.

Au nord, région du Chan-Si, la montagne *Heng-Shan.* Hiver. Couleur noire. Symbole : demi-lune de jade noir.

Il serait logique de supposer que la Montagne centrale Soung-Kao occupe la première place dans l'ancien rituel. En fait, cette place fut usurpée par la Montagne de l'Est, T'ai Shan, à cause de sa proximité des régions populeuses, d'une tradition légendaire plus riche et de son orientation au soleil levant. L'ascension du fondateur de l'unité impériale, Ts'in She-houan-ti, ajouta encore à sa renommée. Elle a donc détourné certaines prérogatives attachées à la fonction axiale, et s'est trouvée pendant de longs siècles au centre des activités religieuses du bien nommé Céleste Empire.

Soutenir le Ciel !

L'idée des colonnes ou montagnes-piliers portant le ciel, au centre ou aux confins, est commune à beaucoup d'autres civilisations. L'*Odyssée* (I, 5, 54), comme le *Rigveda* (VI, 67, 6), ou le *Livre de Job* (XXVI, II) parlent de colonnes célestes. Les Mayas pensaient que le ciel est soutenu par quatre colonnes cardinales. Les nomades altaïques, on l'a vu, par un pilier central, comme leurs propres tentes. Les fameuses Colonnes d'Hercule sont situées à la limite de l'univers méditerranéen. Atlas est à la fois le nom de la chaîne de montagnes limitant cet univers au sud-ouest, et celui du géant « qui, debout au couchant, soutient de ses épaules la colonne qui sépare le Ciel de la Terre » (Eschyle)... d'ailleurs changé lui-même finalement en montagne à la vue de la tête de Méduse que Persée venait de trancher[19].

Mêmes conceptions en Nouvelle-Zélande, Australie, Asie centrale, Amérique du Nord, chez les Aztèques, les Incas, en Occident.

Outre qu'elle témoigne d'une recherche technique, l'invention des piliers, de quelque nature qu'ils soient, paraît aussi indiquer l'existence d'une certaine crainte généralisée de voir tomber le ciel sur la tête des hommes. Inutile de rappeler la fameuse réponse des ambassadeurs celtes à Alexandre le Grand. S'agit-il du souvenir de catastrophes réelles, telles que chute de matières volcaniques, de bolides ; ou d'autres bouleversements plus graves encore[20] ?

Les montagnes peuvent jouer aussi le rôle de stabilisateurs. Indra les fait descendre du ciel pour consolider la terre vacillante. Dans le livre arabe des *Mille Questions* (963 ap. J.-C.), il est dit qu'elles sont « les clous de la terre ».

Si la montagne-pilier est ruinée, ou seulement ébranlée d'une manière quelconque, il est naturel d'appréhender quelque formidable perturbation. Une curieuse légende recueillie en Chine dans la région du Yeng Ti raconte que le démiurge nommé *Giuang-Sciu* combat un énorme dragon à tête humaine et encornée, agrémentée de cheveux rouges, et répondant au patronyme harmonieux de *Kung-Kung.* Finalement, Giuang-Sciu triomphe. Le monstre vaincu se précipite sur la Montagne de l'Ouest, P'ou Gidou, et dans sa fureur parvient à l'ébranler. Il en résulte que la terre s'incline vers le sud-est, et que les eaux d'un déluge l'envahissent.

Le Monstre de pierre

Chez les Hittites, il existe un autre conte très étrange, car la situation y est pour ainsi dire inversée. C'est un pilier qui, au lieu de soutenir la voûte du ciel, commence à lui porter des coups terribles et menace de le ruiner de fond en comble.

Koumarbi cherche à se venger du dieu céleste Anu qui l'a jadis chassé à la suite d'une révolte. Sur le conseil perfide du Seigneur de la mer, il féconde une montagne. Quelques mois plus tard « elle commença à se tordre et à trembler », puis mit au monde un Monstre de pierre nommé Oullikoumi. Il fut placé par son père sur l'épaule droite d'Oupellouri, le géant « qui soutient le ciel et la terre », où il commença à grandir...

« La route était longue et fatigante, et quand enfin ils (les dieux) atteignirent le piton le plus élevé de la montagne et contemplèrent l'océan au-dessous d'eux, ils virent, s'élevant hors des eaux, le pilier géant qui grandissait de plus en plus à chaque instant, et dont le sommet touchait presque les régions célestes... »

Les dieux terrifiés engagèrent un furieux combat qui ne tourna pas à leur avantage. La situation semblait désespérée, et déjà le Monstre de pierre ébranlait le ciel, quand ils songèrent à se servir du couteau magique déjà utilisé pour séparer les mondes. Jarrets tranchés, le Perturbateur s'effondra dans la mer avec un fracas horrible, et tout rentra dans l'ordre[21].

Cet Ordre cosmique, si nécessaire au cœur et à l'esprit des hommes que, bien avant toute leçon scientifique, il fallait le susciter par des épures.

II

OÙ VOLENT LES ASTRES

Pénétrée d'une ivresse éternelle, Callisto se tient inclinée sur le pôle, tandis que l'ordre entier des constellations passe et abaisse son cours vers l'océan ; telle durant la nuit je gardais l'immobilité au sommet des monts.

Maurice de GUÉRIN.

Caps avancés de la terre, les montagnes, dont les puissantes racines rocheuses s'enfoncent au plus profond des mondes inférieurs, appartiennent par leurs cimes à cette sphère supra-humaine où rôdent les étoiles et les astres. Vers ceux-ci, dès les origines, l'attention des hommes s'est portée avec un intérêt passionné. Car, entre les étages cosmiques, l'esprit tisse d'autres liens que les architecturaux. Il admet que, de quelque façon, la terre reflète le ciel, ou l'inverse. En sorte que les événements se trouvent répercutés d'un plan à l'autre et soumis aux relations de cause à effet[22].

Pour les sommets, il s'agit d'un contact matériel qui les mêle directement aux avatars de ces êtres de lumière. Cela, chaque jour, chaque nuit, l'œil en fournit le témoignage. Au Mexique, l'Orizaba, troisième cime de l'Amérique septentrionale, et l'une des plus belles montagnes du monde, était pour les Aztèques une Montagne de l'Étoile, *Citlaltépelt,* peut-être Vénus. Les Pléiades (africaines) sont « les Vierges des glaciers ». Entre la Montagne cosmique et l'étoile Polaire, un lien de cristal, et la complicité des silences sidéraux. Alentour, tout scintille, tourbillonne, s'éteint, renaît, dérive, s'efface à nouveau. Elles demeurent seules immobiles au milieu des choses. Le Soleil et la Lune virent autour du K'ouen-Louen taoïste et des cimes axiales des autres mythologies. Chacune définit un point privilégié de l'espace et du temps, autour duquel s'organisent les hommes.

La position relative des montagnes et des astres a dû susciter ici et là des astrologies locales, mais nous en avons peu d'échos. Les évolutions des deux grands luminaires ont laissé davantage de souvenirs.

Escales de lumière

Au centre de l'île des Bienheureux, les Celtes désignaient une cime blanche, *Gwynuryn,* comme « la Maison du Soleil ». Aux Hawaii, c'était un grand volcan. Dans les déserts glacés de l'Alaska elle se nommait *Denali.* Il s'agit là d'un sommet bien réel, culmen de l'Amérique du Nord, et devenu ultérieurement l'apanage de feu le président Mac Kinley ; peut-être une valorisation, mais elle n'est pas évidente. Chez les Incas, l'astre descendait fréquemment dormir sur la montagne *Mantacolla.* A midi, de l'autre côté du monde, il venait se poser au plus haut du mont Mérou, centre aussi d'un carrousel d'étoiles.

Sur la cime du mont Udaya se trouve un lac. « Au milieu de ce lac, *Anavatapa* est une colonne d'or et, sur cette colonne, un trône également en or, enrichi de divers joyaux. Depuis le lever du soleil jusqu'à midi, la colonne s'élève par degrés portant le trône, et finit par toucher le disque du soleil ; depuis midi jusqu'au coucher du soleil, elle s'abaisse lentement jusqu'à se retrouver au milieu du lac comme elle y était d'abord. Il en est ainsi chaque jour[23]. »

Ce conte unit au moins deux thèmes : celui de l'axe-centre envisagé sous son aspect solaire, et un autre, très remarquable : l'idée d'une relation journalière effective, vivifiante, entre la Terre et l'astre[24].

Berceaux et tombes solaires

En Inde, le mont Vindhya, au nord des plateaux du Dekkan, est la cime où naît le soleil.

En Grèce, le Taygète de Sparte, et encore le Pinde, le Parnasse, le Cynthe de Délos, recevaient le dieu solaire. Il montait chaque jour à la pointe du mont Azzi (Syrie : mont Cassios = Djebel-el-Akra), et de là contemplait les plaines violettes de la mer. D'après Diodore et Lucrèce, c'est au sommet du Gargare de Troade, dans le massif de l'Ida phrygien, que l'astre, « engendré de feux épars », naissait à chaque aurore. On trouve en France même la trace de croyances plus complexes.

Il possédait aussi ses montagnes-tombes. Près du Mont-Saint-Michel, le rocher de Tombelaine pourrait être en réalité, d'après Dontenville, la tombe de Belen, ancien grand dieu solaire des Gaulois. Les Anciens se figuraient la terre comme un disque plat, ce qui conditionnait les théories qu'ils pouvaient formuler à propos du mouvement apparent des astres. Le « bon sens », qui refusa longtemps d'admettre autre chose que le dogme de la planéité[25], s'opposait absolument au fait qu'un objet céleste disparu à un horizon puisse resurgir à l'opposé. Ce qui impliquait une série illimitée de morts et de renaissances.

Une fois disparu à l'ouest, l'astre devait donc s'abîmer dans les ténèbres extérieures. Pour qu'au matin suivant un autre flambeau, surgisse à l'est, il fallait supposer ou bien qu'il s'agissait d'un astre rigoureusement identique, qui, après sa course diurne, s'en allait à son tour rejoindre les innombrables soleils défunts accumulés derrière l'horizon occidental, ou bien qu'il ressuscitait à chaque aube par opération mystérieuse et magique[26].

Dans les deux cas, les cimes situées aux confins est et ouest étaient précisément les lieux où s'accomplissaient les grands mystères de la naissance et de la mort solaires, et elles devenaient respectivement demeures et berceaux du soleil levant, demeures ou tombes du soleil couchant.

Les Portes du Jour et de la Nuit

Une autre théorie parvenait à surmonter en partie la difficulté d'un univers plat. Elle postulait que le soleil revenait vers l'est par des voies souterraines. On en trouve un exemple dans la mythologie de Sumer.

Pour les Sumériens, une porte aux énormes vantaux, gardée par des monstres effrayants, les Hommes-scorpions, ferme l'entrée d'un tunnel qui débouche sur les flancs de la Grande Montagne de l'Est, la « Montagne du Ciel et de la Terre ». Là se lève le soleil.

Chaque aube, cette porte livre passage au dieu *Shamash.* Il s'élance au sommet de la montagne, où l'attend un char conduit par le cocher Bounène. L'équipage s'élance alors dans les étendues célestes, puis vers le soir atteint la Grande Montagne de l'Ouest, où d'autres Hommes-scorpions veillent à l'entrée d'un tunnel analogue. Le soleil s'y enfonce et disparaît.

L'Histoire sous-entend la théorie de l'astre qui traverse l'envers des choses, pour resurgir, à chaque aurore, neuf et vigoureux, sur la barrière du levant, prêt à commencer une nouvelle course diurne[27].

En Égypte, c'est de Manu, la Montagne du Levant, que surgit le solaire Râ, alors désigné sous le nom de Kheperi. Tout le long du jour, le dieu pilote sa barque à travers les eaux du Nil-d'En-Haut, interprétation aquatique céleste, complémentaire du Fleuve. Au cours de cette traversée, il doit déjouer les attaques du Serpent-dragon Apopi (symboles d'éclipses ?).

Vers le soir, la Barque solaire aborde l'autre rive du fleuve, l'occidentale, frontière de l'empire des morts, et pénètre également dans un tunnel dont l'entrée se trouvait souvent localisée à Abydos.

En face de Thèbes, une Montagne de l'Occident, du soleil couchant et de la mort, domaine de « Celle qui aime le silence », fait pendant à la Montagne de l'aube.

C'est dans la « Caverne rocheuse du Ciel » que la déesse solaire japonaise *Amateru* se retire pour échapper aux vexations de son frère

Susanoo. Ici, ce ne sont plus les rythmes diurnes et nocturnes, mais plutôt un accident tel qu'une éclipse ou l'arrivée de l'hiver. Il faut noter que l'image de la caverne suppose la montagne qui la contient. Un vieux conte breton raconte l'histoire d'un géant solaire habitant une montagne creuse. Dans les anciennes traditions caraïbes, recueillies par Pedro de Angleria (1555), le Soleil et la Lune, au début des temps, étaient sortis d'une caverne de la montagne pour éclairer le monde.

Le nom des Montagnes de la Lune, le massif actuel du Ruwenzori, déjà mentionné par Ptolémée, situées dans *l'Ounyamouézi*, « la terre de la Lune », au nord du Tanganyika, indique probablement une très ancienne liaison mythique entre cette chaîne et l'astre des nuits. Un dieu lunaire résidait sans doute au Sinaï[44]. En Asie Mineure, le mont Latmos est la demeure de Séléné. Et c'est dans une caverne de la montagne qu'elle poursuit ses amours avec le berger Endymion. Il existe aussi des cimes de la Lune au Mexique, comme dans une légende dauphinoise rapportée par A. Van Gennep.

Toutes ces traditions incluant les montagnes dans la zone astrale confirmaient à la fois leur importance cosmique et leur sacralité.

III
LA CIME ORIGINELLE

Au milieu des brouillards, des nuages et de la poussière, la création se fit, et les montagnes s'élevèrent au-dessus des eaux, et les montagnes créèrent.

POPOL VUH.

Si la notion du Centre passe du domaine de l'espace à celui du temps, on voit naturellement s'élaborer un nouvel Ordre, cette fois chronologique, d'une dynamique simplicité, et séduisante pour l'esprit, car elle contente pleinement cet instinct de synthèse, cette passion d'unité qui l'animent.

Ainsi, au début des choses, à la naissance du monde, il y eut d'abord, et bien entendu au centre — défini du même coup — une montagne, réduite souvent à un simple tertre, ou même à une pierre levée. Ce qui comptait essentiellement, c'était l'image d'une verticalité surgissant parmi les platitudes indistinctes de l'Océan primordial. Son apparition coïncidait avec celle de la vie, elle constituait la première organisation de la matière inerte, la première manifestation d'un Devenir.

L'éminence des commencements

En Égypte, l'idée se trouve formulée d'une manière pure et « cristalline ». Qui s'en étonnerait ? Elle est conforme au génie d'un peuple qui sut toujours découvrir la voie la plus directe et la plus éloquente du concept à l'image.

C'est de l'Océan de Noun que surgit la merveilleuse Colline des temps primordiaux, d'où toute vie va s'épancher, fleurir. Elle gît d'abord dans d'épaisses ténèbres, mais elle porte un œuf qui éclôt et libère l'Oie solaire. Alors la lumière se répand et le sommet cristallise en forme de pyramide, volume insigne, évoquant à la fois l'émergence du Tertre initial et le faisceau fécondateur des radiations solaires. Il se répercutera ultérieurement dans toute l'architecture égyptienne.

La colline se trouvait localisée. En Abydos, sous la forme d'une butte entourée d'eau dans l'une des cryptes du temple. Mais d'autres villes revendiquaient cet espace sacré : Thèbes, Hermopolis...

En Perse, en Babylonie, on retrouve l'image de la Montagne insigne surgissant des eaux primordiales, d'où naissent les formes. Il ne s'agit d'ailleurs pas ici d'une attribution gratuite, d'un pur choix du rêve.

L'observation courante prouvait qu'il en était réellement ainsi, que ce pouvoir générateur se situait dans l'ordre de la nature, que la montagne produisait des nuages, des eaux, qui sous forme de pluies ou de ruissellements s'en allaient vers les plaines, fertilisaient le sol, suscitaient les végétations, assurant ainsi par ricochets successifs la subsistance de tous les êtres vivants. Il n'est pas jusqu'à la distribution progressive de la végétation et à son développement croissant du sommet vers les vallées qui ne suggère l'idée que tout a commencé par le haut, comme les sources prennent naissance sur les parties les plus élevées de la montagne, comme la lumière à l'aube se pose d'abord sur les sommets. Sont aussi descendus de la montagne : le feu avec la foudre, les pierres pleines de puissance, de mana...

Dans le mythe indou de la création du monde par Vishnu, le dieu fait surgir du magma originel de l'eau, du vent et du feu un lotus d'or au centre duquel se trouve assis Brahma. Ses pétales, vivifiés par la sève du lotus, sont les sommets des montagnes sacrées d'où s'épancheront les fleuves fécondateurs — entre autres le fameux Gange — et la foule des créatures.

La verticale génératrice

L'une des versions les plus étranges enfantées par l'imagination mythique est celle du Barattement de la mer, à l'aide de la montagne-pilier cosmique.

Au cours d'un Yuga (cycle) précédent, les mondes se sont appauvris. Sur le conseil de Vishnu, et afin de leur rendre la vitalité première, les dieux et les démons décident de baratter la mer — symbole du Chaos, riche de toutes les virtualités — comme l'on baratte le lait, à l'aide du procédé également utilisé pour produire du feu qui consiste à faire tourner très rapidement un bâton à l'aide d'une corde enroulée dans un sens puis dans l'autre. Ici, le bâton est le mont Mandara (Mérou, Kaïlas...), appuyé sur la carapace d'une tortue géante, Vishnu lui-même. Et le rôle de la « corde » est tenu par le Grand Serpent Vasouki.

Devas et Asuras rivalisent d'efforts et, après quelques fâcheux incidents techniques, dont le moindre consiste à mettre le feu à l'univers à cause de la chaleur déployée par la rotation [28], le miracle générateur s'accomplit et la Mer (Mère...) de lait enfante successivement Sourahbîla, la Vache nourricière, Varounî, déesse du Vin, puis l'Arbre du Paradis, le Soleil, la Lune, des Apsaras d'une beauté ravissante, la Liqueur d'immortalité (soma), etc. Tous les désirs naïfs de l'Homme se trouvent comblés.

La forme de la montagne-bâton génératrice est ici proche de celle du Lingham, aspect du membre viril, et symbole çivaïte de l'énergie cosmique. Cette affabulation très primitive est riche de trois significations : engendrement du feu et des formes vivantes grâce à la friction moléculaire, accouplement de la montagne (mâle) et de la mer (femelle), alternance diurne, nocturne (mouvement du bâton-pivot). Il existe des récits parallèles en Asie centrale et, détail qui en dit long sur le pouvoir de diffusion de certaines images, on en a retrouvé une variante sur de vieilles monnaies grecques frappées d'un serpent enroulé autour d'un cône.

Les cimes du Déluge

Avec la tradition du déluge ayant englouti la terre à une époque fabuleuse, le mythe prend les contours du réalisme. La situation se trouve en quelque sorte retournée, puisque ce sont les îlots qui s'abaissent, et non plus la montagne qui s'élève. Mais apparences et effets sont analogues. Dès lors, c'est bien d'une montagne émergeant des flots que s'épanche à nouveau la vie, et que descendent — dans tous les sens du terme — les hommes. L'échouage de l'arche est la première aventure de mer dont le récit nous soit parvenu :

> Au début du septième Jour
> je fis sortir une colombe et je la lâchai ;
> la colombe s'en alla mais elle revint ;
> l'hirondelle s'en alla mais elle revint ;
> parce qu'elle ne trouvait pas d'endroit où se poser, elle revint.
>
> Je fis sortir un corbeau et je le lâchai ;
> le corbeau s'en alla ; il vit la baisse des eaux ;
> il mangea, il piétina, il croassa, il ne revint pas.
> Alors je les fis sortir tous dans toutes les directions ; j'offris un sacrifice.
> Je disposai une offrande au sommet de la montagne...

Un événement dont on a beaucoup discuté : une fois de plus Noé débarque sur l'Ararat (5 165 m). Mais qui parle de Noé ? qui parle du mont Ararat ? Il s'agit en l'occurrence d'un certain *Uta-Napishtin*, abordant sur le mont Nizir, aussi en Arménie. Cette histoire est d'origine babylonienne et précéda le récit biblique (XIe tablette de l'épopée de Gilgamesh). Dans un autre conte, cette fois sumérien, l'amiral commandant le transport sacré se nomme *Ziûsuddu.* Mais il y en a bien d'autres, car le thème d'un déluge provoqué par la fureur céleste, auquel échappe finalement un groupe élu, se retrouve sur plusieurs continents. Les noms et les lieux changent..., le scénario pour le fond reste le même.

Bérose (300 av. J.-C.) donne un troisième héros diluvien, *Xisuthros.* Le navire « atterrit » dans les monts des Kordyènes, en Kurdistan, où l'on trouve encore, dit l'ancien narrateur, quelques épaves. Les gens du pays recueilleraient des parcelles de bitume et s'en serviraient comme d'amulettes. Une autre tradition peu connue veut qu'avant l'Ararat Noé ait touché l'Elbourz.

Nicolas de Damas (Ier siècle av. J.-C.) cite le mont Baris. Et, pour les Syriens et les musulmans, c'est le mont Djudi[29].

En Asie centrale et en Sibérie, on signale beaucoup d'arches et beaucoup de Noé. Chez les Tatars de l'Altaï, le sage et vénérable *Nama* la fait construire par ses fils au sommet d'une haute montagne, où elle est ancrée à l'aide d'énormes câbles. Cependant l'inondation monte et les animaux embarquent. Au bout de sept jours et de sept nuits, les eaux soulèvent le navire, les amarres se rompent et il part à la dérive. Son errance durera encore sept jours et sept nuits, puis il finira par échouer sur une cime à double sommet. Ailleurs, il s'agit d'un radeau garni de fer, ou même (Sagaïs) d'un vrai bateau de fer, cadeau divin, fait au dernier moment, car le diable démolissait au fur et à mesure l'arche de bois construite par Noj (Noé). Le rouge-gorge tient souvent le rôle du corbeau. Un peu partout les gens sont persuadés qu'il reste des débris, pièces de charpente, clous, etc., au sommet de « leur » montagne.

Dans l'archipel des Andaman, l'humanité insoucieuse et ingrate oublie son créateur céleste, *Puluga,* qui finit par montrer sa mauvaise humeur en provoquant un déluge[25]. Les survivants se réfugient sur un sommet, et le récit reflète une angoisse particulière, celle d'être privé de ce feu indispensable dont l'inondation a noyé tous les foyers. Même souci chez les Sioux et autres tribus indiennes de la vallée du Mississippi. C'est un oiseau qui se charge d'aller voler un brandon dans le ciel, un martin-pêcheur aux Andaman, un corbeau en Amérique centrale.

Le Noé des montagnes Rocheuses est un petit vieillard, *Etsié,* ou *Tchané Hsu chiw.* Chez les Cris, *Wissaketckak* se sauve sur un radeau et charge le Rat musqué d'aller quérir au fond de la mer un peu de vase qu'il pétrit, sur laquelle il souffle, et qui reconstituera le Tertre originel. Au Mexique, sierra Nayarit, l'arche n'est plus qu'une caisse minuscule qui dérivera durant six années avant de buter sur un sommet. L'Indien *Huichol* y débarquera ; et le monde végétal — car ici au moins les oiseaux ont survécu — se reformera à partir de cette cime.

Dans l'ancien Pérou :

« Il cheut tant d'eau du ciel que toutes les campagnes furent submergées et toutes les personnes noyées, excepté celles qui se sauvèrent dedans les creux, et cavernes des haultes montaignes, l'entrée desquelles ils bouchèrent si bien que l'eau n'y pouvoit entrer, s'estans premièrement garnis de bonnes provisions, et de quantité de bestail : et quand ils sentirent qu'il ne pleuvoit plus ils feirent sortir dehors deux chiens, et voyans qu'ils estoient retournez nets, et mouillés, cogneurent par là que les eaux n'estoient pas encore abaissées. Mais après qu'en feirent encor' sortir davantage, et lors aucuns reviendrent souillez, et pleins de fange, par là ils jugèrent que l'eau estoit abaissée, et à lors sortirent de leurs creux pour repeupler la terre : mais ce ne fut pas sans grande peine et travail pour la peur qu'ils avoient de grands serpens qui s'estoient engendrez de l'humidité, et limon qui estoit resté du déluge, et encore au jour d'huy on trouve quelques-uns de ces serpens. Enfin ils en tuèrent une grande partie, et vescurent depuis en plus grande sûreté[30]. »

Une variante précise le nom de la cime : *Ancasmarca,* qui, au fur et à mesure de l'inondation, se hausse et flotte comme un navire. La montagne tout entière devient ici l'Arche salvatrice, comme au Sikkim, où les dieux font pousser *Tendong,* tandis que les rescapés Leptchos voient avec terreur s'enfoncer dans les flots les autres sommets de l'Himalaya.

Dans les Andes, une légende araucane rapporte que la couleuvre *Kaiçaivilu,* ennemie des hommes, sort de la mer, et derrière elle les eaux commencent à monter. Alors Kamulkura, le grand cacique, ordonne « aux familles d'en-haut et d'en-bas de se mettre en marche vers les montagnes ».

Et il y avait beaucoup de flammes dans le ciel
Et il y avait beaucoup d'eau sur la terre
Et il y avait de grands bruits dans les montagnes
Et la mer couvrait toute la terre
Et il y en eut beaucoup noyés par les eaux.

Mais la couleuvre *Trentreng,* l'alliée, conduit le peuple vers les plus hautes montagnes, et « quand les flots montaient elle faisait plus hautes les montagnes ». Ceux qui la suivirent furent sauvés.

Et puis l'eau cessa de couvrir la terre
Et puis Kaiçaivilu rentra dans la mer
Et puis c'est tout[31].

Au Tonkin, la montagne du Déluge est le mont *Pia.* Au Yu-nan (tribu Lolo des Gnipha) :

> Le bateau s'immobilise sur les flancs du mont Muto, et le couple survivant, le Frère et la Sœur, est fort ennuyé car il ne peut ni monter ni descendre. Il invente alors un procédé d'escalade artificielle qui soulèverait la réprobation des grimpeurs modernes, car c'est en assemblant des perches de bambou qu'il parvient au sommet.
>
> Ensuite deux blocs sont lancés dans l'abîme, où ils finissent par se rejoindre, signe que l'inceste a l'accord des dieux. Sur quoi le couple se livre à l'agréable besogne destinée à repeupler la terre. Depuis cette aventure, le Muto est tabou, et la perche de bambou considérée comme le symbole de la montagne *(pilier axial ?).*

La Chine, à une époque très reculée, a élaboré une tradition de déluge universel dans laquelle le survivant se nomme *Fo-Hi.* En Inde, c'est *Manu.* Les Grecs font aborder *Deucalion* et son épouse *Pyrrha,* après neuf jours de navigation, sur le sommet du Parnasse. Et c'est en lançant des pierres par-dessus son épaule qu'il recréera l'humanité.

Dans les Alpes aostines, le déluge est attribué à la descente de deux géants dans les plaines, ce qui pourrait bien être une allusion à une déglaciation brutale. Ces deux géants naviguent sur des troncs d'arbre, récupèrent les plantes et les animaux et finissent par aborder sur un sommet qui n'est autre que le Grand Paradis. En Autriche, le couple des Ancêtres se réfugie au sommet du Watzmann...

> J'ai passé près Salzbourg sous des rochers tremblants (...).
> La neige règne au front de leurs pics infranchis,
> Et ce sont, m'a-t-on dit, les ossements blanchis
> Des anciens monts rongés par la mer du déluge.
>
> Gérard de Nerval.

Dans toutes ces légendes, la montagne salvatrice est bien identifiée avec la cime axiale-centrale, et l'histoire du déluge se poursuit par celle d'une re-création[32].

L'Éden-montagne

Il n'était nullement besoin de cette tradition réaliste pour situer l'espace du début des temps, celui où naissaient les dieux, le premier homme ou le premier couple. Cet événement majeur n'avait pu se produire qu'au nombril de la terre, au point le plus rapproché du ciel, en contact direct avec les énergies créatrices, c'est-à-dire sur la Montagne polaire primordiale, l'Œuf du monde[33].

Les traditions concernant le Paradis terrestre le placent sur « un lieu éminent », au propre et au figuré, « sur une montagne plus haute que toutes les autres », comme il est dit en Syrie. C'est de ce point que le Couple initial, le Frère et la Sœur, et toutes les formes vivantes vont partir à la conquête de la planète, y croître et y multiplier, conformément au scénario du célèbre récit de la Genèse[34].

La Montagne de la naissance des dieux et des hommes brille dans d'autres cycles que celui de la Bible :

> Lorsque sur la Montagne du Ciel et de la Terre
> Anu fit naître les Annunaki...

Anu est le dieu majeur en Sumer, et les Annunaki ses subalternes.

Zeus voit le jour en Arcadie, sur le mont Lycée, au sommet duquel « n'était projetée l'ombre d'aucun être » (Ovide, F 6 319).

Les Leptchos du Sikkim situent la naissance du Premier Homme et de la Première Femme, *Bourongthing* et *Nazongniu*, façonnés avec de la neige et de la glace par leur démiurge Taschetingà, au sommet du Kongloteshon, le « Voile le plus élevé des glaces », autrement dit Kangchendzönga. Dans une région fabuleuse, quelque part au-delà des montagnes du Kang, le Mayel, ils placent encore six couples divins, dispensateurs de toute fécondité, et qui repeupleraient la terre si les hommes venaient à manquer. Le chef des premiers hommes, Olelbis, vivait sur *Olelpanti*, « le lieu le plus élevé de la terre » (Indiens Wintu, Californie).

> « Quand Lumière Noire et Lumière Bleue créèrent les sept montagnes, expliquent les Indiens Navaho (Oklahoma, Amérique du Nord), dans leur belle histoire du début des temps..., quatre furent placées aux points cardinaux et trois au centre... » Puis ils firent briller un éclair à travers Tsinadzini et le fixèrent au sol. Ils le décorèrent de coquilles blanches, d'éclairs blancs, de maïs blanc, de nuages obscurs et de pluie mâle. Ils posèrent sur son estomac un grand bol en coquillages et y mirent deux œufs de pigeon afin qu'il y ait des plumes sur la montagne. Et, pour que les œufs puissent éclore, ils les recouvrirent d'une peau de daim sacrée. Ils revêtirent le tout d'une enveloppe de lumière et mirent le Garçon et la Fille en cristal de roche dans la montagne afin qu'ils y vécussent[35].

La représentation biblique du Paradis terrestre, jardin clos, plein de fruits, d'arbres, d'eaux limpides, d'animaux vivant en paix, de merveilles de toutes sortes, d'où ruissellent aux points cardinaux quatre fleuves fécondateurs, paraît avoir été empruntée aux vieilles civilisations mésopotamiennes. Et peut-être la vision des fameuses tour à étages, avec leurs jardins suspendus, a-t-elle fourni un support matériel à cette conception[36].

Au sommet de la Montagne s'épanouit aussi dans le *Rigveda*, en Iran, en Mongolie, l'Arbre de vie... L'Égypte y fait allusion : « Ce haut sycomore où trônent les dieux, l'arbre de vie qui les nourrit... » (*Pyramyden texts,* 916). En Asie centrale, l'Ancêtre, parfois désigné poétiquement comme « l'Adolescent blanc », s'y tient auprès d'une source, d'un « lac de lait » : *Ardvisura* en Iran, *Açvattha* aux Indes... De cette dernière jaillissent des substances infiniment précieuses, entre autres *Soma* qui confère l'immortalité. Près de la source, un arbre magique.

Les traditions basques situent au sommet du pic d'Anie un Jardin merveilleux à l'abri des frimas et des injures du temps. Là poussent des plantes aux sucs magiques ; ils décuplent les forces, éliminent les démons, etc. D'autres Paradis apparaissent sur plusieurs cimes des Alpes, par exemple au Rosengarten. En général, ils sont « perdus ».

Chez les Kalmouks lamaïstes, les quatre fleuves s'échappent d'un lac situé au sommet de la Montagne, et entraînent dans leurs eaux des parcelles de la cime sacrée : argent pour le fleuve oriental, pierres précieuses bleues dans celui du sud, rouges à l'ouest... L'or est dans celui du nord.

L'Éden d'Ézéchiel a un caractère nettement alpestre. Il est situé « sur la Montagne de Dieu » (*Ézéchiel,* XXVIII), ombragé par des cèdres, arbres royaux. On y trouve partout or, pierres précieuses, « pierres de feu ». Des eaux fécondatrices s'en épanchent.

Dans le *Livre d'Hénoch,* ces descriptions classiques sont entremêlées d'images purement oniriques qui annoncent le passage du Paradis terrestre au Paradis céleste. Sept montagnes de « pierres de feu » étincelantes, trois au midi, trois au levant, dont la plus haute, au centre, servira de trône, au Seigneur quand Il viendra visiter la terre. On reconnaît facilement l'éminence centrale, mais il y a apparemment confusion entre le thème des montagnes solaires au levant et au couchant, et celui des sept planètes.

Les légendes arabes placent Adam et Ève sur une cime de diamant. Leur grande montagne Qaf est d'émeraude. Le Paradis terrestre des Cathares (Albigeois) est de cristal, situé au troisième degré de la Montagne cosmique. Adam et Ève en tombent en trois étapes, et chaque fois perdent un peu de leur « vêtement de lumière » pour s'enfoncer dans la matérialité. On pense au Garçon et à la Fille en cristal des Navahos... Les mêmes images hantent des esprits bien différents ! Nous sommes désormais assez loin du parc zoologique et botanique de la Genèse, idéal de nomades en pays sec ; et le choix des images translucides marque le désir de traduire au plus près les limpides structures de l'esprit.

Azur et cristalleries

La Cime primordiale règne à présent au centre d'un autre univers, celui du rêve : elle y catalyse les désirs et les retient de s'égarer tout à fait dans l'abstrait. Bien qu'ici les mots eux-mêmes trahissent, parce qu'ils sont en nombre limité, et d'un tissu trop opaque, on peut dire qu'elle fournit à certains édifices spirituels l'allusion qui les rend exprimables, leur confère une présence. Elle n'est ni plus ni moins réelle qu'un reflet dans le miroir. C'est sous cet aspect sublimé qu'elle apparaît dans la vision des poètes et des mystiques, comme dans les récits où se développe l'aventure d'une initiation.

Pour décrire ces cimes elles-mêmes comme l'aura de la Montagne cosmique, le conteur, parce qu'il lui faut bien puiser dans l'arsenal limité des symboliques traditionnelles, s'efforce de faire un choix parmi les éléments les plus rares. Les précieux sommets cosmiques qui structurent l'espace exigent beaucoup d'or, d'argent, de perles, de jade, d'ivoire, de pierres insignes. Le poème médiéval de Titurel le Jeune place le Temple des Gemmes, le sanctuaire du Saint-Graal, sur une montagne d'onyx, variété d'agate translucide ; et d'ailleurs la coupole de ce Temple des Gemmes est en saphir — comme l'une des parois du Mérou — magnifique pierre bleue, naturellement « céleste » à cause de sa couleur, au pouvoir semblable à celui du cristal. Pour évoquer l'En-Haut suprême, il faudra comme Hénoch recourir à la flamme, à l'aether, à l'azur[37]. Sur le plan mythique, diamant et cristal de roche se confondent universellement[38].

L'un et l'autre sont composés d'une substance incolore, dure, translucide, cumulant donc les valeurs de la pierre : pesanteur, dureté, énergie incluse, avec celle de l'aether : transparence, luminosité, brillance. Belle à voir, étincelante au soleil, elle reflète ce qui l'entoure, se fait double magique...

« Le cristal (...) reflète l'image variée du monde indestructible, le ciel avec ses courbes enchâssant la mer mugissante... » (Claudien.)

... L'observateur ancien ne pouvait qu'être vivement frappé de ses propriétés contradictoires. Le cristal, ou le diamant, était vraiment l'*Objet merveilleux* par excellence, et se trouvait du même coup associé à l'En-Haut. Parmi les théories énoncées dans l'Antiquité sur la nature de la coupole céleste, la plus répandue admettait qu'elle se trouvait façonnée d'une substance à la fois dure et transparente, exactement les propriétés du cristal. Donc les cristaux provenaient de la voûte du ciel et participaient directement de sa sacralité.

D'autre part, en ce qui concerne les hautes cimes, les apparences de la glace et du cristal sont analogues.

« Et tu ne sauras pas si c'est le cristal d'eau qui de la terre monte au ciel, ou si c'est le ciel qui jusqu'à ton ombre incline son espace de cristaux[39]. »

Les images s'appellent l'une l'autre. La comparaison est mille fois répétée dans la littérature alpine, et seuls des mots maniés par un poète l'arrachent à la banalité. Elle se reflète aussi dans la toponymie : « Suspendue au-dessus de falaises grandioses se dresse une flèche de neige immaculée, le Shelma, le Crystal. Montagne sacrée, cela va sans dire[40]. »

Substance infiniment précieuse, le cristal scintille au fond de tous les contes dont l'action se déroule à un certain niveau de l'imaginaire. Dans la grande légende de l'Occident, les palais des fées sont toujours en cristal.

Les Celtes naviguent dans une barque de cristal vers l'île fabuleuse des Vivants. De l'autre côté du monde, au Tibet, c'est dans une grotte de cristal que se retire pour méditer le fameux apôtre-magicien du bouddhisme, Padmasambhava... Les cimes où s'accomplissent les noces ultimes de la terre et de l'aether ne peuvent qu'être aussi de pur cristal, et ce sont elles encore qui brillent au fond de nombreuses « Quêtes ».

L'Ile-montagne aux merveilles

Le thème de l'éden alpestre, central, élevé, dont l'approche est interdite par toutes sortes d'obstacles : murailles, mers, abîmes, ténèbres, où s'est accompli et persiste d'une certaine manière — puisque cet espace échappe au temps — le miracle initial de la vie, est un archétype de l'imaginaire, au même titre que celui de l'Ile merveilleuse, avec lequel il se confond d'ailleurs à l'origine. Aux Indes, en Asie centrale, en Babylonie, il y a d'abord une Montagne au milieu de la mer. Il arrive même qu'elle ait été projetée dans une géographie locale. C'est ainsi qu'en Iran le mont *Ushida*, la cime sacrée parmi toutes les autres, d'après l'*Avesta*, qui s'élève au centre du lac Kansavya, a été identifiée avec la colline Kuh i Khwaja, elle aussi au milieu d'un lac.

Cette affabulation oppose de la façon la plus évidente les notions de stabilité, de durée, à celles de l'ondoyance, de l'impermanence. Espace éminemment sacré, privilégié, enclos magique, il recèle des trésors ineffables. Ni la maladie, ni le mal, ni la mort n'y peuvent désormais pénétrer. Il appartient toujours à l'Age d'or, et personne n'en connaît plus ni l'emplacement ni les routes d'accès, sauf quelques très rares initiés.

Depuis l'âge mythique jusqu'à nos jours, l'image est restée parfaitement vivace et lumineuse. C'est la *Shwê ta-dwîpa* des Indous, et aussi la *Qaf* des Arabes, la Thulé hyperboréenne, la Cime blanche dans l'Ile verte des traditions celtiques, l'Ile-montagne blanche *Azlan* des Toltèques, le Mont du Salut (Montsalvat) du Graal « qui se dresse au milieu de la mer, dans une région inaccessible, et derrière lequel se lève le soleil (...), à la fois l'Ile sacrée, la Montagne polaire, la Terre d'immortalité, le Paradis terrestre[41] »...

Où est l'Éden ?

Quant à l'emplacement de l'Œuf du monde, du Centre insigne de la planète, les opinions variaient aux quatre angles de l'horizon, suivant l'Imago mundi qui prédominait à une certaine époque, en certains lieux, et chaque fois pour d'excellentes raisons.

Il devait être au nord, puisqu'il était aussi la Montagne polaire axiale. C'était en général l'opinion de l'Asie centrale.

Celui des Tibétains se nomme Chambala (Tchangbala. Tchang = nord), et situé, si l'on peut dire, entre *Li, Tchina, Mahatchina* et le Kaïlas, aire qui, sur les cartes modernes, se trouverait limitée par l'Indou-Kouch, le Pamir, le Turkestan et le Tibet. Son accès est défendu par une accumulation d'obstacles naturels : déserts homicides, jungles pleines de fauves, fleuves énormes *(Patrou)*, montagnes de glace *(Vaka, Patvalotana)*.

L'imagination des gens du pays des Neiges ajoute tout ce qu'elle a pu concevoir de démons et de monstres. Comme dans la géographie du Mérou, le dernier rempart est une colossale ceinture de pointes rocheuses.

Au-delà, le territoire magique prend la forme de huit feuilles de lotus portant chacune douze millions de maisons *(sic)*, un éden communautaire qui n'a évidemment plus rien à voir avec celui où jouait le Couple initial. Au centre, parmi les glaces étincelantes, l'or et les pierres précieuses, le roi Koumita trône dans sa ville de Kalapa, entouré des prestiges de la totale puissance : ministres, armées innombrables, foule de femmes ravissantes, etc.

Cette image d'Épinal violemment coloriée correspond à l'interprétation populaire et fort matérielle d'un thème à multiples niveaux que l'intelligentsia tibétaine considérait surtout comme une fiction symbolique. Pour certains, il s'agit d'une allusion à un État idéal, une sorte d'Atlantide asiatique. Pour d'autres, d'un vrai séjour paradisiaque, d'un lieu où règne l'Esprit, accessible de leur vivant à quelques initiés — car il ne s'agit pas d'un pays des morts — à travers une série de renoncements et d'épreuves[42].

Le Paradis pouvait être à l'est pour les Méditerranéens influencés soit par les naissances solaires, soit par les précisions du récit biblique qui mentionnait le Tigre et l'Euphrate parmi les quatre fleuves issus de l'Éden avec : le Phison (Indus), et le Géhon (Nil ?), indice assez clair de l'origine orientale du thème[43] : « Sur une cime au-delà des Indes... »

On le situait encore à l'ouest, du côté où s'en vont les soleils. Dans l'épopée de Gilgamesh, le Héros le découvre au-delà de la Montagne du Couchant. Par là le thème rejoint celui d'une Terre bienheureuse des morts, le *Mag Meld* ou l'Avallon des traditions celtiques, la Montagne-aux-confins de certaines légendes amérindiennes, le K'ouen-Louen des Chinois taoïstes, et son « Jardin de la reine d'Occident ».

Il pouvait être encore au sud, car le Nil y prend sa source.

> « Il nous convient, premièrement, de parler du fleuve qui vient (...) du Paradis terrestre. Avant que le fleuve entre en Égypte, les gens qui ont accoutumé à ce faire jettent leurs rets déliés parmi le fleuve au soir ; et quand ce vient au matin, si trouvent en leurs rets cet avoir-de-poids que l'on apporte en cette terre, c'est à savoir gingembre, rhubarbe, bois d'aloès et cannelle. Et l'on dit que ces choses viennent de Paradis terrestre, que le vent abat les arbres qui sont en Paradis. » (Joinville.)

C'est bien l'ancien Éden, situé sur une montagne mystérieuse, ici les Montagnes de la Lune, région du Ruwenzori, et le chroniqueur ajoute que le fleuve est barré plus haut par une muraille immense « où nul n'a pouvoir de monter ».

Une tradition encore vivante chez les Petits-Russiens considère le Golgotha comme le sommet de la Montagne cosmique, c'est-à-dire l'emplacement exact de l'Éden biblique, où Adam fut créé, où il a péché, où son corps a été enfoui. En sorte qu'il s'est trouvé racheté, purifié par le sacrifice du Christ, non seulement en esprit, mais par le contact réel des ossements contenus dans une grotte, et celui du sang ruisselant du Crucifié. Tentative désespérée d'une extraordinaire synthèse : les événements essentiels de l'histoire de l'humanité s'y déroulent dans le même endroit, au nœud des espaces et des temps.

IV

LES ROUTES DU CIEL ET DE LA TERRE

Ils suivront jusqu'au bout la route du Seigneur
jusqu'au Château du Temps qui dure.

PINDARE (trad. Brasillach).

Dans les très anciennes images du monde que nous avons évoquées...

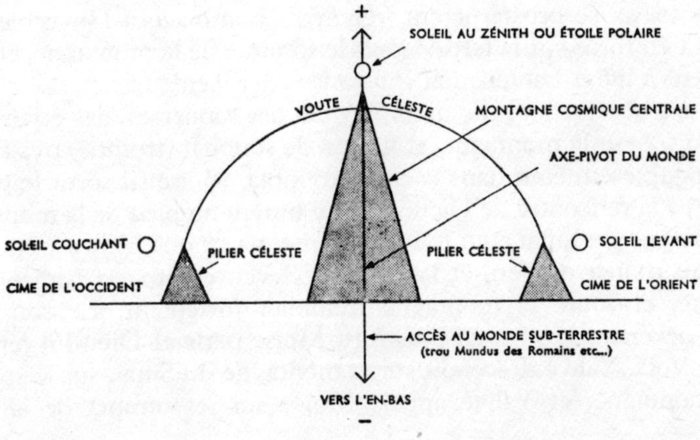

le Centre est le point précis de l'espace où communiquent les mondes.

La Montagne cosmique, parce qu'elle est au centre — et en contact visible avec le ciel — devient de manière évidente lieu de passage, du ciel vers la terre pour les dieux, pour les hommes — certains hommes — de la terre jusqu'au ciel.

L'itinéraire des Célestes

« Une armée de démons grouille au-dessus du royaume des mortels. Jour et nuit les villes retentissent de hurlements, les campagnes sont en flammes. Démons célèbres à travers les yugas, ils sont nés à nouveau dans les familles de rois puissants et se livrent sans entrave à leurs méfaits... Mon corps est si accablé par ces iniquités que je ne puis les supporter plus longtemps... Ô Puissants, sauvez-moi ! Veillez, ou sinon je tomberai vaincue au fond de l'abîme... »

C'est au sommet du mont Mérou que, trente siècles avant notre ère, d'après les textes sacrés du *Vishnu Purâna,* retentit cette prière déchirante, et c'est la déesse Terre elle-même qui suppliait les dieux d'intervenir. Quatre mille neuf cent quarante-trois ans plus tard, elle aurait pu se plaindre dans les mêmes termes et demander secours pour les mêmes raisons.

Les dieux s'émurent. Brahma, Civa et les autres montèrent au ciel suprême, celui où règne Vishnu, l'Infini, « qui est simultanément la création, la conservation et la dissolution de l'univers ». Vishnu dit qu'il fallait une fois de plus vaincre les démons, que Lui-même s'incarnerait dans une mortelle nommée Devakï, afin que de ses entrailles naisse un Sauveur, Krishna, dont la légende s'associera souvent aux Himalayas.

Les dieux se prosternèrent, rendirent hommage à l'Invisible, descendirent en force sur la terre depuis le sommet de la montagne, et commencèrent à livrer bataille aux Puissances des Ténèbres...

« Le troisième jour au matin, il y eut des tonnerres, des éclairs, une nuée épaisse sur la montagne, et un son de shophar (trompe) très fort, et tout le peuple qui était dans le camp trembla. Moïse fit sortir le peuple du camp à la rencontre de Dieu, et ils se tinrent au pied de la montagne. La montagne du Sinaï était toute fumante, parce que Yahvé y était descendu au milieu du feu, et la fumée s'élevait comme la fumée d'une fournaise, et toute la montagne tremblait fortement. Le son de la trompe devenait de plus en plus fort. Moïse parla et Dieu lui répondit par une Voix. Yahvé descendit sur la montagne du Sinaï, sur le sommet de la montagne, et Yahvé appela Moïse sur le sommet de la montagne[44]. »

La tradition biblique se reflète en Navarre : le Seigneur d'En-Haut, le dieu des anciens Basques, *Iaun Goïcoa,* dicte la Loi à son peuple au sommet du mont Aralar.

Les dieux de l'Olympe homérique se mêlent, souvent hélas de manière assez vulgaire, aux aventures des hommes — nous sommes loin du sentiment de tremblante adoration manifestée par les Hébreux — puis ils regagnent leurs hauteurs[45].

Ailleurs, l'Être suprême, tel Vishnu, s'est retiré dans les sphères célestes, d'où il expédie ses émissaires : dieux, anges ou démiurges. Jacob (Genèse, XXVIII, II) voit les anges monter et descendre l' « échelle », et « en haut » se tient Yahvé dans sa gloire.

D'autres êtres célestes empruntent le passage d'une montagne, mais cette fois il s'agit d'une fraude dont les conséquences seront plutôt catastrophiques. Dans le *Livre d'Hénoch,* il est dit que deux cents « anges » (?) descendirent du temps de Yéréd sur le mont Hermon dans le but de s'unir aux charmantes filles des hommes. S'ils apportèrent avec eux quelques connaissances utiles et les techniques du métal, des désordres s'ensuivirent : les filles des hommes engendrèrent des géants, et la terre fut mise à feu et à sang, ce qui provoqua finalement un déluge purificateur, celui-là même auquel échappa Noé.

Chez les Amérindiens, le Jeune Homme initial, le procréateur, descend du ciel à l'aide d'une lanière et atterrit au sommet d'une montagne, d'où il atteindra la terre des hommes sur le dos d'un aigle géant.

Le sommet du pic d'Adam, à Ceylan, vit passer Bouddha, Civa, Adam, ou... saint Thomas, au rythme des croyances des dévots. Dans l'ancien royaume khmer, un Civa-Mahesvara visitait fréquemment la colline du Phnom Bakheng à Angkor.

Lorsque le grand dieu des Incas, Viracocha, eut créé le monde à Tihuanaco, avec les montagnes, les vallées, les êtres vivants, il ordonna au dieu Soleil, qui avait la forme d'un homme « entouré d'une grande splendeur », de se rendre à l'île du lac Titicaca (colline axiale) et d'y remonter au ciel avec la Lune et les étoiles ; ce qu'il fit après avoir remis au premier souverain Manco Capac l'insigne solaire du pouvoir royal.

Une rupture cosmique

Si les dieux ou leurs émissaires, en quelques circonstances majeures, descendent des montagnes, à moins qu'ils n'accordent audience à leurs sommets, de tels événements demeurent exceptionnels, et font date dans les mythologies. En revanche, les hommes ont toujours de bonnes raisons pour s'engager sur les routes du ciel. La première étant peut-être de faire retour à un état antérieur et regretté, de retrouver la patrie par excellence, c'est-à-dire l'espace céleste.

La tradition d'une époque heureuse, révolue, d'une union primordiale dissoute, reste vivace... Jadis, en des temps très anciens, les communications entre le ciel et la terre, l'Éden et la terre, étaient naturelles, faciles, universelles. A la suite d'un choix, d'une erreur, d'une faute, d'une « chute », provoquée par l'inconscience ou la méchanceté de l'espèce, le lien s'est trouvé rompu, les dieux se sont retirés dans leur sphère. L'Éden originel qui subsiste quelque part dans l'espace demeure désormais inaccessible au commun des mortels, et les montagnes ne mènent plus qu'aux frontières d'un royaume interdit.

C'est le thème nostalgique du Paradis perdu, tel qu'il est clairement exprimé dans la Genèse et tel qu'il flotte au fond de nombreuses légendes. Il exprime une nuance particulière d'inquiétude et de regret, comme le souvenir d'un état antérieur de bien-être. Les psychanalystes l'identifieront avec celui de l'enfance abolie : cette enfance pour laquelle rien n'est encore miracle parce que tout est miracle, l'âge de l'innocence émerveillée, l'inoubliable fraîcheur des aubes... Il traduit l'ambiguïté de l'aventure humaine, elle-même engagée à partir d'une rupture initiale et douloureuse.

A présent, le passage se trouve coupé et, suivant les interprétations, cette rupture est imaginée sous forme d'obstacles matériels, ou, plus subtilement, attribué à une perte de mémoire collective, à une nouvelle ignorance : la vraie route est oubliée. Seuls de rares élus reconnaîtront la voie secrète, soit *de natura,* lorsqu'ils sont d'origine divine, princes, rois, fils des dieux, soit parce qu'ils font partie d'une petite élite d'hommes instruits, initiés, hiérophantes ou magiciens. Les uns et les autres affronteront ses détours, ses pièges, à leurs risques et périls[46].

Les montagnes fourniront aisément le décor de telles affabulations parce qu'elles se présentent à la fois comme des obstacles et des passages vers l'au-delà céleste[47].

La recherche de ce monde perdu[48], toujours le même sous les appellations les plus diverses, a suscité des quêtes et des expéditions fabuleuses jusque dans les temps modernes et même dans les Alpes.

Au Ve siècle, des rives brumeuses de la Celtique commence l'errance de saint Brandan. Après moult aventures, il embarque un pilote venu d' « ailleurs ». Quarante jours plus tard, il touche à la muraille de nuées, la franchit, parvient enfin en vue du Paradis, haute falaise d'une blancheur idéale, où scintillent des gemmes et dont le sommet brille au soleil comme l'or pur[49].

Au XIIe siècle, le thème est repris par Godefroi de Viterbe, mais sa montagne a définitivement émigré dans l'irréel, car elle est cette fois tout entière d'or, ruisselante de merveilles et de parfums, et sert de piédestal à une cité fabuleuse, au centre de laquelle s'élève une église plus fabuleuse encore. En somme, un Chambala christianisé et, comme dans l'île magique de l'épopée de Gilgamesh où réside Uta-Napishtin, le Noé babylonien, les gardiens du Paradis perdu sont ici Hénoch et Élie, l'un et l'autre sauvés du temps. A travers la confusion des siècles et des lieux, de telles analogies expriment d'une manière frappante l'universalité du langage mythique, cet esperanto du rêve.

Joinville, dans son *Histoire de Saint Louis,* rapporte l'aventure étrange d'un prince tartare, nouveau converti, qui disparut durant trois mois, à la grande inquiétude de son clan.

Au retour, il est persuadé de ne s'être absenté qu'une soirée durant laquelle, ayant escaladé une colline élevée, il a découvert une brillante assemblée, présidée sur un trône d'or par « le Seigneur du ciel et de la terre » qui lui promet... victoire sur les Perses. Dégradation barbare du thème initial[50].

Si les expéditions des pieux aventuriers comme saint Brandan sont par essence désintéressées, le seul gain du voyage étant une vision anticipée d'un au-delà, ou plutôt d'un « au-dessus », conçu de la manière la plus naïve, d'autres entreprises ascensionnelles ont un caractère utilitaire. Puisque les montagnes mènent aux espaces célestes, demeures des dieux dispensateurs d'énergies matérielles et spirituelles — car à haute époque les notions sont peu différenciées — il est logique de tenter d'aller les quérir où elles se trouvent.

Où brille le feu

Où donc est le berceau du Feu ?
Où berce-t-on la braise rouge ?
Là-haut, près du nombril du Ciel,
Au sommet du Mont réputé.

Incantation finnoise.

Associées à l'orage, à la foudre, aux feux souterrains, s'il s'agit d'un volcan, les montagnes recèlent une force mal apprivoisée : le Feu. Quand un déluge a submergé la terre, c'est donc dans les montagnes que les hommes espèrent récupérer ce bien indispensable.

Chez les Grecs, Prométhée, par l'intermédiaire d'une montagne, s'en va dérober les semences à « la roue du soleil », et les rapporte, encloses dans une tige de fenouil[51]. La vengeance de Zeus sera d'une cruauté toute divine : il enchaînera l'insolent sur un pic du Caucase et un aigle viendra lui dévorer le foie. Le lieu de la peine est-il celui du crime[52] ? Dans la version platonicienne, Prométhée commet son larcin non dans un ciel trop bien gardé, mais dans les forges d'Héphaïstos, une cime volcanique de l'île de Lemnos. Il est évident qu'un volcan est la montagne du Feu par excellence.

Ce mythe fameux, première contestation des hommes envers la divinité, a des pendants naïfs aux îles Andaman et au Mexique... Aux Andaman, après le déluge, n'émergeait plus des flots que le pic de la Selle où se tenait *Peluga,* le créateur, gardant le Feu qui manquait cruellement aux survivants. Alors l'esprit d'un mort, sous la forme d'un martin-pêcheur, vola jusqu'à la cime et s'empara d'un brandon, qui faillit tomber sur Peluga, mais parvint finalement au bas de la montagne, là où se tenaient les hommes, frissonnants et apeurés... Ainsi leur fut rendu le Feu.

« Quelqu'un doit monter chercher le Feu !... Va, Corbeau, et essaie, si tu peux, de grimper au ciel. »

Le Corbeau entreprit d'escalader la montagne[53], arriva péniblement à mi-hauteur, glissa et vint s'écraser au sol. L'Oiseau-mouche fit à son tour une tentative non moins infructueuse, mais parvint à redescendre avec son compte ordinaire d'os et de cartilages. Il déclara l'escalade impossible, et cette opinion pessimiste fut confirmée par d'autres « oiseaux » grimpeurs.

En désespoir de cause, l'assemblée des Anciens désigna l'Opossum, qui n'en témoigna nul enthousiasme. Se voyant acculé, il dit : « Si j'y arrive, tenez-vous prêts, car de là-haut je vous lancerai le Feu. Il vous faudra le recueillir dans des couvertures de crainte qu'il ne touche la terre et ne l'embrase. »

Il entama alors l'ascension, interminable, très difficile, et dut bivouaquer... Enfin, après avoir réussi à triompher de justesse du principal obstacle, une cascade, il atteignit le sommet, trempé, transi. Le Feu était là ! Aussi un vieillard renfrogné qui montait la garde. L'Opossum obtint l'autorisation de s'approcher du brasier pour se réchauffer, et attendit avec patience que le « Grand-Père » s'assoupisse à nouveau. Quand il crut le moment favorable, il commença de retirer tout doucement un brandon avec sa queue, mais le Vieux ne dormait que d'un œil... « Hé ! Tu emportes ce Feu, petit-fils ? — Non ! Je le ratisse », rétorqua l'Opossum à la hâte.

La seconde fois fut la bonne. Il sortit son brandon sans donner l'alarme et commença sa retraite avec mille précautions. Soudain, l'autre se réveilla, vit la manœuvre, bondit et se précipita vers le voleur. Celui-ci eut le temps de lancer la braise dans l'à-pic. Elle tomba, dit-on, malencontreusement à côté des couvertures, et la terre commença à roussir ! Une minute après, l'Opossum suivait le même chemin, dégringolant et rebondissant le long de la paroi, et lorsque ceux d'en bas le ramassèrent il était mort, ou tout comme, couvert de bosses et de bleus. Pourtant, il finit par remuer, s'assit malgré les courbatures et demanda si le Feu était arrivé... « Oui, j'ai lancé le Feu ! Et le Grand-Père m'a donné une de ces raclées. »

C'est ainsi que les Indiens Coras content — en clignant de l'œil — l'aventure de cet « opossum », à deux ou à quatre pattes, en tout cas héros prométhéen[54] :

Le thème de l'apprenti sorcier apparaît nettement dans un conte ironique des Indiens Zuini, dans l'Arizona et le Nouveau-Mexique.

Des frères jumeaux, Ahaiyuta et Matsailema, vivent avec leur grand-mère, sur une très haute montagne. Ce sont deux enfants inconscients et insupportables. Un jour, ils se mettent en tête de dérober aux dieux éclairs et tonnerres « pour jouer avec ». La demeure des dieux est inaccessible, défendue par des falaises verticales. Ils circonviennent le Mille-Pattes (*sic* : le procédé paraît aussi original qu'inédit)... qui escalade la paroi et vole pour eux, aux déités assoupies, la « pierre du tonnerre » et la « lance de l'éclair ». Enchantés, les jumeaux s'emparent de ces jouets passionnants. Le tonnerre gronde sans arrêt, la foudre claque à tous les horizons, une énorme pluie s'abat sur le monde et se transforme rapidement en déluge. Les plus hauts sommets sont noyés. Terrifiés par ces brillants résultats, ils s'arrêtent enfin, mais trop tard : la terre est ravagée, la mère-grand est morte... Alors « tout changea, beaucoup de choses anciennes disparurent ». Les deux fous « quittèrent la région, et personne ne sait où ils sont allés[55] ».

Certains mauvais esprits pourraient penser qu'ils sont allés en Occident, au XXe siècle et dans les centrales nucléaires.

Une autre légende indienne, cette fois du Nord-Canada, renchérit sur le thème d'une morale analogue, à travers une série d'épisodes appartenant tous aux mythologies de l'Altitude[56].

Deux frères se trouvent possédés d'une soif particulièrement inextinguible, celle du savoir, de la découverte. Et ce qu'ils veulent atteindre et explorer, c'est le domaine interdit par excellence : le Ciel.

Ils rencontrent d'abord l'Araignée qui tisse l'arc-en-ciel et la poursuivent avec obstination. Cette chasse les entraîne au sommet d'une montagne où se tient le Sage Vieillard, lequel, ailleurs, se nomme Hénoch, Noé, Uta-Napishtin..., lequel, depuis longtemps, n'éprouve plus le fatal désir de possession. « Pourquoi, reproche-t-il aux deux jeunes gens, vous entêter à capturer l'arc-en-ciel ? On le voit, on l'admire, pourquoi chercher à vous en emparer ? »

Cette leçon de vie contemplative est accueillie avec dédain, car chaque génération doit recommencer pour son compte les mêmes expériences. C'est cela la véritable « confusion des langues », et la plus efficace défense « des dieux ». Qui s'en doute ? Surtout pas les jeunes.

Donc ils passent outre et, ayant réussi à emprunter au trop indulgent Gardien-des-Vérités-Premières l'une de ses flèches magiques, la lancent, s'y accrochent et franchissent les espaces célestes. Alors surgit une autre montagne, cette fois géante. Elle remplit la terre et sa cime touche le firmament. La flèche (fusée) débarque sur ses flancs les explorateurs épuisés. Quand ils ont recouvré à la fois leurs esprits et leurs forces, ils s'aperçoivent que la montagne est creuse, habitée par des géants. Ils parlent chacun une langue différente et ne peuvent se comprendre, ce qui suscite l'ironie des garçons. Puis la flèche repart et les débarque au sommet, rocher nu cerné par des océans de vide. Peu après, d'autres humains pulsés par d'autres flèches arrivent de tous côtés et sur cette cime aride se posent rapidement les problèmes de la survie.

Les deux frères allument imprudemment un feu qui enflamme « des puits de bitume »... Les roches explosent, l'énorme montagne s'effondre. A sa place s'étend une plaine morne où de rares survivants, ayant à leur tour cessé de s'entendre, se dispersent aux quatre angles de l'horizon.

Le contenu de cette légende est d'une telle actualité que nous laisserons au lecteur le soin d'en faire lui-même l'exégèse. Quant à comprendre comment et pourquoi une telle histoire rapportée au XIXe siècle a pu naître dans l'imagination d'une humble tribu d'Indiens Dénè-Peaux-de-lièvres... c'en est une autre...

La Flamme de l'Esprit

Le feu que va chercher le corbeau mexicain n'est que du feu, celui qui réchauffe les corps et cuit les aliments. Dans les Himalayas bouddhistes il devient tout autre chose : le signe d'une Présence, la manifestation la plus éloquente et la plus chaleureuse du Divin, un message pour les âmes, et qui à présent s'est effacé.

A l'âge immensément lointain du Satya Yuga, un bouddha nommé Vipashyi, sixième avant l'historique Siddartha Gautama, sema une graine de lotus dans un lac situé au sommet d'une montagne du Népal nommée Champadévi. Cette graine germa, et ainsi apparut Swayambhou, sous la forme d'une flamme, aspect visible de « l'Être en soi. Plus tard, un autre bouddha s'unit à la flamme et fut incorporé en elle[57] ».

Le lac déborda par la faute d'un démon ; il y eut un déluge, et tout fut submergé, sauf la Montagne de la Flamme. La terre s'assécha et, les siècles ayant passé, vint la période du Kali Yuga, la nôtre, « époque d'ignorance et de dépravation », durant laquelle la Flamme ne pourrait être ni comprise ni vénérée ; aussi cessa-t-elle de briller.

Au Népal, le Dhaulagiri (8 167 m) est une « montagne de la Flamme ». Dans les Indes méridionales se trouve aussi Arunatchala. La Flamme est ici le symbole de Çiva « sous son aspect dévorant et régénérateur. A vrai dire, les initiés savent que cet axe immuable du monde n'est pas un lieu géographique, mais qu'il est caché dans la conscience de l'Homme ». (Ella Maillart.) Jadis, en Lycie, il existait un Olympe où brûlait une flamme intermittente qui, dit Maxime de Tyr (IIe siècle ap. J.-C.), était signe divin pour les Lyciens[58].

Mwari, des Machonas, en Afrique du Sud, apparaît comme un feu divin sur le mont Roungaï. Le dieu Ralouvhimba des Vendas se manifeste sur le mont Tchawa-Dinda, « comme une flamme sur une roche, dans un cliquetis métallique ». Ce détail désigne la foudre. D'ailleurs, le prince montait aussitôt sur la montagne pour demander la pluie.

Où ruisselle l'eau

Les sommets détiennent aussi les sources fécondatrices. Les gens de l'Altaï, en Asie centrale, pensent que leur fleuve Ienisseï vient des cieux par l'intermédiaire d'une montagne. Ce n'est qu'une expression rêveuse de la réalité. Il y a davantage d'élaboration dans la légende indienne de la Descente du Gange, dont la source se situe non loin du massif de la Nanda Dévi, au Garhwal.

> En ce temps-là régnait sur la Terre une terrible sécheresse produite par un cataclysme antérieur. Le pieux roi Bhagîratha, après mille ans de retraite, parvint à toucher Brahma, l'aîné des dieux, qui accepta de laisser couler les eaux du Gange céleste sur la Terre. Mais une telle cataracte tombant directement de l'En-Haut aurait tout détruit. Alors le roi pria encore Çiva-Kaïlas de recevoir le choc, et lui aussi entendit sa prière.

Ainsi les grandes eaux se précipitèrent sur la tête du dieu, puis en se divisant s'apaisèrent sur les longues tresses de sa chevelure, et finalement, par une infinité de torrents, ruisseaux, cascades et cascatelles, s'épanchèrent jusqu'aux plaines en ranimant toutes choses vivantes.

Ce conte d'une magnifique invention poétique évoque le passage d'un état chaotique aux équilibres de la nature actuelle.

Dans d'autres traditions, c'est par l'intervention directe d'un hiérophante sacrifiant au sommet de la montagne que se laissera fléchir la Puissance céleste. Dans la Bible (I Rois, ch. XVII et suiv.) :

Yahvé, mécontent d'Achab, accabla la terre de Samarie durant trois ans d'une sécheresse meurtrière. Puis il dit à Élie : « Va, parais devant Achab, et je ferai tomber de l'eau sur la face du sol. »

Les prêtres de Baal montèrent avec le prophète sur le Carmel, et s'efforcèrent de fléchir un azur implacable. Ils sacrifièrent le taureau, ils se mirent en transe, ils lacérèrent leurs visages, tout cela sans le moindre résultat. Alors l'homme du vrai Dieu à son tour immola un taureau, en fit arroser les quartiers avec des jarres et attendit le Signe. Bientôt une flamme jaillit du ciel, vaporisa cette eau et consuma l'holocauste. Plus tard un petit nuage apparut au-dessus de la mer, s'enfla rapidement... Enfin le ciel s'assombrit tout entier, le vent se leva et il tomba une grande pluie[59].

La voie royale

Dans les sociétés traditionnelles conçues à l'image de leurs cosmogonies, de la Montagne cosmique elle-même, le Roi occupe le sommet. Il serait plus juste de dire qu'il est le sommet en personne. Il ne représente pas son peuple, il l'incarne.

C'est donc un être collectif, à ce titre éminemment sacré, dont les propres actes déterminent les destinées de la nation. Descendant du Ciel ou du Soleil, filiation dont il tire sa force et son autorité, il est par excellence le grand intermédiaire de l'En-Haut et l'En-Bas et c'est aux Puissances supra-humaines qu'il a directement affaire.

Les anciens textes babyloniens disent expressément, en tête de la liste des rois antédiluviens : « La royauté descendit du ciel (...) après que le déluge fut arrivé[60]. »

Une tradition tibétaine veut que l'ancêtre de la dynastie Rlangs soit venu d'en-haut, et ait atterri au sommet d'une haute montagne. Les premiers monarques incas, fils du Soleil, descendirent du mont Huanacanti, au sud de Cuzco... « Et cet endroit était le premier qu'ils eussent foulé de leurs pieds, et parce qu'ils étaient partis de là pour faire du bien aux hommes (...) nous élevâmes un temple[61]... »

L'Inca Yupanqui Pachacutec, dont le règne précéda d'un siècle la conquête espagnole et correspond à la période la plus brillante de l'Empire, ne cessa de revendiquer cette filiation solaire. Initi, le dieu Soleil, son ancêtre, lui était apparu, disait-il, sur une montagne où il faisait retraite, et lui avait alors remis la *Chuquiilla* (image d'un serpent bicéphale), emblème et garant du pouvoir royal.

En Crète, le roi Minos montait seul tous les neuf ans sur le mont Jouktas pour y renouveler ses pouvoirs, s'y entretenir face à face avec le dieu, et recueillir éventuellement de nouvelles instructions, que, tel Moïse, il transcrivait sur ses tablettes[62].

En Chine ancienne, les rapports du Souverain et de l'En-Haut par l'intermédiaire des montagnes avaient un caractère officiel et codifié et s'inscrivait dans le cadre d'une pensée originale[63]. Houang T'ien Chang Ti, le Souverain d'En-Haut, Auguste du Ciel, est la suprême puissance, ordonnatrice des saisons, régulatrice du temps. Il délègue ses pouvoirs à son fils, le T'ien Tseu, Fils du Ciel : l'empereur dont dépend la bonne marche de toutes les choses terrestres, l'ordre social et naturel, le rythme des saisons, d'une importance capitale dans une civilisation agricole. Non seulement il en détermine le calendrier, mais il les déclenche à volonté, à l'aide d'un rituel approprié qui s'accomplissait initialement, d'après les plus vieilles chroniques, sur les quatre montagnes cardinales dont nous avons déjà parlé[64].

Le chemin des Héros

D'autres grandeurs se trouvent associées d'instinct aux itinéraires de l'Altitude, et il s'y poursuit des quêtes de nature et de valeur très différentes, en tout cas exceptionnelles. Dans de nombreuses légendes, le Héros, pour parvenir à son but, doit escalader une cime difficile et dangereuse. C'est également la voie souvent empruntée par les chamans au cours de leurs expéditions oniriques dans l'Autre monde. Ainsi un jeune homme ayant épousé une sky-girl (fée céleste) parvient au ciel après avoir escaladé une montagne verticale[65].

Le fameux magicien Padmasambhava, figure célèbre du Légendaire tibétain (historiquement, cet apôtre du bouddhisme pénétra au pays des Neiges vers la moitié du VIIIe siècle ap. J.-C.), séjourna plus d'une fois sur différentes montagnes sacrées, entre autres le Kaïlas, qu'atteignit également, mais cette fois par la voie des airs et trois siècles plus tard, son disciple Milarepa, afin de prouver la supériorité de sa foi sur celle des Bön-po.

Dans un magnifique conte amérindien cité par Mircea Eliade, un jeune homme escalade une montagne brillante et voit son corps se couvrir de cristaux de roche. Il se met alors à voler. Car le cristal, pour des raisons déjà dites, confère, entre autres pouvoirs, celui de la lévitation[66].

Les cimes de cristal

Le Héros qui parvient à gravir une montagne de cristal jusqu'au sommet où se produira une sublimation est un des thèmes majeurs des mythologies de l'Altitude. Il est au cœur de ce vaste complexe, comme la Cime polaire est au centre de l'espace et du temps mythiques. Il traduit par les images les plus immédiates, les plus adéquates et les plus éloquentes l'aspiration universelle de l'homme vers un état transcendé de sa propre nature, conforme à la seule espérance authentique de « progrès ». Peut-être même s'agit-il là du mythe par excellence, car l'aspect réaliste de l'entreprise — escamoté dans les rêves de vol — se trouve ici préservé : l'ascension reste pénible, longue, périlleuse, sur une surface infiniment lisse, etc. Il montre d'autre part une convergence parfaite de tous les symboles. Son élaboration remonte sans doute à un passé très lointain. Il s'est transmis en Occident à travers de nombreux récits parallèles qui traitent toujours d'un « dénouement », d'une délivrance, pour soi ou pour les autres. Tantôt se trouve à la cime un oiseau merveilleux, tantôt un captif (captive) qu'il faut libérer d'un enchantement.

Dans le célèbre *Oiseau bleu* de Mme d'Aulnoy :

Florine, voulant rejoindre le Roi charmant, est arrêtée par une montagne d'ivoire glissante qu'elle tente en vain d'escalader. Épuisée, elle se couche au pied de la montagne et s'abandonne au désespoir.

Tout à coup, elle se souvient des œufs magiques donnés par la fée. Elle brise l'un d'entre eux et trouve quatre petits crampons d'or. Elle les adapte à ses pieds et à ses mains, et parvient, ainsi, à gravir la cime où l'attend son époux.

Comme tous les vrais contes, celui-ci, emprunté au folklore scandinave, en dit beaucoup plus long qu'il n'y paraît. On y trouve le décor de la Montagne sacrée — d'ivoire cette fois, le thème de la blancheur y étant associé à une certaine sensualité sous-jacente (le personnage est une jeune femme, non une vierge) —, l'épisode de l'interdiction, l'œuf magique qu'il faut briser (symbole d'une nouvelle naissance) et qui libère des outils (curieux souci de réalisme), d'or, comme il se doit, grâce auxquels l'Épouse rejoindra enfin l'Époux au sommet (retour à l'unité par l'amour). Le décor et le scénario dissimulent, ou plutôt exaltent secrètement, une plus haute aventure[67].

Le conte de « la Montagne de verre » (ou de cristal) est un autre exemple du thème de la Montagne magique. L'essentiel doit en être résumé, car il se développe largement[68].

Trois frères et leur vieux père vivent dans une humble cabane. Les deux aînés sont « normaux », c'est-à-dire attachés aux biens de ce monde. Le cadet présente les fâcheux caractères du poète, tels qu'au long des siècles ils encourent la réprobation des « bourgeois ». C'est un rêveur, un fada, un « bon à rien ».

Le père meurt et les enfants, trois nuits de suite, vont à tour de rôle veiller sa tombe sur la colline. Les deux aînés en sont chassés par une tempête. Le cadet tient bon, et à l'aurore aperçoit un magnifique destrier harnaché de cuivre, qu'il apprivoise aisément. Même jeu aux anniversaires durant trois années ; le cheval porte successivement un harnais d'argent, puis d'or.

Sur ces entrefaites, le Roi veut marier sa fille et, pour départager les concurrents, la place en haut d'une montagne de cristal à trois étages. De nombreux jeunes gens tentent l'épreuve, mais glissent dès les premiers pas. Soudain se présente un chevalier couvert d'une armure de cuivre. Il parvient d'un bond de son coursier sur la première plate-forme, et la princesse lui lance une pomme d'or. Le lendemain, cuirassé d'argent, il atteint le deuxième palier et reçoit une autre pomme. Le troisième jour, tout vêtu d'or, il est au sommet, arrache la troisième pomme et... tourne les étriers.

Le Roi fait rechercher partout le mystérieux vainqueur de l'épreuve. Et c'est ainsi que les enquêteurs pénètrent dans la cabane des trois frères. Ils vont se retirer, une fois de plus bredouilles, quand une pomme d'or roule à leurs pieds. Alors le cadet se redresse, écarte ses haillons, et apparaît dans sa brillante armure. Il épousera la Princesse et héritera du royaume[68].

Le choix des prophètes et des saints

Les aventures des hommes de Dieu ne sont pas moins fantastiques, mais elles s'accomplissent dans un décor beaucoup plus réaliste. Leurs montagnes sont souvent de vraies montagnes, que l'on peut pointer sur une carte, et c'est à leur cime, directement en contact avec l'En-Haut, que des personnages remarquables comme Abraham ou Moïse rencontreront la Puissance céleste. Elle révélera sa présence par des phénomènes lumineux, des sons, des voix, des signes divers... Certaines de ces étranges hiérophanies ont bouleversé l'Histoire, ainsi celle vécue par Mahomet sur le mont Hira : l'islam en est issu[70].

Élie marche quarante jours et quarante nuits jusqu'au mont Horeb, dans le massif du Sinaï, lieu d'un rendez-vous extraordinaire, du Rendez-vous des rendez-vous, puisque c'est Dieu Lui-même qui doit y joindre son prophète, et qui s'y manifestera « dans un murmure doux et léger ».

Dès sa naissance, le Bouddha parvient en sept Pas à la cime du monde, image purement symbolique. Au cours de sa vie terrestre, Siddartha Gautama laissera traces de son passage sur de nombreux sommets, au pic du Vautour, à la montagne de Bohar, au mont Ilam, où le Tout-Bon fit à cinq *yaksha* l'aumône de son propre corps..., au pic d'Adam, au mont Omi, etc. Inutile de rappeler le rôle joué par les hauteurs dans tous les épisodes « cruciaux » de la vie du Christ.

Ces traditions ne font qu'évoquer, à un niveau plus ou moins transcendé, l'usage réel et constant que certains hommes, à toutes les époques et partout où ils les rencontraient, ont fait des montagnes. En Chine, le même mot, *sennin,* désigne le Sage, ou « Celui de la montagne ». On remplirait des livres avec les seuls noms de saints personnages qui, dans des temps, des cultures et des mythologies différents, et sans s'être jamais concertés, ont un jour ou l'autre abandonné les villes et les plaines pour s'engager, avec une souriante obstination, dans l'univers des cimes. Ils savaient découvrir là-haut, naturellement offerts, les éléments nécessaires aux mues intérieures, aux métamorphoses de l'âme ailleurs moins aisément réunis : la solitude, l'espace, le silence. Ils savaient aussi que l'altitude est à la fois ascèse et opulence, et qu'elle a de tout temps ménagé aux êtres assez simples de cœur et humbles d'esprit pour rester vraiment lucides des confrontations décisives, et des réponses.

Ce même ascète tibétain, Milarepa, qui savait si bien voler, écrivit au XIe siècle de notre ère :

« Dans les déserts de pierres des montagnes il existe un étrange marché : on peut y troquer le tourbillon de la vie contre une béatitude sans limites. »

V

LA CAVERNE DANS LA MONTAGNE

Vous le savez, jardins d'améthystes enfouis
Sans fin dans de savants abîmes éblouis
Ors ignorés, gardant votre antique lumière...

MALLARMÉ.

Dans les paradis montagnards, hauts lieux privilégiés, les êtres et les choses échappent aux contingences, et les vieux désirs des hommes se trouvent comblés. De telles enclaves se confondent d'ailleurs avec l'espace sacré des centres, inabordable au vulgaire.

La clôture diffère : tantôt une falaise infranchissable, tantôt des murailles successives, des océans, des abîmes... Obstacles aggravés par de nombreux périls, la présence de monstres gardiens..., quelquefois une barrière subtile, celle de l'oubli.

Cette même idée d'espace clos, défendu, s'exprime d'une manière encore plus éloquente dans l'image d'une caverne, monde fermé à trois dimensions. Et, quand elle se trouve associée à celle de la montagne, l'ensemble forme un tout achevé, non seulement cohérent mais complémentaire : l'antre pouvant être considéré comme une montagne en creux, une sorte de projection intérieure de la coque qui l'entoure[71].

Les fantômes de l'angoisse

Il s'agit là déjà d'une architecture de gloire. Mais, comme tous les grands décors mythiques, celui de la Caverne est ambivalent. Et avant d'aller plus loin, ou plus haut, il convient de rappeler qu'il peut aussi faire naître des suggestions uniquement négatives. C'est alors le gouffre obscur qui s'enfonce vers l'En-Bas, rejoint les redoutables labyrinthes où grondent côte à côte les eaux souterraines, les feux telluriques, des monstres indistincts..., où se glissent les lourds serpents de la mort et de la nuit, cherchant qui dévorer. C'est l'amorce des décors infernaux, et aussi l'image assombrie de l'univers sub-conscient, celui des cauchemars, des interdits, de l'âme en elle-même égarée[72].

Le lieu des mutations

Au-delà de ces interprétations inquiétantes où se manifeste une nouvelle fois l'angoisse d'être, il en est une autre, capitale dans l'histoire des religions et des mythologies. Lieu clos, obscur, à l'abri des fluctuations extérieures et refuge par excellence, la caverne évoque irrésistiblement le sein maternel, l'espace où s'élabore une gestation. Et la sortie de la caverne coïncide avec une naissance, ou plutôt une re-naissance, le début d'un avatar, l'accès à un autre monde, ce qui revient d'ailleurs au même. Enfin, associée à la montagne, participant dès lors aux valorisations de l'En-Haut, échappant du coup aux seules suggestions de la pesanteur et des ténèbres, la caverne traduit dans un langage de silence et d'ombre les triomphes solaires de la cime. L'une et l'autre appartiennent désormais à un seul espace, comme les deux aspects d'une réalité unique ; en sorte que la caverne repose sous le ciel des voûtes, que la cime brille sous la voûte du ciel, et qu'elles délivrent le même message[73].

Le ventre de la Terre

On découvre tous les niveaux d'interprétation. D'abord les plus naïfs, les plus concrets : les anciens Caraïbes d'Haïti pensaient que les hommes étaient nés de deux grottes situées dans une région montagneuse de l'île nommée Caunana. La plus grande des deux avait aussi produit une race plus grande[74].

« Aux confins de la Chine, sur la Montagne Noire, les eaux inondent une grotte et y entraînent de la glaise, qui remplit une fosse de forme humaine. La grotte sert de moule et, au bout de neuf mois, sous l'effet de la chaleur solaire, le modèle acquiert la vie. C'est Ay-Atam *(sic)*, le premier homme[75]. »

Chez les Amérindiens du nord-ouest du Canada, l'identification matricielle est poussée à ses extrêmes limites ; les deux frères, futurs ravisseurs de la flèche volante, au terme d'un premier voyage, ne sont plus que des vieillards à bout de souffle, usés, décrépits... Alors, l'aîné décide qu'il faut « refaire l'homme ». Une montagne surgit dans laquelle ils pénétreront tour à tour. Elle se couchera *(sic)*, se dilatera, remplira la terre et, pour finir, les expulsera de nouveau, jeunes et vigoureux. Ensuite, cette montagne, vraiment « de jouvence », reprendra ses proportions. C'est une vraie parturition, et l'assimilation de la Terre à la Mère est ici totale.

A un stade moins innocent de l'imagination mythique, l'antre montagnard cesse d'être l'organe pour devenir le lieu d'une naissance insigne, celle du Zeus crétois par exemple, au mont Dikté, ou au mont Ida. Celle d'Hermès au mont Kyllène, en Arcadie. Le choix d'une caverne dans la montagne comme décor approprié à de tels événements n'est bien entendu pas l'effet du hasard. Le site possède une double efficacité : il est en relation directe avec les énergies infra-terrestres et génératrices ; d'autre part, il annexe, comme on l'a vu, les valorisations de l'Altitude, en sorte qu'il cumule les sacralités du Haut et du Bas.

De telles idées sont universelles. Alexandra David-Neel raconte qu'après la mort du Tachi-Péntchèn-Lama, en 1937 et en Chine, les Tibétains recherchèrent avec ardeur sa nouvelle apparence mortelle, car cet éminent personnage était, comme d'autres religieux de moindre envergure, un *tulkou*, c'est-à-dire un saint réincarné[76].

> Or une jeune paysanne des environs de Litang attendait un bébé, et son mari se persuada que l'enfant à naître ne pouvait être que le vénéré et regretté Tachi-Lama. Quand le terme approcha, « le bonhomme jugea que sa chaumière n'était pas digne d'abriter le retour dans ce monde d'une personnalité aussi haute. Une caverne sur la montagne lui parut un lieu plus convenable, et à une caverne préalablement purifiée avec de l'encens il amena son épouse. »

Les creusets de la nuit

Dégagé des interprétations grossièrement réalistes, le thème se sublimise encore. Il pourra s'identifier en dernière analyse avec la notion d'un espace extra-temporel où s'accomplissent dans le mystère, les ténèbres et le silence des élaborations et des métamorphoses, une sorte d'alchimie. L'être y *mûrit*, exactement comme mûrissent, pense-t-on, l'or, les minéraux, les pierres précieuses et généralement les trésors. En Chine, le mot « tong » (grotte) a fini par désigner ce qui est mystérieux, profond, transcendant. La caverne obscure des mythologies est paradoxalement le lieu d'une illumination[77].

Les faits associeront mythe et réalité. C'est au fond des cavernes que l'on a retrouvé les traces des plus anciennes manifestations magiques ou religieuses. C'est dans les cavernes des montagnes que de nombreux explorateurs du monde intérieur iront chercher l'abri primitif et indispensable, en même temps qu'un enclos favorable à la méditation, aux exercices spirituels, aux mutations profondes de l'être. Se retirer dans la caverne, c'est éluder pour un temps l'univers fluent des phénomènes, réanimer un processus de lente gestation, puis reprendre sa place dans le futur, aussi différent de l'homme antérieur qu'un insecte émergeant de la chrysalide.

L'ermite, la caverne, la montagne : trilogie familière à bien des traditions, dont les grands acteurs, à une époque ou à une autre, vont faire retraite parmi les solitudes pétrées ou neigeuses, véritable entracte qui précédera une révélation définitive, ou un nouveau cycle d'activité.

A leur suite, une foule d'imitateurs se lanceront dans la même aventure héroïque, avec l'espoir des mêmes résultats.

Lumière dans les ténèbres

Une nuit de l'an 629 de notre ère, dans une ville oubliée de la province de Chen-si, un jeune moine chinois, fervent bouddhiste, nommé Hiuan-tsang, eut un rêve. Il vit s'élever au milieu de la mer la forme sacrée du Mérou et, sans hésiter, s'élança dans les flots pour l'atteindre ; mais un lotus surgit qui lui servit de nacelle jusqu'à la base de la montagne. Elle était si abrupte qu'il désespéra de l'escalader. Alors un tourbillon mystérieux l'enleva jusqu'à la cime, d'où, transporté d'enthousiasme, il contempla des horizons immenses, « symbole des pays innombrables que sa foi allait conquérir ». Peu après, mû par un désir irrésistible, il entreprenait un très long voyage « sur les traces de Bouddha[78] ».

C'est au cours de ce périple semé d'aventures que le pèlerin de l'Absolu visita, entre Kabul et Peshawar, la fameuse Caverne où le bienheureux avait dompté le roi-dragon Gopâla. Il s'y révélait parfois, disait-on, dans les ténèbres.

> « D'abord il ne vit rien et pleura amèrement sur ses fautes. Certes, il n'avait pas le cœur assez pur pour être honoré d'une telle vision !
>
> Infiniment attristé, il allait se retirer, quand, tout à coup, voici qu'apparut... « sur la muraille orientale une petite lueur qui s'éteignit à l'instant. Pénétré de joie et de douleur il recommença ses salutations, et de nouveau vit une lumière plus grande qui brilla puis s'évanouit comme un éclair (...). Dans un transport d'enthousiasme et d'amour (...) il continua ses hommages ; soudain, toute la grotte fut inondée de lumière, et l'image du bienheureux, d'une blancheur éclatante, se dessina majestueusement sur la paroi, comme lorsque les nuages s'entrouvrent et laissent apercevoir soudain la silhouette merveilleuse de la montagne d'or. Hiuan-tsang contempla, ravi, en extase, l'objet sublime et incomparable de son admiration. Le corps du Bouddha et son vêtement monastique étaient d'un jaune rouge ; depuis ses genoux jusqu'en haut, les beautés de sa personne brillaient en pleine lumière ; mais le dessous de son trône de lotus était comme enveloppé dans un crépuscule...
>
> Après avoir été témoin de ce prodige, il appela six hommes restés au-dehors et leur commanda d'apporter du feu pour brûler des parfums. Quand il fut allumé, soudain l'Ombre du Bouddha s'en retourna et disparut. Aussitôt il ordonna de l'éteindre, et à l'instant Elle reparut devant lui. Parmi les six hommes, cinq purent l'apercevoir, mais il y en eut un qui ne vit absolument rien... »

Une machine à négliger le temps

La caverne est comme l'athanor des alchimistes. C'est l'œuf, le four où le plomb se change en or, la vile pierre en cristal puis en diamant, l'homme en sur-homme ; et cet espace échappe aux altérations ordinaires du temps. C'est-à-dire que le passé, le présent et le futur y coexistent dans une nouvelle dimension du Réel qui est « le Grand Temps mythique » (Lévy-Bruhl). Les antres, les grottes, les cavernes sont donc les habitats de prédilection des oracles. Les ténèbres et le silence y tissent l'étoffe de l'avenir, ou bien les puissances chtoniennes s'y manifestent directement par des exhalaisons, par des sons...

« Là est un antre immense creusé dans le roc eubéen ; cent larges avenues y conduisent, on y trouve cent bouches d'où se précipitent cent voix qui donnent les réponses de la sibylle. » (*Énéide,* VI, 42-44.)

La grotte de la sibylle de Cumes s'ouvrait dans l'Apennin central, à la couronne du mont (...). C'est là que, sous sa roche profonde, la prêtresse « répandait l'horreur sacrée de ses oracles ambigus et mugissait dans son antre où la vérité s'enveloppait d'ombre ». (*Énéide,* VI, 98-100.) Et, en effet, l'ensemble du dispositif constitue une étonnante caisse de résonance ; la voix amplifiée et renvoyée par les parois s'entend parfaitement d'une extrémité de la galerie à l'autre[79].

La célèbre pythie de la montagne de Delphes, elle, prophétisait d'après les récits anciens, au milieu de vapeurs délétères émises par une crevasse du sol[80].

Même si la légende néglige les vertus vaticinatrices du site, elle assure que le temps courant s'y trouve modifié. Il s'agit d'une nouvelle qualité de l'espace, sinon l'éternité, du moins un prodigieux ralentissement des rythmes habituels.

Dans un conte du VIe siècle av. J.-C. :

> Le jeune Épiménide, envoyé par son père dans la montagne en quête d'une brebis égarée, « s'endort » dans la grotte de Zeus, au mont Ida. Il en sortira cinquante-sept ans plus tard, « Maître de la Sagesse enthousiaste », et s'en ira parcourir le monde, guérissant, prophétisant, et chassant au passage les démons.

Cette histoire est fort peu « grecque ». Il est vrai qu'elle se passe en Crète, sent son Orient d'une lieue, en sorte que ce héros méditerranéen évoque un peu le futur saint tibétain Milarepa[81].

Sous une forme naïve, la légende indienne des vieillards conservant une espèce de jeunesse au sein de la montagne exprime pourtant un concept très remarquable que les hommes n'ont pas attendu l'époque moderne pour élaborer ; celui de la relativité du temps.

Le même sage explorateur Hiuan-tsang, auquel apparut Bouddha, rapporte à cet égard des détails surprenants[82]. C'est ainsi qu'en traversant les montagnes du Pamir il apprit de ses guides que, dans une haute paroi dont la caravane longeait les bases, il y avait deux grottes creusées dans le roc où, depuis... sept cents ans, méditaient deux arhats, ou saints bouddhistes.

« Ayant éteint toute pensée concrète, parvenus à la complète extase, ils sont assis dans une posture droite, sans faire aucun mouvement. On les prendrait pour des hommes exténués par le jeûne, mais, quoiqu'ils soient là depuis tant de siècles, leur peau et leurs os ne donnent aucun signe de décomposition. »

Ce qui s'explique évidemment dans un tel climat[83].

Mais voici une autre histoire où le conte prend une magnifique et poétique ampleur :

« A deux cents li à l'ouest de Kie-p'an-t'ö », un éboulement déchira le flanc d'une montagne très haute et très abrupte et mit au jour plusieurs cavernes. Dans l'une d'elles, on aperçut un vieillard d'une taille gigantesque, en posture de méditation.

A la fois stupéfaits et épouvantés, les témoins se précipitèrent dans la vallée et colportèrent la nouvelle. Beaucoup de gens remontèrent avec eux pour contempler l'extraordinaire apparition. Nul n'osait toucher au Dormant, mais un lama expert en ces pratiques entreprit de le réveiller très lentement par des massages assouplissants à l'huile et au beurre. Ensuite on fit retentir un gong.

Alors le prodigieux vieillard s'anima imperceptiblement puis finit par ouvrir les yeux. Après un très long silence, ses lèvres à leur tour se descellèrent... Il commença par s'étonner de la petite taille des hommes qui l'entouraient, puis demanda des nouvelles de son maître spirituel, Kâçiapa. Or Kâçiapa n'était autre que le prédécesseur du Bouddha historique. On lui répondit que le bienheureux était rentré dans le nirvana depuis des centaines de siècles...

Cela parut l'accabler. Après un autre long silence, il dit encore :

— Et Çâkyamuni (*le Bouddha historique)*?

— Voici très longtemps qu'il a lui aussi éclairé le monde, et s'en est allé dans la parfaite félicité.

Le saint de nouveau baissa la tête...

« Puis il souleva de sa main sa longue chevelure et s'éleva majestueusement dans les airs. Par un prodige divin, il se changea alors en un globe de feu qui consuma son corps, et laissa tomber sur la terre ses restes calcinés. » (René Grousset.)

Ailleurs, on raconte que Kâçiapa lui-même, en son extrême vieillesse, se rendit à la montagne pour s'y endormir en attendant la venue du futur Maitreya. Arrêté par une paroi, il la frappa de son bâton, la fendit en deux, et pénétra jusqu'au cœur du massif, qui se referma sur lui (la chaîne du Pied-du-Coq, environs de Gaya). Plus tard, il sera délivré par Maitreya, et son corps se résorbera également en flamboyante apothéose. Dans la région, beaucoup d'autres arhats dorment de leur non dernier sommeil, en attente aussi de l'illumination finale.

Les mondes souterrains

De l'autre côté du monde, une chaîne de montagnes qui nous est beaucoup plus familière connut aussi, en son temps, les ermites, les cimes et les cavernes à prodiges, et ne les a pas tout à fait oubliés. Ce sont les Alpes, et plus précisément un massif isolé, rugueux, situé entre Salzburg et Berchtesgaden, l'Untersberg, dit aussi « Wunderberg », ou mont des Merveilles ; par excellence la Montagne creuse des vieilles traditions germaniques, et le centre de nombreuses légendes qui reflètent à la fois les gloires du passé et les espoirs de l'avenir, un avenir qui à son tour s'est mué en passé.

> Là, au cœur de la montagne, se trouve une immense caverne, un véritable empire souterrain, avec des forêts, des plaines, des églises, des couvents, des châteaux, des courtils où les arbres ploient sous le faix de fruits délicieux. L'argent, l'or, coulent à flots des fontaines... Au plus profond de cet éden médiéval s'érige un formidable burg, labyrinthe de salles toutes bruissantes d'étendards, aux scintillantes parois de cristal, et remplies de chevaliers en armes. Au milieu de cette cour guerrière, une table ronde, où siège, entouré de douze pairs (les plus hauts seigneurs de la vieille Allemagne... entre autres Hermann, vainqueur de Varus, le chef saxon Witikind, Frédéric Barberousse, Othon Ier, Henri Ier et Frédéric II de Souabe, Léonard de Keutschach, archevêque de Salzburg, le duc Albert de Bavière, etc.), l'empereur Charlemagne en personne.

Qu'attendent-ils ? « Que le pays se trouve uni dans un même cœur et une même foi. » Alors le grand empereur, avec ses paladins, apparaîtra parmi les vivants, chassera les hordes ennemies et l'Antéchrist, rétablira l'Allemagne dans sa gloire et la fera dominer sur toutes les nations. Sa barbe a fait déjà plus de deux fois le tour de la Table ronde. Quand le troisième cercle sera bouclé viendra la fin des temps.

Douze souterrains, dont certains, dit-on, s'ouvrent dans les églises et les couvents des alentours, permettent d'accéder au Royaume interdit[84]. C'est par l'une ou l'autre de ces entrées, gardées par les Bergmânnlein ou Petits Hommes de la montagne, qu'à la suite d'heureuses circonstances quelques rares privilégiés, bûcherons, pâtres, paysans, ont pu pénétrer au sein du Wunderberg et voir de leurs yeux ces merveilles.

Ainsi les rêves secrets d'une race et d'un temps se trouvent enclos dans le giron d'une montagne sacrée, image fort éloquente de ce que C. F. Jung a nommé l'« inconscient collectif[85] ».

Il existe beaucoup d'autres Dormants, grecs, romains, arabes, juifs, basques, celtes..., y compris le Héros irlandais Fionn et ses vassaux barbus... ou les sept frères martyrs, murés par l'empereur Dèce en 251 dans une caverne près d'Ephèse et qui se réveillèrent, dit la Légende dorée, cent cinquante-sept ans plus tard.

Le Trésor dans la Caverne

Ce « Trésor », en sa véritable signification, est celui d'une initiation spirituelle ; ce symbole est interprété de façon très concrète par l'imagination populaire, pour laquelle il s'agit toujours de richesses sonnantes et trébuchantes : or, pierres précieuses, etc., souvent gardées par des monstres, et dont la conquête est pleine d'embûches et de périls. Il arrive aussi que la caverne soit elle-même un trésor, et la légende accumule les références aux matières les plus précieuses.

D'après les Véda, le mont Mandara, Mérou, recouvre une montagne d'or qui s'effondrera sur les dieux et les démons lorsqu'ils s'efforceront de l'ébranler pour se procurer l'élixir d'immortalité. Au Pays basque, *Mari,* déité atmosphérique, et la *Dama de Amboto* habitent dans la montagne des palais d'or. Au Hoggar, les demeures souterraines des *Djenoun* sont d'or et de pierres précieuses. Dans la symbolique des métaux, l'Or signifie maturité, noblesse, sagesse transcendante.

Dans une grotte de cristal séjourne Padmasambhava, au plus haut des Himalayas.

A l'autre bout de cette chaîne traditionnelle, Leni Riefensthal présentait sur les écrans occidentaux, en 1932, *La Lumière bleue* : une grotte de cristal brille merveilleusement les nuits de pleine lune, au sommet d'un pic inaccessible. L'un après l'autre les jeunes gens du village, envoûtés par cette Lorelei alpestre, vont se tuer pour la conquérir.

Le scénario est conforme à l'esprit des vieilles légendes. Y abondent cavernes-trésor ou à trésors. Leur existence fabuleuse est indépendante des gisements précieux et des richesses qui, au cours des siècles, furent effectivement cachées dans les antres[86].

Si, dans celles de basse Navarre, l'or est réputé luire au fond des grottes (siloak), c'est aussi parce que, mille huit cents ans plus tôt, Diodore de Sicile écrivait que les Phéniciens avaient trouvé tant d'or et d'argent du côté des Pyrénées qu'ils en ornaient les ancres de leurs navires[87].

Le Scel de la terre

Le trésor dissimulé dans la montagne peut être de valeur uniquement spirituelle. Il s'agit alors d'un message transmis aux générations futures, et qui se trouvera littéralement « découvert » au moment opportun.

Padmasambhava, au Tibet, aurait caché au VIIIe siècle différents livres de doctrine aux environs de Chortens Nyiama. « Plusieurs ouvrages passent pour avoir été trouvés dans cette région et des lamas cherchent encore à en découvrir[88]. »

« Les gens du passé ont tout prévu. Chaque siècle a ses vices : alors ils ont écrit des livres où sont enseignés les remèdes (...) et ils les ont ensevelis dans les montagnes, sous les fleuves, là où il y a des glaciers... », confie Lobsang à Fosco Maraini[89]. Et le Tibétain raconte encore qu'un certain abbé Ken-rab, à la suite d'un rêve lancinant, se décida à monter sur le Kang-ri, montagne de neige, et au lieu indiqué trouva sous une dalle de pierre un livre dans une caissette...

« Dès qu'il se mit à le feuilleter, on entendit des hurlements affreux et on vit sortir du trou un feu vert qui menaça de brûler vif tout le monde... » Un tabou s'était trouvé violé, car « les temps n'étaient pas venus ». Lobsang considérait cette exhumation prématurée comme l'œuvre perfide d'un dieu-démon tutélaire en courroux. Et les hurlements et la flamme verte tendent à prouver que les dragons, à l'occasion, gardent aussi les livres.

Bien loin du Tibet, une vague tradition veut qu'Apollonios de Tyane, personnage vertueux et savant, philosophe néo-pythagoricien du Ier siècle, ultérieurement divinisé à Éphèse, ait caché des leçons destinées à l'humanité future en Provence, dans les rochers des Maures. On peut souhaiter qu'un homme au cœur pur les découvre rapidement, car l'humanité en a fort besoin[90].

L'ultime retraite du Graal

En Occident, le thème du Trésor dans la montagne a trouvé une expression achevée dans l'histoire du Graal, aussi riche en nuances profondes, en scintillements rapides, aussi fulgurants qu'un brocart chamarré parmi les reflets et les ombres de l'épopée médiévale. A travers les siècles, elle n'a cessé d'exercer sur certains esprits une espèce de fascination. C'est qu'elle possède ce dynamisme intérieur, inimitable, qui témoigne d'un accord exact entre les décors, l'action, les acteurs, et les archétypes de l'inconscient. On ne saurait donc s'étonner, en pénétrant sous ces voûtes, d'y faire naître à chaque pas des résonances insolites.

C'est une histoire longue, confuse, mystérieuse. Elle commence par la chute des anges, événement majeur dont sortira toute l'aventure chrétienne :

> Lucifer et ses cohortes s'effondrent dans le grand Abîme. C'est alors que choit sur la terre, parmi les tourbillons et les clameurs, une pluie d'étoiles-diamants, autant d'attributs de l'immortalité glorieuse et de la pure intelligence que les révoltés viennent de perdre.

Parmi ce grésil étincelant, le globe vert d'une énorme émeraude, celle même qui se trouvait enchâssée dans le front de l'ex-« Porteur de lumière », le Troisième Œil, organe de la connaissance des choses spirituelles encore évoqué dans l'image de l'Indou Çiva, avec l'Urna. La pierre reposera ensuite parmi les frondaisons et les ruissellements de l'Éden, et reflétera plus d'une fois les neigeuses silhouettes du Couple initial avant la chute[90].

Elle continuera ensuite de briller dans le Jardin solitaire jusqu'au jour où Seth, « le Remplaçant », celui qui vint après la mort d'Abel, ira la quérir avec la permission de Dieu, l'emportera parmi les hommes et la transmettra à sa descendance. Traduction : une parcelle de la Sagesse première sera, malgré le Péché, gardée à travers les siècles par un petit nombre d'initiés.

Ensuite, c'est un grand silence. Nul ne sait ce qu'est devenue l'Émeraude. Peut-être a-t-elle émigré une première fois parmi les chênes, les granits et les brumes des rives celtiques ? Jusqu'au soir, celui de la Pâque, où elle réapparaît brusquement à Jérusalem, dans une maison inconnue, brillant comme l'arc-en-ciel entre les mains du Christ. Et c'est elle dont il est dit : « Cette coupe est la nouvelle alliance en mon sang. »

C'est elle encore qu'utilisera Joseph d'Arimathie pour recueillir le sang et l'eau de la dernière blessure ouverte au flanc du Supplicié par la lance du centurion Longin.

Ainsi deux substances infiniment précieuses entreront en contact réel : le flux rouge de la rédemption par l'amour, et le cristal vert, indestructible, de la clairvoyance archangélique. En sorte que le Graal (Grial : espagnol ; Grazal : provençal) devient vraiment la Coupe de l'Alliance, le signe de « l'Un » (Wagner).

Plus tard, ceux de Joseph d'Arimathie le porteront en Grande-Bretagne. Puis la Table ronde, les douze preux et Artus évolueront au centre d'un cycle d'aventures merveilleuses où des châteaux et des forêts magiques surgissent et s'effacent tout à tour comme autant de voiles interposés entre l'ardeur des pieux paladins et l'inestimable trésor du « Saint Vaissel » que ni Gauvain, ni Bohort, ni Lancelot, ni Perceval ne réussiront à conquérir. Seul Galaad le Pur parviendra au terme de la « Haute Quête »...

« Et sitôt qu'il eut jeté les yeux à l'intérieur du très précieux vaisseau et considéré les choses spirituelles, il se mit à trembler[91]. »

Une telle révélation exige une mutation immédiate. L'âme de Galaad sera emportée en Paradis par les anges ; une main mystérieuse enlèvera à son tour le Graal.

Il réapparaîtra sur une autre terre, dans les montagnes Pyrénées. Le pic magique qui dès lors garde le Graal, le « Montsalvèche » de Wolfram von Eschenbach[92], le « Mont Salvage » des Templiers et de Richard Wagner, ne serait autre, si nous en croyons Otto Rahn, que le Montségur du pays de Foix. Voici, prétend-il, ce que lui raconta un vieux berger :

« Du temps que les murailles de Montségur se dressaient encore, les Cathares y gardaient le Saint-Graal. Montségur était menacé. Les armées de Lucifer assiégeaient ses murailles. Elles voulaient le Graal pour le réinclure dans le diadème de leur prince, d'où il était tombé à terre lors de la chute des anges. Alors, au moment le plus critique, descendit du ciel une colombe blanche qui, de son bec, fendit en deux le Thabor.

Esclarmonde, la gardienne du Graal, jeta dans l'intérieur de la montagne le joyau sacré. La montagne se referma, et ainsi fut sauvé le Graal. Lorsque les démons entrèrent dans le château fort, ils arrivèrent trop tard. Furieux, ils firent périr par le feu tous les « Purs », non loin du roc qui porte le château, au camp des Crémats, le champ du bûcher...

Ils périrent tous par le feu, sauf Esclarmonde. Quand elle vit le Graal en lieu sûr, elle monta au sommet du Thabor, se mua en colombe blanche et s'envola vers les montagnes de l'Asie. Aujourd'hui encore, elle est là-bas, au Paradis terrestre[93]. »

Et parmi les derniers « Purs », ceux qui sont fidèles aux belles légendes pensent que la glorieuse émeraude, jadis perdue par Lucifer, jadis ruisselante du sang du Sauveur, au fond de laquelle Galaad déchiffra les hiéroglyphes de la suprême sagesse et en mourut, luit toujours dans quelque caverne pyrénéenne, sous le triple sceau de la montagne, du silence, et de l'oubli[94].

VI

GOUFFRES ET CIMES D'OUTRE-TOMBE

> *Insondables vallées et flots interminables (...), montagnes tombant à jamais dans des mers sans nul rivage (...), lacs qui débordent incessamment de leurs eaux calmes — calmes et glacées de la neige des lis inclinés.*
>
> Edgar POE.

Le refus de la mort est la plus ancienne et la plus vénérable des contestations. Si loin que l'on remonte dans le passé, on décèle les traces rustiques mais éloquentes d'une croyance à la survie, attitude spécifique d'une telle universalité que son rejet moderne par les philosophies matérialistes, c'est-à-dire le refus d'un refus, prend l'allure d'un d'incident chronologiquement négligeable.

Les morts ne sont pas vraiment morts : ils ont émigré dans un autre monde, réplique plus ou moins fantastique de celui des vivants, possédant en conséquence une géographie particulière. Ses descriptions les moins élaborées font seulement allusion à un espace souterrain, sorte d'amplification à une échelle colossale de la tombe individuelle, et se révèlent fort pessimistes. Il s'agit d'un site lugubre, ténébreux, glacé, dont les caractéristiques s'opposent en somme trait pour trait à celles d'un milieu habitable. Là errent des foules vraiment « en peine », des fantômes indécis, fuyants, vidés de leur propre substance et se dérobant à toute espèce d'activité. De telles visions, étrangement dépourvues d'espérance, expriment au moins clairement un conflit non résolu : d'une part le refus instinctif d'une néantisation totale, horreur et scandale pour la conscience de l'*Homo sapiens* (et *sentens*). D'autre part, la hantise d'une expérience journalière, celle du cadavre. En vertu de la symbolique de l'Altitude, ce pays de l'En-Bas, de l'Au-fond, littéralement de la mort vivante, ne peut être situé que sous la surface du sol. Ainsi l'ont conçu les anciens Japonais, les Germains, les Babyloniens *(Aralou)*, les Hébreux *(Schéol)*, les Grecs *(Hadès)*, les Romains *(Orcus)*.

L'aimant-montagne

Fait significatif, dès que les deux thèmes, celui de la demeure souterraine des morts et celui de la montagne céleste, se trouvent de quelque façon mêlés, le mythe abandonne de tels aspects clos, statiques et sans espoir. Cela évoque une libération psychologique : à l'univers souterrain qu'elle recouvre, qu'elle englobe dans ses flancs, la montagne par sa seule présence confère de nouvelles virtualités. L'Autre monde, malgré ses terreurs et ses pénombres, cesse d'être le réceptacle de larves misérables, de naufragés du temps, pour devenir un lieu où s'amorce une évolution, où, si faible soit-elle, perce la lueur d'un Devenir. Ici, nous réintégrons plus ou moins la caverne dans la montagne avec ses pouvoirs de métamorphose.

L'*Amentit* — ou « Occident » — des Égyptiens s'enfonce dans les entrailles de la terre, mais les portes s'en ouvrent, du côté du couchant, dans les flancs de la montagne où règne l'« Amie de Celui qui crée le silence » (Osiris), la déesse Marit Sakro, surnommée elle-même *Ta tahnet,* « la Cime », et cette cime est en forme de pyramide à degrés. Du coup, toutes les vertus de la structure pyramidale s'y trouvent associés. Ainsi les morts bénéficieront-ils directement de l'influx d'énergie captée par l'éminence axiale.

Par cette voie souterraine, longue et difficile, le Pharaon atteindra la Douat, résidence solaire, et se fera reconnaître par le Dieu : « O Re-Atoum, ton fils se présente ! Daigne l'élever jusqu'à toi et lui donner l'accolade. Il est ton fils corporel à jamais. »

Nous sommes loin des angoisses de Job s'adressant à Yahvé : « Laisse-moi respirer un peu avant que je m'en aille (...) dans le pays des ténèbres (...), de l'ombre de la mort et de la confusion, où le jour est semblable à la nuit... »

C'est seulement sous l'action des prophètes, sans doute influencés par les conceptions iraniennes, que l'on verra peu à peu apparaître chez les Hébreux un cosmos orienté, comportant un paradis céleste, demeure des Justes, image sublimée de l'Éden initial, qui, au terme de son élaboration, sera caractérisée par la présence de la lumière et de la divinité ; et, en contrepartie, mais tardivement, aux alentours de l'ère chrétienne, un véritable enfer, géhenne de feu, lieu de punition des méchants[95].

Les gens du dedans

L'espace s'est dès lors structuré *éthiquement* en fonction de la symbolique du Haut et du Bas. Entre-temps, le patriarche Hénoch, guidé par les anges Uriel et Raphaël, découvre au sein d'une montagne les morts en attente du Jugement, et déjà les bons y occupent des places « délicieuses ». Dans un conte égyptien d'époque ptolémaïque rapporté par Maspéro, la caverne des morts divisée en sept salles est située sous la montagne de Memphis. Dans la sixième a lieu le jugement d'Osiris. Les élus vont au ciel de la Douat, qui a fini par s'ouvrir démocratiquement à tous les Égyptiens. Les mauvais sont dévorés par une déesse-chienne, les tièdes restent en la douteuse compagnie de Sokarosiris, dieu des morts.

Beaucoup de siècles plus tard et bien loin du Fleuve, un mystérieux Joueur de flûte, après avoir chassé les rats de la cité de Hamelin en Basse-Saxe et connu l'ingratitude de ses habitants, entraînera tous les enfants de la ville jusqu'au mont Coppenberg. Soudain, la montagne s'ouvrira comme un fruit et la ronde s'y engouffrera jusqu'au dernier. Le conte dit encore que si l'on va sur la montagne la nuit de Noël, et si l'on colle bien son oreille au rocher, on entend une ritournelle, des chansons, des rires. C'est le Joueur qui, depuis cinq cents ans longs comme une heure, fait danser, danser, les enfants perdus de Hamelin[96].

Ici, les thèmes de la mort et de la caverne à prodiges enfouie dans les profondeurs d'une montagne plus ou moins rédemptrice se mêlent intimement, comme chez les Celtes, comme en Islande.

Le pays des Morts, en Chine, est situé au pied du pic sacré du T'ai-Shan (Levant). Les sages taoïstes s'en vont très loin vers l'ouest jusqu'à la montagne K'ouen Louen, qui est le sommet, le « crâne » du monde. Ils pénètrent dans la caverne de ce « crâne », puis ressortent dans l'En-Haut par le pertuis solaire de la voûte ; aventure attribuée à l'Immortel Han-Tseu, entre beaucoup d'autres. Il franchit un tunnel puis débouche au sommet de la montagne en plein paradis. A un autre niveau symbolique, c'est l'image d'un processus de libération, d'une évasion définitive hors de l'univers des contingences phénoménales, aboutissant à l'éveil suprême de l'être.

En plein XIXe siècle, en Suisse, au Righi, la grotte de Fiznau était encore considérée par les pâtres comme une demeure des morts, et leurs destinées étaient écrites « sur un livre déposé dans le centre de la montagne[97] ».

En ancienne Babylonie, « mourir » c'était « aller à la montagne », ou, comme en Égypte, « s'accrocher à la montagne » ; les expressions étaient synonymes.

« Dans la tradition mythique indienne, Yama, le premier mort, a grimpé sur la montagne et parcouru « les hauts défilés » pour montrer « le chemin à beaucoup d'hommes » ; ainsi s'exprime le *Rigveda* (X, 14, 1). Le chemin des morts, dans les croyances populaires ouralo-altaïques, gravit les monts ; « Bolot, héros Kara-Kirghiz, de même que Kesar, roi légendaire des Mongols, pénètre dans le monde de l'au-delà, en guise d'épreuve initiatique, par une grotte située au sommet des montagnes[98]. Et, au début du XIIIe siècle, au Japon, le sage Chomei, retiré dans les montagnes de Hino, écrivait : « La lune de ma vie tire rapidement à sa fin ; chaque instant me rapproche du pic de la Mort. »

Difficultés « inférieures » du sixième degré

Mais la vision réaliste du solitaire se nuance d'autres significations. Il avait plus d'une fois médité à l'orée de sa hutte « chaumée d'herbe », tandis que les montagnes brillaient à perte d'horizon sous la lune. Et l'orbe de l'astre qu'il compare à sa propre vie s'abaissait inexorablement vers l'ombre triangulaire d'une cime, gouffre de ténèbres, d'immobilité, de silence, qui devait être ce « pic de la Mort » dont il parle, présence plus redoutable que réconfortante. Ici s'amorce l'aspect négatif du thème où la Montagne se trouve envisagée non plus comme une sorte de tremplin vers l'En-Haut, mais comme un obstacle pesant et un lieu d'épreuves ; cette dernière interprétation trahit l'expérience concrète des peines et des périls rencontrés dans les régions élevées[99].

Le voyage des morts dans l'Autre monde est loin d'être une entreprise de tout repos. S'il aboutit à un enfer, la chose est trop évidente pour qu'on y insiste. Il n'est pas moins hasardeux pour les justes. C'est qu'en effet — et sauf dans quelques cas de « sainteté » populairement reconnus du vivant même du personnage — il existe une suspicion générale quant à la valeur réelle des actions du défunt. Le jugement du monde est considéré, à bon droit, comme suspect. C'est après la mort que s'accomplit une indiscutable discrimination, soit par intervention directe des Puissances, soit à l'aide d'une série d'épreuves dont la forme et le décor sont souvent empruntés à l'univers alpestre.

Les livres sacrés du zoroastrisme — fondé en Iran vers le VIe siècle av. J.-C. — précisent qu'à l'aube du quatrième jour après la mort apparaît une fille ravissante ou une sorcière hideuse, éloquentes incarnations d'une bonne ou d'une mauvaise conscience. Elle entraîne l'âme jusqu'à la cime de l'Elbourz, où elle comparaît devant les juges, *Mithra, Sraosha* et *Rashnou,* le Peseur des œuvres. Puis c'est la célèbre épreuve du Pont du Jugement lancé entre les deux sommets de la montagne[100].

Il s'élargit au fur et à mesure de l'avance des justes, qui parviennent sans difficulté au Paradis. Il se rétrécit au contraire jusqu'à n'être plus qu'une lame mince et tranchante sous les pieds des méchants terrifiés, qui, pour finir, culbutent dans « l'abîme du Pire Esprit », ceci pour mille années. Ensuite viendront une résurrection générale et un Jugement dernier[101].

Dans un conte cananéen, le pays de Mot, le pays des morts, est « au bout du monde », vers le nord. Il est marqué par une cime à deux pointes : *Tarkhouzziza* et *Sharoumagi,* que le dieu Baal recommande éventuellement à ses messagers de « soulever avec les mains » pour descendre ensuite aux enfers. Ici, la masse de la montagne scelle le passage de son énorme poids.

Dans l'épopée babylonienne de Gilgamesh, la voie qui mène à l'envers des choses comporte l'ascension d'une montagne, puis la traversée d'un tunnel.

Bouleversé par la mort de son fidèle compagnon, Enkidu, ce héros décide d'aller s'enquérir auprès d'Uta-Napishtin, le rescapé du déluge, du grand secret de la vie et de la mort, cette mort, qui, dit-on, a épargné l'Ancêtre. Le voyage vers l'Autre monde débute par l'ascension de la formidable Montagne de l'Ouest, le mont Mashu aux deux cornes géantes. Là s'ouvre la caverne-tunnel où chaque soir, au terme de sa course, s'engouffre le dieu Soleil.

Le couple des monstres gardiens, ces Hommes-scorpions dont la tête arrive au versant des cieux et la poitrine au fond de l'Aralou, l'Enfer, eux-mêmes les ancêtres des dragons, griffons, serpents, et autres formes terrifiantes préposées dans toutes les mythologies à la garde des espaces interdits, s'efforce de le dissuader de l'entreprise. Mais il passe outre et s'enfonce hardiment dans les ténèbres du tunnel, long de douze lieues, qu'il mettra vingt-quatre heures à franchir. Le passage symbolise évidemment celui de la mort, mais Gilgamesh n'est pas comme les autres hommes. C'est un héros. Et le propre des héros est de s'engager dans les voies interdites où tout autre succomberait.

Il débouchera enfin à la lumière parmi les frondaisons d'une espèce d'éden. Puis il entreprendra la traversée d'une mer intérieure où gît l'île magique d'Uta-Napishtin, qu'il finira par atteindre, épuisé. Mais le Vieux du Déluge, d'ailleurs sale et décrépit (on songe aux « pauvres immortels » de Swift) ne lui donnera pas de bonne réponse. Le secret de l'immortalité est bien défendu, et même les héros doivent mourir. Pourtant Gilgamesh, plongeant au fond de la mer, y trouvera la plante qui rend au moins les apparences de la jeunesse. Ce lointain prédécesseur de Faust ne la gardera pas longtemps : le Serpent la lui dérobera au cours du voyage de retour parmi les hommes.

Dans le rite du Voyage aux enfers, le chaman d'Asie centrale est censé partir vers le sud. Il traverse les monts Altaï, puis le désert chinois de sable rouge, ensuite un désert jaune et un désert blafard. Cet évanouissement progressif des teintes chaudes, celles de la vie, symbolise sans doute la pénétration dans l'empire des morts.

Alors se présente l'obstacle de la dangereuse montagne de fer *Temur taiksha,* dont les arêtes glissantes, inexorables, touchent le ciel. Sur les pentes luisent sinistrement les ossements de tous ceux qui ont échoué dans l'ascension. Le chaman, plus fort ou plus heureux, parviendra pourtant à la cime, mais à bout de forces. Au-delà bâillent les mâchoires de la Terre, *Yer mesi,* ou « le trou de fumée de la Terre », *Yer tunigi,* la vraie porte des enfers. Le décor est en somme volcanique. Ensuite il rencontrera l'épreuve du Pont, etc. Plus généralement, le pays des morts chez les peuples de l'Altaï est conçu comme un reflet inversé du monde des vivants.

Dans un conte des Indiens Menomini, au Wisconsin :

Nakutij quitta pour une autre belle sa jeune femme, Hanoalaka, « Celle qui ressemblait à une biche. » Désespérée, l'abandonnée s'ouvrit les veines et désormais son ombre ne cessa de hanter le garçon, de l'attirer.

Un jour il n'y tint plus, prit ses plus beaux vêtements et partit en canoë sur le lac. Soudain elle fut là près de lui, qui lui souriait. Le canoë s'en allait tout seul au large. Elle lui peignit des cercles blancs autour des yeux.

Puis vint un nouveau rivage, d'autres montagnes, un sentier étroit où se hâtaient des inconnus dont les yeux étaient aussi cerclés de blanc. Ils arrivèrent à un torrent impétueux. Un tronc d'arbre long et glissant servait de passerelle. Les gens se pressaient pour traverser. De temps à autre de grands oiseaux noirs descendaient des nues et frôlaient cette foule de leurs ailes[102].

Ils s'y hasardent à leur tour. Mais voici que Nakutij songe brusquement à « l'autre », morte, elle aussi. Il se retourne. Elle est à l'orée du pont et lui tend les bras. Hanoalaka le tire en avant. Il glisse. Il tombe dans l'eau tumultueuse qui l'emporte, « seul, pour l'éternité, autour du monde ».

Dans cette belle et philosophique histoire, le thème du Pont s'entoure d'un décor très alpestre et très réaliste.

Chez les Aztèques, les pauvres gens, ou ceux victimes de certaines maladies, n'avaient pas plus de chance en ce monde que dans l'autre : pour parvenir au « pays sans lumière », au pays de *Mictlantecultli*, il leur fallait subir une série d'épreuves plutôt effroyables, entre autres : la traversée des huit déserts et de huit montagnes, un blizzard dont les grêlons étaient des esquilles coupantes de silex, et d'abord un passage entre deux falaises qui s'entrechoquaient.

Des blocs se heurtent aussi chez les Bahnars d'Indochine. Aux Nouvelles-Hébrides, les morts doivent parcourir en courant une crête aiguë, puis sauter par-dessus un gouffre.

Flammes de gel et Neiges de soufre

« Sur la cime d'une montagne formée par des squelettes enchevêtrés se trouve un grand et terrible champ de mort où règne l'épouvante : c'est le pays de ceux qui apparaissent sous l'aspect de spectres effrayants... »

La montagne tout entière se trouve ici matériellement identifiée avec la mort, et nous sommes, chez les Tibétains, jamais à court d'imagination quand il s'agit d'évoquer les mondes repoussants d'outre-tombe. Cet Himalaya d'ossements est dans son genre une trouvaille. D'ailleurs, les visions succèdent aux visions, toujours plus horrifiques...

« D'innombrables sources déversent là-bas le venin rouge et blanc (...). Au cœur des nuées jaillissent de terrifiants éclairs... Une pluie de météores d'un jaune flamboyant, d'armes aux pointes acérées, s'abat...

Les feux brûlent la nuit, et le jour souffle un vent noir (...). Un épais brouillard de pus, de sang, de graisse apparaît (...). Les corbeaux, les chouettes et autres oiseaux démoniaques portent dans leurs becs la masse cervicale des démons anéantis (...). Des momies, des cadavres frais, et d'autres qui pourrissent déjà sont éparpillés sur le sol...[103] »

Il s'agit de l'« agréable » résidence montagnarde du Puissant carreau de foudre, ex-démon, enchaîné par la magie des lamas, et devenu du coup génie protecteur, en sorte que cet enfer est réservé aux ennemis de la religion, réformée par Tsong Kapa au XVe siècle, celle des Bonnets jaunes.

La nature alpestre, qui, jusqu'à présent, prêtait ses décors aux épreuves, est utilisée désormais pour susciter des tourments. Le moins brutal des traitements subis dans l'un des huit enfers tibétains est l'immersion dans les lacs glacés, où la peau des suppliciés devient noir et bleu. Ces enfers du pays des Neiges ne sont eux-mêmes qu'une version locale des grands enfers du bouddhisme mahayana, celui qui s'est répandu vers le nord de l'Inde, la Chine et l'Asie centrale.

Ils comportent huit régions chaudes et huit froides : *Arbouda,* où la chair se crevasse, éclate et se couvre de plaies. *Nirarbouda,* où le corps tout entier se gonfle et se couvre d'ampoules. *Atata,* où les lèvres des victimes gelées laissent échapper le son « ta ». *Hahava* et *Houhouva,* où l'haleine glacée siffle dans les gorges tuméfiées et produisent un son qu'évoquent ces syllabes. *Padma, Outpala, Pundarika,* où les plaies deviennent comme des boutons de lotus bleus, rouges et blancs.

La situation est encore améliorée par des oiseaux à bec de fer qui viennent picorer les chairs purulentes.

Du côté « chaud », on peut noter (livre *Madjihima Nikaya*) l'ascension d'une montagne aux pentes enflammées, qui ailleurs (livre *Jakata*) sont agrémentées de lames tranchantes.

L'Occident s'est aussi fabriqué de telles visions, mais, il faut dire, avec moins de complaisance morbide. Celle de Thurcill (XIIIe siècle) énumère quatre chaudrons, dont l'un plein de neige et de gel. Celle d'Albéric (XIIe siècle) décrit une vallée encombrée d'énormes glaçons dont le visiteur peut à peine distinguer les sommets. Là sont entassés les incestueux et les débauchés, et le froid les brûle comme la flamme.

Celle de Tundale (XIIe siècle) parle d'une grande montagne dont les versants sont d'un côté tout vernis de glace, de l'autre pleins de feux et de fumée. Quant à saint Brandan, six siècles plus tôt, il a rencontré bel et bien l'enfer :

« Or voici apparaître une terre brumeuse, tout enfumée et plus puante que charogne, environnée de nuages sombres et de brouillards (...). Du fond du gouffre jaillissent des étincelles, le vent projette le feu en rugissant, aucun tonnerre ne fait pareil bruit. Flammes et roches ardentes volent si haut qu'elles dérobent la clarté du jour (...). En approchant d'un mont les moines voient sortir de l'enfer un diable terrible (...). Vomissant le feu, il bondit en sa forge, et revient avec une lame rouge. Il la hausse vers les nues et l'abat. Mais la barre n'atteint pas les pèlerins, elle tombe en mer. Longtemps cette barre brûle en pleine mer, jetant de grandes flammes.

La nuit passée, au matin ils voient tout près d'eux un mont couleur de nuées (...). Il est si haut que nul n'en peut estimer la mesure, ses bords abrupts sont aussi élevés que son sommet (autrement dit il doit s'agir d'un énorme piton à-pic), la terre est entièrement noire ; ils n'en avaient pas vu de pareille dans tout leur voyage (...). Maintenant la fumée s'évanouit, le mont se découvre, on voit l'enfer tout béant ; l'enfer jette feu et flammes, poudres ardentes et ferrailles, poix et soufre jusqu'aux nues, puis tout retombe dans le gouffre[104]. »

Nous ne sommes plus dans l'imaginaire. Ce récit fait sans aucun doute allusion à une grande éruption volcanique observée dans les mers arctiques, soit en Islande — le Snaeffels ? — soit à Jan-Mayen, dont l'aspect, précisait le commandant Charcot, correspond très exactement à la description du pieux navigateur. Celle de la Vision de Tundall s'applique aussi fort bien à un volcan enneigé, et même, en pleine Méditerranée, à l'Etna. La nature désormais confirme le mythe, et ainsi : « Ils (les moines) ont vu le lieu où sont gardés les damnés, leur foi s'affermit, toute mécréance est écartée[105]. »

Du ciel ou de l'enfer ?

Les volcans en effet occupent une place très particulière dans l'ensemble des phénomènes alpestres. D'abord, ce sont des entités actives, remuantes, dynamiques. Leur présence tonitruante et flamboyante tranche sur l'immobilité solennelle des autres montagnes. Ils suggèrent, ou, mieux, démontrent l'existence d'une vie propre, d'une intervention directe des Puissances.

Ensuite, leurs structures les font participer des valorisations contradictoires de l'En-Haut et de l'En-Bas, puisqu'ils sont à la fois cimes élevées touchant le ciel et portes gigantesques des régions subterrestres. Cette ambivalence a influencé les mythes. La tradition judéo-chrétienne paraît évoluer de l'interprétation divine à l'interprétation diabolique.

Les allusions volcaniques abondent dans la Bible. La montagne sacrée du Sinaï, quelle que soit son identité véritable, est décrite comme un volcan en pleine activité, et pas seulement sous un aspect orageux. Au surplus, l'orage et la foudre accompagnent fréquemment les éruptions[106].

Yahvé ressemble à une divinité volcanique : « Une fumée montait de ses narines, et un feu dévorant sortait de sa bouche ; il en jaillissait des charbons embrasés. » (II Samuel, XXII, 9.) Tout se passe comme si, aux origines, le peuple hébreu avait édifié sinon ses croyances, du moins ses représentations religieuses, à partir de la vison terrifiante de montagnes enflammées[107].

Ces manifestations volcaniques sont attribuées à Yahvé, Dieu des hauteurs, Dieu céleste, non à une action démoniaque, ce qui est logique puisque les Hébreux ignorent encore l'enfer de flamme subterrestre. Ses interventions cumulent donc celles d'un Dieu d'En-Haut, et celles du futur Diable, d'où leur aura terrorisante.

Plus tard, vers le IIe siècle av. J.-C., on voit apparaître dans les apocryphes et les apocalyptiques l'image d'un Tartare brûlant, d'abord réservé aux anges déchus. Puis, à partir du IIe siècle ap. J.-C., les théologiens installent peu à peu l'enfer classique avec une chaufferie particulièrement étudiée ; et les volcans deviennent les portes évidentes de l'empire de Satan, en même temps qu'ils fournissent une preuve raisonnable de son existence. Elle est invoquée par différents martyrs en discussion avec leurs bourreaux. Patricius, évêque, en parle au proconsul Julius à propos des sources chaudes de l'Olympe. Pionius désigne l'Etna. C'est dans la gueule de Vulcano (îles Lipari) que, d'après une autre édifiante légende, Théodoric, pieds nus et les mains liées, se trouve entraîné par une escouade de démons. L'infortuné roi des Goths y sera rejoint beaucoup plus tard par Frédéric II de Hohenstaufen, accompagné de... cinq mille cavaliers.

Pertuis suspects

Les entrées infernales sont parfois moins voyantes, et comme le Diable demeure le Trompeur par excellence, les enfers peuvent être déguisés en paradis subterrestres, afin de mieux induire les héros en tentation. Quant aux démons eux-mêmes, en vertu d'un processus classique de dégradation, ce sont les dieux ou les personnalités éminentes des croyances antérieures.

Au XVe siècle, Antoine de La Sale[108] raconta son expédition au mont de la célèbre sibylle de Cumes, situé entre Norcia et Ascoli, dans l'Apennin central. Il n'alla apparemment pas loin, stoppé par le premier passage étroit, mais la légende y suppléait puisqu'il avait été précédé en ces lieux inquiétants par un « chevalier allemand » et son écuyer. Ceux-là rencontrèrent d'abord ce même chemin, qui plus loin s'élargissait ; puis un vent furieux, et le Pont de l'épreuve, dont la traversée se révéla de plus en plus facile, détail parodiant le Pont de justice. Mais comme le diable, malgré sa puissance, ne peut tout reproduire, les dragons-gardiens n'étaient que des simulacres inoffensifs.

Ensuite vint une grotte avec des portes de métal battantes, et une autre de cristal (nouveau détail parodique). On les revêtit alors d'habits somptueux, et ils furent menés en grande pompe et en musique devant

« la reine Sibylle », qui réserva à ces audacieux l'accueil de Calypso à Ulysse, en sorte qu'il leur fallut beaucoup de courage et de volonté pour s'extraire, à la dernière limite, de ce séjour enchanteur — soit le cent trente-septième jour — et regagner le monde des chrétiens. En Allemagne, à la même époque, le chevalier se nomme Tannhaüser, la montagne, le Venusberg, entre Souabe et Thuringe ; et la Sibylle n'est autre que l'ex-déesse de l'Amour, l'ancienne Aphrodite métamorphosée en « fille de Belzébuth », mais plus séduisante que jamais[109].

Les mythes de Sisyphe

L'Hadès primitif des Grecs, d'ailleurs doublé d'un Tartare encore plus profond, avait fini par acquérir lui aussi une dimension morale, devenir un espace propre à la punition des méchants. Mais, sauf dans une version orphique où la malédiction du poids et celle du gel s'additionnent dans l'invention d'un lac de plomb glacé *(sic)*, les images alpestres se trouvent à peu près absentes. Il est vrai que, lorsqu'ils les ont suscitées, les Grecs l'ont fait avec une telle éloquence qu'elles ont traversé les temps.

Le décor et les accessoires sont à l'échelle d'une épreuve exemplaire méritée par un crime exemplaire, le premier des crimes selon Zeus, qui, en cette occasion comme en tant d'autres, se montre effroyablement, vulgairement, humain. Ce crime n'est point, de quelque façon, d'avoir attenté à la vertu. C'est de s'être montré plus intelligent ou plus rusé que Zeus lui-même, et l'on conviendra qu'il n'est pour un dieu pire offense. Au surplus, tradition dans la famille, car Sisyphe n'est autre que l'arrière-arrière-petit-fils du Ravisseur de feu, de l'illustre Prométhée.

« Écoute ! Tout au fond du pays d'Argolide, éleveur de chevaux, Éphyre était la ville où résidait Sisyphe, fils d'Éole, le plus rusé des hommes... » (*Iliade*, VI, 152.)

Parmi les rusés Grecs, il fallait être vraiment habile en ruses pour être réputé rusé ! Mais cette gloire n'était pas volée. L'astucieux Sisyphe n'avait-il pas réussi à cocufier préventivement Laërte en devenant l'amant de sa fiancée, la nuit d'avant les noces ? Toute la Grèce en était demeurée pantoise. Et pourtant Zeus sait...

Justement, Zeus lui-même, perpétuellement empêtré dans de nouvelles intrigues, avait enlevé Éginé, fille d'Asopos, dieu fluvial... (laquelle, tous comptes faits, devait être sa petite-fille : peu importe !) On manquait d'eau, paraît-il, sur l'Acro-Corinthe, à Éphyre ; et Sisyphe, en échange d'une bonne source, n'hésita pas à dévoiler au père furieux la haute identité du coupable. D'où rancœurs olympiennes, fracas de foudre, et précipitation du délateur aux enfers, où le retrouve Ulysse.

« Je vis aussi Sisyphe, en proie à ses tourments : ses deux bras soutenaient la pierre gigantesque et, des pieds et des mains, vers le sommet du mont, il la voulait pousser ; mais à peine allait-il en atteindre la crête qu'une force soudaine la faisant retomber, elle roulait en bas la pierre sans vergogne ; mais lui, muscles tendus, la poussait derechef ; et tout son corps ruisselait de sueur, et son front se nimbait de poussière[110]. »

Les vieux contes grecs marquent parfois une singulière ambivalence. Ils oscillent entre le profane et le sacré, le burlesque et la haute tragédie. Le mythe de Sisyphe entre dans cette catégorie. Son préambule est au niveau d'une comédie de boulevard, et l'on sent que l'on pourrait parfaitement continuer dans le même ton, prouver par exemple que la mise en scène des enfers n'est qu'une ruse de plus[111]. Mais à peine la suite s'est-elle fait entendre, l'image imposée dans sa puissance, qu'il faut y renoncer comme l'on renoncerait à commettre un sacrilège. Car le thème brusquement greffé sur une souche médiocre est d'une ampleur, d'une portée universelle ; c'est celui de l'homme en proie à l'injustice cosmique, de la victime plus grande que le bourreau. Et tous deux le savent, en sorte qu'il n'y a plus de pardon possible.

La double nature de la peine est éloquente : d'abord cette lutte contre le Poids, qui à elle seule symbolise l'aventure de l'humanité depuis ses origines, ce qui porte Sisyphe au rang des héros exemplaires et des Meneurs de jeu. Ensuite, comme Prométhée enchaîné à son rocher, lui se trouve enchaîné au temps, à un (vraiment) infernal et perpétuel présent, une sorte de piétinement scandé par la répétition d'une action inutile, condamnée d'avance, vaine dès l'origine, qu'il sait telle, que pourtant il se trouve contraint d'engager par le déclenchement d'une pulsion intérieure irrésistible. Au pur tourment physique se superpose à des hauteurs incommensurables une torture intellectuelle, celle née d'une horrible complicité avec l'absurde, où la volonté se trouve surprise, l'esprit bafoué. La subtilité féroce d'une telle peine confère à Zeus une grandeur qui n'est plus ni grecque ni olympienne : une grandeur luciférienne.

De cette complicité avec l'absurde, Albert Camus n'a pas voulu. Il n'en a pas supporté l'idée. Il fallait que son histoire « finisse bien » :

« Je laisse Sisyphe au bas de la montagne ! On retrouve toujours son fardeau. Mais Sisyphe enseigne la fidélité supérieure qui nie les dieux et soulève les rochers. Lui aussi juge que tout est bien. Cet univers désormais sans maître ne lui paraît ni stérile ni futile. Chacun des grains de cette pierre, chaque éclat minéral de cette montagne pleine de nuit, à lui seul, forme un monde. La lutte elle-même vers les sommets suffit à remplir un cœur d'homme. Il faut imaginer Sisyphe heureux[112]. »

Ces lignes sont belles, mais l'histoire est encore davantage encombrée de ruses qu'on ne croit, et Zeus avait tout prévu. Il existe une autre version du mythe dans laquelle Sisyphe, bouillant de haine contre son propre frère, demande à l'oracle d'Apollon comment l'exterminer. Le dieu répond qu'il pourra susciter des vengeurs en épousant la fille de ce frère détesté. Sisyphe n'hésite plus. Par haine il feint l'amour, devient l'amant de sa nièce, qui met au monde des jumeaux. Mais soudain elle apprend l'oracle, mesure la grandeur de la trahison et l'infamie du complot. Hors d'elle, désespérée, elle tue ses deux enfants et...

Et les détails s'arrêtent là, car l'aventure demeure à tout jamais incomplète. La suite est aux enfers, où Sisyphe lutte indéfiniment avec un bloc aussi lourd que son propre crime ; et, s'il l'a rencontré au pays des ombres, Camus lui-même n'a pu cette fois l'absoudre.

VII

L'EXPÉDITION DANTE ALIGHIERI

Au sommet de la montagne
Tout l'espace est un espace très saint.

ÉZECHIEL.

Dans l'Occident chrétien, le chef-d'œuvre de tous les voyages dans l'Autre monde demeure *La Divine Comédie.* Non par l'effet du hasard mais parce qu'un tel choix dépendait d'un faisceau de convergences inéluctables, les décors de cette immense pièce en trois actes apparaissent entièrement axés sur la symbolique du Haut et du Bas. C'est seulement dans cet ordre conforme à la nature des choses que l'action du poème pouvait s'épanouir de la façon la plus harmonieuse, et son expression littéraire atteindre un maximum d'intensité. Toutes les images, toutes les visions, toutes les métaphores se trouvent ainsi accordées entre elles et aboutissent au même Point suprême de l'espace. Une telle orientation vigoureuse de l'œuvre en son ensemble et ses parties lui confère en premier lieu sa force de persuasion et son unité.

Intégralement imprégnée des prestiges de l'Altitude, la pensée de Dante a engendré un monde cohérent dont les éléments sont, pour l'essentiel, analogues à ceux des anciennes cosmogonies. Il s'agit en effet de l'antique structure à axe-centre, matérialisée par une montagne originelle, telle qu'elle a été décrite. Il est courant de parler de sources et il est vrai que l'univers de Dante semble inspiré de celui de Mohyddin in Arabi, décrit environ quatre-vingts ans plus tôt[113]. Mais tout individu appartenant à une culture traditionnelle porte en lui l'épure instinctive d'un cosmos que la fonction du poète est de mettre à jour, de rendre davantage évidente.

Pourtant elle exigeait des retouches considérables puisque entre-temps le disque plat des origines avait cédé la place à l'image d'un globe, d'ailleurs toujours censé occuper le centre du monde.

Dans un système simple à niveaux superposés, il existe un seul Haut et un seul Bas. S'il s'agit d'une sphère, n'importe quel rayon issu du centre détermine une nouvelle verticale, c'est-à-dire un Haut et un Bas relatifs. Or il était indispensable à la symbolique de l'œuvre qu'il n'y ait qu'un seul Haut et un seul Bas ; ou du moins que se trouve définie une direction majeure aboutissant à un Haut absolu : la Divinité.

Le poète a concilié, assez laborieusement, les nécessités mythiques et les structures réelles de la manière suivante : il imagine qu'au commencement Satan s'est trouvé précipité des hauteurs de l'Empyrée sur la face australe de la terre, suivant une ligne de chute rigoureusement verticale, et s'est enfoncé d'un seul élan jusqu'au centre. Ce choc a perturbé l'aspect du globe. Du côté austral, la matière s'est pour ainsi dire rétractée ; les eaux ont envahi cette zone, et en contrepartie les continents ont surgi aux antipodes. Sous le même effet, la matière interne s'est évadée au fur et à mesure de la pénétration de la masse démoniaque, bouchant le pertuis que sa fuite avait creusé et élevant une montagne au-dessus du point d'impact. Elle définit la direction majeure, va devenir la montagne originelle du Paradis terrestre et, sur ses flancs, du Purgatoire. D'autre part, un vaste entonnoir s'est formé à l'intérieur de la terre, à partir du corps de l'Archange déchu, d'où s'élève, toujours dans l'axe, une autre verticale aboutissant à l'hémisphère boréal, et définissant un Haut relatif qui culmine en un second centre, terrestre et mineur, la « Montagne de Sion » : Jérusalem.

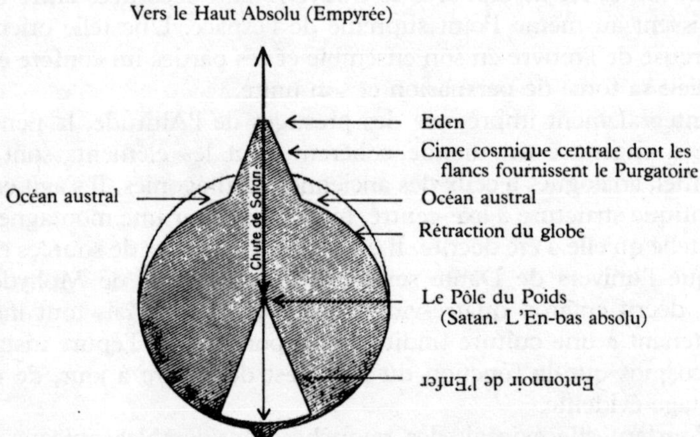

Le Grand Départ

A la surface et dans les profondeurs de cette étrange planète vont se dérouler les deux premiers actes du mystère dantesque (1307-1313). Le rideau se lève sur un décor alpestre, le Vendredi saint 8 avril 1300.

Dans une épaisse forêt, au fond d'un val plein de ténèbres, erre un voyageur égaré et tremblant. Voici pourtant que l'aurore illumine le sommet d'une « plaisante » montagne, vers laquelle il se sent attiré et qu'il commence à gravir, mais il en est bientôt chassé par trois fauves (la Luxure, l'Orgueil et la Cupidité ?). Désespéré, il s'enfonce à nouveau dans l'ombre quand surgit un mystérieux personnage qui se fait reconnaître pour Virgile. Atteindre seul la lumière est au-dessus de ses propres forces ; Dante le voyageur devra emprunter une tout autre voie, longue et hasardeuse, celle qui passe par le centre de la terre. Mais Virgile, l'Ami spirituel, le Poète philosophe, lui servira de guide.

L'allégorie simple et directe : Haut = montagne-lumière-vertu-sagesse, et Bas = vallée-forêt-ténèbres-labyrinthe-péché-erreur, n'exige aucun commentaire[114].

Ensuite commence la grande descente, et s'ouvre la gueule du tunnel qui mène à la Caverne de Satan. Comme dans l'épopée de Gilgamesh, il suggère avec évidence le passage du monde des vivants à celui des morts. C'est le pertuis donnant accès à la matrice infernale[115].

Le Père des gouffres

Il se présente comme un vaste entonnoir, une sorte de cratère au fond duquel gît Lucifer. Cette géhenne où règnent des ténèbres rougeâtres débute par une lande sinistre limitée par l'Achéron, qu'il faut traverser pour aborder au premier cercle, celui qui « entoure le vide entier de l'abîme ». Suivront huit autres cercles, ou corniches circulaires, de diamètre de plus en plus court, certaines comportant plusieurs degrés. Chacun d'entre eux détermine la surface d'un enfer occupé par une ou plusieurs catégories de damnés ; et, naturellement, plus l'on s'enfonce, plus « lourdes » sont les fautes, et redoutables les expiations.

Au troisième cercle, les gourmands subissent une éternelle tourmente de pluie, de grêle et de neige. On emprunte ensuite un ravin encaissé où s'effondre le noir torrent du Styx. Les damnés du quatrième cercle, les avaricieux, roulent des blocs. Au bord du sixième cercle bâille un abîme d'où montent d'affreuses puanteurs. Dante et Virgile y descendront grâce à un vaste éboulement de la muraille, effet du tremblement de terre qui accompagnera la mort du Christ et sa visite aux Limbes.

Après la traversée du septième cercle se creuse un vide épouvantable où les verticales interdisent tout passage. Mais le Guide y lancera une corde que Dante portait roulée autour de ses reins. Pourtant il ne s'agit pas de s'y cramponner... — Dante, visiblement, n'est pas attiré par ce genre d'exploit... — Cette corde ne joue que le rôle de signal. Alors le monstre Géryon s'élève, brassant l'air épais de ses ailes griffues. Il prendra les Visiteurs à son bord et s'abaissera par larges spirales jusqu'au cercle inférieur et huitième, lui-même divisé en dix « fosses », séparées souvent par le « roc hideux » qui serait « dur passage à bouquetins » (*Enfer*, XIX, 131). Enfin se présente le grand Puits central, encombré de Géants hauts comme des tours, enchaînés, impuissants, symboles des forces telluriques qui jadis tentèrent de se révolter contre l'ordre divin, et réalisant dans leur colossale monstruosité une sorte de personnification du Chaos. Le plus dangereux de tous fut « Nemrod », constructeur de la tour de Babel, et figure de l'orgueil intellectuel (cf. note). C'est pourtant grâce à l'un d'entre eux, au stupide Antée, dont la paume servira de « descenseur », qu'ils se trouveront déposés sains et saufs au niveau du neuvième cercle, et ultime.

Le pôle du Poids

En cet espace clos, horrifiant, où sont punis les traîtres, où la haine devient quelque chose de palpable, Dante n'a pas manqué de faire coïncider les deux grandes manifestations de l'inertie : le Gel et le Poids...

> « Tandis que nous marchions vers le milieu
> où se va ramasser toute pesance
> et je tremblais en l'éternel décembre[116]... »

Ce fin fond est occupé par d'énormes amas de glace, si durs que des montagnes en s'effondrant ne les ébranleraient pas. Là se trouve enfoui jusqu'aux hanches Lucifer, monstre aux trois faces de terreur, bavant du sang. Trois paires d'ailes immenses, semblables à celles des chauves-souris, s'agitent, créant trois bises glacées qui congèlent les eaux du Cocyte. C'est vraiment le repaire immonde de l'Anti-Dieu.

Et c'est aussi le centre de la terre, en sorte que vers le corps de l'archange déchu converge le faisceau des gravitations. Le Péché, donc le Poids, c'est Lui.

Ici se place un épisode extraordinaire puisque, au-delà de ce point optimum de concentration de la matière, la pesanteur *change de sens* :

> « Comme il (Virgile) lui plut, si l'embrassai-je au col,
> et il choisit la place et le temps juste :
> et comme il vit s'épandre à fond les ailes,
> vite il s'attache à ces côtes velues
> puis descend ces fourrés de touffe en touffe

entre le poil et les croûtes gelées.
Quand nous sommes venus là où se ploie
la cuisse, en plein sur le gros de la hanche,
mon duc, à grand estrif et dure angoisse,
tourne sa tête où l'autre tient les pattes ;
il croche au poil comme un chasseur qui grimpe,
si que je cuide en enfer retourner.
“ Ne lâche point : par telles échelées ”,
dit-il — et ahannait en homme las —,
“ de si grands maux faut-il bien que l'on parte. ”
Par un pertuis de rocher nous sortîmes
où il me mit assis dessus l'orée ;
puis d'un pas vif il monta près de moi.
Je relevai les yeux ; et cuidais voir
Lucifer tel que je l'avais laissé :
mais je le vis tenir en l'air ses jambes... »

(*Enfer*, XXXIV, 70-90.)

C'est-à-dire la tête en bas, comme il sied à l'Être précipité du ciel. A partir de cet instant précis, le décor s'est inversé, et Dante et Virgile ont pénétré dans la zone du Haut absolu.

La montagne du Purgatoire

A présent s'enfonce derrière eux le cauchemar du royaume luciférien. Ils s'élèvent en spirale par un long corridor souterrain en pente douce, où bientôt cascatelle un ruisseau ; et ne prennent aucun repos. Au terme de cette longue montée :

« ... j'entrevis les choses belles
luisant aux cieux, par une brèche ronde ;
puis nous fûmes dehors, face aux étoiles. »

Ces cieux, ces étoiles appartiennent désormais à l'hémisphère austral. Ils débouchent de l'autre côté de la terre, aux antipodes de Jérusalem, sur une plage déserte, au pied d'une haute montagne. Autour, l'Océan à perte d'horizon.

La structure de cette montagne est particulière. A la base, des contreforts roides et mouvementés dominés par des escarpements infranchissables. Les perturbations de l'atmosphère, pluie, neige, orages, nuées, tourmentes, etc., ne dépassent jamais ce niveau. C'était aussi, disaient les Grecs, la caractéristique de l'Olympe. Au-delà se développent dans un autre espace sept paliers successifs dont l'ensemble constitue le Purgatoire. Enfin, en plein ciel, coiffant le plateau sommital, les frondaisons de l'antique Paradis terrestre. Il s'agit de la Cime polaire originelle, forme désormais bien connue, qui, outre ses fonctions classiques, assume ici, non pas à son sommet mais sur ses flancs, celle de lieu de purification progressive des âmes. A part ce détail imaginé par Dante, le reste est conforme à l'archétype[117].

L'ascension exemplaire

Un peu plus tard commence l'ascension. D'abord une véritable escalade :

> « Donc nous montions parmi le roc froissé
> dont les flancs nous serraient de part et d'autre,
> et la chaussée requérait pieds et poings. »

Au surplus, dès le début de cette grimpée, le Poète s'éprouve moins inhabile et, bien que « peinant », parvient sans aide à suivre son guide. D'ailleurs :

> « Cette montagne est telle
> qu'au bas toujours les premiers pas sont rudes
> mais plus amont l'on va, moins elle blesse. »
>
> (*Purgatoire*, IV, 88-90.)

L'élévation du corps n'est pas seule en cause mais celle de

> l' « âme humaine (qui) en gravissant se purge
> et de monter au ciel redevient digne ».
>
> (*Purgatoire*, I, 4.)

Une fois de plus la physique de la pesanteur et l'éthique se trouvent intimement mêlées, et Dante, en tant que « vif », autorisé par exception à parcourir ces espace interdits, ressent les effets de la montée à la fois dans son esprit et dans sa chair. Toute la psychologie de l'acte ascensionnel est sous-jacente à cette fabulation.

Sur ces pentes errent les ombres des Négligents. Vers le soir, les Voyageurs pénètrent dans une vallée cachée où les grands de ce monde subissent une sorte de quarantaine préalable. Ils y passeront la nuit car un déplacement nocturne est impossible sur la montagne sacrée. Cette nuit sera l'occasion d'une singulière aventure... Dante, en songe, sera enlevé par un aigle « à pennes d'or » et, au matin suivant, toujours en compagnie de Virgile, se trouvera porté à la base de la grande muraille qui cerne la partie haute de la cime. C'est un transport magique où l'on peut reconnaître l'intervention de la Grâce.

Un peu plus haut, ils trouveront une Porte doublement verrouillée qu'un Ange leur ouvrira. Les battants s'en refermeront derrière eux avec un fracas de tonnerre. Il leur est interdit de se retourner. Alors, par une sorte de couloir profondément encaissé, ou même un tunnel (chas), raide, encombré de blocaille et d'accès difficile, ils franchiront l'obstacle de la grande paroi, et débarqueront sur la première corniche dont l'anneau cerne la montagne entière[118].

Les étages successifs du Purgatoire communiquent par des degrés, des escaliers intermédiaires d'abord étroits et raides puis élargis que Dante, lui-même de plus en plus léger au fur et à mesure de l'ascension (*Purgatoire*, XII, 116 - XXII, 7), gravira avec une jubilation accrue[119].

La série correspond naturellement dans l'ordre à la « gravité » relative des sept péchés capitaux, les moins « lourds » vers le sommet, soit, de bas en haut : l'Orgueil, l'Envie, la Colère, la Négligence, l'Amour des richesses, la Gourmandise et la Luxure. D'autre part, les épreuves purificatrices sont désormais subies sur les flancs d'une montagne, volume convexe, extraverti, ouvert à tous les horizons (et à tous les espoirs), alors qu'en enfer les damnés sont torturés à l'intérieur d'une sorte d'entonnoir, lieu clos dont toutes les lignes de force foncent inexorablement vers le cul-de-sac central (homologue de « la Rose céleste » ; cf. note 124). De cercle en cercle, ils poursuivent la montée, s'entretenant ici et là avec quelques personnages insignes. Ils passeront la seconde nuit au quatrième niveau, et la troisième sur les marches mêmes de l'escalier final qui accède à l'Éden.

L'aîné des sommets

Enfin, à l'aurore, ils pénètrent sous les frondaisons embaumées du Paradis terrestre, bruissantes d'eaux limpides, de feuillages doucement animés, de chants d'oiseaux.

On aurait tort de se figurer le domaine du premier Couple comme un lieu solitaire, hanté par les ombres d'une très vieille histoire. Dante a négligé de tels prestiges, rompu avec la tradition, et donné dans le goût de son époque pour l'allégorie. Son Éden est une fabrication littéraire où se mêlent thèmes chrétiens et réminiscences de l'ancienne mythologie. Il y coule deux fleuves grecs : le Léthé et l'Eunoé. Une certaine Matilda y joue le rôle d'hôtesse. On y voit défiler des cortèges et des fantasmagories politico-mystiques, et le tout, au moins en ce qui concerne le point de vue de ce livre, n'ajoute rien aux dramatiques ou glorieuses perspectives de la *Comédie.* L'événement essentiel, c'est l'apparition de Béatrice.

Au même instant, l'Ombre de Virgile, l'Introducteur amical et vénéré, s'est effacée. La mission du Sage, mais Sage pré-chrétien, s'achève à cette altitude. Il ne saurait aller au-delà, car l'au-delà c'est à présent « le Ciel ».

Et l'œuvre franchira un nouveau palier de l'Imaginaire. C'est dans une enveloppe ambiguë que le Poète va désormais poursuivre sa trajectoire, ne sachant trop lui-même s'il s'est identifié aux purs esprits qui l'entourent, ou bien si son corps charnel est encore du voyage... « Amour maître des cieux (...) Seul tu le sais... », murmure-t-il quelque part (*Paradis*, I, 75-76).

En fait, les ultimes structures de l'univers dantesque ne sauraient être considérées comme purement métaphoriques. Elles reflètent certaines conceptions astronomiques de l'époque. Et ce mélange, ou plutôt cette union très intime du réel supposé et de l'imaginaire, d'un espace physique et d'un espace métaphysique, irrecevable ou même scandaleuse pour une intelligence cartésienne, est bien dans la ligne de la mythogenèse traditionnelle. C'est une alchimie très proche de l'ordre des anciens mystères,dont le secret et la signification sont à peu près perdus.

Malgré la nature plus ou moins fantastique des décors où s'est jusqu'à présent déroulée l'action, malgré la frontière atmosphérique qui cerne la base des étages du Purgatoire, le voyageur inspiré n'a pas encore vraiment quitté la planète des hommes, c'est-à-dire la zone soumise à la gravitation terrestre. L'Éden lui-même se trouve ordonné par la pesanteur, les rivières y coulent sagement dans leurs lits, et les oiseaux y ont des ailes pour voler. Mais, au-delà, se manifeste un autre courant d'énergie qui s'exerce en sens inverse, du bas vers le Haut, de la cime primordiale, cap extrême du globe, vers le Centre suprême de l'antigravitation, c'est-à-dire Dieu. Et, s'il faut qualifier la manière dont se trouve franchie cette ultime étape, le mot « lévitation » lui-même paraît impropre, car il sous-entend l'existence des contraires, un conflit et une victoire. Or il n'y a plus ici ni conflit ni victoire puisque toute dualité se trouve abolie. Un seul Sens, une seule Aimantation, en sorte qu'à partir du sommet paradisiaque le visiteur du super-monde n'a plus qu'à céder à l'attraction divine et à tomber avec aisance dans la Hauteur.

L'antipesanteur

Parce qu'il s'agit ici d'une tentative d'expression plastique de l'Indicible, cette aimantation se manifestera d'une manière accessible aux sens. Et, dans le choix des images allusives, Dante déploiera toutes les ressources d'un génie riche et sûr.

A présent donc que Virgile a disparu, c'est Béatrice qui va le relayer dans le rôle de guide et d'introducteur [120].

Or, quoi de plus subtil, immatériel, que le lien d'un regard ? Il n'a d'autre foyer que l'invisible soleil de l'amour. Mais, justement, le mot « invisible » est lui-même superflu, car jouant à fond des concordances symboliques de l'univers, à la fois si claires et si mystérieuses... Rien de plus occulte que l'évidence... C'est à l'influence même du Soleil que Dante fait appel pour évoquer les profondes communions de l'âme, celles confinant à une véritable osmose. Béatrice fixe ce Soleil dont on dira plus tard qu' « il ne peut se regarder fixement ». Dante l'imite, s'en trouve ébloui, et tourne les yeux vers sa Dame. Alors se produit l'événement :

« Alors, en son aspect se fit mon être
tel que devint Glaucus à goûter l'herbe
qui le fit dans la mer parent des dieux [121].
" Outrepasser l'humain ", humain langage
ne peut dire ce que c'est ; vaille l'exemple
à ceux qu'attend par grâce un don pareil.

(*Paradis*, I, 67-72.)

« (...) quand l'Orbe qu'éternise
désirance de toi saisit mes sens
par l'harmonie qu'il règle entre les sphères,
lors me parut un pan des cieux si ample
fondre aux feux du soleil que pluies ou fleuves
jamais ne firent lac si étendu.
La nouveauté du son, la grande clarté
mirent en moi, de pénétrer leur cause,
un trop poignant désir que rien n'approche. »

(*Paradis*, I, 76-84.)

C'est à travers ces confidences haletantes qu'il faut déceler le déclenchement du prodigieux phénomène dont le Poète est à la fois l'objet et le témoin stupéfait, cet arrachement du sol de l'Éden, cette projection fulgurante en plein ciel dont l'assure Béatrice :

« Sur terre n'es-tu plus, comme tu cuides ;
mais nul foudre fuyant son vrai séjour
ne courut comme toi qui là remontes. »

Et la raison première de ces mouvements merveilleux, comme il est dit, c'est « le poignant désir ». Car, d'une part, « la rotation des sphères célestes est due à l'amour : au désir qu'a le premier Mobile de sentir constamment le contact de l'Empyrée en toutes ses parties[122] ». Et, d'autre part, il y a celui du Poète de « pénétrer la cause », reconnaître Dieu en ses œuvres suprêmes, désir provoqué par la révélation simultanée d'un « son », la « musique des sphères », et d'une clarté, également « exaltante », avec jeu de mots inéluctable.

Il s'étonnera pourtant encore de cette aisance inattendue :

> « Mais ce m'est bien merveille,
> comment mon poids ces corps légers surmonte. »
>
> (*Paradis*, I, 98-99.)

Alors l'Amie lui expliquera patiemment que la commune pesanteur n'est qu'une altération de l'ordre primitif, due à une erreur, à un refus, à un détournement... Et pour bien lui faire comprendre la nature réelle de cette nouvelle aimantation :

> « De la montée ne te dois merveiller
> (...) non plus que d'un ruissel
> si de haut mont il déchoit tout à val[123]. »

On ne saurait mieux dire, et plus simplement.

Le vol de Dante

Le ciel de Dante, « ce ciel où meurt en fine pointe l'ombre de votre monde » (*Paradis*, IX, 118-119), sorte de projection grandiose de la montagne originelle et culmen de l'univers, est aussi, comme il fallait s'y attendre après l'Enfer et le Purgatoire, structuré et hiérarchisé du bas jusques au faîte, cette ordonnance correspondant à des degrés différents dans la béatitude, s'exprime par l'invention de sphères successives hantées par différents groupes d'élus[124].

Le moteur du vol de Dante, on l'a déjà signalé, c'est l'échange d'un regard. Le Poète a pris au pied de la lettre certaines métaphores : attiré par... aimanté par..., en sorte qu'un regard devient pour lui le canal où s'épanche une énergie de telle nature qu'elle modifie sa propre substance et l'intègre provisoirement à l'hyper-univers de l'Esprit. Ce regard sera d'abord celui de l'Amie, de Béatrice, dont la beauté, de sphère en sphère, s'accroîtra jusqu'à devenir inexprimable...

« Ma Dame en haut regardant, moi en elle,
plus vite qu'un carreau, sur l'arbalète
posé, ne vole arraché de la noix,
je me vis arriver en des lieux mirables. »

(*Paradis,* II, 22-25.)

L'effet « Regard » se poursuivra à travers les neuf étages du « Palais » jusqu'à leur dernier « Voir » en Empyrée.

Durant le récit de cette « mirable » expédition, tout ce qui a trait au regard, à l'œil, à la vision, fera l'objet de nombreuses allusions. La vue ? Elle est évidemment pour Dante, ce grand visuel, ce grand visionnaire, le sens majeur, celui par lequel l'amour, la sagesse, la vérité peuvent pénétrer le cœur de l'homme. Et quand, dans la Rose céleste, Béatrice aura cédé la place à saint Bernard, c'est par un jeu de regards entre celui-ci et la Vierge que sera obtenue pour leur protégé l'image précieuse et culminante.

Il faut encore noter l'aisance totale et l'instantanéité des « transports », aux sens propre et figuré, qui contrastent éloquemment avec les pénibles déambulations de l'Enfer, les lenteurs du Purgatoire, et confinent peu à peu à l'ubiquité, prérogative classique des purs esprits. Pour évoquer ces brusques métamorphoses de l'environnement, Dante se souviendra de la foudre (*Par.*, I, 93), qui elle-même deviendra trop lente pour rendre compte des vitesses de déplacement (*Par.*, VIII, 23-24). Et l'acte finira par devancer la pensée (*Par.*, X, 34-36).

Le courant ascensionnel dans lequel se trouve merveilleusement entraîné le voyageur traverse l'œuvre elle-même. On y discerne une hâte joyeuse, une fougue, une soif d'atteindre au plus vite les altitudes majeures, en sorte que les descriptions précèdent parfois l'arrivée dans la hauteur considérée. Dès le Chant II, il est question de l'Empyrée et du Ciel des Fixes, et c'est du Cristallin que seront envisagées et décrites les suprêmes ordonnances.

Où triomphe la lumière

La lumière est la révélation majeure de cette expédition à la Source. Elle se trouve essentiellement chargée de transmettre un message qui sans elle deviendrait inaccessible. Entre les royaumes spirituels et celui des cycles et des incarnations, il n'y a d'autre pont, d'autre lien sensible, imaginable, que les prestiges de la lumière. Ils semblent participer à la fois des deux mondes et, par leur nature presque immatérielle, leur instantanéité, leur pouvoir d'impact, proposent des alchimies supérieures de l'esprit, une image trop évidente pour être discutée. Ainsi l'ont bien entendu toutes les mythologies qui les ont constamment associés aux manifestations du divin.

Cette pure lumière, évoquée de cent façons différentes, avec une virtuosité elle-même éblouissante, en des modes tels que les figures sans cesse renouvelées non seulement éliminent toute lassitude mais suscitent bientôt à leur tour le désir d'en être davantage et encore davantage abreuvé, ruisselle à flots dans le dernier panneau du triptyque.

Absente de l'Enfer, dont les sombres rougeoiements n'en montrent qu'une inversion maléfique et dérisoire, terrestre et renaissante avec l'espoir sur la montagne du Purgatoire, baignant tendrement les frondaisons odorantes de l'Éden, elle commence, dès l'envol final, à jaillir autour du visionnaire avec une puissance qui ne cessera de croître et d'embellir.

Ces jets, ces gerbes, ces cascades de cristal, ces bouquets d'étincelles, ces soleils, ces rais, ces gloires, ces feux dont on ne saurait écrire désormais qu'ils sont « d'artifice », tant ils paraissent naître spontanément sous la plume de l'enchanteur, tant leurs jeux deviennent naturels, s'épanouissent avec bonheur au fond de l'âme, éclairent des perspectives nouvelles ou des cimes oubliées... Ces innombrables manifestations de la Lumière éternelle, ce sont vraiment les Grandes Eaux du « beau Jardin » des incomparables « Manoirs ».

Pour en évoquer les splendeurs, le Poète fera successivement appel à tout ce que la langue et la mémoire pourront contenir d'images ardentes, brillantes, persuasives : en sorte que le sommet de la Divine Comédie se trouve entièrement illuminé de mots porteurs de lumière, dont l'accumulation engendre une aura d'un tel éclat qu'elle finit par aveugler l'imagination. Là s'allument, brasillent, étincellent, flambent, dardent, resplendissent par myriades et myriades de myriades, des lueurs, clartés, luminaires, luisernes, torches, flambeaux, flammes, abeilles de feu, rais, joyaux, gemmes précieuses, neigées plus neigeuses que neiges, cristaux, claires grêles, diamants, rubis, topazes... Ils s'uniront en fantastiques carrousels avec les astres, les reflets, les étoiles, l'or, la perle, les miroirs, les sphères..., s'entrecroisant, tourbillonnant, formant cercles et couronnes, croix et sentences fulgurantes, roues poudroyantes d'étincelles, aigle géante à la prunelle hantée par d'autres astres... source, fleuve, lac, cimes de lumière, à l'infini. Et cet Infini lui-même se manifestera enfin au Poète ébloui par un POINT (Punto), d'une prodigieuse acuité lumineuse, qui soudain déploiera d'ultimes et mystérieuses architectures :

« Dans la profonde et claire subsistance
du haut foyer, trois cercles m'apparurent,
de trois couleurs et d'une contenance ;
Comme iris en iris me semblait l'un
miré en l'autre ; et le tiers semblait feu
respirant des deux parts égale ardence...

Cet anneau qui en toi semblait conçu
comme se réfléchit une lumière,
mes yeux l'ayant un moment contemplé... »

(*Paradis*, XXXIII, 115-120, 127-129.)

Ainsi s'achève, ou presque, cette trajectoire à travers les gouffres et les cimes de l'Autre monde. Malgré les faiblesses ou les partis pris inhérents à toute œuvre humaine, la marche des temps, le bouleversement des idées et des croyances, le raz de marée des miracles techniques, elle demeure l'une des plus extraordinaires tentatives de dépassement qu'ait engendrées la tête et le cœur d'un grand poète ; d'ailleurs tout entière fondée sur un ordre qui durera « tant qu'il y aura des hommes ».

Et même des brins d'herbe.

[illegible]
[illegible]
[illegible] conquis [illegible]
[illegible]
[illegible] et le [illegible]
recouvert des deux [illegible]

Cet instant [illegible]
comme [illegible]
[illegible] un moment [illegible]

(Pages [illegible])

Ainsi s'achève, ou presque, cette traversée à travers les gouffres [illegible] l'Antiquité. Malgré les faiblesses ou les partis pris [illegible] à toute [illegible] l'humanité, la marche des temps, le bouleversement des idées et des croyances, le raz-de-marée des miracles techniques, [illegible] des plus extraordinaires [illegible] le dépassement [illegible] engendrés [illegible] d'un grand poète, il [illegible] fondée sur un [illegible] tant qu'il y aura des hommes [illegible]
Et même [illegible] d'arbre.

II

LES ÊTRES

Et pourtant, ami lecteur, il existe un royaume féerique, rempli d'étonnantes merveilles, dont la puissance surhumaine produit tour à tour l'extase suprême et l'insondable épouvante, où la chaste déesse soulève parfois le coin de son voile, et nous croyons la contempler face à face... alors que le sourire qui souvent éclaire son regard austère n'est que l'ironie malicieuse qui s'amuse à nous ensorceler de ses charmes comme une mère aime à taquiner ses enfants. Tu connais ce royaume, lecteur bénévole, dont l'Esprit nous ouvre si souvent, du moins en songe, les portes... Essaie d'y reconnaître les silhouettes familières que tu coudoies chaque jour dans ce que nous appelons « la vie ordinaire ». Tu verras que sa splendeur est beaucoup plus proche de toi que tu ne le pensais.

E.T.A. HOFFMANN, *Le Vase d'or.*

VIII

DU BLOC-DIEU À LA SPHÈRE DE L'ESPRIT

Tu es la profondeur de tous les sommets.

NIETZSCHE.

L'orientation verticale de l'univers, surgie des abîmes les plus obscurs de l'inconscient, paraît avoir entièrement déterminé les jugements primitifs. Les dimensions relatives du corps humain suscitent des comparaisons grâce auxquelles l'Homme se situe par rapport aux autres objets d'attention.

Suivant qu'il les domine ou se trouve dominé par eux, il s'éprouve supérieur ou inférieur dans tous les domaines. On trouvera en fin de volume un tableau illustrant quelques aspects de cette vision anthropomorphique[125].

Mana. Animisme. Panthéisme

La première tentative d'appréhension des mystères du cosmos non méditée s'exprime dans la croyance au Mana, force diffuse, impersonnelle, incluse en toute chose.

Il était naturel d'établir un rapport entre le poids, le volume, la dureté, la hauteur, et la quantité d'énergie infuse ; en sorte qu'il y avait davantage de *mana* dans une grosse pierre que dans une petite, et bien davantage encore dans une montagne que dans le plus imposant des monolithes.

Au second degré de l'élaboration mythique, en fonction de la multiplicité des apparences, cette énergie s'individualise pour devenir une entité pourvue d'une certaine conscience.

Tout parle ! Écoute bien. C'est que vents, onde, flamme,
Arbres, roseaux, rochers, tout vit, tout est plein d'âme.

Victor Hugo.

Le poète occidental est ici en plein accord avec l'ermite tibétain, pour lequel « le moindre des cailloux a un mode de vie qui lui est propre. Chaque molécule, *doultén,* est un univers formé d'atomes, *doulta rab tcha méd,* et chaque atome est capable de sensation et même conscient à sa manière. » (A. David-Neel.)

L'Être-bloc. L'Être-montagne

La pierre, la colline, la montagne sont considérées comme des êtres animés d'une vie propre, mâles et femelles, capables de croître, de se déplacer, de combattre, de copuler, d'engendrer. Leur substance sera assimilée à celle d'un corps vivant, homme, animal, et même végétal, pour l'ensemble et les détails : les pierres constitueront le squelette de cet être, les « os de la terre », ou les « racines ». La végétation, sa chevelure ; les eaux, du lait ou du sang, etc. Ce sera un géant, un ancêtre pétrifié. Les phénomènes naturels, atmosphériques et autres, seront interprétés comme les manifestations de cette présence.

« Au Début », pensent les Indiens Tarahumarès de la sierra Nayarit au Mexique, les rochers étaient mous et petits. Puis ils poussèrent, durcirent, devinrent de grands pics, et « ils sont vivants à l'intérieur ».

Jadis, les roches de l'Empire du Soleil levant pouvaient parler. Dans les vieilles croyances gaéliques, elles vivaient, elles « criaient » au clair de lune. Les « Roches piquées » de la forêt de Haute-Sève (Ille-et-Vilaine) continuent à pousser avec une lenteur extrême[126].

« Dans un bois, près de la frontière sud-ouest du Thibet, j'ai vu deux rochers que les indigènes appelaient le " père " et la " mère ", ou le " mari " et la " femme ". Accentuant certaines de leurs formes naturelles, un sculpteur primitif les avait, il y a très longtemps, pourvus d'organes sexuels grotesques et démesurés. D'après les rumeurs qui circulaient, au cours de nuits spéciales, les deux rochers entretenaient des relations amoureuses. Le couple était considéré comme malveillant[127]. »

Dans « le Monstre de pierre », l'extraordinaire conte hittite, le géant Koumarbi, chassé du ciel d'Anu, médite vengeance et, sur le conseil du Seigneur de la mer, arrive à la montagne, s'étend sur elle, la féconde. Au bout de quelques mois, elle commença à se tordre et à trembler. L'enfantement fut long et laborieux. Enfin naquit un énorme galet qui se mit à grandir jusqu'à menacer le ciel des dieux...

Chez les Indiens Dènè-Peaux-de-lièvres, certaines montagnes s'enflent démesurément et « remplissent la terre ». L'une accouche des hommes nouveaux. Dans le mythe classique de Deucalion, ce sont des pierres lancées par-dessus l'épaule qui donnent naissance aux hommes.

Entre autres épreuves redoutables, le voyage d'outre-tombe chez les Aztèques comportait un passage de l'âme entre deux falaises qui se heurtaient et, au cours d'une expédition fantastique au Paradis, entreprise depuis la Bretagne, les voyageurs furent témoins d'une sorte de tournoi entre deux montagnes. Elles partaient du fond de l'horizon, se percutaient avec un fracas épouvantable puis reprenaient leur élan tandis qu'une grêle de pierres s'abattait autour de la troupe épouvantée.

En Nouvelle-Calédonie, les morts s'en vont la nuit sur les places de danse *Pijeva* et donnent le branle à toute la nature, en sorte que les montagnes se mettent à danser[128].

Elles sont sensibles à la musique : « Orphée touchait sa lyre et aussitôt... les sommets glacés des monts s'inclinaient en l'entendant chanter[330]. » (Shakespeare, *Henri VIII*, III, I).

Et elles craignent Dieu : « La mer le vit et s'enfuit... Les montagnes bondirent comme des béliers, les collines comme des agneaux. » (*Psaumes*, CXIV, 3-4.)

L'Inde pousse à l'extrême la personnalisation, puisque l' « anima » de la montagne se détache de son corps matériel, prend une forme quelconque, vagabonde sur sa propre cime. Le passage au panthéisme proprement dit s'accomplit sans hiatus. Le bloc se fait dieu ; la montagne, divinité. Déesse puissante, pas toujours bienveillante, elle a plusieurs noms, un pédigrée, une légende, une fonction, et participe aux affaires des hommes qui l'implorent ou s'efforcent de l'apaiser. En de nombreux points de la planète, telle énorme, lumineuse et redoutable montagne, planant audessus des générations, apparaît comme le visage même de la Divinité[129].

Montagne-dieu, ou Montagne « demeure des dieux » ?

Au niveau suivant, le bloc, la colline, la montagne ne constitue plus le corps physique des Puissances, mais leurs demeures d'élection. On passe de l'idée d'incarnation à celle de résidence, de tabernacle, de reposoir, sacralisée par une Présence. Stade classique à propos duquel, de l'Antiquité à nos jours, on trouve en toute région montagneuse les plus nombreux exemples. Le lecteur occidental aurait tort de supposer que cette distinction qui lui paraît évidente se trouve clairement exprimée par les anciennes traditions. Il arrive que les deux conceptions interfèrent sans que les croyants en éprouvent une gêne particulière.

« La question qui se pose est de déterminer à qui s'adressent les marques de respect que les dévots donnent aux objets naturels. Croient-ils que ces rochers, arbres, lacs, montagnes, etc. sont les demeures de déités conçues de façon plus ou moins anthropomorphique (...), ou bien sont-ils considérés comme étant eux-mêmes des êtres animés ? Disons immédiatement que ces croyances coexistent chez les indigènes de l'extrême ouest de la Chine et du Thibet[130]. »

En fait, s'agit-il d'une confusion ou d'une synthèse ? « La nature de ces personnes-lacs, personnes-rochers, etc., écrit encore A. David-Neel, est conçue de différentes manières. Premièrement, comme étant composée d'un esprit ou âme et d'un corps. L'objet matériel visible est leur corps, qui est animé par un principe spirituel invisible. Mais cela ne signifie pas que l'objet matériel est " habité " par une entité différente (...). L'esprit et l'objet matériel sont deux parties essentielles et inséparables d'une même personne. » « Un dieu lui-même, ou l'image d'un dieu, remarque de son côté Fosco Maraini, à propos du Fuji. La pensée orientale n'aime pas faire de ces distinctions qui tuent la vie et dénaturent le parfum des choses sacrées[131]. » Quand les grandes expéditions européennes du XXe siècle commencèrent à déflorer les principales cimes de l'Himalaya, les populations ne doutèrent pas de leurs rencontres avec les divinités tutélaires : « La déesse Nanda était-elle belle ? » demandèrent avidement les indigènes après la conquête de la Nanda Dévi en 1936[132]. Et « Tensing de l'Everest » dit que, depuis l'ascension de 1953, lui furent posées « toutes sortes de questions (...) ; beaucoup avaient trait à la religion et au surnaturel (...) : Le Seigneur Bouddha était-il au sommet ? Ou bien : Avez-vous vu le Seigneur Çiva[133] ? » Deux ans plus tard, les gouvernements du Népal, de l'Inde et du Sikkim prièrent officiellement les Anglais d'abandonner leur projet d'ascension au Kangchendzönga afin d'éviter de troubler les Invisibles. Le chef de l'expédition composa, promit de respecter l'espace sommital, et tint parole pour « ménager la susceptibilité des indigènes et la sainteté de la montagne[134] ». Les séismes qui ravagèrent certaines régions himalayennes durant cette période de conquête furent attribués à la colère des divinités outragées par le viol des altitudes.

Aether et ténèbres

Ainsi, d'un bout à l'autre de la Terre, une foule de cimes sont dédiées à une foule d'êtres surnaturels, divinités, génies ou démons. Quant à leur nature, bénéfique ou maléfique, on peut introduire ici une remarque de portée générale : présences lumineuses à l'horizon, rêves bleus flottant au-dessus des plaines et des jungles, les lointaines montagnes sont la demeure d'entités inabordables. Elles empruntent au décor majesté, sérénité, intemporalité, tendent à l'abstraction, et catalysent l'imagination des mystiques et des poètes.

Mais de près, pour les faibles communautés accrochées dans leurs replis, ces mêmes montagnes s'imposent par leur formidable, leur écrasante, matérialité. L'homme y est journellement témoin de bouleversements déclenchés par la pesanteur ou par les turbulences atmosphériques, et son existence n'est qu'un long combat contre un univers rarement amical. Les croyances en deviennent beaucoup plus réalistes et intéressées. Certes, les cimes traditionnellement inaccessibles demeurent les domaines interdits des divinités, mais les manifestations plus ou moins inquiétantes dont elles sont le théâtre paraîtront dues à l'intervention de forces maléficientes. D'où naissance d'une démonologie alourdissant les grands courants de pensée religieuse lorsqu'ils atteignent les hautes régions. A cet égard, les altérations subies par le bouddhisme en Asie centrale et au Tibet sont significatives. Toutefois, si les mythologies se trouvent nuancées par les terroirs, on peut remarquer qu'au Tibet justement les décors favorisent à la fois les deux interprétations. Il y pullule donc, ou plutôt y pullulaient, les dieux et les diables, les vrais mystiques et les sorciers, les manifestations d'une authentique spiritualité et les plus basses pratiques de magie noire.

Volcanomythologie

On a déjà remarqué que les volcans participaient à la fois des valorisations contradictoires de l'En-Haut et de l'En-Bas, d'où l'ambiguïté des croyances. Pour des raisons évidentes, ceux qui sont en activité demeurent, en diverses parties du monde — Andes, Mélanésie, Polynésie —, le repaire de puissances telluriques redoutables, « et, lorsque leur colère éclate, les indigènes pensent que les offrandes n'ont pas été suffisantes, les cultes pas assez répétés (...). Identifié à un dieu, le volcan solitaire, dénudé, mais puissant domine l'île (Bali) de sa terrible majesté[135]. »

Pourtant, à Bali encore, et malgré ces attributions terrifiantes, « la montagne, séjour des dieux, la montagne, réservoir pour les rizières (...) constitue la direction bénéfique, source de joie et de félicités. C'est le côté appelé *Kaja.* La mer, au contraire, origine des épidémies, hantée par les démons, est le mal, le malheur, la malchance[136] ».

Le caractère fécondateur l'emporte sur le destructeur. Un volcan éteint depuis le XVIIIe siècle tel que le Fuji-Yama, aux lignes exceptionnellement harmonieuses, devient la Montagne sacrée par excellence, et joue comme telle un rôle éminent dans l'évolution spirituelle, intellectuelle et artistique de tout un peuple. C'est l'une de ces grandes formes qui haussent l'Homme à la contemplation des mystères de l'univers et de son propre destin, accomplissant les noces mystérieuses du symbole et de l'objet, de la terre et de l'aether et dont la présence comme celle du Sinaï ou du Kaïlas, au cours d'épopées très différentes, caractérise fortement une civilisation.

Les dieux sont-ils au ciel ?

Pour les sages et les poètes de l'ancien Japon, le Fuji, Fuji-San, ou Fuso en poésie, est devenu le signe d'une réalité transcendante, une sorte de brillant hiéroglyphe où se manifeste l'âme du monde. De cette vision raffinée aux précédentes il existe une gamme d'interprétations plus concrètes. La notion d'altitude relative, celle d'une cime particulière, a cédé la place à celle d'altitude absolue : le dieu émigre au ciel. Dès lors les montagnes, points les plus rapprochés des sphères célestes, se trouvent désignées avec évidence comme voies d'accès, passages, « portes », dont l'usage apparaît dans les récits légendaires dont il fut déjà question.

Au degré suivant, la vision se sublimise encore. L'antique association devient purement métaphorique, et les croyants cessent, au moins officiellement, de localiser l' (les) entité(s) dans l'espace céleste.

« O ! Seigneur de la divination, dit un hymne inca... Peut-être es-tu en haut ? Peut-être es-tu en bas ? Peut-être es-tu sur ton trône splendide ? » Cette conception spiritualisée restera, dans les religions et à chaque époque, l'apanage d'une certaine élite.

Elle pourrait sembler l'ultime. En fait s'est manifestée récemment une nouvelle épure née d'un effort original de synthèse entre les données archaïques de l'intuition, et celles de la déduction scientifique.

C'est ainsi que la physique contemporaine a vu s'évanouir derrière ses loupes non seulement la « matière » mais la notion même de matière, absorbée par celle d'énergie.

L'énergie mystérieuse des physiciens, qu'est-elle donc à son tour pour les croyants, sinon le reflet d'une action transcendante, le flux d'une perpétuelle création, à la fois voilée et dévoilée dans ses effets les plus subtils ?

Dès lors que les sens permettent d'en saisir quelque chose, de vieilles murailles s'effondrent. « Matière »... « Esprit »... ne sont plus que des mots ; et des mots désormais insuffisants pour rendre compte honnêtement des faits. D'autre part, les antiques théories sur l'orientation générale de l'univers, du — vers le +, et du Bas vers le Haut, sont demeurées très vivaces au sein de la psyché collective.

De telles convergences a pu naître un nouveau mythe, c'est-à-dire ici une nouvelle figure du cosmos, celle de la Noosphère, sphère de l'Esprit, dont la seule formulation implique l'image d'un espace enveloppant où se consommeraient les noces de la « matière » et du Souffle.

« Pour avoir reconnu et isolé, dans l'histoire de l'Évolution, dit Teilhard de Chardin, l'ère nouvelle d'une Noogenèse, nous voici forcés, corrélativement, de distinguer, dans le majestueux assemblage des feuillets telluriques, un support proportionné à l'opération, c'est-à-dire une membrane de plus (...). C'est vraiment une nappe nouvelle, la " nappe pensante ", qui, après avoir germé au Tertiaire finissant, s'étale depuis lors par-dessus le monde des plantes et des animaux : hors et au-dessus de la Biosphère, une Noosphère[137]. »

L'explication scientiste de l'architecture universelle avait expulsé le « divin céleste ». Par un détour inattendu la réflexion moderne lui donne une nouvelle signification[138].

IX

DEMEURES DES DIEUX

Il assembla tous les dieux, en leur plus noble demeure, celle qui, placée au centre de l'univers cosmique, contemple d'en-haut la totalité de la création, et il leur dit...

PLATON, *Critias.*

Toute hauteur remarquable par son altitude relative, son emplacement, ses structures, son inaccessibilité, ses productions naturelles, son régime météorologique, étrange à quelque degré, fournit un lieu d'élection pour les divinités. Chacune devient le pôle d'une zone d'attraction plus ou moins étendue. Aux grands dieux sont réservées les cimes les plus élevées[139].

Des Himalayas à l'Afrique du Sud

La plus haute montagne du monde (Chomo-Kangkar : 8 840 m) se trouvait dédiée à la « Reine-Mère blanche comme neige » (Chomo Lungma), l'Épouse de Çiva, laquelle a dû céder la place, au moins sur les cartes, au... colonel Everest, chef du service topographique des Indes au siècle dernier. Ce n'est pas une victoire de la poésie pure. Néanmoins, les « Cinq Sœurs de longue vie » logent toujours sur la montagne, où leur sont consacrés cinq lacs de couleur différente[140].

Le Kaïlas, ou Kaïlasa, nommé encore Kang Tisé (*cf.* note 36), le Kangchen Rimpoche, la Précieuse montagne de glace, des Tibétains, est la demeure paradisiaque de Çiva, *Mahâdeva*, le Grand Dieu, à la fois créateur et destructeur, *Girisha*, le Seigneur de la montagne, et de son épouse (çakti), la ravissante *Pârvati*, même principe au féminin, fille du roi des montagnes, Himalaya.

Au-delà d'affabulations qui peuvent n'apparaître que pittoresques, se dissimulent des spéculations supérieures. Ce couple divin originel symbolise la différenciation fondamentale de l'être en deux principes complémentaires. De même leur « maison », le Kaïlas, pivot du monde, est l'espace suprême et inébranlable où se manifestent à la fois la sérénité absolue du cosmos et les ardeurs fulgurantes de la vie.

Le dieu se tient « dans un isolement splendide », indifférent aux souffrances du monde, plongé dans une pure et parfaite méditation, absorbé dans le vide absolu, parfaitement limpide, de sa propre essence[141].

Le Kaīlas est un homologue du Mérou, Sumérou, Soumérou, Sumer, Sinérou, cime mythique axiale centrale, paradis de Brahma et d'Indra, montagne sacrée majeure et sommet du monde pour les civilisations de l'Inde et l'Asie centrale. Ses quatre faces inviolables sont occupées par quatre gardiens magiques et leurs cohortes de démons. Au nord, *Kubéra*, le prince des trésors cachés. A l'ouest, *Viroupakcha* domine sur les esprits du sol, les Nagas serpentiformes. A l'orient, *Dhrita-rachtra*, qui joue du luth. Au sud, le roi bleu *Viroudhaka*, armé d'une longue épée.

Pour les bouddhistes, toute la région qu'il domine de sa majestueuse silhouette est aussi infiniment sacrée, demeure des plus hautes instances spirituelles, Dhyâni-Bouddhas et Bodhisattvas, et forme un mandala géant, c'est-à-dire un résumé harmonieux du cosmos, traversé d'innombrables courants d'énergie, matérielle et psychique.

La forme terrestre et visible du Kaīlas est située au Tibet (6 715 m), à environ 500 km au nord-est de Delhi. C'est la flèche du pays des Neiges, vers laquelle convergent les sources de l'Indus, du Sutlej, du Brahmapoutra, et du Gange... (Cela évoque le thème biblique de l'Éden élevé au centre du monde, d'où s'écoulent les quatre Fleuves.)

A ses pieds, deux grands lacs sacrés : le Manasarovar, de forme arrondie, associé aux énergies solaires, et le croissant du Rakastal, voué aux puissances de la nuit. Suivant d'antiques traditions, le Kaīlas aurait été autrefois en Perse[142].

Au Népal, le Kangchendzönga, troisième montagne du monde (8 585 m) se trouve fort peuplé. C'est encore une demeure de Kubéra, qui veille sur les « Cinq Trésors de la grande neige » : or, argent, pierres précieuses, blé, livres sacrés, assisté de *Maha-Kala*, « le Grand Noir ». Ou bien celle de cinq frères divins chevauchant les sommets : *Tigre*, le plus élevé, *Loup*, *Cheval*, *Dragon*, *Garuda*, l'Oiseau merveilleux qui tue les serpents, véhicule de Vishnu. Il existe aussi un dieu éponyme. Mais cette densité divine n'est rien à côté de celle de l'Amne Matshen (6 094 m ?), colosse glaciaire perdu dans les déserts du Nord-Est, au sud du lac Kou-Kou-Nor, où, revêtu d'une armure d'or et d'un manteau immaculé, règne *Matshen Pomra*, dieu protecteur des Gologs, en compagnie de ses... 360 frères (symbole d'un cycle annuel ?)

Le Gauriparbat (6 174 m), la « Montagne dorée », comme la Nanda Dévi (7 820 m), sont habités par des avatars de Pârvati. Le Gaurisankar (7 145 m), au double sommet, porte la Grande Déesse-mère

(Gauri), et *Cam-kara* (le Bienveillant). Annapurna a sa déesse résidente, comme le Chomolari, où trône *Doye Phagmo.*

Sur la cime dominant le monastère de Drepoung, le plus important du Tibet, la redoutable *Dordsche Dramogyel...*

« Un nuage incandescent — comme à la fin des temps (*sic*...) —
s'échappe de ta bouche.
Lorsque tu es heureuse, l'Océan jaillit jusqu'aux cieux.
Si tu ris, la montagne universelle tombe en poussière... »

Hymne tibétain.

Le Mustagh Ata (Sinkiang : 7 433 m) est le « Père des montagnes neigeuses », et « le Père », tout court, d'après Sven Hedin. Le Rakaposhi, ou Dumani = collier de perles (Karakoram : 7 788 m) est le « Belvédère de *Raka* », un maître des esprits, comme l'Occupant du Khan Tengri (Tien-chan, 6 995 m). Le Hathi Parbat (Garwahl : 6 727 m), « Pic de l'Éléphant », au dieu-éléphant *Ganesh*, à cause de sa silhouette. Le Minias Kongar, le Chomolhari, l'Éverest et le Kangchendzönga, hébergent aussi le dieu montagnard *Polha.* Au Népal, les monts Kamani et Kapotala étaient des résidences du bienveillant *Lokeçvara.*

Douze sommets du Tibet passent pour les demeures de déesses-sœurs *Tenona,* parmi lesquelles *Kanghar Shame,* « l'Immatérielle splendeur glacée ». La plupart de ces noms, comme on voit, témoignent de l'émerveillement des hommes ; et la liste pourrait s'allonger indéfiniment. En fait, dans les Himalayas, toutes les grandes montagnes sont pourvues d'un Seigneur ou d'une Dame surnaturelle, ou de plusieurs déités. Les Indous des plaines y placent aussi leurs immortels, dont le dieu-singe *Hanuman.*

En Chine, les délégués directs de l'Auguste du Ciel, suprême souverain de l'En-Haut, sont les dieux-montagnes cardinales dont le principal, le Grand Empereur du pic de l'Est, règne sur la cime sacrée du T'ai Shan, dans le Shansi. C'est une divinité agraire, également maîtresse des mondes mortuaires qui gisent à ses pieds. Il a comme fille la Princesse-des-nuages-colorés, nommée aussi la Sainte Mère, déesse-terre fécondatrice dont l'homologue bouddhique se nomme *Kouan-Yinh* (Kwannon, au Japon), et réside sur la Montagne du Pic merveilleux, non loin de Pékin. Le T'ai Shan est aussi la demeure de *Jampeīon,* dieu du savoir et de l'éloquence, protecteur des Lettres, et d'autres déités.

Au Japon, de très nombreuses montagnes sont résidences divines : l'Aso, le Nantai, l'Ontake-San, etc. La plus célèbre est assurément le Fuji-Yama :

« Les hautes nuées osent à peine le toucher et jamais ne s'y aventurent les oiseaux.

Le gel étouffe la rage de la flamme et le feu dévore la neige fraîchement tombée.

Renonce à lui donner un nom. Aucun n'est digne de lui. »

Le poème de Mushimaro (VIIe siècle) s'adressait alors à un volcan en pleine activité. C'est pourquoi la cime fut d'abord à la déesse *Fuci* (feu : ancien mot aïnou), et secondairement à *Konohana-Sakuya-Hime,* la « Déesse qui fait fleurir les arbres ».

La seule énumération d'une partie du panthéon alpestre est révélatrice du rôle considérable joué par les montagnes dans la vie et la pensée japonaises, l'une et l'autre traditionnellement enrichies d'échanges affectifs entre la Nature et l'Homme :

O-Yama-Tsu-Mi : seigneur souverain des sommets.
Naka-Yama-Tsu-Mi : dieu des pentes montagneuses.
Ha-Yama-Tsu-Mi : dieu des pentes du bas de la montagne.
Masaka-Yama-Tsu-Mi : dieu des pentes abruptes.
Shigi-Yama-Tsu-Mi : dieu du pied de la montagne.
Oho-iwa-dai-myo-gnin : dieu des éboulis.
Kura-Oxa-Mi : déesse de la neige.

Saka-no-Mi-Wo-no-Kami : dieu des pentes. *Kana-Yama-Kiko,* et *Kana-Yama-Hime,* couple-gardien des trésors souterrains de la montagne. *Seori-Tsu-Hime,* déesse des torrents, etc. Les déités montagnardes entretiennent souvent des relations étroites avec les mortels. C'est ainsi que les amours de la déesse-fée du mont Miwa et d'un chasseur de cerfs sont évoquées dans un poème et dans un nô, très célèbres et très anciens. Au nord de l'archipel japonais, dans l'île de Hokkaido, l'ancienne civilisation des Aïnou révérait aussi, bien entendu, les divinités des montagnes, les *Kamui,* dont l'intermédiaire auprès des hommes était l'Ours. (*Cf.* note 267.)

En Asie centrale, où les croyances, fortement influencées par celles de l'Inde, de la Chine, de l'Iran, de la Russie, marquent une puissante orientation ouranienne, le thème des étages célestes est communément rattaché à celui de la Montagne cosmique centrale, résidence des dieux. Les Mongols disent qu'à son sommet règne, entre autres, *Khurmusta.* Ailleurs, l'une des trois divinités suprêmes, *Baï ülgön,* se trouve sur la Montagne dorée du seizième ciel. Ou bien encore il y a trente-trois *Tengeri* sur le Soumer — évidemment le Soumérou, ou Mérou des Indous. En vertu d'un processus de localisation qui paraît universel, la Montagne mythique se trouve souvent identifiée à certaines cimes réelles dominant une certaine région... Altaï Khan, Kyrgys Khan (Khan ou Kan = Seigneur).

« Mordo Khan, puissant Seigneur !
Aux sources de l'Abakan
Sur le mont aux mille sommets
Tu habites, O Mordo Khan[143]... »

En Mongolie réside aussi Chan-za-zi, l'Esprit Miséricordieux des montagnes. Une cime de plus de 5 000 m dans l'Indou-Kouch porte le nom de l'anti-Dieu : *Chaïtan.*

Dans l'ancien panthéon sumérien, le grand dieu de la terre, *Enlil,* le Père universel, « a établi sa demeure sur l'estrade de l'Ekur, sublime sanctuaire[144] ».

Il est, avec le dieu Assur qualifié de « Grand Mont », ou « Mont des Igigi ». La déesse *Nin-hur-sag* est elle-même la Dame de la montagne. Bien des siècles plus tard, en Perse, *Mithra* solaire, l'un des « Adorables » de la religion de Zarathoustra, occupe au sommet de l'Elbourz « une demeure où ne sauraient pénétrer (...) ni les ténèbres (...), ni la maladie, ni la mort. Du haut de cet Élysée, Mithra contemple en un clin d'œil l'univers entier[145] ».

En face de Thèbes, sur la Montagne de l'Occident, elle-même en forme de pyramide, régnait la grande déesse *Mertseger,* Marit-Sakro, « l'Amie du silence », ou de « Celui qui fait le silence », Osiris. Elle s'identifiait tellement au sommet de la montagne qu'elle portait le surnom de *Ta Tehnet,* la Cime.

En Afrique occidentale, région du golfe de Guinée, les Yorouba ont un dieu des montagnes nommé *Oké,* avec des variantes telles que *Naké* = Mère-colline. « L'adoration des hauteurs a pour cause leur forte altitude *(sic),* ou le fait qu'elles restent inaccessibles, ou quelque curiosité naturelle[146]. » En Afrique du Sud, les monts Matoba abritent plusieurs formes du dieu céleste fécondateur : *Ralouvhimba, Mvoumela, Mwari...* Le Kilimandjaro est toujours « la Maison de Dieu ».

Dès l'origine, Yahvé, le Dieu de la Bible, se trouve associé à la montagne, comme l'indiquent ses plus anciennes désignations : Shaddaï, montagnard ; *El Shaddi* : Dieu, ma montagne[147].

« Sur la montagne de ton héritage, au lieu où tu as fait ta demeure », chante Moïse après la défaite des Égyptiens. Et, plus tard, Yahvé l'appellera « du haut de la montagne » (*Exode,* XIX, 3). Toute l'histoire du Sinaï situe précisément Dieu au sommet de la montagne. Yahvé demeure essentiellement le Dieu du Sinaï, le « Très Puissant qui vit sur la montagne du Sinaï », comme le proclame encore le *Zohar,* le

Livre de la lumière et de la splendeur, au IIIe siècle de notre ère. Mais plus généralement il révèle sa présence sur les sommets : « Car Celui qui a formé les montagnes et créé le vent (...), qui marche sur les hauteurs de la terre, son nom est Yahvé... » (*Amos*, IV, 13.) « Il descendra et marchera sur les hauts lieux de la terre[148]. » (*Michée*, I, 2 et suiv.)

Baal résidait avec *Anat* sur la « Montagne d'or du Septentrion » ; autrement dit, plus prosaïquement, sur le mont Liban.

En Asie mineure, la Grande Déesse *Rhéa*, Mater oreia : Mère des montagnes, hantait différents sommets sous différents noms, comme la Pârvati himalayenne : *Bérékynthia*, *Dindyméné*, *Idaia*, ainsi que *Matar Kubilé* (Cybèle), *Agditis*, en Phrygie... « Les peuples préhelléniques de la Grèce adoraient des dieux qui pour eux résidaient en haut des montagnes[149] », où s'installèrent à leur tour les Immortels du Panthéon classique. « Olympe » est le mot ancien qui signifie simplement « montagne ».

La demeure principale, celle du Maître des dieux, est donc l'Olympe de Thessalie (2 911 m). Elle présente toutes les valorisations de la Cime axiale-centrale. Il y a d'autres Olympes en Eubée, en Arcadie, à Chypre (Tróghodhos), en Turquie (Ulu dag), et cette prolifération indique assez qu'il s'agit d'une cime-pivot du monde. Les dieux se déplacent sans cesse, vont occuper d'autres maisons des hauteurs, et beaucoup d'événements importants de leurs chroniques se déroulent dans un cadre alpestre[150], revendiqué parfois simultanément par plusieurs traditions. Zeus, par exemple, est né au moins sur quatre cimes différentes : le Lycée d'Arcadie ; l'Aigaîon, actuel Lassethi ; le Dikté ou bien l'Ida, en Crète. Les vieux auteurs sont toutefois d'accord pour situer ses enfances dans la caverne de l'Ida, sous la garde des Curètes et des Nymphes. Mais il a, si l'on ose dire, beaucoup d'autres montagnes dans sa vie.

Lors des grandes batailles contre les incarnations du Chaos, il poursuivra Typhoeus au mont Casion, au Nysa, à l'Haimos, puis finira par écraser le Monstre sous la masse de l'Etna. C'est après sa victoire finale sur les Titans et les Géants qu'il s'installera définitivement à l'Olympe.

Il épouse Héra au mont Kithairon de Béotie, ou d'après l'*Iliade*, à l'Ida de Troade ; la punit sur l'Olympe, encloue Prométhée au Caucase, poursuit Maïa sur le Kyllène, Taygète sur le Taygète, retourne avec Europe dans sa grotte du Dikté, en Crète ; et l'on prétendra même qu'il a sa tombe au Jouktas, paradoxe pour un immortel. « Les Crétois sont toujours menteurs », remarque à ce sujet le pieux Callimaque d'Alexandrie.

De la Baltique à la Terre de Feu

Chez les Lapons, on nommait *seite* des hauts lieux que la proximité d'une cascade, d'un à-pic..., marqués par une pierre ou une montagne abrupte sacralisaient. Ils passaient pour des accumulateurs de mana ou les habitats de déités, suivant les temps et les régions. Chez les Germano-Scandinaves, « certains sommets de collines et de montagnes portent encore aujourd'hui le nom de dieu[151] ». En Lituanie, Perkunas était un dieu-montagne-foudre.

Le palais Hlidskalf de la divinité majeure *Odin-Wotan* s'élevait dans les hauteurs de l'Asgard, le ciel nordique. Il est précisé, dans la deuxième Edda, que les Ases habitaient un château d'or sur une montagne.

D'après les scaldes islandais, *Ullr* est un dieu-chasseur-skieur ; *Skadhi*, fille du géant Thjazi, épouse de Njordhr, est la déesse des montagnes et du ski. Il sera plus loin question des Géants et autres Fantastiques qui jouent un grand rôle dans ces mythologies nordiques.

Les noms de lieux peuvent être révélateurs : Carr (Pic du Gard) ou Avéran (Mont Averan) dans les Pyrénées[152]. Belenos, le grand dieu solaire gaulois, a dû occuper Beliu, montagne de la vallée de Lesponne, dans les Pyrénées ; Montbel, en Savoie et en Lozère ; Tombelaine, au Mont-Saint-Michel (*tomba Beleni* ou *Belisama,* parèdre) ; Blaine, dans les Alpes-Maritimes. On trouve aussi des empreintes toponymiques d'un dieu Gargas ou Gargan, très ancien fils du précédent (?) et prototype du fameux héros de Rabelais (qui situe sa naissance sur « la plus haute montagne d'Orient »), mont Gargan en Tarentaise, puy Gargan en Limousin, Gargas en Dauphiné, Gargare de Provence, actuellement la Sainte-Baume, dont l'ancienne sylve était sacrée, Gargare, Gargano en Italie, et le Gargare de Troade, où les Anciens voyaient naître le soleil[153].

Une certaine Dea Artio, déesse aux ours, sorte d'Artémis gauloise, paraît avoir hanté aussi bien les Pyrénées que les Alpes.

En fait, il est permis de supposer qu'en Occident aussi des sommets exceptionnels, qui appartenaient à l'environnement de populations antiques, sont passés par un stade de sacralisation... Le mont Blanc, le Dru, les aiguilles d'Arves, le mont Rose, le Viso, le Cervin, l'Ortler, etc., ont dû en leur temps incarner ou héberger des êtres supra-humains, dont, sauf miracle, nous ne connaîtrons jamais ni les fonctions ni les noms.

L'expansion de Rome entraîna une colonisation divine des sommets. *Hermès-Mercure* s'installa au puy de Dôme, au mont du Chat en Savoie et en une foule d'autres lieux. On trouve des Mont Joux, Mont Jovet, Monte Giove (Jovis = Jupiter) en différents points des Alpes. Un Jupiter tonnant à Rochemelon, un dieu *Janus* au-dessus du mont Genèvre, qui est lui-même une ancienne Matrona. *Dyonisius* au Mont-Cenis (carte de Stumpf, XVIe siècle). Un *Graius* (?) au Petit-Saint-Bernard. Mars au Monte Moro. Plus généralement, les Gallo-Romains rendaient un culte aux divinités alpestres... « Montibus » à Luchon, « Di montibus et Sylvano et Dianae », vallée de Barousse dans les Pyrénées. Le même *Sylvanus* régnait aussi dans les montagnes de Tarentaise[154]. Et les *Matronæ* (déités féminines associées aux sources) se retrouvent dans toutes les régions des Alpes.

Plus tard, les divinités gréco-romaines d'importation subiront le sort dont elles avaient accablé les vaincus. Un excellent exemple de cette variante divine du Jeu de la chaise nous est donné au Grand-Saint-Bernard, passage célèbre des Alpes, dont la fréquentation remonte loin dans la nuit des temps. Le Maître des dieux y délogea un certain *Penn*, révéré, d'après Tite-Live, par les autochtones — Alpes Pennines, Apennins, Valpelline... — et demeura là pendant quelques siècles, entouré des foudres et des nuées d'usage, sous le nom de *Iovis Poeninus*. Puis les temps changèrent. Le christianisme triompha à son tour et, en vertu d'un processus classique de dégradation exprimé par la formule « *Omnes dii gentium demonia* » (*Psaumes*, 96, 5.) (« Tous les dieux des païens sont des démons »), les Olympiens furent partout réduits au rôle ignominieux de diables dans la nouvelle foi. Quoique oublié longtemps dans ses frimas, le Jupiter du passage subit la loi commune, et fut brusquement expulsé des lieux par saint Bernard, au moins dans la légende[154].

Un peu partout les saints succédèrent aux anciens dieux. Mais le paganisme eut ailleurs une curieuse revanche. C'est au Caucase, où influences chrétiennes et islamiques ne parvinrent pas à modifier en profondeur les mentalités religieuses. Un « Ange de la montagne », *Goris Anghelosi*, prend la place d'un dieu montagnard. Le prophète Élie, que sa carrière associait spécialement aux thèmes de l'Altitude, y devient, sous le nom d'*Ilja*, un maître de la foudre et du tonnerre, tandis que de vieilles divinités locales continuent à habiter leurs propres montagnes. La Cime cosmique divinisée elle-même y apparaît sous le nom de *Did gori*, la Grande Montagne[155].

De l'autre côté de l'Océan, les hauteurs hébergent les Puissances, avec, dans le détail des légendes, les variantes impliquées par la diversité des fois.

Chez les Eskimos et les Indiens, de tradition animiste, il s'agit moins de divinités que d'esprits *Innua*, disent les premiers, attachés à toutes sortes d'objets naturels, y compris les rochers et les montagnes. Néanmoins les noms des principaux dieux de certaines tribus sont éloquents : « L'Assis très haut », *Inkfwin-wétay* ; *Ya-na-Kfwi-odinaz* : « Celui qui use le ciel de sa tête ». Il existe un dieu-aigle-tonnerre-porteur de foudre, *Iti*, qui niche dans les montagnes mythiques aux frontières sud - sud-ouest de la terre, et vient percher sur le « Volcan du centre du monde », Edgecumbe, quand celui-ci est ébranlé[156]. La silhouette du Grand Oiseau divin brille d'ailleurs dans le ciel des deux Amériques.

Comme dans celle du Nord, le panthéon aztèque est réparti en quartiers de l'espace, ordre auquel se superpose une orientation verticale, d'origine solaire, fécondatrice, dont témoigne la seule existence des Mounds et des Pyramides (voir note 407). Le Seigneur principal des montagnes, des sources et de la pluie est *Tlaloc*, « Pulpe de la terre », symbole « Aigle râpé » *(sic)*, localisé sur les crêtes dans sa demeure Tlalocan. On connaît aussi un dieu-jaguar « Cœur des montagnes », nommé *Tepeyollolt*, et des déités alpestres protectrices : *Tepictoton*, présentées comme des nains.

Dans les Andes, « presque toutes les montagnes de l'ancien Pérou étaient l'objet d'adoration[157] ». La valorisation des altitudes date d'une époque indéterminée. Le Centre élevé de Tiuhuanaco (Pierre du Milieu ?), d'après les Incas, était l'un de ces lieux sacrés dont l'origine se confondait avec celle du monde.

La plus ancienne divinité-montagne paraît être *Pachamama*, Terre-Mère. On situe l'une de ses résidences au mont Tunari, en Bolivie. Tandis que les gens du Potosi désignent un sommet de leur propre territoire, et d'autres Indiens d'autres montagnes.

Dans la mythologie classique des Incas, le dieu principal est *Kon Ilac Tiki Viracocha*, créateur solaire et destructeur (séismes, inondations, etc.) comme Çiva. Ses interventions ont lieu principalement dans la région du lac Titicaca.

On a identifié (d'après Middendorf) le dieu avec un volcan dominant la vallée de Vilcanota. Une telle localisation n'a qu'une valeur relative, car, à l'instar de Pachamama, beaucoup d'autres cimes ont pu lui être consacrées par traditions locales et populaires.

Pachacamac, l'un des quatre frères Ancêtres créés par Viracocha, transformé en pierre sur Huanacauri, occupe cette hauteur, lieu éminemment sacré, origine de la dynastie de Manco Capac, premier Inca.

Chaque souverain inca, héritier direct des pouvoirs de Viracocha, peut à son tour parrainer une hauteur qui devient un « Trono del Inca ». Il y en a plusieurs au Pérou, comme il y a plusieurs Takt-i-Suleiman, « Trône de Salomon », en Perse. La majesté divine et la majesté royale y firent bon ménage, enrobées dans la même gloire solaire.

Toutes sortes de rochers et de montagnes andines sont « huasca » (sacrées), demeures d'*Indi*, céleste créateur, et hantées par les Grands Ancêtres divinisés, par les *Achachillas*. Dans les Andes du Sud, chez les Araucans, le thème du déluge se trouve intimement lié à la sacralisation de certaines montagnes salvatrices, les plus hautes des Cordillères, dites « Trentreng » ou « Thegtheg », la Tonnante, l'Étincelante, où jadis se réfugièrent et furent pétrifiés les témoins du grand cataclysme, également divinisés. Et dans les volcans en activité, pourvoyeurs de flammes brûlantes et dévoratrices, ou fabriquant des tremblements de terre, les Célestes bienveillants cèdent définitivement la place au *« Pillan »*, au Diable.

X

LES TERRITOIRES DE « L'AUTRE »

Le Diable existe, puisque vous l'avez nommé.

UN PHILOSOPHE.

Les croyants ne sont généralement pas d'accord sur le nombre, la nature ou la figure de leurs dieux. En revanche, leurs démons se ressemblent assez souvent comme des frères, de vilains frères ; et ceux qu'ont peints Mathias Grünewald ou Hyéronimus Bosch ne se trouveraient nullement dépaysés dans les enfers tibétains. C'est qu'en tous lieux ils incarnent des terreurs et des maux analogues, issus des mêmes cauchemars. Monstrueuses caricatures de l'homme ou de formes animales, gonflés de sanie ou secs comme de vieilles carcasses, pleins de haine et de fureur, ils sont justement ce que les humains pourraient être s'ils oubliaient d'être humains : une abominable contrefaçon d'eux-mêmes.

Les repaires d'en-haut

Les montagnes sont des lieux déserts, et les démons, c'est bien connu, hantent particulièrement les lieux déserts, ou du moins les hantaient, car ils semblent eux aussi avoir émigré en masse dans les villes.

Elles sont le théâtre de toutes sortes d'événements, les uns favorables aux Bipèdes, les autres pas. Les tourmentes, les avalanches, les inondations, le froid, le feu dévorant, le brouillard, le vide, les malaises de l'altitude, ne sont point l'œuvre de forces naturelles. Celles-ci demeurent inconnues des vieilles civilisations, lesquelles ignorent ou veulent ignorer l'enchaînement des causes et des effets matériels. Il n'est que l'exercice de volontés bienfaisantes ou hostiles. Aux nombreuses demeures des dieux s'ajoutent des myriades de repaires pour les diables, beaucoup plus nombreux que les dieux, mais, il est vrai, grâce aux dieux, moins puissants.

On rencontre de grands et de petits diables, des rois-démons, et des diablotins qui piquent comme des guêpes : ceux des faces nord, des orages, des blizzards, des effondrements, des glaciers, des abîmes, et ceux qui font buter le pied du voyageur, crochent au passage ses vêtements, l'égarent, le cuisent, le font crever de soif ou trembler de froid.

Ils hantent les steppes caillouteuses, les plateaux perdus, les forêts vives ou mortes ; les tourbillons de neige ou de poussière, l'ombre des nuages, les nappes de brume qui effacent les pentes, les eaux trop calmes du lac, la bise chuintant au sommet des cols ; et aussi ces blocs à l'inquiétante silhouette, vaguement humaine, fichés comme des dards sur les moraines, ... partout à l'affût, partout guettant, avides de chair, avides de sang, avides d'âmes... En leur honneur, le grand mythe du Mal se fragmente en une infinité de légendes accrochées à toutes les pointes de rocher, à tous les versants.

Mille millions de milliasses de diables

« L'Ouragan qui dans les cieux furieusement galope..., la nuée sombre qui dans les cieux met les ténèbres..., ce sont eux ! (...). Eux, les Sept *Utukku*, sont nés dans la Montagne du couchant ; eux, les Sept, ont grandi dans la Montagne du levant (...). Je suis Pazazu, fils de Hanpa. Le roi des mauvais esprits de l'air qui sort violemment des montagnes, c'est moi ! », proclament les tablettes de l'ancienne Babylonie.

Le nord y était considéré comme une direction néfaste, et la porte des enfers s'y ouvrait dans la chaîne de l'Elbourz, au mont Aresou.

Les Volcaniques

La plus imposante des diableries montagnardes, c'est évidemment une éruption volcanique, avec ses flambées rugissantes, ses tremblements, ses explosions, ses coulées incandescentes et dévastatrices. De tels phénomènes ont tellement frappé l'imagination qu'ils ont fourni le décor des futurs enfers et l'élément principal des tourments.

Le feu, dans l'univers des mythes, apparaît sous trois aspects : éthéré, rayonnant, solaire, axial, comme un pur symbole de l'Esprit. Il brille alors sur les « montagnes de la Flamme ». Il est encore l'indispensable source de chaleur, vivifiante et guérisseuse, ou le monstre qui dévore des victimes hurlantes, et métamorphose toutes choses en lugubres cendrées. Cette destruction totale et horrifique devient l'acte néfaste par excellence, et donc l'affaire majeure des diables, ou plutôt du Diable, car l'ampleur de la catastrophe suggère l'idée d'*une* volonté, d'*une* présence. Celle par exemple du Pillan dans les Andes, qui, sous sa forme terrifiante, éruptive, se trouve affublé d'épithètes adéquates : *Huenaucan* = « L'Ennemi des Hauteurs ». *Pire-Pillan, Quetrupe, Pujajen, Paratun,* etc. = « Démon des neiges », lequel, entre autres exploits, fait fuir les cerfs, proie des chasseurs, ressource alimentaire des tribus, et tarit les sources. Au sud du Chili, le volcan Osorno était pour les Araucans la demeure même du Diable[158].

Avant l'arrivée des missionnaires, les indigènes des îles Hawaii situaient leurs déités dans les volcans, « bien entendu plutôt des diables que des dieux. L'élément de la crainte, voire la terreur, y prédominait nettement[159]. » Attitudes et croyances analogues au Nicaragua, aux Célèbes, au Tibesti. Même dans l'univers gréco-romain, où le Diable est inconnu, les volcans sont occupés par des puissances maléfiques, les Titans, qui s'y trouvent enchaînés depuis la victoire de Zeus.

Les Tibétains

Il y a quelques sources chaudes au Tibet, mais pas de volcans. Et pourtant ce pays est par excellence celui des démons montagnards. « Si l'on devait s'appuyer sur les légendes et croyances populaires, écrit A. David-Neel, l'on serait conduit à penser que leur nombre dépasse de beaucoup celui de la population humaine. » L'altitude, les grands espaces déserts, le déchaînement fréquent des forces primordiales, sont autant d'éléments favorables à un certain modelage de l'âme. Et c'est l'âme en définitive qui suscite son propre univers[160].

L'espace tibétain est encombré d'innombrables démons, plus précisément de « tulpas », créatures magiques engendrées par le mental. « Les Tibétains affirment que, par la concentration de pensée, des gens exercés sont capables de produire des formes conçues par l'esprit, et de créer toutes sortes de fantômes », note A. David-Neel, qui reçoit à ce sujet les confidences d'un ermite : « Qu'elle s'opère consciemment ou inconsciemment, l'objectivation des formations mentales est un procédé très mystérieux. Que deviennent ces créations ? Ne peut-il se faire que, comme des enfants nés de notre chair, ces enfants de notre esprit échappent à notre contrôle et qu'ils en viennent, soit avec le temps, soit soudainement, à vivre d'une vie propre ? » Certaines pratiques creusent une brèche par laquelle s'engouffre « quelque chose ». « Il faut se garder d'ouvrir des canaux à la légère. Peu de gens se doutent de ce que contient le grand fond de l'univers qu'ils mettent en perce inconsidérément. »

Celui qui, selon le redoutable rite « tcheud », évoque seul, la nuit, les pires démons dans les déserts « doit comprendre, dit le penseur tibétain, que dieux et démons *existent réellement pour ceux qui croient à leur existence* », et qu'ils possèdent le pouvoir de faire du bien ou du mal à ceux qui leur rendent un culte ou qui les redoutent ».

Il faut donc admettre qu'ils grouillent dans les montagnes du Tibet, car la crainte qu'ils suscitent ne donne lieu à aucune discussion. Quand Fosco Maraini parvient seul, tard dans la nuit et sous la pluie, au monastère de Kirimtsé, la vieille gardienne qui l'héberge s'écrie :

« Mais d'où venez-vous ? Qu'est-ce que vous faites pour rôder dans les montagnes à cette heure-ci ? Vous ne savez donc pas qu'il y a des rii-gompo qui sucent la vie et vous laissent vide ? »

Lors de l'expédition de 1924 à l'Everest, les Anglais, en arrivant au monastère de Rongbuk, découvrirent « une nouvelle peinture murale, exécutée depuis l'expédition de 1922, qu'elle commémorait à sa façon ; elle rappelait la défaite du groupe dans sa tentative pour atteindre le sommet, et attirait en particulier l'attention sur le tragique accident des sept coolies tués dans une avalanche. On y voyait les hommes frappés à coups de tridents au flanc de la montagne par des démons au pied fourchu, qui les faisaient tournoyer et les lançaient dans l'enfer le plus froid[161]. »

Dans la suite, il fut impossible d'obtenir des porteurs tibétains qu'ils dépassent le camp II, « parce qu'il fallait traverser un glacier plein de crevasses dans chacune desquelles un esprit malin était censé se cacher ». C'est au cours de cette expédition mémorable que disparurent Mallory et Irvine. Toute nouvelle tentative fut bloquée pour plusieurs années. Mais, entre-temps, les démons avaient avalé une autre victime, un jeune Américain surréaliste, qui tentait l'ascension en *solitaire.*

Ces myriades maléfiques se sont accumulées sur le toit du monde. La couche la plus ancienne est celle des Bön-po, croyance autochtone (?), très archaïque en tout cas, particulièrement encombrée de pratiques de magie noire, donc diabolisante à souhait. Vinrent ensuite les démons du lamaïsme, qui firent avec les premiers... excellent ou détestable ménage, comme on voudra, mais augmentèrent encore leur nombre.

Les Tibétains pensent que les esprits des morts par accident deviennent des diables très redoutables. A quoi s'ajoutent, pour le plaisir du voyageur, plusieurs espèces de fantômes, les *Ro-langs*, « cadavres debout » des foudroyés, qui s'en vont droit devant eux. Quiconque les touche tombe malade et meurt. Ce sont un peu les zombies du pays des Neiges ; les *Yidaks*, d'horrible apparence, âmes en peine, toujours affamés, condamnés à subir durant quelques années, ou quelques siècles, une sorte de purgatoire parmi les cailloux et les glaces... et autres produits macabres des imaginations tibétaines.

A l'égard de cette tourbe hostile, la grande politique de la religion officielle est de contraindre par magie le maximum de diables à changer de camp et à lutter à leur tour contre de ci-devant « confrères ». Ils se transforment ainsi en protecteurs, en dieux tutélaires, comme le Puissant carreau de foudre du monastère de Drepung. Leur aspect n'en reste pas moins terrifiant, car, en vertu d'une application inattendue de la loi de similitude, les experts pensent que la meilleure façon de mettre en déroute les horribles démons est de leur opposer des troupes encore plus hideuses ! De là, surenchère dans l'épouvante. Ces nouveaux alliés ne cessent d'en faire d'affreux carnages.

Ils pullulent encore dans d'autres régions himalayennes et en Asie centrale. Les Leptchos du Sikkim ont beaucoup d'ennuis avec les *Moungs*. Le plus redoutable est le *Tschou Moung* des glaciers, aussi Seigneur de la chasse, d'aspect simiesque, et qui pourrait bien n'être qu'une version fantastique de l'Inconnu des montagnes, du mystérieux « Homme des neiges ». On rencontre aussi dans les hauts déserts ou les forêts : *Maso Moung*, porteur de mort, *Sandong Moung*, couvert de plumes, *Segrang Poung*, qui se cache dans les cavernes, *Soumou Moung*, vieille atroce, laquelle, métamorphosée en jolie fille, s'occupe d'attirer les jeunes hommes.

Andes. Caucase. Groenland...

Le prototype de cette goule est universel. On le retrouve de l'autre côté du monde avec la fameuse *Lola* andine (mot araucan qui signifie « terre morte »), démone particulièrement homicide, sorte de Lorelei des neiges dont elle incarne les mortelles séductions. Elle apparaît aux muletiers sous la forme d'une beauté, évidemment neigeuse, puis les entraîne à travers la tourmente jusqu'à l'abîme, où elle leur réserve une étreinte non moins glacée que définitive.

> « J'ai rencontré sur le volcan Le Diable du Nord.
> Pour m'arrêter Sur le chemin, Il m'a jeté
> Ses “ bolas ” de neige Dans le vent tourbillonnant ! »

chante un sorcier-guérisseur[162].

Le démon *Supai* est responsable du mal des montagnes (soroche) et du vertige. En Bolivie, hante les neiges *Hualapichi*. D'autres diables descendent la nuit des montagnes et viennent rôder parmi les hommes. Au Groenland, les *tupilek* aux formes démoniaques errent dans les déserts de glace de l'intérieur.

Au Caucase, les montagnards craignent fort les *kadjis.* Ils ont pour habitude de rosser les passants. La montagne de Tabakona sert de base de départ à certains démons-vampires qui, sous la conduite de *Roskipi,* arrachent yeux, cœur, foie des malheureux égarés qui leur tombent sous la griffe, et tarissent aussi le lait des vaches.

La collection occidentale

Sur le plan des diableries, les montagnes d'Occident ne le cèdent en rien aux chaînes « païennes ». La croyance à Satan, à ses légions, à ses pompes et à ses œuvres y fait partie des dogmes. Sans doute, ici comme ailleurs, une élite spirituelle les a conçus essentiellement comme intelligences rebelles et maléfiques, purs esprits déchus que l'orgueil a dressés contre Dieu. Mais les textes fourmillent de descriptions très concrètes qu'à leur tour les artistes ont projetées sur les murs, la toile, dans la pierre ou le bois durant de nombreux siècles. Ainsi prirent-elles forme de vie dans les croyances populaires. Le Moyen Age en fut à la fois égayé et assombri[163].

Au XXe siècle, les hautes montagnes sont devenues « le terrain de jeu de l'Europe » (Leslie Stephen)... et celui d'autres pays atteints par la civilisation occidentale. Cet usage tout moderne — il date d'un peu plus de cent années — suppose un état de stabilité économique et sociale. Jadis, à une époque de faible densité démographique où la survie quotidienne requérait la presque totalité des forces et des ressources, tenter une ascension « pour le plaisir » demeurait un acte inconcevable. Les cimes étaient considérées comme d'énormes amas de pierres et de glace stériles, « de la mauvaise terre bonne à rien », que tout homme sensé se devait autant que possible d'éviter. Dès lors, et dans la mesure précise où les hautes régions se révélaient inhospitalières et dangereuses, les diables, eux, devaient s'y trouver fort à l'aise.

Les papiers du diable

Historiquement, l'un des tout premiers documents témoignant de la diabolisation chrétienne des Alpes est une formule relevée à la fin d'une série de chartes anglaises établies entre 835 et 946, où le signataire qui manquerait à ses engagements se trouve menacé du gel des glaciaires, et des tourments infligés par les mauvais esprits « pennins » : « ... *perpessus sit gelidis glacierum flatibus et Pennino exercitu malignorum spirituum* ». C'est une allusion précise à l'une des rares montagnes dont le renom s'était déjà répandu dans toute l'Europe, c'est-à-dire le passage des Alpes valaisanes consacré d'abord au dieu Penn, puis à Jupiter, et enfin à saint Bernard, lequel se chargea de nettoyer le terrain des mauvais esprits qui l'infestaient. Cette opération d'assainissement fut admirablement décrite par un vieux chroniqueur.

« Le Diable *(Jupiter)* s'apercevant que c'estoit contre luy que l'armée des fidèles estoit rangée en bataille au pied du mont (...) se resoult de n'estre prevenu et donne commencement à l'escarmouche par l'espouvante : il couvre donc la montagne et oste le jour par une espaisse tombée de neiges, et par une masse de chaos de nuées noires, menaçantes d'un grand estour. Il esmeut furieusement les tourbillons, pyrouëttans et ronflans ; il redouble les esclairs estincelants et dardillants des flammes horribles, qui s'entresuivent coup sur coup à saillies entrecoupées, esblouïssant les yeux et estourdissant l'ouye du tintamarre des tonnerres, gresles et foudres lâchés de toutes parts. Il y faisoit si chaud, et la tourmente estoit si espouvantable, que les plus asseurés n'eusent eu le courage, je ne diray pas de poursuivre la pointe et parfournir la course, mais non pas mesmes de regarder la montagne toute en feu et en furie. Le Sainct, nonobstant ces menaces brutes, exhorte et rasseure ses compagnons, et passe outre sans crainte, toussiours gagnant du terrain. Plus il approchoit de la cime de la montagne, plus le combat s'eschauffoit, il advance néant moins *(sic)* tousjours invincible qu'il estoit de feux, de tourbillons et de gresles, sans entameure toutefois, court droit où était parquée l'idole, qui bruyoit, mugloit, siffloit, rugissoit furieusement, faisant ainsi contenance de vouloir ravir *(l'assaillant)*. Mais le Sainct armé a cru de ses habits sacerdotaux, et le baston de l'Archidiaconat en main, à l'instar de David, marche contre ce colosse ; et ayant asséné un grand coup de croix luy jette son estole au col, qui soudain fust changée en chaisnons de fer, fors la partie qu'il tenait en mains, puis tirant de toutes ses forces luy fait prendre coup, l'arrache de sa base et porte par terre la statue brisée par sa chutte. Après cette action valeureuse, pour combler son triomphe, il exorcise le Diable qui estoit en saisine de la statue, l'estrousse et luy commande, de par Dieu vivant, d'avoir à vuider ce lieu tout à l'heure, et s'abysmer dans les fondrières inhabitables de Montmaillet, à deux lieüs de là du costé du couchant, et n'en partir jusques à la consommation du monde, avec défence expresse d'y nuire en façon quelconque. A la voix de ce commandement, ce lutin se partit comme un foudre faisant un si grand fracas qu'il sembloit que non seulement la montagne mais le monde entier deut abysmer. Après quoy le ciel se rasserena et le passage demeura libre (...). Ces choses tant extraordinaires sembleront incroyables et n'avoir qu'une foy titulaire à certains esprits critiques... »

Espérons que nos lecteurs ne seront pas de ce nombre, d'autant que ce vigoureux « descripteur » ajoute impitoyablement :

« critiques mais peu judicieux[164]. »

« Les " fondrières de Montmaillet " se rapportent à l'ensemble du massif du Mont-Blanc, qui, cinq siècles et demi plus tard, sera toujours désigné comme " la Mont maudite " » (Atlas de Mercator, 1594-1595).

D'un bout à l'autre des Alpes et jusqu'aux temps modernes, le Diable — ou l'Enfer — patronneront toutes sortes de pics, cimes, cols, pas, aiguilles, lacs, gorges, vallées, preuve de la vitalité de la tradition et du pouvoir d'ubiquité de cet inquiétant personnage pour lequel, rien que dans le haut Valais, on a recensé plus de vingt appellations, ce qui atteste de l'étendue de ses activités[165]. Il est tenu pour auteur responsable de la plupart des calamités qui troublent la dure existence des montagnards, en sorte qu'ici les légendes prennent une allure explicative, ou, en termes savants, étiologiques.

De quelques diableries particulièrement diaboliques accomplies par les diables de montagne en pays chrétien

Juste en face des grands « quatre mille » du Valais, le massif des Diablerets se hérisse de silhouettes biscornues, un peu folles, sorte de chefs-d'œuvre baroques de l'architecture alpestre. Dès l'évangélisation du pays, ces pics étranges furent sans doute considérés comme l'ultime refuge des mauvaises divinités païennes, muées naturellement en bons diables chrétiens. Tout ce qui descendait de là-haut : grondement des orages, hurlements du vent, fracas divers, avalanches, coups de foudre, passait pour les manifestations d'une activité infernale mal contenue par les croix et les chapelles dont les Anciens avaient piqueté les frontières de cette zone infestée. D'importants ravages furent périodiquement causés par des éboulements, mais les démons n'avaient pas encore accompli leur grand-œuvre.

En l'an de disgrâce 1715, les coups redoublent, et les gémissements et les feux. Signes trop évidents d'une recrudescence des furies infernales. Le vénérable pasteur de Fully, fort ému de ces détestables rumeurs dont il ne soupçonnait que trop l'origine, se mit en prière sur le pont d'Ardon, puis exorcisa comme il faut. Mais quoi ? Les dés étaient déjà jetés... « On entendit d'abord de temps à autre comme des coups de canon. Après cela, on vit sortir du sommet de la montagne qui était fort haute une fumée épaisse qui fut suivie d'une grande flamme ; ensuite de quoi (...) elle creva et se sépara par morceaux[166]. » Ce qui ruina les pâturages et causa la mort de beaucoup de bêtes et de gens. Pouvait-on espérer désormais en être quitte avec ces diables ? Point du tout. Et cette fureur de nuire n'était pas apaisée.

En 1749, la montagne se mit derechef à gésir, à expulser force fumées, flammes, clameurs, et soudain masse d'énormes blocs puant le soufre qui couvrirent à nouveau les pentes et tuèrent encore du monde.

Un seul en réchappa, juste la veille de Noël, pâle et lacéré, et les cheveux tout blancs, en sorte qu'on le prit pour un revenant (ce qu'il était effectivement !) et qu'il sema la panique dans son village. Il raconta qu'il avait survécu grâce à Dieu, à la Vierge, et aussi à deux gros blocs qui s'étaient coincés au-dessus de sa cabane, formant une espèce de pont. Il s'était gardé en vie, grignotant ses fromages, buvant d'une eau qui s'était mise à suinter par là. Puis, à force de gratter comme une taupe, avait creusé un tunnel vers le jour... D'où l'on peut tirer la morale que, si les diables sont très forts, Dieu l'est encore bien davantage, puisque, contre toute attente, il réserva un témoin de cet horrible cataclysme[167].

Autres Ébranleurs et Avalancheux

Cinq siècles auparavant, ou tout comme (1749-1248), mais cette fois dans les montagnes de Savoie, la même gent abominable avait fait pire : au sud de Chambéry, le massif de la Grande-Chartreuse s'achève par une sorte d'éperon gigantesque. Au sommet, un plateau forestier tranché net par une falaise verticale de plusieurs centaines de mètres de hauteur. Cette silhouette remarquable est celle du mont Granier (1 930 m). Mais personne ne saura jamais plus quelle forme avait la cime quand elle s'enfonça dans la nuit du 24 novembre 1248.

« Le soir du même jour, sur les huit heures (...), le temps étant serein, calme, et la lune bien claire (...), en un instant, par le ministère des diables, furent causés grêles, tempêtes et tremblements de terre si étranges que le sommet du rocher de ladite montagne du Granier tomba en prodigieux quartiers... »

Or, juste cette nuit-là, quelques tonsurés venaient d'être chassés de leur prieuré d'Apremont, au pied même des escarpements, par les manigances d'un certain Bonnivard, tyranneau local. Ne sachant où aller, ils s'étaient réfugiés dans une chapelle « où ils arrosaient le pavé de chaudes larmes, recommandant leur fortune aux mérites de la Vierge glorieuse »... et non sans effet, car « ledit abîme s'épancha jusqu'à leurs talons et là s'arrêta tout court, sans pouvoir passer plus oultre et sans faire de mal auxdits religieux, lesquels entendaient les derniers démons qui criaient aux premiers : « Passons outre, passons outre », auxquels ceux-ci répondaient : « Nous ne pouvons, car la Brune nous empêche. »
(D'après l'historien savoyard Fodéré.)

La « Brune » était l'une de ces Vierges noires grâce auxquelles le culte marial plonge ses racines dans celui de la déesse-mère. Ainsi furent-ils sauvés. Sur le tertre refuge, on éleva une église qui fut à l'origine du pèlerinage de Notre-Dame-de-Myans, bien connu des Savoyards. Cette nuit-là, les diables furent battus, mais hélas ! non à plates coutures, car ils avaient eu le temps d'ensevelir le bourg de Saint-André, seize villages, et de faire environ 5 000 victimes. L'effet de leurs maudites secousses se fit ressentir, dit-on, jusqu'en Angleterre.

Rien n'était plus logique que d'attribuer les séismes aux complots du Très-Bas et de ses sbires. Les gouffres et les cavernes étaient souvent les pertuis qui donnaient accès au domaine infernal, et l'on s'en écartait avec soin. Lorsqu'un saint homme d'ermite voudra chercher refuge dans quelque grotte, il devra, comme nous le verrons plus loin, en expulser préalablement un légitime propriétaire, généralement pourvu d'une humeur exécrable, d'une crête de coq, d'ailes de chauve-souris, d'une queue fouettante, de griffes acérées, et crachant flammes et puante fumée. Quant aux volcans, ils fournissaient une preuve « scientifique » de l'existence de l'enfer, et là encore il eut fallu être « peu judicieux » pour en contester la valeur.

Tout cela était officiel, certifié par les Autorités, et l'autorité des doctes du temps, à bonnets, toges et peaux d'âne. Gare à l'insensé qui se serait permis de contester les opinions du jour. Prétendre que les choses sur ce plan n'ont guère changé serait fait preuve de bien mauvais esprit, c'est le cas de le dire. Nous nous garderons pour notre part d'une opinion aussi subversive.

Quoi qu'il en soit, à l'extrême aurore du XVIIe siècle (1601), et dans le val d'Aoste, Satanas eut bel et bien maille à partir avec la Loi, à cause des tremblements et dégâts qu'il y avait causés ; et, par le truchement d'un certain Révérend Annibal Serra de Vigliano, curé de Pettinengo, exorciseur patenté, il lui fut intenté un procès qu'il perdit piteusement, en sorte qu'il fut contraint de vider les lieux.

Il faut remarquer à ce sujet que si certaines de ces malfaisances sont l'effet d'une haine perpétuellement en éveil, d'autres sanctionnent quelque offense à Dieu, et les diables sont alors de simples exécuteurs de sa justice. L'interprétation permettait de concilier le dogme de la bonté et de la toute-puissance avec la triste évidence des catastrophes. Ce qui ressort d'un passage de la procédure engagée dans le val d'Aoste : « Cette ruine, dit le diable à l'exorciseur, est une peine que Dieu a donnée aux hommes de ce lieu, ce n'est point ma propre autorité. Ne sais-tu pas que Dieu permet quelquefois que nous fassions beaucoup de mal, nonobstant la régulière diligence que les anges ont pour nous en empêcher[168, 361] ? »

Artillerie de montagne

Des manifestations d'une telle ampleur sont heureusement rares autant que spectaculaires, mais les diables ont cent moyens pour tourmenter les montagnards. Toute avalanche a passé pour une tentative plus ou moins réussie d'agression. Au surplus, le péché se trouvant exprimé par le poids, il s'ensuit qu'en déclenchant les ravages de la pesanteur les diables utilisent essentiellement leurs propres armes. Tout est logique dans les contes, lorsqu'on en connaît la clef.

Il y a de grandes offensives, et des escarmouches journalières : celles qui consistent à égarer les voyageurs, à leur jeter des pierres ou à faire rouler des blocs dans les alpages afin de les gâter, comme cela se produisait, toujours dans le massif des Diablerets, depuis la roche dite « la Quille du Diable », la bien nommée, au grand effroi et dam des pâtres d'Anzeindaz.

« Tous savaient que là-haut, du côté de la Becca (ancien nom local du Cervin sur le versant italien), il y avait le Diable en personne : c'était lui qui lançait des masses rocheuses en bas, dans la vallée, continuellement[169]. » La puissante odeur de soufre et les gerbes d'étincelles en indiquaient suffisamment la provenance !

Les diables du Cervin se nomment *Baccans* (rapports probables : bacchanale, bouc, boucan : montagne du bouc : diable). Leur présence, dont les gens de Zermatt et des vallées italiennes étaient fort assurés jusqu'à une époque récente, puisqu'ils en recevaient des preuves continuelles, créait autour de la célèbre cime une atmosphère de terreur : « une espèce de *cordon*, note justement vers 1860 son futur vainqueur Edward Whymper, qu'on pouvait peut-être atteindre mais non dépasser ». Cette barrière psychologique, au Cervin et ailleurs dans les Alpes, comme aux Himalayas, a considérablement freiné la découverte des hauts sommets. Dans l'immense majorité des cas, elle n'est pas l'œuvre des autochtones, mais de citadins sur lesquels les vieilles terreurs n'avaient plus de prise.

Villégiatures, boucans, tourbillons

« D'une manière générale, l'alpe supérieure, la montagne peu habitée, les glaciers, les rocs dénudés, balayés par les vents, étaient censés être leurs domaines et leurs lieux de séjour. C'était là qu'ils cherchaient à nuire aux hommes ; c'était là qu'ils essayaient d'attirer le chasseur de chamois trop audacieux. Malheur à lui (...) s'il s'avançait trop haut dans ces régions perdues (...). Ils troublaient sa vue par des mirages et des brouillards ; ils attiraient sur sa tête la grêle et les orages[170]. » Comme on voit, rien ne ressemble davantage à un diable tibétain qu'un diable valaisan ou savoyard.

Certaines cimes catalysent plus particulièrement les perturbations atmosphériques et s'entourent en conséquence d'une aura rougeoyante et démoniaque. Ainsi du Nethou, du pic d'Anie, culmen du Pays basque (2 504 m), rendez-vous des diables et de leur clientèle avant, s'il faut en croire les Basques eux-mêmes, l'apparition de l'Homme !

> « At soum d'Anie
> De brouix, brouixes y demouns furie. »

Dans les Alpes-Maritimes, les orages affectionnent particulièrement la région du mont Bégo, non loin du col de Tende, d'ailleurs remarquable.

De nombreuses gravures préhistoriques y sont martelées sur des dalles couleur de flamme ; ou bien, versant nord, d'un vert inquiétant, celui des ombres de la Tentation de Saint Antoine peinte par Grünewald. Or beaucoup d'entre elles portent des signes cornus ou fourchus. Impossible de découvrir meilleure preuve de la présence des diables que leurs propres signatures[171] !

Vers le Saint-Gothard, une autre résidence alpestre exhibait carrément le nom du propriétaire : le Teufelsberg, la « Montagne du Diable, dernière limite du domaine qu'assigne aux esprits infernaux l'imagination craintive du montagnard. Depuis la vallée du Diable, Teufelsthal, jusqu'au Teufelsberg, ce ne sont qu'empreintes diaboliques, dénominations infernales ; Satan et ses suppôts ont imprimé leurs longues griffes aux crêtes de tous ces rochers ; remué confusément toutes ces masses, parcouru la nuit (...) ces sommités où ne peut croître une herbe[172] »...

Parfois, des fracas inexplicables traversent l'espace nocturne, des abois, des cris furieux... En Valais, ce sont les coraules du diable. Un vieux de la Forclaz confiait à A. Cérésole qu'il les avait entendues « de ses oreilles » :

> Le tapage se formait depuis la tour d'Aï d'un côté, et depuis les pointes de Chamossaire de l'autre. La bande descendait en tourbillon jusqu'au fond de la vallée. Entre autres, en 1820, je fus essourdelé par des bruits de toute espèce : sifflets, hurlements, huées épouvantables, cris de chats, de chiens, de corbeaux, de hiboux, charivari affreux. Le camarade qui marchait avec moi me dit : « Jetons-nous bas ! » C'est ce que nous avons fait. Nous en fûmes quittes pour la peur, mais nous sentîmes que des corps légers nous passaient dessus, en nous gratouillant les reins. »

Ailleurs, « c'est un bruit si fort et si curieux qu'on aurait dit des centaines de cailloux qui s'entrechoquaient sans cesse[173] ».

Outre ces divers boucans, ils révèlent encore leur présence par des lueurs étranges, inexplicables, que l'on voit errer certaines nuits dans les forêts, les alpages, les hauts déserts de la pierre et de la neige, présages déplorables. On ne le sut que trop lors des grands éboulements valaisans du XVIIIe siècle. Comme au Tibet encore, les démons peuvent prendre n'importe quelle apparence : météores, nuées, tourbillons de neige, blocs aux formes insolites, torrents — celui de Béaltrouble, dans les Hautes-Alpes —, lacs, qui deviennent alors « à orages », ou formes animales... Il leur arrive aussi de se livrer à des attaques plus précises : sur le bétail (comme le diable d'Enscex), sur le lait ou les fromages, qu'ils font tourner.

Même un diablot, sans doute en son âge vert, donc à la fois plein d'ignorance et d'outrecuidance, osa provoquer un évêque, et quel ! Le grand saint Théodule en personne, l'apôtre célèbre du Valais, historiquement évêque de Sion vers la fin du IVe siècle. Ce dont il eut à se repentir.

Les diables trouvent à qui parler

« Un jour, à Praborne, durant que l'évêque se préparait à monter au col qui porte aujourd'hui son nom, c'est-à-dire le grand passage au pied du Cervin entre Breuil et Zermatt, et fréquenté dès avant les Romains... » Satan s'approcha de lui respectueusement et lui offrit de faire ensemble une partie de la route. Théodule accepta. Chemin faisant et tout en parlant d'une chose et d'une autre, le diable se vanta d'être plus puissant qu'un évêque. Théodule ne se laissa point troubler ; il dit qu'il savait bien n'être qu'un misérable pécheur, fragile comme les autres hommes. Toutefois, il demanda à son compagnon de lui donner une preuve de cette puissance dont il faisait si grand état. Et comme dans ce moment ils passaient auprès de certaines cabanes, Théodule montra du doigt au diable un grand chaudron — de ceux dont les pasteurs se servent pour faire les fromages — en lui promettant que, s'il réussissait à le porter sur ses épaules à travers le col jusqu'à Paquier, parole d'évêque, il se ferait son esclave pour toujours.

Aussitôt dit, aussitôt fait. Le diable se charge du chaudron, l'arrange au mieux sur son dos, et monte péniblement par le glacier. Mais, en arrivant près du col, à l'endroit où la montée se fait plus âpre, il glisse d'un pied, tombe, et roule avec son chaudron jusqu'en bas, tout au fond de la vallée[174]. »

Si les démons du pays des Neiges n'ont de pires ennemis que leurs propres transfuges, ceux d'Occident rencontrèrent dans les saints de la tradition populaire de formidables adversaires qui leur firent la vie dure, pour la plus grande satisfaction de centaines de milliers d'auditeurs ingénus qui ouïrent ces contes et les transmirent à leurs descendants. Le fait est d'importance : la croyance aux démons — comme ces récits en fournissent preuve surabondante — fit partie intrinsèque du bagage mental de nombreuses générations de montagnards. Il fallait une contrepartie à ces phantasmes, un antidote aux vieux cauchemars ; et la *Légende dorée* des saints chasseurs de diables y pourvut[175].

Elle rétablissait une hiérarchie selon laquelle les serviteurs de Dieu finissaient toujours, à la longue, par triompher de « l'Autre ». Elle restaurait la confiance, le sentiment de sécurité morale et même matérielle dont ces hommes crédules et courageux avaient absolument besoin pour survivre dans des conditions difficiles. En fait, les formes classiques de la vie rurale en montagne paraissent inséparables d'un ensemble de croyances actives.

XI

ABYSMES, GLACIÈRES ET AUTRES MAUVAIS LIEUX

Par les rochers escarpés il faut que je me traine...
Sur mon Harz, la vapeur résineuse
A quelque chose de la poix et cela me plaît
Ensuite le soufre...

GOETHE, *Faust II*, acte II.

L'inconfort avéré des déserts alpestres sied à Messieurs les diables de toutes catégories, provenances, confessions et nationalités. Le gel, la pierraille, le blizzard se chargent de les maintenir en éveil et en hargne, et ils y trouvent sur place de quoi tourmenter abondamment les pauvres humains. Mais entre les deux pôles de l'Enfer et du Paradis la logique des Nations a suscité un espace intermédiaire où des âmes, ni tout à fait bonnes ni vraiment perverties, doivent subir une purification plus ou moins longue avant d'accéder définitivement aux joies célestes. Les mentalités populaires — et Dante lui-même, nous l'avons vu — ne la considèrent que sous la forme d'épreuves, douloureuses mais temporaires[176].

Purgatoires alpestres

D'autres grandes religions du salut avaient conçu des représentations analogues. Celle des existences successives du Hînayâna bouddhiste permettant d'accéder finalement à l'état d'arhat, digne du Nirvâna, procède d'une idée assez voisine. Les Chinois implorent en faveur de leurs morts la miséricorde du grand Bodhisattva de la montagne sacrée T'ai Shan... « Qu'il les sauve des tourments et leur accorde l'heureuse paix ! »

Au pays des Neiges, nous avons déjà vu apparaître les Yidaks, « esprits contraints à faire au royaume des spectres des séjours variant de quelques années à quelques siècles. Les Yidaks sont représentés nus avec d'énormes ventres ballonnés et des corps maigres et longs. Ceux qui, en une existence antérieure, ont péché par gloutonnerie, ladrerie ou avarice, sont condamnés à des tourments effroyables[177]. » Il s'agit donc de supplices purificateurs.

Longtemps avant le Christ, la religion de Zoroastre connaît un espace nommé *Hamestakan,* ce qui signifierait à peu près « à poids égaux ». Le lieu est précisé : « il se trouve à mi-chemin entre la terre et le ciel étoilé[178] », ce qui désigne, semble-t-il, une haute montagne. L'Église n'a jamais localisé son Purgatoire, mais la conception d'épreuves souterraines par le feu prédominait dans la Chrétienté. Toutefois, la *Légende dorée* indique « frigus », le froid, parmi les huit peines. Le père de sainte Odile fait son purgatoire « sur les flancs de la montagne où maintenant s'élève le monastère[179] ». Et Dante adopte une image alpestre.

Quant aux habitants des hautes vallées, il leur était fort naturel de désigner les zones infertiles, dangereuses et inaccessibles, déjà infestées par des myriades de diables, dont la seule présence était un garant du fonctionnement de l'entreprise purificatrice. Cette fois, les tourments se trouvaient directement inspirés par les décors, et à la mesure des fautes commises...

Lacs, pierrailles, abrupts, glaciers, ont lourde charge d'âmes en peine.

On raconte qu'un berger de la Töbjeralpe, recherchant une bête échappée, par un sombre jour de pluie, dans une sauvage contrée de rochers nus et d'éboulis abrupts,

> vit quelque chose sur le chemin comme une ombre. Mais bientôt il écarquilla les yeux, laissa choir son bâton, et la génisse alla où elle voulut. C'était une jeune fille, pâle et belle à n'y pas croire. Une somptueuse robe de velours rouge traînait dans la boue derrière elle. Ses lèvres remuaient tandis qu'elle s'avançait en chancelant sur les pierres coupantes. Ses pieds délicats et nus se recroquevillaient de douleur à chaque pas. Et de lourds cheveux noirs ruisselaient sur ses épaules, avec la pluie, la pluie, la pluie...
>
> Stupéfait, bouleversé par la ravissante et pitoyable apparition, le garçon regardait passer cette princesse sans mot dire. A la fin, quand elle allait disparaître dans le brouillard, il courut à ses trousses, et joignant ses grosses pattes rougies par le froid : « Au nom du ciel, Demoiselle, que veut dire ceci ? Quelque malheur vous est-il arrivé ? Vous êtes-vous égarée dans ces pauvres montagnes ?... Par là, c'est ma cabane. Elle n'est guère digne d'une dame comme vous, mais j'y ferai un feu qui vaudra bien les autres... Quoi ? Vous faites " non " de la tête ?
>
> — Berger, dit la belle fille sans le regarder, Dieu te bénira pour ta pensée charitable. Moi, je ne puis ni bénir, ni maudire, ni m'arrêter, ni me chauffer à ton feu. Car je suis à présent d'ailleurs, et il me faudra errer longtemps parmi ces déserts avant de recevoir pardon et miséricorde... Là-bas, de l'autre côté des monts, en cet instant même, au fond du plus riche palais de Milan, mon père, ma mère, mes amis, mes serviteurs se désolent autour du lit de parade où ce même corps est couché, vêtu de cette même robe rouge... Suis-je ici, ou bien là ? Je ne sais. Je ne sais plus rien. Seulement qu'il me faut expier à présent une vie courte mais gorgée d'insolence, de mollesse et d'orgueil. A Dieu, berger. Prie-Le pour moi[180]. »

Vers Sierre, le sinistre ravin de l'Illgraben qui plonge dans la vallée du Rhône depuis les prés de Chandolin « a toujours été réputé comme un lieu d'expiation pour les âmes tourmentées. C'est à l'Illgraben que les magistrats et les hommes d'Église doivent faire pénitence[181]. »

Les « crimes » commis sont à proportion des paisibles mœurs de l'ancien Valais, ou d'autres populations montagnardes : au fond des eaux glaciales de la Kaltwasser, Johanni-Fi, ancienne hôtesse de la « Taverne » sur le Simplon, fait une cure d'hydrothérapie forcée pour avoir jadis mouillé sa fine. Sur le Boelchen, près de Sulz, les arpenteurs filous mesurent inlassablement la montagne et s'occupent accessoirement d'égarer les voyageurs. Au Tyrol, à l'alpe de Höttinger, un vacher paresseux et malhonnête gratte et regratte les étables des chalets...

Ailleurs, il s'agit de la danse, bête noire des pasteurs d'autrefois, lesquels, durant des générations, se sont obstinés à considérer cet exercice comme la plus dangereuse tentation de l'Enfer, tandis que, de leur côté, filles et garçons persistaient à tourner en rond, dans quelque cabane écartée, au son d'un crincrin, avec ou sans l'autorisation du curé. De là, quantité d'histoires édifiantes où une ouaille nocturnement égarée découvre un mazot, toujours « brillamment » illuminé — à l'aide sans doute de deux ou trois chandelles de suif — et, là, toute une société se livrant au plaisir du bal.

L'aventure advint entre autres à un jeune bûcheron du hameau d'Eggen, sur la montagne de Naters, lequel, entrouvrant l'huis avec précaution, aperçut

> « des gars, des filles, en vis-à-vis, manches retroussées, mèches au vent, fichus qui bâillent, dans le gai costume des bergers de l'ancien temps... En même temps on entendait un cliquetis doux et bizarre, comme de glaçons entrechoqués. Et notre homme, fixant son attention, vit à sa grande surprise qu'en effet les vêtements des danseurs et des danseuses étaient garnis de fines pendeloques de glace, qui chantaient. Leurs doigts mêmes luisaient comme autant de cierges... »
>
> Le garçon reconnut peu après sa jeune maîtresse morte, et fila sans demander son reste[182].

En Savoie, dans le Valais, les processions des morts se déroulent à travers de nombreuses légendes. Ces cortèges errent solennellement les nuits de pleine lune par des itinéraires précis et plutôt en certaines périodes de l'année, comme les Quatre-Temps. Leurs costumes sont antiques. Parfois les fantômes tiennent dans leurs fantômes de mains des fantômes de cierges, mais les chants, les lumières, des musiques mélodieuses — d'où leur nom de « symphonies » — paraissent réels. Il arrive que les vivants reconnaissent dans cette foule les visages de disparus qui leur sont familiers. Tradition analogue en Maurienne, où l'on précise qu'il s'agit du chant des Rogations, et qu'il y avait bien davantage de ces processions au Moyen Age[183].

Machines à purifier

Ces âmes-là paraissent n'être plus qu'à moitié « en peine ». Peut-être le temps du rachat est-il proche ? Mais, plus haut, le domaine des glaces est plus précisément celui du Purgatoire alpestre. D'abord à cause du supplice du froid. Ensuite, pour une raison plus subtile donnée en tête des *Walliser Sagen* (légendes du Valais), par leur auteur :

« Le glacier est d'une nature si chaste *(sic)* qu'il ne souffre rien d'impur dans son sein, mais il rejette tout ce qui lui est étranger... Quoi de surprenant que, dans l'imagination des populations simples et pieuses de notre Valais, cette merveilleuse mer de glace (le glacier d'Aletsch) ait été destiné à servir de séjour aux âmes qui ont encore besoin d'être purifiées. »

Les glaciers sont présentés comme des sortes de « machines à purifier », si l'on ose cette expression. Il y a là un bien singulier mélange d'observation concrète et d'interprétation morale.

Ainsi les glacières sont remplies d'âmes en peine...

> « Si vous pouviez voir ce que je vois, dit un religieux à ses élèves qui voudraient s'aventurer sur ce même glacier d'Aletsch, vous n'oseriez pas faire un pas en avant. » Les jeunes gens écarquillent les yeux et manifestent leur scepticisme. Alors le maître dit à l'un d'eux : “ Place-toi derrière moi, pose ton pied droit sur mon propre pied, et regarde par-dessus mon épaule... ” Mais aussitôt le jeune homme recula d'épouvante. La crevasse azurée était remplie de tant de têtes que l'on n'aurait pu y découvrir le moindre vide[184]. »

Des foules s'agitent sous ces carapaces, d'où les fracas étranges dont on parlait à Oberwald et qui s'échappaient de l'extrémité du glacier du Rhône... « Au fond de ces cavernes glacées travaillent ceux qui pendant leur vie ont été prodigues ou paresseux, mais leur supplice ne devant pas demeurer éternel, de siècle en siècle il s'en échappe quelques-uns qui viennent raconter aux vieillards de la vallée toutes les aventures de l'Autre monde [185]. » A Chamonix, on pense qu'elles œuvrent inlassablement à se libérer en creusant un trou avec une épingle. Opinion identique en haute Maurienne : « Ces âmes perdues vivent sous la glace et chaque nuit, jusqu'à ce que le coq chante, elles doivent la percer avec une épingle. Puis elles cessent jusqu'à la nuit suivante, et elles doivent continuer ainsi jusqu'à ce qu'avec l'épingle elles aient creusé une cheminée qui leur permette d'atteindre le Paradis. Les paysans prient pour ces pauvres âmes et parfois ils montent jusqu'au glacier pour y tailler des marches afin d'aider les damnés *(sic)* de leurs amis à sortir plus vite de leur prison transparente[186]. »

Au Tyrol eut lieu une espèce de troc. Un fermier ruiné, grâce à une aide surnaturelle, refit fortune. Mais à sa mort il dut aller prendre la place de l'autre dans la glacière. Cet « autre » ressemble davantage au Malin qu'à un pensionnaire du Purgatoire.

Encore du côté du glacier d'Aletsch, que son énormité désignait comme principal lieu d'épreuves,

« on voyait autrefois une petite maison de bois noircie par le temps. C'était là qu'habitait la vieille Schmidja, la bonne et pieuse veuve, l'amie des âmes infortunées et de tous ceux qui avaient péri sur le glacier. Lorsque pendant les longues nuits d'hiver elle filait, active et recueillie, une prière fervente montait de son cœur pour les pauvres âmes attirées par la lumière de sa lampe qui, chaque soir, se pressaient affolées et transies autour de son chalet, et dont elle reconnaissait la présence sous ses fenêtres à un bruissement mystérieux et plaintif.

Bien plus, dans sa compassion, au moment d'aller se coucher, elle laissait la porte entrouverte pour que la dolente cohorte pût entrer et se chauffer à son feu. Ainsi consolées, les âmes repartaient au son de l'angélus du matin.

Quand Schmidja, qui était parvenue à un grand âge, vint à mourir, les deux femmes qui l'avaient soignée virent tout à coup une vive lueur illuminer la maison ; courant à la fenêtre, elles aperçurent comme une longue file de cierges qui cheminaient du côté du glacier, et s'éteignaient un à un aussitôt qu'ils y arrivaient. " Ce sont les pauvres âmes, firent-elles, qui accompagnent celle de leur amie, et lui rendent le feu qu'elle leur a prêté pendant sa vie[187] ". »

Le conte est baigné d'une sorte de tendresse mélancolique qui peut passer pour la fleur des croyances chrétiennes en milieu rural et populaire.

Un monde un peu meilleur

Toutes ces visions en Occident sont profondément influencées, et il faut dire assombries, par l'idée des punitions post-mortuaires. Dans d'autres contextes religieux, la montagne des morts n'est pas forcément un lieu d'épreuves. Elle peut même devenir tout le contraire : une sorte d'éden, de paradis (vraiment) terrestre. Les trépassés y poursuivent leur existence dans un décor analogue à celui où leur propre vie s'est écoulée, avec des cimes, des forêts, des prairies, des torrents, des lacs..., en sorte qu'une géographie de l'Autre monde se superpose à celle des vivants. Mais les problèmes ont disparu : ni maladies, ni famines, ni gel, ni moustiques, etc.

Dans ces montagnes de rêve, le gibier abonde et se laisse aisément capturer, les eaux regorgent de poissons savoureux, l'herbe grasse des prairies ondule doucement « sous la caresse perpétuelle d'une brise tiède et parfumée », les ombres n'y sont jamais trop fraîches, ni les rayons du soleil trop brûlants, et les êtres et les choses y baignent dans la douceur et l'espoir d'un perpétuel printemps. Vision compensatrice propre aux populations naïves, survivant dans un milieu suffisamment hostile pour qu'elles soient incapables d'imaginer leur « ciel » autrement que sous l'aspect d'une terre où l'homme se trouverait enfin à peu près à son aise. Le sort ne leur a concédé ni le temps ni les moyens d'accéder à des spéculations plus raffinées.

Le paradis lapon se nomme Saivo. « Les décédés (Saivo-olmak) y vivaient comme ici-bas sur terre mais dans des conditions plus heureuses : ils avaient leurs troupeaux de rennes, leurs huttes, leur gibier et leurs poissons (...). Certaines montagnes ou lacs étaient connus comme résidences du peuple de Saivo et considérés comme sacrés. On croyait en général que les lacs saivo avaient un double fond ; les sources que l'on pouvait voir sous forme de trous au fond des lacs peu profonds étaient un fondement réel de cette croyance[188]. »

Le paradis des Esquimos, comme celui des Indiens Iroquois ou Hurons, s'est détaché de la terre, puisqu'ils le placent au-delà de la voûte céleste. C'est, en mieux, un monde analogue au leur, avec des vallées, des montagnes, etc. Le terme de « voûte » doit être pris au pied de la lettre, car il s'agit d'une architecture cosmique à cavernes superposées.

D'autres peuples identifient une hauteur précise de leur propre territoire avec un paradis des morts ; elle est naturellement tout ce qu'il y a de plus sacré et taboue. A Madagascar, aux confins du Betsiléo et du pays Tanata, s'élève la montagne Ambondrombé[189]. Et les Dobou du Pacifique ouest désignent comme on l'a dit une éminence située sur une île voisine, ce qui restitue d'une certaine façon l'image classique de la Cime originelle.

XII
CEUX D'AVANT

Il y a des milliers d'années, lorsque les hommes étaient plus grands qu'ils ne le sont aujourd'hui...

Rudyard KIPLING.

Certains Êtres demeurent les témoins d'une foi primitive, très antérieure au christianisme. Ni dieux, ni démons, bien qu'ils soient dénoncés comme tels, ils semblent appartenir à un temps où la pensée mythique était moins sensibilisée à l'aspect moral des phénomènes qu'aux phénomènes eux-mêmes, à leur contenu énergétique.

De telles entités incarnaient essentiellement des forces, bénéfiques ou maléfiques, ou les deux. Alors que les grandes religions dualistes ont tendance à opposer deux principes et à les personnifier de manière rigide et irréductible, la vision post-animiste paraît admettre l'ambiguïté des manifestations supra-humaines. Et si l'on tente de les détourner au profit des hommes, c'est plutôt par des techniques magiques que par des effusions sentimentales.

Ces entités peuvent passer pour d'anciennes divinités « païennes » au regard du christianisme, mais il s'agit d'autre chose, plutôt de dæmons au sens grec du terme. Et, puisque l'on parle de surhommes, on pourrait presque les qualifier de « sous-dieux ». Ils ne s'élèvent pas jusqu'à incarner certains idéaux ou certains espoirs. Ils atteignent rarement la sphère des hauts symboles et sont le plus souvent inséparables d'un décor, d'une fonction, en un mot étroitement spécialisés. En dehors de cette spécialisation, ils n'ont guère de présence.

L'orage, la tempête, le gel ou les fastes solaires, les grands rythmes diurnes ou nocturnes et ceux des saisons, les pulsions de la vie à travers la plante, l'arbre, la forêt, les eaux, les astres, les glaces même, — et surtout — les pierres, tels sont les grands thèmes de cette orchestration fantastique, qui se subdivisent en une foule de variations mineures dont chacune trouvera son interprète masqué. Au sommet — dans tous les sens du mot — on peut, sur une certaine montagne d'Aurie, dans les Pyrénées, rencontrer un être « habillé de feu », Yana Gorri, qui apparaît presque comme une divinité de l'orage. Et, tout à fait à l'extrémité de la ronde, là où l'angoisse est exclue, une feuille qui tombe, coupée par quelque *servant* malicieux.

S'il s'agit d'une personnification des forces naturelles, elle est aussi la plupart du temps fortement anthropomorphisée. Ce qui constitue déjà, quand on y réfléchit, une tentative de domination, au moins d'alignement, de mise au pas, au sein d'un monde coordonné, compréhensible. Une fois de plus apparaît la nécessité de créer cette « coque de certitudes », au-delà de laquelle il n'y a rien ; rien d'autre qu'un chaos déprimant et homicide. Une tourmente, phénomène physique, se présente comme un phénomène insaisissable, à l'égard duquel l'Homme junior se trouve totalement désarmé. La personnifier comme l'orage, l'hiver, c'est l'intégrer dans un circuit familier de prétendues causes et de prétendus effets, les transformer en quelque chose avec quoi l'on peut traiter.

Où les acteurs sont à la mesure du décor

L'élaboration d'une gigantomachie alpestre s'imposa d'elle-même : aux énormes reliefs de l'altitude correspondrait une surhumanité à l'échelle des paysages et des phénomènes.

« Ah ! le Monstre étonnant ! Il n'avait rien d'un bon mangeur de pain, d'un homme : on aurait dit plutôt quelque pic forestier qu'on voit se détacher sur le sommet des monts... » (*Odyssée,* IX, 190-193.)

Les formidables silhouettes hantent les horizons les plus lointains des mythologies, dans les montagnes nordiques comme dans celles d'Afrique, d'Asie mineure, de Grèce, d'Australie, de Chine... Dans l'Himalaya, l'Oural, les Rocheuses, les Andes, les Pyrénées, les Alpes... Chez les Pascuants, les Mongols, les Eskimos ou les Hébreux. La Bible aussi contient à leur sujet des allusions célèbres : « Or les Géants étaient sur la terre en ces jours-là », c'est-à-dire avant le Déluge (*Genèse,* IV, 4.)... « Et nous avons vu dans ce pays-là les Géants, fils d'Énac, de la race des Géants : nous étions à nos yeux et aux leurs comme des sauterelles. » (*Nombres,* XIII, 33 suiv.)

Quant aux sources profondes du mythe, elles sont de nature différente ; la dimension matérielle, le volume, la taille, autant de facteurs valorisant. Le surhumain s'exprime au stade de la pensée naïve par des grandeurs concrètes. Tout être mêlé à une action transcendante est un géant. Les « anges » (?) du mont Hermon sont *aussi* des géants.

Les « Grands » Ancêtres

Les Ancêtres apparaissent à l'origine des temps, des œuvres, des découvertes. Ils ont précédé les générations puis émigré de l'autre côté des choses. Bienveillants ou redoutables, grands par définition, ils subsistent d'ailleurs parfois, comme au Pérou, à l'état de pétrifications gigantesques.

En Australie centrale, dans les formidables pitons rocheux de Katatjuta, vivait un pungalunga à forme humaine. Il était si grand... « qu'il pouvait aisément passer du sommet d'un monolithe à un autre, une simple enjambée de 200 ou 300 mètres. Il trouva sa fin un jour de brouillard en voulant sauter par-dessus Walpanya. Il évalua mal la distance, et tomba au fond de la gorge[190]. » Et comme celui-là n'était pas « tjuscurita » *(immortel),* il se tua.

Plus tard, les dieux et les rois-dieux se trouvent régulièrement imaginés comme beaucoup plus grands que les hommes. Et, quand ils s'efforcent de les représenter de manière adéquate, les arts des anciennes civilisations tendent toujours au colossal. Les exemples en sont si nombreux et si connus qu'il est inutile d'en citer un seul.

La tradition des Géants se fondait aussi sur la civilisation des mégalithes. Seuls des êtres d'une taille et d'une force surhumaines avaient pu mener à bien de tels travaux. N'avait-on pas trouvé ici et là des ossements d'une dimension prodigieuse !

> Ce roc de Tarascon hébergeait autrefois
> Les géants descendus des montagnes de Foix
> Dont tant d'os excessifs rendent sûr témoignage.
>
> Gérard de Nerval.

En 440 av. J.-C., Empédocle prétendait en avoir vu en Sicile, où, au IVe siècle, on découvrait dans une caverne près de Trapani « les ossements de Polyphème, en personne », d'après Boccace. Un Polyphème haut de... 90 mètres[191].

Les Monstrueux

Ils cumulent une taille formidable, une structure horrifiante, et une puissance quasi invincible. Tels furent les *Gigantes,* nés de la Terre et des flots noirs du sang d'Ouranos, et dont les cuisses s'achevaient en reptiles. Ils incarnaient en quelque sorte l'anti-ciel, et la haine des hauteurs. Aussi attaquèrent-ils immédiatement les dieux, dardant des arbres enflammés, arrachant au hasard comme projectiles les glaces de l'Athos ou les masses du Rhodope, entassant l'Ossa sur le Pélion afin d'escalader l'Olympe... A travers ces récits, on perçoit de vieilles terreurs, celles des effondrements cosmiques et des retours au Chaos.

Le fantôme du Gigas est aussi l'Obstacle par excellence, non pas inerte, mais vivant, remuant, agressif, jouant le rôle du gardien chargé d'interdire certains accès au commun des mortels. L'un des quatre défenseurs mythiques de l'Islande est le géant Bergrisi. En Babylonie, les Hommes-scorpions veillent à l'entrée du tunnel solaire, et, encore dans le cycle de Gilgamesh, le monstre Houmbaba, sur la Montagne des cèdres, appartient « à la tradition populaire du monde entier : l'ogre vit sur une haute montagne. Ses cris sont des orages et il crache le feu[192] ». Il possède au milieu du visage un œil unique, étincelant, dont le regard, comme celui des Gorgones, a un pouvoir pétrifiant. De telles visions expriment fort bien le combat inégal de la psyché contre les cauchemars qui l'accablent, et dont seul le Héros parvient à triompher.

Non moins monoculaires, les fameux Cyclopes auxquels aura affaire Ulysse sont également associés au feu, celui du ciel ou de la terre. Les Grecs, opérant la synthèse, leur feront finalement fabriquer les foudres de Zeus dans les entrailles des volcans.

Les Ogres habitent l'Oural ; aussi dans le Hoggar, où on les entend parfois s'aiguiser les dents contre les rochers. Gouffre insatiable d'où s'échappent éructations et borborygmes, l'Ogre, en certains coins de France et sous le nom d'Ourgon, devient plus ou moins cavernicole.

Les Basques possèdent quelques Tartaros — dont le nom seul indique l'origine savante plutôt que populaire, mais peut-être recouvre-t-il un être tout à fait archaïque ? — qui tiennent du géant, du cyclope, de l'ogre, du gardien de trésors, et se terrent dans des antres bourrés d'or et de richesses quelque part sous les montagnes Pyrénées. En Guipuzcoa, certain dolmen se nomme « Tartaro-echea », la maison du Tartaro. Ce sont des thésauriseurs, et ils passent pour être bêtes et méchants.

> « Il y avait une croyance fort répandue parmi les Indiens Iroquois de l'Amérique du Nord, selon laquelle il existait une créature étrange, d'apparence humaine, faite simplement d'une tête couverte de longs cheveux, et que des yeux immenses rendaient terrifiante. Sa demeure était située sur un énorme rocher, sorte de promontoire crevassé de toutes parts, sur lequel s'étalait sa chevelure, dans toute sa sauvagerie. Que la Tête fût visible ou non, si elle apercevait quelque chose doué d'un souffle de vie, elle grognait : « Kunkun, kunkun, tu vas mourir et tu vas souffrir[193]. »

Cette grosse Tête cruelle, assoiffée de sang, qui hante les montagnes et vole dans l'ouragan, c'est assurément l'une des inventions les plus cauchemardesques de l'imagination mythique.

D'autres géants, dans le Canada Nord-Ouest, habitent des montagnes creuses. Non loin du grand lac des Esclaves, l'une, à cause de sa forme conique, est même devenue leur tente, leur wigwam, Dénè-chethyapè : la « Montagne qui contient les hommes ».

Le pays des Géants

Il y a dans la nature des Géants quelque chose d'informe, d'inachevé, de rugueux, de mal dégrossi, qui semble appartenir au temps fabuleux de leur naissance, où le monde émergeait à peine des chaos primordiaux, où des forces à demi aveugles, hésitantes, cherchaient leur voie à travers l'infinité des possibles. Ils ont été taillés dans la pénombre, sont de la même race que les pierres..., « des rocs », dit la légende caucasienne... et leurs demeures d'élection, leur milieu naturel, le pays qu'ils ébranlent de leurs pas et de leur souffle ne peut être qu'à leur image : hérissé, sauvage, ténébreux, champ de bataille perpétuel des nuées, du gel, des tourmentes, c'est-à-dire présentant à une échelle colossale toutes les « horreurs » de la nature alpestre.

> Un monde mort, immense écume de la mer,
> Gouffre d'ombres stériles et de lueurs spectrales,
> Jets de pics convulsifs étirés en spirales
> Qui vont éperdument dans le brouillard amer.
>
> Leconte de Lisle.

Ce monde est quelque part au nord, pensent les anciens Germains, sous l'étoile fixe, la Polaire précisent les Lapons, ou bien au bout du monde, « là où la terre finit et où le ciel s'abaisse vers elle », c'est-à-dire tout à fait à l'ouest[194], selon les Peaux-Rouges, qui découvrirent jadis par là d'abord une montagne où bâillait une caverne immense.

« L'entrée en était gardée par un être suspendu à un arbre dénudé, et qui se composait uniquement d'une peau gonflée comme une outre, sans chair et sans os. A leur approche, cet être se mit à chanter : “ Retournez sur vos pas ! Retournez ! Personne ne doit passer ici. — Nous ne reculerons jamais. Dis-moi quel est ton maître. ” L'Homme-peau ne voulait pas répondre, mais quand il vit les scalps pris à l'ennemi, il dit : “ Il s'appelle Awenhaniyonda ; c'est un géant que rien ne peut blesser. D'ailleurs, puisque vous ne voulez pas vous en retourner, vous allez le voir. ” Ils poursuivirent leur chemin et découvrirent une trace de pas si énorme qu'un homme pouvait facilement s'y coucher. Puis une montagne étrange leur barra la route. Longtemps ils cherchèrent à l'escalader jusqu'à ce qu'ils s'aperçurent que c'était le géant qui dormait. Sans hésiter, ils l'attaquèrent (...). Mais cela ne produisit pas le plus petit effet. Au bout d'un certain temps, le géant se roula à terre, écrasant quelques guerriers qui s'étaient aventurés trop près de lui. “ Qu'est-ce que vous voulez, vous autres ? Est-ce que vous imaginez que vous pouvez me tuer ? " Il en saisit un et le jeta contre un arbre avec une telle violence que le corps et la tête pénétrèrent dans l'arbre et ne laissèrent dépasser que les jambes. Les autres s'enfuirent épouvantés[195]. »

Les vaillants explorateurs parviendront à endormir à nouveau le Monstre en psalmodiant un chant monotone.

Nous sommes à la fois dans Homère et dans Swift.

Les Trölls de la légende germanique montent à l'horizon avec l'orage, chevauchent à travers les lueurs et les ténèbres des nuages chassés par le vent. Le grésil, la tourmente, les effondrements et les débâcles sont leur œuvre, et leurs voix grondent avec le tonnerre, le fracas lointain des avalanches...

Ils s'opposent aux dieux en de formidables combats qui ne tournent pas toujours à leur avantage... Car, ici, leur champion Hrungnir...

Le garçon des moraines
n'attendit pas longtemps un coup rapide
du rude ami de l'ogre...

(le dieu Thor, et l'« Ogre », son marteau personnifié).

... Il fit tomber le monstre
de la caverne mugissante
sur l'île de l'écu ;
là s'inclina le prince des crevasses
sous le marteau mordant
et le tueur des montagnards (des géants)
vainquit son mortel ennemi[196].

Mœurs et coutumes des Géants

Ce compte-là, et d'autres, seront réglés lors de l'épisode célèbre du *Crépuscule des dieux.* Mais ses acteurs évoluent à des altitudes quasi métaphysiques.

Les traditions populaires n'ont retenu de cette race que des traits essentiels et pittoresques : l'énormité, la force qui déplace ou tranche les montagnes. De *grands* êtres qui, somme toute, expliquent toutes les *grandes* choses.

Les Trolls d'Islande sont nocturnes et doivent toujours regagner les hautes demeures avant l'aurore, car, s'ils se laissent surprendre par les premiers rayons du soleil, ils sont changés en rochers. C'est ainsi qu'une jolie fille échappa pour finir à un troll entreprenant. L'immensité spatiale se conjugue avec celle du temps : si un troll lance une question à son frère logé sur un pic voisin, la réponse mettra un siècle à lui parvenir.

Il arrive parfois aux géants de se trouver réduits par opération magique au rôle de serviteurs dociles, comme dans *les Mille et Une Nuits.* Douze d'entre eux sont aux ordres des rois Schilbung et Nibelung. D'autres servent Charlemagne et sa cour au fond du Wunderberg. La plupart demeurent à l'état sauvage.

Par temps de brouillard, ou bien la nuit, les Valaisans, jusqu'à la fin du XVIIIe siècle, entendaient crier *Lo Pâtho.* Dans le pays de Sargans, *Hannigel* déracine les arbres, ses confrères de l'Enziloch dans l'Entlebuch roulent d'énormes blocs et déclenchent les orages. *Le Vieux Lötschard* dégringole du haut de la montagne avec les tempêtes d'hiver, gèle les lacs au passage, brise les plus gros sapins, et s'en vient tournoyer en hurlant dans les fonds du Lötschental.

Certains volent du bétail, à Altdorf et près du lac de Bienne. D'autres, comme *Türst,* chassent aux environs de Lucerne et dans le Jura soleurois. *Thiersch* au Tyrol, *Melk Tresch* dans le canton d'Uri, où l'on trouve aussi un certain *Glassheibenhund,* qui possède, outre son patronyme impossible, un œil frontal.

Il en est de hargneux, comme celui d'Iberg, et d'aimables, comme *Botti* et sa sœur, près de Berne. Dans les Alpes autrichiennes, au-dessus du Königsee, s'élève le *Watzmann,* jadis roi des Géants, puissant et redouté, qui régnait sur la contrée, « mais il y instaura une telle tyrannie que la colère céleste le changea en pierre, lui, sa femme et ses enfants. Immobile et rigide depuis lors, il domine de sa masse énorme toutes les montagnes voisines. Il est si haut, ajoute-t-on, que le déluge ne put en atteindre le sommet. Un couple humain, grimpant sur la tête du feu roi, parvint à échapper à la grande catastrophe. C'est de ce couple antédiluvien que descendent les habitants, très primitifs comme on le sait, du pays de Berchtesgaden[197]. »

La garde des trésors est plutôt dévolue aux Nains, mais les Géants veillent souvent sur des paradis perdus. Il en est un sur l'éden du pic d'Anie dans les Pyrénées. Au Zillertal (Tyrol), au-dessus de la Schwarzenstein-Alpe, se dresse une puissante tour rocheuse...

> « lavée et rongée depuis des siècles par les eaux noirâtres d'un petit lac glaciaire, elle se détache, sombre, sur les tons bleu pâle des glaciers qui l'entourent. Au sommet de ce rocher est une géante, tristement assise, la tête appuyée sur les mains. Son vêtement est noir, ses cheveux gris, épars au vent, sont rigides comme des aiguilles de glace, et son immobile regard est toujours abaissé vers les profondeurs des gouffres béant à ses pieds. Ses sanglots ressemblent à la tempête, et l'on croirait entendre le sifflement du fœhn au

fond des gorges, le craquement des sapins déracinés par l'ouragan. Puis la captive se couvre le visage, retombe dans son engourdissement. Et sur l'alpe les pâtres se disent : “ Rentrons nos troupeaux ; la Wetterfrau se voile : voici l'orage ”. »

Cette géante pleure l'effondrement d'un éden montagnard où régnait l'Age d'or, et qui fut aussi détruit par punition[198].

« Un géant vivait autrefois dans la vallée d'Aoste ; c'était un génie bienfaisant pour le pays qui n'était en son temps qu'une prairie en fleurs ; les pasteurs jouaient aux quilles avec les pelotes de beurre et les disques de fromage ; il y avait une telle abondance de lait qu'il s'en formait des ruisselets auxquels venaient se désaltérer les agneaux (...). Les vieux s'en souvenaient ; tous étaient heureux alors, et le mal était inconnu[199]. »

Le nom du géant en question, je l'ai gardé pour la bonne bouche. Il se nommait Gargantua.

L'aimable Gargantua

C'est un montagnard d'origine, dont le... grand-père n'est autre que l'Enchanteur Merlin, comme il ressort des *Grandes et inestimables Croniques.*

« Adoncque Merlin prist congé du bon roy *(Artus)* et se fist porter à la plus haulte montaigne de Orient, et porta une ampolle du sang de Lancelot qu'il avoit recueillie de ses playes... Oultre plus porta la rongneure des ongles des doibs de la belle Genièvre espouse du roi Artus, qui pesoyent l'estimation de dix livres. Merlin, estant à la montaigne sur le haut d'icelle, fist une enclume d'acier grosse comme une tour, et les marteaulx convenables jusques au nombre de troys, lesquelz par ses ars il fist que ils frappoyent si impetueusement sur l'enclume que il sembloit que se fust fouldre qui descendist du ciel (...). Incontinent que Merlin eut entendu ses marteaulx, il fist apporter les ossemens de une balleine masculine et les arrousa du sang de ladicte ampolle, et les mis en pouldre, et adonc, par la challeur du soleil de l'enclume et des marteaulx fut engendré le père de Gargantua moyennant la dicte pouldre. Après Merlin fist apporter les os de une balleine femelle et mesla les susdictz ongles de la Royne, puis mist le tout sur l'enclume comme jà avoit faict. Et de icelle pouldre fut faicte la mère dudict Gargantua. »

Grandgousier ayant épousé Galemelle en justes noces par devant Dieu et Merlin, il en naquit le petit Gargantua.

« Lors prirent l'enfant Gargantua chacun par une main et le menèrent à la montagne où ils avaient leur demeurance. Le père et la mère prenaient plaisir à le nourrir, car il leur faisait tout plein de petits passe-temps : auculnes fois il s'esbattait à jeter des pierres du haut en bas de la montagne... lesquelles n'étaient pas moindres que la pesanteur de trois tonneaux de vin..., etc.[200]. »

Il résulte de ces enfances solaires et des intentions initiales que la nature de Gargantua diffère profondément de celle des Géants germaniques. Ceux-ci interprètent les rôles d'une tragédie colossale. Gargantua est le type du bon géant, allié des hommes, œuvrant pour de justes causes. Encombrant, certes, mais non destructeur ; balourd mais non brutal. Et c'est pourquoi ses travaux et ses aventures ont un caractère de bonhomie absent des autres gigantomachies. Sa force étonne plus qu'elle ne terrifie, sauf les sots et les méchants. Il fait rire et on l'aime. Le « monstre » est désormais fort apprivoisé et conforme au génie français. En somme, un fils spirituel d'Hercule[201].

Pour le reste, il n'a pas moins grande gueule que les autres, avale un ou deux troupeaux de vaches pour son petit déjeuner et arrose cette collation en mettant à sec quelque rivière, ou de nombreux muids de bonne vinasse qu'il restituera sous la forme de divers lacs, mares ou grenouillères.

Il tranche les montagnes, fabrique inlassablement des pâtés de toutes formes et dimensions, portés à présent sur les cartes comme monts, collines ou « mollards », noble besogne dont il sera plus loin fourni bonnes preuves.

Nullement gêné, et pour cause, par les obstacles naturels, c'est le passe-montagnes par excellence. Il fait trente-six fois beaucoup mieux qu'Hannibal, sans en tirer vanité, et on peut le suivre à la trace en diverses régions des Alpes pour la raison qu'il y a, peu ou prou, et assez souvent sans s'en apercevoir, modifié le paysage.

Il n'a jamais été jusqu'aux Pyrénées, où se cachent Roland et Samson, deux grosses tours ambulantes, qui, eux, prennent les rochers pour des gobilles, mais en outre manifestent de fort mauvais instincts, et à l'occasion tuent les gens. C'est ainsi que « Samson » voulut détruire San Sebastian avec la pierre Arabiola, attaqua les gens d'Arano avec la pierre d'Abalari qu'il ramassa sur le mont Usture, tandis que, de son côté, « Roland », ex-preux devenu mauvais bougre, s'en fut occire ceux d'Errazu dans leur propre église, ce qui aggrave encore son cas, et lui fait carrément, au moins dans les pays d'ancienne domination espagnole, exhaler une odeur de roussi[202].

XIII

D'ÉCORCE, DE PIERRE, DE NEIGE ET DE BROUILLARD

La troupe sauvage arrive du sommet des montagnes et des forêts de la vallée... Ils savent ce que nul ne sait...

GOETHE.

Dans les montagnes d'Occident, d'autres êtres appartiennent à la famille spirituelle des Géants ; sans en exhiber les statures impressionnantes... Des cousins éloignés, pourrait-on dire, mâles et femelles, dont la taille se rapproche de celle des hommes, quoique toujours un peu plus grands, beaucoup plus forts, et portant de quelque façon sur leurs corps les stigmates de la sauvagerie, les signes évidents d'une alliance profonde, charnelle, avec ce qu'une philosophie anthropocentrique appelle l'inanimé. Ici l'écorce ondule, la pierre palpite, les lichens, les mousses, les herbes deviennent fourrures et chevelures, la tourmente court sur des jambes velues, pousse des cris, tord des bras de givre... Et d'autres se vêtent de brouillard, de suaires neigeux, de nuées fuligineuses.

Les naufragés des temps paniques

Au fond de tant de rumeurs, de bruissements, de craquements, de brusques et attentifs silences, le christianisme a déchiffré une sorte de vaste désespoir des choses ; comme si la nature tout entière souffrait de n'avoir pas vraie peau, vrai visage, bon sang de couleur rouge..., d'être tenue à l'écart, exclue en quelque sorte de l'aventure rédemptrice ; opinion normalement déduite d'une vision du monde où règne, ou plutôt croit régner, solitairement la conscience de l'Homme.

Ainsi l'essence de tels êtres se rapproche-t-elle de celles des réprouvés, des sataniques, sans pourtant s'y confondre tout à fait. On ne leur pardonne pas une hérédité chargée, à ces rescapés d'un temps pré-christique, d'un temps où Pan n'était pas encore mort.

« Une nature tumultueuse, indomptable, s'y mêlait inextricablement aux rêves car les frontières entre la roche et la peau, la sève et le sang, restaient vagues. Une foule d'êtres d'essence indécise, sabotés, fourrés, fourchus, suscités par une puissante imagination mythique, y erraient sans craindre aucune mise à mort, ni celle de la raison, ni celle de l'épieu. La foi donnait vie à ces apparitions furtives qui profitaient de n'importe quels jeux de la lumière, des eaux, des nuées, du vent, pour se faire avidement reconnaître. Chaque futaie camouflait mal des ombres velues, peut-être celles des sangliers, des loups, des ours, peut-être celle de bêtes au regard d'hommes, presque innommables. Les racines poussaient leurs tentacules pleins de convoitise vers des proies d'écorce aux seins dressés et les antres soudain résonnaient de cris stridents. Les sources attiraient d'étranges visiteurs. L'aurore y trahissait des chevelures vertes et des pubis flamboyants[203]. »

Ces êtres ont jadis erré dans les montagnes de la Grèce antique, puis les Italiques, foisonnant autour d'une figure principale, celle de Pan, ancienne divinité des bergers d'Arcadie, mi-humaine, mi-bestiale, barbue, camuse, ridée, cornue, avec un torse puissant et des sabots fendus comme ceux d'un bouc. Celui de Mysie se nommait Priape, celui de Thessalie, Aristée... Les Satyres, devenus faunes à Rome, exhibaient en outre une virilité — comment dire ? — ... toujours sur le qui-vive, consacrant le plus clair de leur temps à guetter les nymphes, Oréades, Dryades, à les poursuivre et mettre à bien sous le couvert.

S'essoufflant avec l'âge et devenus silènes, ils s'en allaient chercher une sagesse tardive au fond des fiasques mises à fraîchir à quelque source bien ombreuse. Tantôt leurs bandes s'aggloméraient au bruyant cortège de Dionysos (Bacchus), roulant à travers les vallons et les cimes du Nysa, tantôt leur moitié de bouc galopait pour son propre compte, escaladait les rochers et les abrupts avec une habileté qui ne le cédait en rien à celle de leurs frères à quatre pattes. C'est sans doute pour avoir su si bien courir qu'ils échappèrent longtemps aux saints lancés à leurs trousses. Mais tout a une fin. Une partie, désespérée, culbuta tête première en enfer chrétien, cornes et sabots compris. L'autre survécut péniblement au fond des retraites les plus inaccessibles, et l'espèce, dit-on, incapable désormais de se reproduire, est en voie de disparition. On n'en trouve plus ici et là que quelques spécimens fort sauvages, furtifs, mélancoliques.

Dans la vallée du Lys en pays d'Aoste, *Der Iseno Hof* habite les cavernes et les gouffres. Il est muni d'un sabot de fer, n'y voit goutte, sauf les nuits de pleine lune, et se traîne en hurlant le long des torrents.

« *L'Hutzeran* valaisan est un grand gaillard tout habillé de vert, se cachant dans les bois dont il est l'esprit sauvage, susceptible et jaloux. Il huche (de *hutsi* = appeler à grands cris) admirablement (...). Sa voix ébranle les échos, chuchote avec le bruit des cascades ou gémit avec le vent. Lorsqu'une branche sèche tombe d'un arbre, c'est lui qui l'a touchée. Lorsque les feuilles brunes tourbillonnent en rondes fantastiques, lorsque la neige s'effondre de branche en branche..., c'est encore lui[204]. »

Il apparaît comme l'une des incarnations de ce Génie de la montagne dont parlent tant de légendes dans les Alpes occidentales, et qui commande aux tempêtes, veille sur les sources, les lacs, les trésors, les bêtes..., galope aussi à travers monts et vallées avec un bruit terrifiant.

On raconte en Savoie et en Valais l'histoire d'un jeune berger qui abandonnait souvent le troupeau familial pour courir le chamois bien au-dessus des alpages. « Plus son père lui défendait cette chasse périlleuse, plus la passion l'entraînait. Un jour, comme il se trouvait au milieu des précipices, il fut surpris par une tempête de neige et de grêle, perdit son chemin, et épuisé de faim et de fatigue se coucha sur un rocher. Tout à coup, alors que la tempête faisait rage, il entendit une voix de tonnerre *(sic)* : " Qui t'a permis de venir tuer ici les animaux qui m'appartiennent ? Je ne chasse pas les vaches de ton père : pourquoi chasses-tu mes chamois ? Je te pardonne pour cette fois, mais n'y reviens plus ! " Aussitôt la tempête cessa. Avec l'aide du génie, le berger retrouva le chemin de sa cabane, et jamais désormais ne s'en fut troubler les chamois[205]. »

Ce conte naïf et moralisateur a été tiré à *x* exemplaires. Parfois le génie est moins conciliant, et le chasseur, par exemple « le grand Lerjen » de Naters, trouve la mort dans l'aventure.

Ailleurs, les Génies peuvent assumer une fonction beaucoup plus importante et devenir les gardiens magiques de tout un pays (Tibet)..., plus généralement d'une région montagneuse dont ils interdisent l'accès des plaines. C'est ainsi que les Invisibles des montagnes du Laos s'opposent à l'intrusion des hommes du bas pays. De telles croyances peuvent avoir de graves conséquences historiques.

Un monde fou dans les déserts

Les montagnes et les rochers d'Islande sont occupés par deux populations d'Invisibles : les *Alfar* et les *Huldufolk.* Les deux races sont de taille normale[206]. Les premiers peut-être plus richement habillés, tandis que les seconds ressemblent tout à fait aux mortels ordinaires, quoique vêtus de façon primitive, et assez sales. Pourtant, ce ne sont pas des fantômes... ce sont des fils d'Ève, mais « invisibles ».

De nombreuses landes, falaises, rochers sont demeures inviolables des Huldufolk et il est dangereux de les y troubler. C'est risquer de perdre une vache, un cheval, ou pire. Les fermiers évitent donc de couper les foins dans ces endroits, et surtout de toucher à certains blocs. Les solitudes de l'intérieur restent leur domaine de prédilection. Ces traditions sont encore bien vivantes à l'heure actuelle.

Dans les montagnes d'Écosse, les Cairngorms, la nuit, ou par temps de brouillard, se promène le Grand Homme gris de Ben Mac-Dhui, *Ferlas Mor,* comme on le nomme en gaélique. Il a été vu, et surtout entendu encore récemment « par des gens sérieux ayant une réputation à perdre », montagnards habitués aux excursions solitaires et nocturnes, et peu portés à l'exagération.

Faut-il plutôt le classer parmi les Géants ? C'est l'imposante silhouette d'un être inconnu, très farouche. Plusieurs grimpeurs assurent avoir entendu derrière eux le bruit rythmé de ses pas, plus lent que le pas d'un homme. Le phénomène était suffisamment inquiétant pour les engager à battre le record de vitesse de descente dans la vallée... et ultérieurement passer au crible, en bonne compagnie, la région de Mac-Dhui. Cela sans résultats[207].

A des milliers de kilomètres et dans une tout autre ambiance mythique, en pleine Australie centrale, de redoutables êtres ancestraux, les *Ninyas* ou Hommes de glace, hantent les rouges falaises du mont Conner. « Ils diffèrent peu des aborigènes d'aujourd'hui, sauf que, du fait de leur froideur extrême, leurs corps sont perpétuellement blancs de givre, leurs barbes et leurs sourcils ne sont jamais que masses sonnantes de glaçons... » Ils habitent « d'immenses grottes souterraines dont les parois couvertes de glace ne cessent d'être balayées par de froides et hurlantes rafales ; c'est un lieu d'effroi dont n'approche dans l'histoire mythique que le redoutable Nifelheim des Nordiques de jadis.

« Les Ninyas passent les mois d'été dans cette atmosphère glaciale, mais, quand arrivent les nuits d'hiver, quittent leur résidence de gel pour faire de longs voyages sur les chaînes rocheuses et les collines de sable. »

Ils sont responsables des méfaits de l'hiver mais par les chaleurs torrides de l'été ils jouent aussi, sur sollicitation magique, le rôle de réfrigérateurs[208].

Les *Timmerseesq* ou Timertsi des Eskimos (de *timeq* = corps, intérieur, et *seesq* = habitants) vivent effectivement dans les déserts glacés du Groenland, et sont grands comme des oumiaks, canots collectifs en peau de phoque[209]. On dit qu'ils marchent sur la brume flottant sur la mer et que le brouillard est leur bateau. Mais justement ils ont une peur horrible de ceux des inuit, les hommes :

« Je les ai vus du haut des rochers de ces grands promontoires; je les ai bien examinés du haut des rochers de ces grands promontoires...

Ces bateaux de peau, petits et grands c'est la vie ou la mort.

Je le sais, je le sens[210]... »

Ces Timmerseesq sont aussi des esprits alliés des anggagok (sorciers).

Les Hommes sauvages

Les Ninyas, les Timmerseesq, et bien d'autres, appartiennent évidemment aux perspectives du rêve. Pourtant, on peut s'interroger sur l'origine de ces histoires mettant en scène des êtres de tailles diverses, nains ou géants, toujours furtifs, souvent menaçants, émergeant brusquement des solitudes et s'y résorbant, que de nombreux témoins jurent avoir rencontrés.

En dehors des faibles portions de territoire occupées et parcourues par les communautés montagnardes, subsistent dans les grands massifs des espaces immenses, déserts d'hommes, inexplorés ou rarement parcourus, en outre défendus par l'invisible muraille des terreurs ancestrales. Là s'agitent des formes étranges, entr'aperçues au cours des siècles.

De quelle réalité a pu naître cette population en partie fabuleuse ? D'abord des animaux dont la silhouette rappelle l'humaine, tels les ours, les singes et, à l'échelle de l'homuncule, les marmottes et autres rats de rocher.

Puis des hommes véritables, abandonnés, proscrits, réfugiés ou quêteurs d'absolu, d'aspect plus ou moins farouche et insolite, en tout cas retournés à des formes de vie très primitives[211].

Enfin, il reste l'hypothèse d'humanoïdes non recensés par la science, et dont les descriptions peuvent comporter des détails fabuleux, ce qui simplifie encore la question ! En ce qui concerne le passé, la seule voie par laquelle peut nous parvenir le souvenir de tels êtres est justement celle des légendes.

Le *Basa-Iaun*, ou Basa-Jaon des Basques, ressemble à un tronc de chêne moussu... « Il n'est pas méchant si on ne le blesse pas. Il se promène à travers l'Euskarie, mais il se dissimule et quitte rarement les bois. Il ne dédaigne pas les mortelles et voudrait les emmener dans son château de rochers (...). Le voyageur s'entend-il appeler par son nom de colline en colline, c'est Basa-Iaun. Des hurlements étranges viennent-ils se mêler aux premiers éclats de la foudre, c'est encore lui. Il demeure sur les rocs inaccessibles, court plus vite que les isards, se nourrit de racines, va la nuit dérober du lait aux pasteurs, qu'il prévient pourtant de l'arrivée de la tempête, en criant : « Arretiret, bacquié[212] ! »

Une fois élaguées les enjolivures manifestes, demeure l'évocation d'un être primitif dont l'habitat, l'alimentation, les mœurs semi-humaines sont sommairement indiquées. On chercherait en vain un Basa-Iaun dans les montagnes Pyrénées, et cela n'était plus qu'un conte pour les méchants enfants il y a cent ans. Qu'y a-t-il réellement derrière cette fable ? Les traditions basques veulent que, jusqu'au XVIIIe siècle environ, des hommes et des femmes sauvages aient subsisté, loin de toute civilisation, dans la forêt d'Iraty, justement considérée comme l'un des fiefs préférés du « grand » homme sauvage Basa Iaun, et de sa femelle Basa Andere.

Au XIIe et au XIIIe siècle, des chroniques indiquent la présence d'*Iretges,* vivant dans la forêt de Barthes, dans l'Ariège. On finit, paraît-il, par en capturer un, et le récit de cette capture présente des détails très réalistes. Afin d'apprendre probablement à cet « homme sauvage » ce qu'étaient des chrétiens civilisés, et « le prenant pour un être diabolique dont il fallait se débarrasser pour la sécurité du pays, après un procès sommaire, on le brûla vif sur la place de Séourre[213] ».

Les récits populaires distinguent mal entre les imaginaires et les êtres de chair et d'os. Les uns et les autres suscitaient les mêmes confuses terreurs. Le vocabulaire qui les désignait était souvent interchangeable, comme d'ailleurs leur identité mythique. Partout les frontières entre la réalité et le fantastique restent floues. Cette indécision marque une foule de récits de par le monde.

> « J'ai signalé, écrit A. David-Neel, la croyance dans les régions montagneuses du Tibet et des Himalayas en des êtres à demi humains qui hantent les forêts et les hautes cimes désertes. Les histoires de " migueu ", les hommes sauvages, y sont innombrables (...). Généralement, ces êtres sont dépeints comme étant d'une taille gigantesque et considérés comme des démons.
>
> Or voici qu'un de ces monstres avait été signalé autour de Pachkoupati *(Népal).* Des traces de passage d'un être puissant se voyaient dans les bois : arbres brisés, broussailles piétinées, et l'un des ascètes avait disparu, laissant un lambeau de son vêtement orange accroché au buisson épineux.
>
> Les commentaires allaient leur train. Diverses opinions circulaient. D'après la croyance générale, les animaux sauvages n'attaquent pas les sanyâsins *(saints, ermites).* Il ne s'agissait donc pas d'une bête féroce ; certains insinuaient que l'ascète avait été emporté par un bhairava, un des demi-dieux qui composent la cour de Çiva... (Car cet ascète)... n'offrait pas de sacrifices aux bhairavas. Ceux-ci avaient pu le punir en le dévorant (...). Certains rejetaient cette idée et en revenaient à celle d'un de ces êtres mystérieux ni tout à fait hommes, ni tout à fait animaux, qui habitent les Himalayas. »

Une note précise que « tout récemment » on avait signalé la présence d'un de ces êtres dans les forêts de l'Assam, entre l'Inde et le Tibet.

A la satisfaction générale, un dévot trouva l'explication suivante : oui, l'ascète avait bien été enlevé par un bhairava, mais pour être porté au paradis de Çiva, sur le Kaïlas[214].

On voit donc ici se manifester au moins deux opinions : un esprit-démon ou un homme sauvage, c'est-à-dire l'être que, grâce au tam-tam de « l'information » moderne, chacun connaît désormais sous le nom d' « Abominable » Homme des neiges, désignation triplement inadéquate, sottement malveillante, qui à elle seule sous-entend une nouvelle mythologie, cette fois occidentale.

Dans celle des Leptchos du Sikkim, le grand Inconnu des montagnes est peut-être confondu avec un esprit-démon des glaciers, le Tschou Moung, Maître de la chasse.

Sous sa forme la plus redoutable, l'Inconnu des montagnes est décrit au Népal et au Tibet comme une sorte de géant massif et velu, avec un crâne en œuf et une abondante chevelure, en sorte que, pour lui échapper, il est recommandé de descendre les pentes en courant, car alors cette chevelure se rabat sur sa face et l'aveugle. Il pousse une sorte de sifflement. Il a les articulations des doigts de pied retournées, et l'on assure qu'il marche parfois à reculons ! Ce détail des « pieds retournés », fondé sur certaines bizarreries des empreintes, revêt en l'occurrence une signification démoniaque, comme tout ce qui est retourné, inversé. La fable est très ancienne puisqu'on la trouve déjà chez le géographe grec Mégasthène, au IIIe siècle av. J.-C. : « Dans la montagne appelé Nulo, il y a des hommes aux pieds rétroversés qui ont huit orteils aux extrémités. » Au surplus, comme tous les diables, il pue abondamment.

Les traces qu'il laisse sur le sol meuble ou la neige sont généralement énormes. Certains prétendent en avoir rencontré dans la forêt, munis d'un bec (?), et portant une pierre sous le bras.

Il existe sur la Chomolungma un roi des Mi gö de renom particulièrement déplorable, car il est accusé d'arracher le nez, et les doigts des pieds ou des mains — ce qui évoque singulièrement les effets du gel. Plus généralement les gens pensent que la vue du *Yeh teh,* autre désignation, porte malheur, ou même qu'elle fait mourir, « en sorte que les indigènes ne veulent pas le voir », précise le sherpa Tensing, vainqueur de l'Éverest, où il n'a heureusement pas rencontré le roi des Mi gö ; mais son propre père en aperçut un sur cette montagne, et un autre dans la région du Makalu : « Il eut très peur, bien sûr, mais le Yeh teh aussi ! Il fit demi-tour et se mit à gravir une pente raide en faisant entendre un sifflement aigu et perçant (...). Après cette rencontre, mon père fut malade pendant plus d'un an[215]. »

L' « Abominable » Homme des neiges, il faut plutôt le chercher à présent dans l'Occident rationaliste, où il a fait un débarquement remarqué dans les bandes dessinées, les films à horrifiques aventures, et les feuilles à sensation, sous la forme d'un nouveau King-Kong des glaces, ambassadeur velu de toutes les barbaries primitives, si pleines d'attrait pour les ultra-technicisés ; sorte de bouche-trou destiné à satisfaire l'épisodique et vague appétit d'insolite manifesté par les foules de consommateurs éclairés. En sorte que, tout compte fait, l'interprétation la plus fantastique n'est plus du côté où l'on pense.

[illegible]

Selon [illegible] de l'Empereur du [illegible] grand [illegible] avec un [illegible] de la [illegible]

Selon sa [illegible] à plus [illegible] au [illegible] Dieu, comme une sorte de [illegible] avec un [illegible] abondante [illegible] en sorte que [illegible] chevelure se [illegible] sur sa face [illegible] il [illegible] plus abondamment.

Les [illegible] qu'il [illegible] sur le sol [illegible] Certains [illegible] entre dans la [illegible] d'un [illegible] et [illegible] une pierre sous le [illegible]

[illegible] sur le [illegible] et les [illegible] pieds [illegible] ce qui [illegible] singulièrement les effets [illegible] Plus [illegible] les gens [illegible] que [illegible]

[illegible]

[illegible] dans le monde [illegible]

XIV

LE PETIT PEUPLE DES MONTAGNES

Promptement, du sein de la Montagne jaillissent
les myrmidons
Qui doivent habiter les crevasses des rochers.

GOETHE, *Faust II,* acte II.

Les origines des Nains montagnards ne sont pas moins lointaines que celles des Géants. Des Gnomes viennent déjà tourmenter Kessi le chasseur dans un conte hittite vieux de trois mille cinq cents années !

Différents courants fabulateurs aboutissent à la croyance en une race minuscule hantant les lieux sauvages, les forêts, les rochers, et de préférence l'intérieur des montagnes.

L'une des sources serait purement mythique : on conçoit que l'imagination ait pu d'abord s'exercer sur la taille, créant géants d'un côté, homuncules de l'autre, dans un effort d'appropriation symétrique du cosmos. L'homme « au milieu », mais devenant aussi le « géant » d'un autre être.

L'enfant, nain par rapport à l'adulte, incarne tous les devenirs. Or le gnome cumule au physique et au moral les rôles de l'enfant et du vieillard. Il est aux deux extrémités du temps.

Petit d'homme par la taille et certains de ses comportements, le nain légendaire se conduit tantôt comme un famulus humble, docile, irresponsable, courbé sous le joug ; tantôt comme un enfant espiègle, fantasque, voire irritable, hostile, et jouant des tours qui sont loin parfois d'être innocents. Une attitude de mépris a pour conséquence, dans de nombreux récits, le changement d'humeur du petit homme. En clair, cela peut signifier que le gnome, symbolisant une force inconsciente et mystérieuse, ne saurait être négligé sous peine de choc en retour. La psychanalyse moderne n'en a guère dit davantage : l'enfant doit s'intégrer peu à peu et harmonieusement à l'homme futur, n'être ni oublié, ni écrasé, sinon il se venge. C'est un exemple de la portée secrète de contes qu'un pseudo-rationalisme à la fois inattentif et ignorant a pu taxer sommairement d'infantile naïveté.

Il apparaît aussi comme un vieillard, trait non moins marqué dans les descriptions populaires dont se sont inspirés ultérieurement les illustrateurs du livre, du film, les marionnettistes... C'est un petit être cagneux, laid, ridé, chauve, muni d'une immense barbe blanche — car il est immensément vieux —, et d'une énorme tête — car il est immensément sage. Et il se tient de préférence au fond des antres. Il est l'ancêtre-fœtus dans le sein de la terre-mère, et fixé dans cette situation initiale. Il ne grandit pas, n'évolue pas, dérive avec le temps. Tel quel, il appartient au monde des archétypes[216].

On pourrait à priori supposer qu'en fonction de la symbolique de l'Altitude un être de très petite taille est par cela même jugé « inférieur » sur tous les plans. Une telle interprétation linéaire se révèle erronée. L'intelligence des géants est souvent contestée, mais pas celle des gnomes. Le bon sens populaire exige que les inconvénients dimensionnels soient de quelque façon compensés. Les nains véritables sont souvent fort intelligents, et astucieux. En tant que « fous » de cour, ils ont joué un rôle discret mais important dans l'Histoire.

Un autre courant fabulateur naîtrait d'un souvenir collectif. Des populations naines, des infra-pygmées, traqués et décimés à longueur de siècles, auraient trouvé refuge dans les régions désertes et montagneuses et y auraient survécu jusqu'à une époque relativement proche de la nôtre.

De chair et d'os, ou bien de rêve ?

« Une croyance aussi généralement répandue, non seulement dans ce pays (la Bretagne) mais dans une importante partie de l'univers, avec une grande similitude dans les détails, permet de supposer, je ne dis pas d'affirmer, qu'il y a dans tout cela un fond de vérité », écrit P. Y. Sébillot.

Au Tyrol, les Petits hommes et les Petites femmes de mousse recherchent timidement la société des chrétiens. L'un d'entre eux, nommé *Hahnengickerl*, qui n'était plus timide du tout, prétendit même épouser une reine ravissante en règlement de ses soins médicaux, et en fut pour ses frais. Leur grand ennemi est le Chasseur sauvage, entité diabolisante, qui les traque impitoyablement dans les forêts, et dont ils peuvent se protéger par des croix[217]. Comme d'autre part les Petites femmes de mousse sont accusés de rapts d'enfants, on peut se demander si la légende ne s'est pas greffée sur le vague souvenir d'une population minuscule réfugiée jadis au plus profond des bois. Il apparaît d'ailleurs de façon plus précise dans un conte recueilli à Mizoen, en Dauphiné.

« Une femme de la tribu des Nains, voyant les siens diminuer de nombre, devenir de plus en plus chétifs (...), vola un jour un bel enfant appartenant à une Gauloise et s'enfuit en lui laissant le sien en échange, “ afin de régénérer sa race ”. Mais son propre enfant se mit à crier tant et si bien qu'après trois jours, n'y tenant plus, elle vint rapporter l'enfant blond et reprendre le sien, en injuriant la Gauloise qui n'avait pas su le soigner. Les Gaulois résolurent de se venger. Les Nains se réfugièrent tous dans une forêt sacrée, presque impénétrable ; les Gaulois mirent le feu à la forêt, qui fut entièrement brûlée et ne repoussa plus ; tous les Nains furent détruits. Les torrents dénudèrent les montagnes, les pluies ravagèrent les plateaux ; et ce pays jadis si verdoyant et si riche ne fut plus qu'un désert, comme il l'est encore. »

Ce récit très réaliste fait présumer d'une origine historique.

Les Fantastiques et les Familiers

Les Indiens Alsea de l'Oregon se méfient considérablement des Petits hommes verts qui n'ont pas plus de deux pieds de haut, et courent, armés d'arcs et de flèches, sur les versants de la chaîne des Cascades. Seuls les chamans parviennent à les apprivoiser et s'en font des esprits gardiens.

Comme les Timmerseesq, les Gnomes groenlandais occupent les montagnes de l'intérieur et les falaises des fjords. Les avalanches en tuent quelques-uns — car ceux-là ne sont pas immortels — mais la plupart vivent très vieux, et usent d'une méthode singulière pour recouvrer la jeunesse. Elle est bonne, paraît-il, jusqu'à cinq fois : ils se jettent tout simplement au bas des pentes avec l'avalanche.

> Écoutez ! Là-bas, de l'intérieur,
> Quelqu'un crie ! Kong-Kong !
> Dans la grande obscurité je me suis réveillé,
> Quelque chose glissait rapidement à travers la neige profonde,
> Avec rapidité, avec grande force :
> Kong, kong, kong, ooh[218] ! »

Au Pays basque, les *Laminak* « sont semblables aux hommes, mais plus petits, mal faits. Pourquoi ? Parce que le Bon Dieu les a créés avant les hommes ». Ils logent dans la montagne Gastelu, naviguent sur sa rivière souterraine, gardent les trésors, et à l'occasion portent assistance aux gens. Ces traits rappellent les vrais Gnomes[219]. S'ils tentent continuellement d'imiter les humains, de s'en approcher, ils n'y parviennent pas. Ils oublient en parlant justement les mots les plus importants ; les ouvrages qu'ils exécutent demeurent toujours inachevés, incomplets, comme eux-mêmes. Ils s'en désolent, errent la nuit, poussent des cris lamentables. En sorte que ces Laminak ressemblent aussi à des larves, à des fantômes.

Au Hoggar, les *Djenoun* habitent l'Adrar n'Idhinen, entre Rat et Gadamès ; la grande Koudia, les gorges de l'Arrak, au milieu desquelles se dresse leur principale demeure : le Tahoun Arrak. Les flancs de ce formidable piton rocheux renferment des cavernes pavées d'or et lambrissées de pierres précieuses. Seule une fille vierge ou fidèle pouvait y pénétrer sans danger. Pour une raison ou une autre, nulle jusqu'à présent n'a tenté l'aventure... La région est d'ailleurs taboue, et il y a péril de mort à rester là pendant la nuit.

Ces Djenoun sont inquiétants. Ils ne ressemblent pas aux innombrables bonshommes qui peuplaient jadis rochers, landes, pertuis et collines de France, et qui, malgré admonestations, persécutions, excommunications, n'ont jamais vendu tout à fait leur petite âme au diable. Pourtant ils s'en allèrent — au siècle dernier disaient les vieux —, les Nains, Lutins, Fadets, Fétaux, Farfadets, Huguenots, Follets, Sotrés, Hannequets, Mandagots, Gobelins, Korrigans, Korils, Poulpiquets, etc., à cause de la méchanceté des gens. Peut-être ont-ils émigré en Écosse, ou même en Islande, terres de refuge, assez riches encore en solitudes pour les héberger[220] ? Ils ont mieux résisté en montagne qu'ailleurs. Et, vers 1906, Estella Canziani pouvait encore écrire que « partout en Savoie les paysans croient aux Servants ». En Suisse alémanique, ils étaient décrits comme « de petits nains minuscules mais très puissants, infestant les crevasses des glaciers. On les appelait *Eismanndel.* Ils avaient les cheveux blancs, de longues barbes, le visage ridé, les yeux bleus et un nez recourbé. Ils portaient un costume gris-vert, de la couleur des feuillages, et une sorte de bonnet[221]. » Il en était de même au Tyrol, dans les Carpates, et en général dans les régions un peu perdues où s'épanouissait encore la civilisation de la Vache. Malgré les vacanciers, les téléphériques et les hélicoptères, on ne saurait prétendre qu'ils aient complètement déserté les hauts villages et les alpages écartés[222].

Les Servants

Les Servants savoyards, ou valaisans, ou oberlandais, etc., ont abandonné temporairement la vie sauvage pour se rapprocher des humains et devenir les esprits discrets et familiers du chalet. Leur origine est à vrai dire légèrement suspecte : ils seraient nés d'un *coquatrix,* c'est-à-dire d'un œuf couvé par un coq ! Formule peu catholique, d'autant qu'elle est également adoptée par quelques créatures écailleuses du genre basilic ou vouivre qui, elles, sentent leur Satanas à plusieurs portées de pétoires.

Ils sont la plupart du temps invisibles, précaution habile à l'égard des esprits forts, lesquels, du coup, se trouvent quinauds... et d'une nature capricornienne, « tantôt serviable, d'où leur nom, tantôt rageuse ; tantôt douce, tantôt portée à la taquinerie, voire à la vengeance ».

Fort susceptibles et, une fois vexés, capables de renverser le lait, faire tourner les fromages, chasser le bétail, et commettre beaucoup d'autres crimes semblables. Ils passent pour farceurs, et s'amusent parfois à tirer les couvertures des dormeurs, à frapper des coups[223], à attacher deux génisses au même licol, à emmêler ou à tresser les queues des vaches et des chevaux... Un bon moyen de mettre un terme à ces niches, c'est de ficher un couteau dans la paroi de l'étable[224], ou suspendre une pierre trouée, ou bien encore placer un bol de mil ou de riz près de l'âtre, car le servant se trouve alors contraint « par sa nature » à les compter ! Et, complètement écœuré de la corvée, il décampe pour ne plus revenir.

Un bon servant dans une maison, c'est, disent les montagnards, un vrai trésor. Il surveille le troupeau, les enfants, les chalets inhabités, fait le ménage, bat le beurre, récure le chaudron, balaie la soupente, épouvante les voleurs, et même, parfois, prévient des périls. C'est ainsi que le 22 mars 1838, dans la soirée, le gardien solitaire de l'auberge du Grimsel entendit « un son étrange, que les paysans des Alpes imaginent être l'annonce de quelque malheur ». Ce son était tellement semblable à une voix humaine qu'il sortit avec son chien, s'attendant à trouver un voyageur en détresse. Peu d'instants plus tard, une avalanche écrasait la bâtisse.

En échange de tant d'excellents services, il faut seulement réserver « la part du servant », c'est-à-dire une petite écuellée de soupe ou de lait que l'on place sur le seuil ou le toit. En outre, il convient de n'en point parler, sinon fort discrètement, et respectant son incognito. Sinon, voyez un peu ce qui est arrivé au Vieux d'Eggen.

Ce vieux « possédait à bonne distance du village un mazot où il avait l'habitude d'abriter ses bêtes pour l'hiver. Tout cela réclamait beaucoup de soins et de peines, et comme en outre le chalet n'était guère commode à atteindre avec la neige, il trouvait la besogne trop lourde et gémissait tout son saoul ».

Un jour qu'il remontait péniblement, marmonnant dans sa barbe et se tenant les reins, songeant comme le monde n'est pas tant bien fabriqué qu'il faille toujours allumer son poêle si l'on veut avoir du feu, il arrive remuant ses pensées, et d'autres de même farine, à son mazot. Il pousse la porte qui s'ouvre en grinçant pis que jamais, et voilà le bonhomme coi, restant sur le seuil, à se frotter les yeux, à invoquer la Vierge et les saints et à penser qu'il radote et déménage. Car, sans qu'il rêve, un bon feu flambait dans l'âtre donnant douce lumière et bonne chaleur ; la marmite était en place, cuisant sa soupe ; un fromage entre les presses. Enfin la besogne faite, et bien. Il court voir ses vaches et trouve tout comme il faut, les bêtes traites, le lait frais proprement versé dans la chaudière. Il y comprend de moins en moins, et se met au lit pour voir venir. A l'aube, nouveau miracle, le feu s'est rallumé tout seul et le pain est sur la table... Et ce fut de même les jours suivants.

Le Vieux s'avisa enfin que toutes ces merveilles pouvaient bien être l'œuvre d'un servant. « Un matin, s'éveillant plus tôt que de coutume, il entend remuer du côté de la baratte. Il glisse un œil et voit un drôle de petit bonhomme en train de tirer le beurre. Il fait " Ho ! ". L'autre sursaute, dégringole de la table plus vite qu'une souris. Et l'histoire s'arrête là, car, de servant, le Vieux n'en revit plus. Jamais. »

Et non plus le meunier de Blatten, qui, dans une fort bonne intention pourtant, avait préparé un cadeau de jolis habits pour son servant. Celui-ci les enfila au comble de la joie, déclara qu'à présent « il était vraiment un homme », et fila définitivement, non sans emporter les meules !

Les Banquiers

Les Servants sont à peu près domestiqués. D'autres gnomes, beaucoup plus sauvages, ne quittent jamais leurs vrais pénates. C'est tout là-haut, parmi les falaises, les chaos rocheux où bute la carapace des glaciers menant aux labyrinthes et aux cavernes au fond desquelles scintillent les trésors de cristaux, d'or, d'argent, de pierres précieuses qu'ils ont accumulés à longueur de siècles, et qu'ils gardent jalousement de l'avidité des hommes.

> Bien connus comme chirurgiens du roc,
> Nous saignons les hautes montagnes ;
> Nous y puisons à pleines veines ;
> Nous entassons les métaux.
>
> GOETHE, *Faust*, IV.

Leur roi est souvent le Génie de la montagne en personne, plutôt un géant d'ailleurs, comme *Maître Hämmerling,* dont parle Grimm dans un conte se situant dans les Grisons.

Frosta et Fjalar, des anciennes mythologies nordiques, veillent sur les richesses enfouies. En Islande, les Nains logent sous les volcans et fabriquent des bijoux de métal et des armures, car ils sont habiles forgerons et orfèvres. Au Mexique, ils hantent de nombreux tumuli où gisent les trésors de l'ancien temps.

Dans le Jura, les Vosges, les Alpes, ils ont leurs montagnes à eux. Qui en douterait serait peu avisé ! Ne les voit-on pas errer la nuit d'une cime à l'autre sous formes d'étoiles filantes et autres feux célestes ?

Ce sont des mineurs infatigables, en sorte que leurs sapes croisent parfois les galeries d'une vraie mine, événement bien entendu d'excellent augure, car une telle rencontre prouve à coup sûr que l'on tient le bon filon. Il ne faut surtout pas se moquer du comique petit bonhomme armé d'un vaste tablier de cuir, d'une barbe aussi longue, d'un maillet, d'un bonnet crasseux et d'une micro-lanterne, qui disparaît en trottinant dans la pénombre ; ou gare les catastrophes et les effondrements ! Rien de plus susceptible, de plus quinteux que les Bergämmlein, ni plus fantasques, car, malgré leur avarice proverbiale, il leur arrive brusquement d'enrichir un élu de leur choix.

Cette excellente aventure arriva par exemple en 1696 à un paysan de Grödig auquel un nain proposa d'échanger ses sacs de pommes de terre ou de noix contre de l'or. Une autre fois, c'est un voiturier qui charriait des tonneaux de vin. Les Nains astucieux déroutèrent le convoi jusqu'au fond de l'Untersberg, déchargèrent les muids et donnèrent en paiement 600 ducats d'or qui, par-dessus le marché, ne fondaient jamais. Du coup, notre homme devint le richard de la contrée. Il est évident que, de temps à autre, Messieurs les Gnomes éprouvent le besoin de changer de régime.

Un honnête bûcheron de Schellenberg, surpris la nuit dans la montagne, s'endormit dans une caverne. Le lendemain, il remarqua une stalactite d'où coulait un liquide brillant comme de l'or fondu. Le bûcheron fila en hâte chez lui quérir un grand pot. Il ne se vidait jamais, et l'heureux propriétaire y puisa l'or sa vie durant[225].

De telles bonnes fortunes sont rares. Neuf fois sur dix, il s'agit plutôt de tours pendables : c'est l'or qui se transforme en cailloux. Ou bien des antres bâillent agréablement, au fond desquels reluisent les trésors de Golconde... ou du Kaysergebirge, ou des aiguilles d'Arves... juste de quoi appâter le passant naïf. Après quoi, les murailles se rejoignent violemment à son nez, quand il n'arrive pas pis.

Tout ce qui brille...

Dans ces contes, on trouve des thèmes solidement accouplés. D'abord celui du « Trésor », envisagé ici comme réel, concret. De telles richesses naturelles existent, mais demeurent généralement hors de portée. Le mythe de la découverte continue néanmoins à briller de tous ses feux dans la cervelle des montagnards qui, de générations en générations, demeurent des chercheurs d'or impénitents[226].

Ensuite, un thème d'interdiction. Parfois la montagne se défend seule, ne s'entrouvrant que pendant un très court laps de temps et à des dates insignes, à la Fête-Dieu, surtout à minuit la nuit de Noël. Ou bien la voie se trouve hérissée d'obstacles et de périls, souvent personnifiés. Le Trésor est alors défendu par des géants, des fées, plus souvent des nains ou des monstres, les « gardiens du seuil[227] ».

L'or n'est que de l'or dans les traditions paysannes. A un autre niveau, il devient le symbole d'une valeur spirituelle, sa quête l'acquisition d'une transcendance, et l'apparition du dragon semble marquer le déploiement du mythe. De toute façon, si l'or est ravi par la force, il ne profitera à personne :

Celui qui fut à Gust le Forgeron
entraînera la mort de deux frères (Fafnir et Redrun)
Il déchaîna la lutte entre huit nobles seigneurs.
Personne ne profitera de mon trésor.

Poème de l'*Edda,* vers l'an mille.

En Suisse, l'or du Rubli, non plus, n'a jamais porté bonheur à personne.

Les Ravageurs

Quand les Gnomes des moraines et des glaciers mettent le nez dehors, c'est plutôt pour assumer des rôles diabolisants, lancer des pierres, lâcher des avalanches. Le nain du lac de Stampach trouve que « son lit est trop court et que ses bottes sont trop étroites ». Propos au moins singulier chez un nain, qui pourrait bien avoir poussé jusqu'à devenir un géant. Entre les deux ordres de grandeur, la tradition populaire hésite plus d'une fois. Elle paraît surtout désigner un être puissant et monstrueux, vers le plus ou vers le moins — humour rustique qui est encore une manière d'exorciser le malheur.

Quoi qu'il en soit, le chasseur auquel s'adressent ces propos sibyllins comprend ce que parler veut dire : les eaux de fonte s'accumulent derrière un rempart fragile, et tout va céder. En effet, la nuit suivante :

« Un bruit sourd tonna dans la direction des hauts sommets. On eût dit que le glacier de Stampach broyait sous son poids les rocs qui lui servaient de lit. Au petit jour, on sentit nettement (...) une odeur de terre fraîchement remuée et de rocs réduits en poudre. " Le Stampach en fait des siennes ", se disaient les montagnards inquiets. » (...) Le lendemain matin, le soleil éclaire un triste tableau. Les riches prairies qui s'étendaient des bords de la Lonze à ceux du Stampach ont disparu sous une couche de limon et de cailloux[228].

La petite histoire des grandes montagnes est pleine d'événements analogues, glissements de terrains, effondrements, diluvium, dont les causes naturelles ne passent pas inaperçues mais demeurent voilées par « une manière de dire » qui est d'abord une manière de penser.

Le gnome est donc rendu ici responsable de catastrophes qui, dans les perspectives chrétiennes, sont attribuées aux diables. Mais la désignation est beaucoup plus ancienne. Elle remonte au temps où régnaient sans partage les vieilles fois.

XV

ELFES, FÉES, ET Cie

La Fée s'envole ! La Fée s'envole !... Elle regagne sa demeure d'azur... Un instant elle flotte sur la cime du mont Fuji ! La voyez-vous encore ? Elle est presque invisible... un petit point qui fond dans le brouillard !... Ah ! dans l'espace éternel elle a disparu à jamais !...

D'UN NÔ JAPONAIS.

Menus, légers, les Elfes ne sont pas nabots disgracieux mais au contraire admirablement proportionnés. Ces aimables *imaginaires* semblent le fruit de longues genèses qui projetèrent dans la nature, sous une forme à la fois séduisante et mystérieuse, les aspirations d'une âme collective perpétuellement avide de joie, d'harmonie, d'heureuses métamorphoses. Les Fées ajoutent au thème toutes les séductions de la féminité.

Elles occupèrent si bien les rêves que tout ce qui tient d'elles brille encore dans le langage courant comme les lambeaux de traîne endiamantée dans la rosée du matin. Elles aussi ont fui, nous laissant en gage ce seul mot : « fée », synonyme d'un merveilleux fascinant — belle comme une... adroite comme... légère comme... de l'esprit comme... Et encore : danser, coudre, briller, chanter, toujours comme une fée !

Les témoignages concordent : d'étincelantes créatures, de taille voisine de la normale ou plus petite, délicates, aériennes, translucides — elles possèdent, bien sûr, le don de voler, et aussi celui d'invisibilité... — aux longs cheveux blonds, vêtues de nuées blanches et diaphanes et souvent d'atours somptueux. Elles hantent les landes, les forêts, les grottes, les grèves, les sources, les collines rocheuses, les montagnes, mais pas davantage les montagnes que d'autres lieux déserts et sauvages. Elles les ont colonisées, venant en réalité d'ailleurs, de l'ouest où meurent les soleils, des pays de brume et d'eau, du monde celtique.

Elles sont pourtant montées jusque-là, sans doute sur les ailes molles du brouillard, les neigées silencieuses, et y ont perdu leur pâleur immatérielle, car assez souvent les montagnards les disent brunes[229].

Demeures de brouillard et d'or

Elles laissent l'empire des glaciers aux petits nains barbus ou aux rugueux géants. Tout ce qui est violent, massif, énorme, les effraie. Elles préfèrent la fluidité des aubes, les alpages brillants de fleurs ou de lune, les clairières moussues, les sources, les cavernes, et ces falaises que dessine, efface tour à tour le cortège rêveur des brumes. Ce sont là leurs manoirs, leurs châteaux magiques au fond desquels luisent l'or et le cristal, car elles détiennent aussi les trésors subterrestres. Ou bien le château lui-même est en cristal de roche, comme celui qu'on (ne) voyait (pas) au pied du Dru. Dans l'Ariège, elles étaient si riches que leurs battoirs étaient d'or. Dans le Valais, elles ont leurs tannes (grottes), leurs scex (rochers), leurs plans, leurs sommets où elles mènent des rondes nocturnes, et dans le sillage de ces rondes, qu'il faut se garder de troubler, naissent les constellations florales[230].

Les Bonnes Dames

Ce sont elles qui parent la nature au printemps, elles encore qui veillent sur les bêtes de la montagne et s'instaurent gardiennes attentives de la paix des cimes. A ce titre, elles jouent un rôle analogue à celui des génies alpestres, s'opposent aux chasseurs, les bernent ou les punissent. Reines des neiges, elles deviennent aussi reines des Gnomes. Hulda, la fée nordique des hautes forêts, mène le cortège des petits esprits de la montagne, les Huldufolk, émigrés en Islande, où ils ont grandi, parfois munis de lances de cristal, c'est-à-dire d'armes magiques.

Jadis, les pâtres percevaient cette influence éparse, bénéfique... Quand l'alpe reposait à l'heure bleue de midi sous les coupoles du ciel, ils contemplaient, les yeux mi-clos, leur éden, avec ses landes herbues, moirées, ses ruissels, la couronne de gloire des glaciers, les bêtes qui ruminaient à l'ombre amicale des blocs... Ils savaient que tout était bien, qu'ils étaient heureux pour un temps, et qu'ils devaient ce tranquille bonheur à leurs fées.

Elles interviennent parfois directement pour aider les hommes : de nuit elles font pâturer le bétail, ou bien, dans le Valais, elles aident à rentrer les foins, petits services à la mesure de la vie simple et rude des montagnards. Il arrive aussi qu'elles détournent l'action du mal, empêchent de terribles catastrophes. Dans les Vosges, au-dessus de Saint-Dié, elles ont consolidé d'un « cercle de fer » la montagne d'Ormont, qui est creuse et pleine d'eau. Grâce à quoi la vallée se trouve protégée du retour d'une inondation dévastatrice qui a eu lieu « il y a bien longtemps[231] ».

Ces fées d'ailleurs, à l'époque, on les voyait, on les rencontrait. Une vieille paysanne de Villeneuve « disait à qui voulait l'entendre qu'elle avait trouvé par là l'une des fées qui hantaient ces lieux. “ J'ai eu si peur qu'un tremblement m'a saisie. Bien sûr que c'était une fée ! Elle était si belle ! Elle faisait sa toilette[232] !... " »

Les Serpentes

La présence de l'eau introduit le thème de la Serpente, de la Mélusine, confère à la Fée une double nature : super-femme d'un côté, reptile et plus ou moins démone de l'autre, doublement séduisante en tout cas, puisque à la fréquenter on risque peu ou prou son âme.

Cette origine reptilienne, dans ses amours avec les jeunes hommes, la dame la dissimule soigneusement, comme une tare, mais elle est contrainte, certains jours, de réintégrer sa peau luisante de « colobre », de couleuvre, d'honorer une vieille alliance avec l'élément liquide et primordial, les eaux vertes de l'inconscience, l'élixir des créations. Une telle métamorphose doit demeurer secrète, ou bien meurt brusquement ce nouveau reflet d'elle-même qui, grâce à l'amour, commençait à vivre, à briller. Un seul regard d'un homme, et tout s'effondre : il lui faut retourner à sa forme de serpente, à ses cavernes humides, à *un état antérieur.*

« La fée Mélusine, d'une beauté remarquable, habitait dans les grottes de Furon, au-dessus de Sassenage, à l'entrée desquelles sont les célèbres cuves. Parfois elle en sortait pour se promener. En face, sur un rocher qui domine la rive gauche du Furon, s'élevait le château des seigneurs de Sassenage. Le châtelain était beau, la fée l'aima ; et le seigneur se prit d'amour pour elle. Ils s'épousèrent sous condition qu'il ne chercherait pas à voir sa femme le samedi *(jour de Saturne)*; s'il manquait à son serment, il la perdrait sans retour. Un jour il manqua à sa promesse et vit que sa femme était à moitié serpent *(ou poisson).* Furieuse et désespérée, Mélusine s'élança dans les gouffres du Furon et regagna son palais souterrain[233]. »

« " Écoute bien..., ne m'appelle jamais du nom de fée, de folle, ou de dame d'aygue *(dame des eaux)*, dit une fée du val d'Azun (dans les Pyrénées) à son jeune époux. Si tu le faisais, il arriverait un grand malheur. " Mais un jour, dans un moment d'humeur, il s'oublia et lança à sa femme l'un de ces noms interdits. Aussitôt elle disparut[234]. »

Ici le regard est remplacé par un mot.

Ce type de légende entraîne à des remarques intéressantes : on y repère d'abord une croyance en la hiérarchie des êtres. Malgré leurs pouvoirs magiques, les Fantastiques cherchent à s'incarner. Dans les perspectives chrétiennes, c'est l'homme qui se trouve à la pointe de l'évolution, et les Fées appartiennent à un stade antérieur, au temps où le monde n'avait pas été racheté.

On fait grand cas dans ces légendes d'une certaine forme de tabou, qui est le secret. L'idée que tout être a le droit, et le devoir, de préserver son propre secret, même dans les embrasements de l'amour, sous peine de régression, d'échec, exprime une vérité très profonde, *car les indivi-*

dus et les civilisations qui perdent le sens du secret se trouvent par là même condamnés. Les éclipses, les silences, sont indispensables à la survie psychique. Ils ont un pouvoir régénérateur. Des trésors de sagesse se dissimulaient sous la bure ou la soie des vieux contes.

Les amours difficiles

La Demoiselle et le Sire de Sassenage appartiennent évidemment à la « bonne société » et seraient actuellement passibles du Bottin mondain. Les fées de montagne ne dédaignent nullement les simples bergers. Une *Benzozia* pyrénéenne, ravissante blonde, portant diadème d'or et de fleurs alpestres, chevauche par monts et vaux une haquenée blanche, comme neige cela va sans dire. Elle touche de sa baguette, d'or toujours, la cabane de l'heureux élu et lui promet de longues amours et de beaux enfants.

Au Pays basque, *Ontasuna Maïthagarria* (l'Irrésistible), cette fois brune aux yeux bleus, a choisi un cerf pour monture. On dit qu'elle rencontra un jour le beau Zuhurra, dont elle tomba amoureuse. Dès lors, son troupeau prospéra. Mais on peut se lasser, paraît-il, même d'une fée, et ce jeune homme inconstant trompa la sienne avec une fille de la vallée de Cize. Il en trépassa incontinent, car quiconque est infidèle à l'amour d'une fée meurt sur-le-champ[235].

Ces dames se montrent d'ordinaire fort sensibles à la beauté masculine, ni plus ni moins que leurs sœurs les femmes ; et, quand elles peuvent, épousent leur bon ami en se passant du président de commune et de monsieur le Curé..., lequel, professionnellement, n'éprouve aucune sympathie à leur égard, les tenant pour ensorceleuses et succubes. « L'union dûment (?) contractée, elles conduisaient leurs époux dans les hautes retraites (...), et les initiaient aux mystères de la nature et des arts magiques. Elles leur révélaient les secrets utiles concernant la vertu des plantes, les trésors souterrains et les soins à donner aux troupeaux. Ces unions n'étaient cependant pas toujours heureuses ni de longue durée. Le lien conjugal se rompait fort souvent, et parfois tout d'un coup... » Car hommes et fées ont beau s'aimer, les destins sont différents. Généralement, c'est elle qui tranche le lien, car le beau garçon, à l'usage, se révèle un peu rustre. Le thème d'interdiction apparaît ici traduit « en patois » : une menace de bâton pour une demoiselle des tannes de Bretagne, une injure pour une autre des tannes de Javerne... Une source polluée en Marnex. Et, dans le cas d'une souillure, il arrive que toutes les fées déménagent, pas seulement l'épousée. C'est une leçon d'écologie avant la lettre.

« Un jour, un des vachers ingrats eut l'audace de souiller le baquet traditionnel *(celui des servants)*. Le soleil ne fut pas couché qu'une vache, une des plus précieuses, se précipita du haut d'un rocher. Dès lors les fées abandonnèrent à leur tour ces pâturages qu'elles avaient si longtemps protégés et on ne vit plus leur lessive sécher aux chauds rayons du soleil[236]. »

Les vengeances

L'exode s'accompagne parfois d'événements catastrophiques. Le troupeau dépérit, les sources tarissent, l'alpage opulent disparaît sous les pierrailles ou les glaces, toutes explications qui font partie du cycle rustique du « paradis perdu ».

Certains sites catalysent les légendes. C'est le cas des rochers de Naye (de *Naïa* = nymphe, fée ?) qui dominent le lac Léman ; falaises d'aspect ruiné, insolite, profondément sculptées par l'érosion, abondantes en pertuis, fentes, cheminées ; en outre contenant, d'après la tradition, tout un réseau de cavernes enchevêtrées, avec diverses entrées dissimulées... Un décor qui se prêtait admirablement aux histoires de trésor, et même les suscitait, car on y trouvait des pyrites, naturellement prises pour pépites d'or par les enthousiastes, qui durant des générations s'obstinèrent à découvrir les passages très secrets menant à un eldorado alpestre. La quête était réputée dangereuse à cause de la présence d'un grand Bouc et de tout un bataillon de gnomes. Aussi l'équipement des aventureux, outre pioches, cordes, pelles, échelles, etc., comportait régulièrement un grimoire de la meilleure qualité.

Par malheur, les labyrinthes de Naye ressemblaient aux anciennes auberges espagnoles : on n'y trouva jamais que ce que l'on y apportait soi-même.

A preuve l'histoire de Thanny, le bel armailli *(fromager)*. Il y eut longtemps rendez-vous avec deux fées ravissantes : Nucia et Neiria, lesquelles y vivaient dans un appartement du meilleur standing. « D'immenses voûtes recouvertes de marbres fins, d'émeraudes, de topazes, d'escarboucles ; de longs corridors soutenus par d'innombrables colonnades de porphyre, d'albâtre, de cristal, de vastes salles hautes comme des cathédrales et resplendissantes de lumières aux couleurs les plus variées *(sic)*, de nombreuses cascades et des fontaines aux eaux cristallines..., etc.[237]. »

Ces échanges admirables furent surpris par un traître, qui s'empressa d'en répandre la nouvelle. Quelques filles de Valhongrin, furieuses de ce qu'un gars osât leur préférer ses propres rêves, méditèrent vengeance, et de jalousie perdirent suffisamment la tête pour aller jusqu'au crime. Elles sabotèrent la passerelle traversant la gorge de l'Hongrin *(d'Ogre, probablement)* et, quand le berger s'y engagea, tout s'effondra dans l'abîme.

Le cri du malheureux s'était à peine englouti dans les grondements du torrent que se déclenchait un orage dont les premières victimes furent les trois meurtrières. Il dura toute la nuit. Puis, au petit jour, la terre se mit à trembler, les hautes parois vacillèrent, s'effondrèrent, des troupeaux de blocs dévalèrent les pentes, laminant les alpages, les forêts, les mazots... Ainsi passa la colère des fées. Ainsi s'en allèrent à tout jamais les fées, laissant derrière elles le vague souvenir d'un âge plus heureux et les ruines de leurs manoirs perdus.

Il fallait un crime inexcusable pour déchaîner de telles fureurs, car ces fées, plutôt bienveillantes, étaient les héritières d'une longue tradition. De tout temps la nature sauvage épouvanta les hommes, de tout temps aussi ils s'efforcèrent de l'exorciser, et ils y parvinrent en la peuplant de formes souriantes, furtives, délicates, où s'incarnaient, si l'on peut dire, ces deux aspects essentiels de la féminité qui sauvent le monde de la brutalité et du désespoir : la tendresse de la mère et la beauté de l'amante.

Mais comme les mythes ne sont jamais univalents, et rendent compte de l'éternelle complémentarité des êtres et des événements, l'élément féminin recèle aussi un pouvoir destructeur. Cette ambiguïté se reflète dans la nature de la Fée, et de toutes celles qui l'ont précédée parmi les bois, les rochers, les monts, au giron bruissant des sources.

Une grande famille

« Ces Nymphes, imaginées et honorées autrefois (...) dans les diverses retraites des montagnes : Oréades, Alséides, Hélionomes, Hydriades, Crénides, Épipotamides, Limnades, Naïades, Limoniades, Épimélides, Dryades, Hamadryades... Diane chasseresse aime les monts ; les Muses parcourent le Parnasse aux deux sommets[238]... »

Elles sont nées, ces Muses, « non loin du sommet de l'Olympe enneigé, là où plus tard elles eurent leurs emplacements de danse et leurs palais (...). Sur le sommet de l'Hélicon, elles possédaient aussi une place pour danser près de la source des chevaux (...). Lorsqu'elles se rendaient de là à l'Olympe, des nuées les enveloppaient. On entendait seulement dans la nuit leurs voix merveilleuses[239]. » Une telle description pourrait aussi bien s'appliquer aux fées... « Le visage des Nymphes était beau. Elles étaient vêtues de longues robes (...). Elles pouvaient être très dangereuses pour les simples mortels. Ainsi, par exemple, Hylas, un beau garçon, disparut en puisant de l'eau : la nymphe de la source et le clair de lune en furent cause. »

Théocrite, dans ses *Bucoliques*, précise que les nymphes des sources « sont de terribles déesses pour les mortels qui vivent en plein air ». Car si les Mélusine tentent avec plus ou moins de succès de s'introduire dans le corps d'une vraie femme, les ondulantes femelles des fontaines et des lacs, et leurs sœurs des brouillards et des neiges, s'efforcent, elles, d'entraîner les hommes dans les limbes antérieurs et aquatiques de l'inconscience, et finalement dans la mort.

« Si un chasseur, ou un alpiniste imprudent *(revêtement moderne)* essaie de grimper jusqu'à la Dame des neiges, elle l'encourage du regard et lui sourit ; il est fasciné et malgré les dangers monte toujours plus haut. Il ne voit rien que son ravissant visage et sa couronne brillante, et les esprits armés de lances le poussent jusqu'à ce qu'il fasse un faux pas, tombe dans quelque précipice. Alors la Dame blanche se met à pleurer[240]... »

Chez les Germains, chez les Celtes, apparaissent les Déesses-mères, les innombrables *matres* ou *matronæ,* gardiennes des ondes, duchesses des sylves et des cimes, et, comme leur nom l'indique, surtout fécondatrices, personnifiant les sèves, les eaux, l'humus, et toutes les énergies grâce auxquelles s'épanouit la vie.

Les *Nornes* scandinaves gouvernent plus précisément l'aventure des hommes. Ce sont, comme les Parques, des déesses du destin, liées aux trois aspects du temps ; et le nom même de *Fée* (*fatum* : destin) marque une filiation[241].

De quelques Demoiselles choisies

Le christianisme a jeté la suspicion sur toutes les fées, mais il en existe des bonnes et des mauvaises. Parfois, en vertu d'une convention naïve qui tient à faire coïncider l'éthique et l'esthétique, les bonnes fées ressemblent à des pin-up, et les mauvaises à des laiderons plus ou moins cabossés.

Au fond de la gorge de Rawyll, dans le canton de Berne, les méchantes fabriquent de la grêle dans d'énormes chaudrons. En Valais, la *Tchausse-Villha* est une vieille au nez crochu, au regard chassieux, à la bouche édentée, au visage ridé comme une vieille croûte de fromage, à la chevelure grise et embroussaillée. Elle chevauche un bidet aveugle et erre de ruine en ruine.

Dans les Vosges, *Dame Agaisse,* la pie, est si belle que toutes les bêtes de la forêt et les arbres eux-mêmes en s'inclinant lui rendent hommage, mais, s'ils y manquent, elle les rabougrit. Dans les montagnes de Navarre, pic de Maya, sierra de Arelar, vers Pampelune, s'élèvent parmi les rochers de Biscaye les châteaux d'or de *Mari.* Cette « fée » puissante, qui pourrait bien être une ancienne déité, est à la fois montagnarde et océane, puisqu'elle commande aux orages sur les sommets et jaillit avec l'écume lors des grandes tempêtes atlantiques. Une *Dama de Amboto* fréquente aussi les cimes et les antres pyrénéens.

Tante Arie, une Jurassienne, montre aux Bernois une face ingrate qui n'est pas améliorée par des « dents de fer », mais, sur le versant franc-comtois, elle se refait une beauté, apparaît même suffisamment séduisante pour enflammer un jouvenceau quand elle se baigne dans les cavernes de Milandre, où elle se mue en vouivre.

En Maurienne, les Femmelettes sauvages, grises ou vertes, vivent sur les chênes du bas de la vallée et font ce qu'elles peuvent pour attirer les garçons.

En Mingrélie, dans le Caucase septentrional, la blonde reine des bois, *Thachi mapa*, se promène vêtue de sa seule chevelure. Elle a un faible pour les chasseurs et leur porte chance, à condition qu'ils restent muets sur cette bonne fortune. On peut supposer que les chasseurs susdits, en puissance d'épouses, y trouvent doublement leur compte. *Ledei of*, autre Caucasienne, « Mère des eaux », ondine brune aux yeux rieurs, fréquente volontiers les jeunes hommes, mais, sous le nom de *Ser-ofi*, elle devient pour les Juifs montagnards une redoutable goule. Chez les Slaves il y avait des fées Beregyni dont nous ne savons pas grand-chose, sauf que le mot *beregu*, dans son sens primitif, est probablement synonyme de « montagne ».

Les *Dakînis* (Khandomas en tibétain) volent dans les airs au pays des Neiges et leur équipement est suffisamment terrifiant pour faire honneur au panthéon lamaïste, puisque ce sont de jolies filles nues, seulement parées d'une chaîne de têtes humaines. Tantôt elles contractent alliance avec quelque magicien suffisamment habile pour les dompter, tantôt elles provoquent toutes sortes de maux. On les reconnaît à leurs yeux, qui sont rouges ou verts, et elles s'incarnent parfois dans une mortelle qui devient ainsi tulkou. L'une des plus célèbres khandomas tranchait le souffle vital des mourants dans une salle interdite du monastère de Samyé et jouait ainsi le rôle d'une Parque asiatique.

Les fées des cieux polynésiens se montrent plus humaines. L'une d'entre elles épousa le héros maori Tawhaki et demeura sous la hutte conjugale jusqu'à la naissance de son premier enfant. Après quoi, obéissant aux regrettables usages des fées, elle planta là le bébé et son jeune mari, et regagna ses demeures d'aether, où l'inconsolable Tawhaki s'efforça de la rejoindre. On raconte à Tahiti qu'il gravit une montagne élevée et la trouva qui l'attendait à moitié chemin ; d'où l'on peut conclure qu'elle était encore à moitié amoureuse, car les idylles avec les fées, surtout les serpentes, les aquatiques, se terminent généralement, c'est bien le cas de le dire, en queue de poisson.

XVI
LE BESTIAIRE FANTASTIQUE DES MONTAGNES

Vitre est en soi une réponse aux énigmes de la vie. Mais la présence aux côtés de l'homme d'êtres différents soulève des problèmes aussi lancinants que la mort. De nature, d'actes, d'allures, ils sont *autres*, c'est-à-dire mystérieux, inquiétants. Il doit donc les enrôler dans son jeu, leur donner une place dans un univers hiérarchisé où, d'instinct, il ne se met pas à la première.

Passant outre, avec une extraordinaire vigueur imaginative, aux apparences, le Bipède suscite un monde tel qu'il n'y rencontre plus, sous des masques variés, que des reflets agrandis de lui-même. Le temps d'avant Babel, celui « où les bêtes parlaient », comme le répètent avec nostalgie les vieux contes. Le totémisme est un aspect de cet immense effort d'identification, de fraternisation, avec des « surhommes » écailleux, fourrés ou emplumés et, par-delà, tentative de communion totale et fructueuse avec le cosmos.

La création d'un Bestiaire fantastique à partir de formes réelles et observables est une seconde mainmise de son auteur sur le monde animal, désormais chargé d'incarner des forces, des états d'âme, des concepts. De tels agencements ne sont pas l'effet d'une fantaisie gratuite. Il s'agit plutôt de vivants idéogrammes, à ailes ou pattes, dont les éléments réajustés ou amplifiés ont une signification précise. Ils peupleront désormais la terre d'apparences à la fois monstrueuses et familières, que les imagiers de toutes les époques ont contribué à fixer. Les bêtes légendaires, parfois horrifiques, ont paradoxalement servi à humaniser les perspectives, à rendre la planète habitable, déchiffrable.

La montagne comme la mer, à cause de ses mystérieuses retraites et de ses vastitudes, est favorable à la prolifération d'une telle faune. Mais là encore on peut évoquer le problème des origines.

Dans de nombreux cas, les espèces sont connues et les comportements interprétés suivant une logique humaine. Dans d'autres, l'imaginaire infléchit des formes existantes à qui l'on prête des actions fabuleuses. Enfin, il existe des monstres hybrides, d'ailleurs peu nombreux, et dont on n'est pas sûr qu'ils n'aient été primitivement inspirés par quelque animal réel, mais très rare ou disparu.

Les Puissances cornues

Un petit monde perdu alpestre, tourmenté, fracassé, hérissé, avec des armées de mélèzes montant à l'assaut depuis les vallées, et dont les avant-gardes s'égarent dans d'énormes éboulis... Ici et là, des lacs enchâssés parmi les blocs, des eaux scintillantes, des falaises qui paraissent toutes receler l'antre des Niebelungen. Et à l'air libre, entre 2000 et 2400 m d'altitude, sur les dalles polies comme des boucliers, rabotées par les anciens glaciers, des milliers de gravures rupestres datant des Ages du bronze et du fer, la plupart composées de signes cornus, évoquant en projection plane une tête de bovidé, de taureau. Certaines paires de cornes s'achèvent par des zigzags fulgurants... Nous sommes au bout du monde, au fond des temps historiques, et à 50 km à vol d'oiseau des rives de Menton, au mont Bégo.

Les tribus inconnues qui jadis engravèrent ces signes honoraient en leur temps et à leur manière une forme sacrée, universelle.

Les liens entre le Taureau, le Bœuf, la Vache et l'Homme se nouent dès l'extrême aurore des civilisations, dès que le cueilleur de baies cède la place au pâtre ; dès que celui-ci parvient à imposer sa propre loi à de grosses bêtes beaucoup plus puissantes, mais subjuguées par cet autre flux d'énergie, indéfinissable, invisible, instantané, dont il est le détenteur inconscient, et qu'on nommera beaucoup plus tard l'intelligence. Peut-être que le cheval est en effet « la plus noble conquête de l'homme ».

Mais la plus utile, la plus déterminante pour l'avenir de l'espèce, c'est assurément celle de la vache et du taureau.

A l'origine, cette domestication était d'abord une alliance. Incertain de ses rapports avec tout-ce-qui-n'était-pas-lui, l'*Homo* junior ne pouvait concevoir autrement les choses. Il paya son écot en soins, en surveillance, en fourrage, mais surtout en mythes. Le taureau, la vache, ces chaudes puissances dont il tirait sa propre survie, catalysèrent la terreur, l'espoir, la reconnaissance. Leurs silhouettes majestueuses régnèrent au centre d'un complexe d'interprétations très primitives, très satisfaisantes, des mystères de l'univers ; et leurs séquelles sont encore visibles et vivantes au siècle de la cybernétique.

En ces temps lointains, il n'y avait pas de pensée abstraite, rien que des accords basés sur des contacts, des analogies, rien que des incarnations. La forme du grand fauve cornu, pesante masse de ténèbres, puissance mal dissimulée par le rideau mouvant des muscles, qui s'exprime aussi éloquemment dans l'immobilité que dans la charge, l'œil féroce, la sexualité volcanique, écrasante, les mugissements orageux, composent l'image d'un être qui provoque contradictoirement les coups de boutoir de la tourmente, les fracas effrayants du tonnerre, le jaillissement des foudres, des spermes, de la pluie, des eaux fécondatrices.

Ainsi se projette en plein espace l'ombre démesurément agrandie du taureau terrestre, objet d'admiration, d'envie, d'effroi, celle du Mâle par excellence, qui féconde et qui tue[242]. Fils du Père initial, lui-même dieu-orage ou monture du dieu, il fonce dans les grandes mythologies sous beaucoup de noms différents.

C'est l'Indra des religions védiques, « taureau ruisselant qui déborde d'énergie et de vie », brandissant l'arme fulgurante Vajra ; c'est la Bête de Çiva et de Mithra ; le *Tesoub*, le *Seri*, le *Hourri* des Hittites... ; le Taureau sublime, fils d'Anu, Seigneur de la tempête des Sumériens.

« Père ! s'écrie la déesse babylonienne Ishtar, exaspérée par le héros Gilgamesh, je te demande d'envoyer contre ce mortel le puissant Taureau céleste dont la fureur engendre les orages et les tremblements de terre... »

Plus tard, dans cette même Mésopotamie, apparaît un hybride composé d'un corps de taureau, d'un torse et d'une tête d'homme, exactement l'inverse du Minotaure crétois. L'un et l'autre, comme la Vache Hathor-Nout des Égyptiens, en rapport direct avec la voûte céleste, et donc constellés.

C'est cette qualité d'être céleste orageux qui, pour des raisons évidentes, rattache étroitement le thème Taureau au thème Montagne, si étroitement parfois qu'ils se confondent. Alors la Montagne tout entière peut devenir le Taureau.

« Grande montagne d'Enlil, Im-Khar-sag, dont le sommet atteint le ciel, dont le fondement est assis dans l'abîme brillant, pareil à un fort taureau sauvage étendu dans les montagnes, dont les cornes étincellent comme le soleil éclatant... » (Début d'un hymne à Baal.) Et, en Égypte, le soleil se lève entre ses pointes[243].

La double nature du fauve-tonnerre, tantôt émissaire céleste et fécondateur, tantôt destructeur et déclencheur d'ouragans, se reflète dans un cycle légendaire qui, géographiquement, couvre des espaces immenses, puisque abondamment repéré en Asie antérieure, il apparaît aussi dans les Alpes, l'Afrique, les Andes... En tant que Seigneur de l'orage, il peut habiter au fond des eaux, par exemple dans la cordillère

Blanche, le lac de Yanganuco (à 3850 m). Les jours de tourmente, il émerge de sa retraite liquide et galope en mugissant le long des rives.

Un autre cornu maléfique erre dans les montagnes d'Amérique du Sud :

> Alors j'ai rencontré mon ami le « tigre »
> Au pied du volcan.
> Il m'a dit :
> « Que crains-tu par le grand chemin ? »
> J'ai répondu : « Le toro Chupei. »
> Nous marchâmes trois jours (...)
> Le toro Chupei nous atteignit
> Là où cesse la neige
> Là où se rencontrent les grands rochers « Huitralcun ».
> Le Puma lutta contre Chupei
> Pendant sept jours et sept nuits
> Et Chupei fut précipité
> Du sommet de la montagne.
> Ainsi j'ai sauvé ma vie[244].

Des visions analogues existent dans les montagnes d'Écosse (Waterbull), en Allemagne nord-occidentale, dans les pays baltiques, dans les Alpes, où la situation est inversée. C'est le Taureau qui devient le champion du Bien contre le Mal. En Suisse (Uri), il combat un bouc diabolique, ou bien la Vouivre (Valais).

La Génitrix

Pour les anciens pasteurs aryens, le lait, « c'est le liquide sacré et l'aliment salutaire par excellence. Plus tard, quand Soma (plante magique) fournit l'ambroisie, la liqueur d'immortalité, on l'assimile au lait[245] ». D'autre part, il sera plus loin question de la vertu sacralisante de la blancheur. Il n'y a pas apparence que les bergers du val de Bagnes, dans le Valais, aient été informés de cette croyance des anciens peuples des rives de l'Indus, mais leur propre légende en tient compte ! C'est que de telles qualifications sont universelles.

La Vache est l'un des avatars de la Grande Déesse-mère, l'Hathor égyptienne, la Balaat phénicienne, l'Ishtar chaldéenne, qui fait vivre tous les êtres, et la digne compagne du Taureau fécondateur « qui lance son feu sur la terre et au ciel ». Elle, la Vache du ciel, la *Sourahbî* céleste (la Parfumée), « donne du miel et des grains grillés (...) et du lait caillé, et des lacs de soupe sucrée » (Râmayâna), et elle éteint le feu[246].

Dans le récit très original de la création du monde nordique, un vent tiède commence à faire fondre la glace. Alors naît le géant Ymir (la terre et les rochers), puis la vache *Aumdula.* Elle se met à lécher les blocs de givre en se nourrissant du sel qu'ils contenaient[247], tandis que de ses pis coulent quatre ruisseaux de lait où s'abreuve Ymir. En fondant la gangue de glace, elle dégage les cheveux, puis la tête, puis le corps d'un autre vivant nommé Buri. La vache joue donc ici le rôle de génitrix et de nourricière.

Les trois termes : vache, mère (mer), eaux, étaient équivalents chez les Aryens, l'eau considérée comme le lait de la terre, le liquide primordial et fécondateur. Dès lors, on comprend par quelles voies un glacier, ou la neige, peuvent être assimilés à « une vache blanche ».

Près d'Arize, au pied du pic du Midi de Bigorre, vivait un très vieux berger qui n'avait jamais vu de neige, car celle-ci n'était jamais encore tombée sur la montagne. Il venait d'atteindre neuf cent neuf ans quand elle apparut pour la première fois. Pressentant sa mort, il appela ses fils et, leur montrant une vache blanche parmi les bêtes du troupeau : « Quand je n'y serai plus, suivez cette vache. Et arrêtez-vous quand elle s'arrêtera. »

Le patriarche mourut, et ses fils s'en furent, suivant la vache. Il neigeait toujours. Ils descendirent à Barrère, puis le long de l'Adour, toujours sous la neige. Enfin, en un lieu dit « Montgaillard », la neige cessa de tomber et la vache n'alla pas plus loin. Mais depuis ce temps il a toujours neigé sur la montagne[248].

A l'inverse de ce qui se passe dans la légende d'Ymir, la vache se trouve ici visiblement associée à une avance du froid, au vague souvenir d'une glaciation. Il est vrai que ces neiges produiront à leur tour les eaux fécondatrices. C'est un bon exemple de la plasticité de l'imagination mythique qui anime la même forme symbolique au sein des deux développements contradictoires, et pourtant, chacun de son côté, cohérents.

Il y a corne et corne

Les cornes, ces excroissances agressives du crâne, étaient considérées comme le signe de la force, comme une sorte de hiéroglyphe de la puissance virile[249]. Les animaux qui s'en trouvaient pourvus incarnaient de quelque façon des énergies redoutables ; en premier lieu, le taureau.

Dans les montagnes d'Occident, c'était aussi le cas du bouc de rocher (steinbock), autrement dit bouquetin, mammifère typiquement alpestre, dont le corps à la fois massif, souple et vigoureux se prolonge par des étuis crâniens qui peuvent atteindre le mètre et davantage. Les rapports du bouquetin avec les hommes craintifs et ingénieux remontent à l'époque des glaciations fabuleuses ; et il reste le témoin direct, inchangé, d'un temps où l'Homme commençait tout juste de naître à lui-même, définir ses proies et ses dieux. Peut-être que son image demeure engravée au plus profond de la psyché comme sur les parois des cavernes, car quelque chose en nous tressaille encore obscurément à sa vue. D'autres cornus ou porteurs de bois, comme la chèvre, le chamois, des antilopes, des cervidés, sont chargés de significations voisines, avec toutes les variantes impliquées par la forme et la dimension des appendices[250].

A cette association très antique de la corne et de la force s'est superposée l'interprétation judéo-chrétienne, qui, en vertu d'un processus déjà signalé, précipite dans ses propres géhennes les formes antérieures du sacré. Les divinités animales s'y transformèrent en diables, et les anciens symboles se trouvèrent maléfiquement inversés. C'est pourquoi le Satan chrétien et ses sbires sont porte-cornes, et ces cornes signes d'agressivité haineuse, marques d'une régression de l'ange à la bête[27].

Les Boucs du diable

La réputation des innocents boucs de rocher ne fut pas améliorée par le fait qu'en général les mâles de l'espèce *capra*, auxquels s'apparentaient les satyres grecs, symbolisèrent aux yeux des Pères de l'Église une sexualité brutale et dégradante.

> Salut, ô démon muet ! — Tu es —
> L'animal le plus fougueux, — Mystique éternel —
> De l'Enfer — Charnel...
>
> F. Garcia LORCA.

D'autre part, les bouquetins se trouvaient mêlés au culte d'Hermès-Mercure, lequel occupait jadis nombre de passages et de cimes ; et les boucs à celui de Thor, grand dieu germanique. Ces références peu flatteuses ont coloré les légendes d'un reflet nettement soufré. Ils sont parmi les responsables des manifestations brutales et dévastatrices de la nature alpestre.

« Le génie du Bietschorn (...) s'est adjoint deux boucs noirs haut encornés. Partout où elles passent, les affreuses bêtes labourent le sol et font pleuvoir des pierres énormes. Elles gîtent à l'ordinaire dans la région de Gallengufer et s'abreuvent de l'eau du Gallengbrunnen, lequel tarit aussitôt... »

Ce détail bien observé indique que le conte décrit en réalité la formation d'une dangereuse poche d'eau glaciaire, comme le montre précisément la suite :

« Parfois les monstres noirs s'avancent jusque dans la vallée, en été surtout, lorsque les glaciers fondent comme cire au feu, ou bien après quelque terrible orage de haute montagne. Alors des bruits sourds grondent lugubrement sous le glacier ; la moraine bouge, comme ébranlée par une force souterraine et soudain un torrent de limon et de pierres se précipite en bas du Birchinn[251]. »

Dans la région d'Aletsch, ces ravages sont attribués au *Rollibock*

« énorme, aux yeux flamboyants (...). On dit que son corps, au lieu d'être revêtu de poils, était entièrement couvert de glaçons qui rendaient un bruit formidable à chacune de ses gambades. En outre, la force de ses cornes était telle qu'à ses heures de courroux il s'en servait pour soulever et lancer à distance non seulement des mottes de terre, mais des blocs et des sapins. C'est à ce redoutable Rollibock que les Anciens, avec leur imagination poétique, attribuaient les irruptions dévastatrices du lac de Marjelen[252]. »

Ailleurs, dans le Valais et en val d'Aoste, le Bouc (Bocan), à l'instar des Chèvres d'or provençales, ou des Chèvres rouges des Pyrénées, dont la couleur flamboyante indique suffisamment les alliances infernales, garde des trésors enfouis.

Ces bêtes rouges apparaissent le soir aux créneaux des châteaux dont elles présagent la ruine. Ou bien surgissent au fond des mines, sur lesquelles les Anglais, dit-on, jetèrent un charme quand ils abandonnèrent la Bigorre, et frappent les intrus de leurs cornes d'or. « Les chèvres jouent un grand rôle dans les légendes pyrénéennes, mais d'ordinaire peu édifiant, et tel berger qui, sur des roches aiguës, croit retrouver sa favorite, et l'emporte, charge sans s'en douter le diable sur ses épaules[253]. »

Au Tassili et au Hoggar, les mouflons sont souvent considérés comme les incarnations des *Djenoun*, mauvais esprits « capables de détourner les chèvres, voire des femmes[254] ».

Comme les bouquetins, des chamois d'origine non moins suspecte déterminent parfois de grosses avalanches.

C'est ainsi qu'un chamois de grande taille hantait jadis (il y a deux cents ans) une moraine latérale du glacier de Dischlibach. Un jeune garçon repéra le monstre qui faisait voler les pierres dans le Gletschergrund et jusqu'aux Anen... « Mon fils, dit son père, c'est le mauvais génie du Gandeggun, qu'aperçoivent seuls les enfants innocents... — Quand je serai grand, je saurai bien le faire tenir tranquille. »

Cette prophétie se réalisa car, devenu prêtre, et de retour dans sa petite patrie, il s'en alla bénir la région du Gandeggun. Dès lors le chamois maudit disparut, mais les cailloux qu'il projeta parsèment encore les alpages inférieurs[255].

Les gardiens d'éden

Les Chamois fabuleux apparaissent plutôt comme les gardiens de l'éden alpestre, et les ennemis des chasseurs. L'opinion manifestée, c'est que la destruction des bêtes de la montagne est une action mauvaise, qu'elle offense les Puissances invisibles qui hantent les royaumes de l'altitude, et que ceux qui passent outre en sont punis. Peut-être s'agit-il là du souvenir d'un tabou réel, et les accidents de chasse en haute montagne n'ont pu que renforcer cette croyance.

L'interdit se trouve parfois en liaison avec une inobservance religieuse. Dans une légende du XVIe siècle... :

> « Deux chasseurs arrivèrent à une montagne. Ils virent à portée de fusil *(sic)* deux chamois énormes sur lesquels ils tirèrent et qu'ils ratèrent trois fois de suite (...). Les chasseurs se regardaient stupéfaits, lorsque *(dans la vallée)* la cloche sonna pour annoncer la messe. Ils comprirent alors que les chamois étaient deux êtres surnaturels qui avaient été envoyés à cet endroit afin de leur rappeler que ce n'était pas un jour pour aller à la chasse. Les hommes, très effrayés, firent vœu de bâtir une chapelle à l'endroit où s'étaient tenus les chamois ; et comme les bêtes disparurent au milieu d'une lueur rouge, cette montagne a été nommée depuis " Roussillon[256] ».

Aventure analogue en pays vaudois, mais qui tourne mal. Nonobstant les avertissements, un homme se met en route un dimanche en jurant qu'il irait à la chasse même s'il rencontrait le diable... En fait, il tomba « au contour d'un rocher sur un chamois blanc comme neige, qui lui causa une telle frayeur qu'il détala au plus tôt, et rentra chez lui en courant, se mit au lit et mourut trois jours après[257] ».

En Autriche, l'histoire devient tout à fait fantastique, puisque les chasseurs, qui sont aussi des mécréants avérés, commencent par se moquer de ceux qui vont à l'église. La punition sera à la mesure de ce double crime :

> Ils rencontrent un gigantesque chamois portant au front une étoile blanche et le tirent sans succès. Alors l'exécuteur à quatre pattes de la vengeance divine les charge : « Ses cornes démesurées brillaient comme l'acier ; ses yeux, sa bouche, ses naseaux lançaient des flammes. » Les autres veulent prendre la fuite mais sont changés en pierres. On les voit toujours « un peu au sud du Watzmann, au flanc d'une raide fissure[258] ».

C'est aussi un chamois blanc que voulait descendre le « Grand Lerjen » du village de Naters. Au départ, il rencontra son curé, qui tenta de l'en dissuader, mais l'autre s'obstina... « Alors, adieu, dit tristement le pasteur, nous ne nous reverrons plus. » L'homme s'abîma le même jour dans les montagnes de Gredetsch[259].

La couleur de l'Esprit

Dans ces contes, les robes des animaux fabuleux sont « parlantes ». En pays chrétien, le noir et le rouge indiquent des interventions infernales.

Le Blanc, synthèse des sept couleurs du prisme, exprime l'unité, la pureté, et cette livrée de lumière convient aux excellences de la matière et aux incarnations de l'Esprit. Le lait, nourriture fondamentale, est blanc. La neige est blanche. L'ultime métamorphose de la pierre philosophale dans la tradition alchimique est d'un blanc pur. Et, par la force des choses, le jeu de ces « harmonies de la Nature » auxquelles il est périlleux de faire allusion depuis certaines sornettes émises par Bernardin de Saint-Pierre, la blancheur est étroitement associée à la symbolique de l'Altitude, puisque les plus hautes cimes s'en trouvent revêtues. C'est la teinte, ou plutôt l'a-teinte des structures cristallines du numen, des ultimes manifestations de la Divinité. Elles ne sauraient se concevoir autrement — voir l'exemple de Dante — que sous l'apparence d'un éblouissant foyer de pure blancheur, à côté duquel la neige elle-même semblerait grise.

De telles qualifications, instinctives et universelles, imprègnent profondément la psyché, en sorte que l'apparition d'un être d'une blancheur insolite provoque une étrange euphorie et, parfois simultanément, un étrange malaise de l'âme, car les suggestions sont ambivalentes.

De toute façon, un choc mental ; l'observateur se trouvant confronté avec une apparence particulièrement mystérieuse et saisissante du cosmos.

Les animaux blancs de la légende sont les messagers de l'Invisible. Au sommet du fameux mont Aiguille, en Dauphiné, longtemps considéré comme « la montagne inaccessible », se trouvait, paraît-il, un beau mouton vêtu de sept — nombre sacré — toisons plus blanches que neige, apparemment le gardien magique de ces lieux interdits[260].

Un porteur de lumière

Au Tyrol brillait parfois, sous les futaies de Hauestein, la silhouette d'un gigantesque Cerf blanc, aux ramures d'or. Il les perdait chaque année, au solstice d'été, à minuit. Et quiconque avait la chance de s'en emparer faisait fortune. Ainsi se sont transmises jusqu'à nos jours, mais dégradées, de très anciennes croyances où le cerf, et à plus forte raison un cerf blanc, était l'animal solaire, et un symbole des renaissances cycliques[261] ; d'où l'or et l'allusion au solstice d'été. Quant à l'heure de minuit, c'est celle où se découvrent traditionnellement les trésors, à l'origine d'ordre spirituel. Là aussi, au cours des âges, la signification haute de la légende s'est effacée.

Ancien messager solaire, comme le Renne d'ailleurs, le grand cerf christianisé intervient bénéfiquement dans la vie de plusieurs saints personnages : l'un d'entre eux, par exemple, trace une piste dans la neige profonde, au bénéfice de Petrus Hispanus (XVe siècle). Un autre mène Berthe et Hildegarde au plus profond des bois, vers l'emplacement d'un futur moustier, ou bien se charge du fardeau de Thomas de Reate[262].

Leurs bois portent des cierges, brillent d'une mystérieuse phosphorescence, car ils se souviennent du temps où l'astre s'accrochait à leurs buissons ; et la fameuse vision de saint Hubert, la Croix apparaissant dans les ramures d'un dix-cors, ne prend vraiment son sens que lorsqu'on connaît l'antique alliance de l'animal et du soleil. Il existe de cette légende une sorte de pendant à Ceylan, où un cerf pourchassé entraîne le roi Walogambahu jusqu'au sommet du pic d'Adam, puis disparaît. C'est alors que le chasseur découvre Prah Bât, la trace du soleil, autrement dit l'empreinte dans la roche du pied du Bouddha. Le Tout-Bon volait dans l'espace et la montagne s'élança pour le recevoir.

Grand-Père l'Ours

Puissant, massif, hirsute, d'aspect bonhomme et féroce tout à la fois, l'Ours est par excellence la Grosse Bête des forêts et des montagnes. Il a suscité tant de traditions qu'un amas de volumes aussi large et haut qu'un spécimen de bonne taille ne suffirait pas à les énumérer.

A cause d'une silhouette presque humaine, de mœurs — incluant la pratique du jeu —, de proies et d'habitats analogues, il est peut-être la forme animale qui a le plus intrigué le montagnard primitif, et proposé à la réflexion naissante certains problèmes fondamentaux d'identification, le « Que suis-je ? », et le « Quel est-il ? » grâce auxquels le petit homme nu et désarmé a commencé à définir sa propre place dans l'univers. Est-il exagéré de dire que l'Ours fut l'un des principaux agents inconscients d'une évolution civilisatrice ?

Bien que l'animal ait à peu près disparu des massifs occidentaux, sa piste ne s'y est pas tout à fait effacée. Elle mène en tout cas, dans le passé, droit à ces antres des hautes régions alpestres où l'on a découvert non seulement de formidables amas d'ossements mais aussi, comme au Drachenloch (2 245 m), au Wildemannlusloch (1 628 m), tous deux dans l'est de la Suisse, à la Salzofenhoehle (2 000 m), dans les Alpes autrichiennes, etc., des traces d'habitats humains au deuxième interglaciaire, celles de chasseurs d'ours du Paléolithique ancien, mêlées à des ossements du grand fauve, dont l'agencement indiquait un rituel. Découvertes de grande conséquence, puisqu'elles prouvent qu'à une époque très reculée les préhistoriques pratiquaient déjà une certaine forme de magie, ou de religion, ou les deux ; c'est-à-dire accédaient à un niveau supérieur de conscience.

Dieux = Ours = Hommes

Le totémisme se fonde sur une identification de l'Homme avec autre chose que lui-même et implique dans certains cas — Homme-oiseau, Homme-serpent — un véritable bond de l'imagination créatrice. Il était superflu à propos de l'Ours, animal *ressemblant,* sorte de superman fourré, de formidable Homme-des-bois-et-des-montagnes, de guide, d'ancêtre géant, dont l'apparence provoquait à la fois l'admiration, l'envie, la terreur, comme celle du taureau.

En tous lieux où ils entrèrent en contact, le cycle de l'Ours se mélange à celui de l'Homme, des Ancêtres, des dieux.

Dans les plus anciens récits, « Artémis a l'apparence d'une ourse, et c'est donc mué en ours que Zeus s'unit à Callisto[263] », elle-même nymphe-oursonne dans les montagnes d'Arcadie. Cette origine est à nouveau manifestée dans le dénouement célèbre où la nymphe se trouve métamorphosée en constellation, en « Grande Ourse ». D'ailleurs, le fruit de ses amours avec Zeus est *Arkas,* c'est-à-dire l'Ours, d'où le nom d'Arcadie (et Arctique...).

Quand la mythologie gréco-romaine envahira celle des Gaulois, chez lesquels le culte de l'Ours était florissant, on honorera une Dea Artio, ou un Mercure-Artaios, tandis qu'en Germanie barbare le grand dieu Thor était aussi surnommé « l'Ours » (Björn).

Outre l'empire qu'elle exerce sur l'imagination à cause de sa stature, de sa force, la Grosse Bête incarne des vertus et des pouvoirs. Dans les croyances chamaniques, elle sert de guide à l'âme dans l'Autre monde ; tandis que le cerf ou le renne sont des solaires, l'ours, à cause de ses habitudes cavernicoles, du sommeil hivernal, se trouve associé aux ténèbres, à la Lune, à la mort. Dans un conte des Indiens Dènè Tchippewayans[264], il est rendu responsable de l'apparition de la nuit. « C'est pourquoi il est noir et vit dans les ténèbres. » Guide des labyrinthes inférieurs, le christianisme n'a pas manqué d'en faire ultérieurement l'une des figures du diable, mais c'était aussi un maître du temps, « non seulement dans les Pyrénées, mais un peu partout en France, et surtout dans les Alpes », note A. Van Gennep[265].

Enfin, les soins attentifs qu'elle donne à sa progéniture font de la mère ourse une nourrice exemplaire, et comme telle une divinité protectrice des générations, une dispensatrice de l'abondance, à l'instar d'Artémis.

Les liens du sang

Il était naturel de revendiquer une filiation avec un être aussi remarquable, appelé encore ici et là : le « Grand-Père », le « Vieux Père », le « Père à fourrure »... « Les Paléosibériens le considèrent comme un homme primitif et célèbrent sa fête en même temps que celle des Ancêtres[266]. »

Certains Celtes étaient *Artogenos,* fils de l'Ours, et, deux mille ans plus tard, sur l'autre face de la Terre, les montagnards Aïnou des îles Sakhaline et Hokkaïdo revendiquent toujours cette filiation[267].

Elle suggère des hiérogamies primitives, des mariages sacrés, qui, au niveau supérieur des interprétations, évoquent peut-être les noces cosmiques d'un grand dieu céleste ursidé et de la Terre-mère, maîtresse des fauves et de l'abondance ; plus modestement, un croisement mythique entre la race des ours et celle des hommes. Et comme l'ours est ici l'initiateur, l'être divin, c'est l'ours mâle qui s'unit à une femme.

Le conte célèbre de *Jean l'Ours,* lequel hérite de la force prodigieuse du fauve, contient la même allusion. Il apparaît aussi dans un récit simple et réaliste du folklore des Peaux-Rouges, mais avec une conclusion inattendue et très évoluée.

Dans une cabane perdue, bien haut et bien loin dans la montagne, vivaient deux jeunes filles, deux sœurs. Le temps des amours vint pour elles, mais il n'y avait pas d'hommes aux environs — et elles s'en désolaient. Un soir qu'elles revenaient tristement par la forêt, un grand ours gris les suivit. Terrifiées, elles regagnèrent leur hutte, où elles s'enfermèrent à double tour. Alors qu'elles tremblaient encore de tous leurs membres, on frappa à la porte et une voix dit : « Ouvrez, jeunes filles ! Laissez-moi entrer. » Elles hésitèrent longtemps puis finalement déverrouillèrent.

Celui qui se présenta était grand et fort et se balançait bizarrement en marchant. Ils mangèrent ensemble puis l'homme se mit à jouer avec elles. Ses mains étaient si lourdes et si puissantes qu'elles les meurtrissaient à chaque contact, mais pourtant les sœurs se sentaient heureuses de cette compagnie. Ils dormirent côte à côte, et l'inconnu s'éclipsa avant l'aube.

Il revint ainsi quatre nuits de suite, et ce fut un bon temps pour les filles... « Après tout, pourquoi ne pas le prendre pour mari ? » pensèrent-elles, car il était aimable. Et la quatrième nuit il resta jusqu'au jour. Alors elles virent auprès d'elles un grand ours gris et furent à nouveau pleines de terreur. Mais l'ours ne leur fit aucun mal. Il se contenta de leur dire : « A présent, vous savez... Si vous voulez toujours de moi, il faudra venir me rejoindre dans ma maison, dans la caverne où j'habite, là-bas, non loin de la grande cascade... »

Les jours et les nuits qui suivirent, elles furent à nouveau solitaires et pleurèrent toutes les larmes de leur corps. Puis la cadette disparut, et l'aînée devina le reste. Aussi, dès l'aube nouvelle, elle s'en alla à son tour du côté de la grande cascade, et toutes deux vécurent heureuses avec l'ours.

Ainsi passa l'hiver, mais au printemps un chasseur rencontra l'une des filles dans la forêt, et il se montra curieux : « Où habites-tu ? — Par là... — Es-tu mariée ? — Oui. Et ma sœur aussi. »

L'homme s'éloigna sans rien dire, mais le même soir, dans la caverne, l'ours se comporta d'une manière étrange. Il s'adossa contre la muraille et commença de chanter une complainte très triste. Puis il leur dit que bientôt peut-être il leur faudrait se séparer... Alors elles éclatèrent en sanglots. Mais il ajouta : « Ne pleurez pas ! A quoi bon ? C'est ainsi. Ainsi vont parfois les choses... »

Quand brilla un nouveau soleil, il se peignit le visage en rouge, avec des cercles blancs autour des yeux *(masque rituel des mourants)*. Et peu après on entendit une voix. C'était l'homme rencontré la veille. Il avait remonté la piste jusqu'à l'antre, car c'était un habile trappeur. Il cria à l'ours qu'au village, en bas dans la vallée, les gens n'avaient plus de quoi manger, qu'il devait lui donner de la viande... Que d'ailleurs il n'était pas convenable qu'un ours vive avec des femmes... Alors l'ours sortit de la caverne. Il ne se défendit pas, et l'autre lui enfonça son couteau dans le cœur. Ensuite le chasseur s'inclina et lui demanda pardon de l'avoir tué.

Plus tard le chef du village fit un sacrifice à l'âme de l'ours. Les gens vinrent chercher sa dépouille, et quand ils le dépecèrent ils virent « qu'il était fait comme un homme ». Ils mangèrent solennellement et silencieusement sa chair, et un morceau du cœur de l'ours fut jeté dans le feu en guise d'offrande. Puis celui qui l'avait tué suspendit le crâne dans sa tente, et il l'orna de rameaux verts. Quant aux os, bien nettoyés, ils furent placés sur un échafaudage.

Les deux sœurs portèrent le deuil, car l'ours avait été vraiment leur époux. Puis le temps passa, elles s'accoutumèrent à la société des hommes, elles oublièrent... Et pour finir devinrent les femmes du chasseur et eurent de beaux enfants[268].

Malgré ses décors sauvages et rustiques, ce conte est extrêmement civilisé et plein de grandeur. C'est une histoire d'amour. On y voit d'abord l'amour briser la barrière des espèces, conformément aux plus vieilles traditions totémiques. Ensuite le récit bifurque et reconnaît implicitement une autre hiérarchie, où la femme est une femme, et l'ours n'est qu'un ours. Mais justement cet ours est si peu ours qu'il admet avec un détachement presque bouddhique l'irréductibilité des destins, et se sacrifie finalement sans murmurer. Est-ce pur stoïcisme ? Ou par amour encore ? Amour pour les deux femmes, ou pour ces gens qui avaient faim de sa propre chair ? Le conte ne le précise pas, et reste dans un brouillard mélancolique.

En tout cas, cet ours était vraiment « fait comme un homme », et même comme le meilleur d'entre eux.

Fourrés à deux et quatre pattes

Des Loups fantastiques ont aussi galopé à travers le Bestiaire montagnard occidental, et leurs hurlements se mêlaient aux fracas des Chasses sauvages. Mais leur vraie patrie est la grande forêt nordique. Dans la mémoire des peuples, le loup apparaissait, à l'instar de l'ours, comme un ancêtre, mais aussi comme un dévorateur, et l'exécuteur parfois monstrueux des basses œuvres du destin. Le loup Fenrir des anciens Germains se gonfle à des dimensions apocalyptiques... « Le feu lui jaillit des yeux et des narines ; sa gueule largement ouverte dégoutte de sang ; la mâchoire d'en haut touche le ciel, celle d'en bas frôle la terre[269]. » C'est un avaleur d'astres, de divinités, de mondes, un destructeur cosmique. On ne s'étonnera pas qu'avec un tel pedigree il ait pué le diable à cent pas dans tous les contes de bonnes femmes[270].

En outre, il se passe des choses singulières sous la peau des loups, et l'on a murmuré à ce sujet beaucoup de terribles histoires, durant des siècles, à la lueur vacillante des foyers.

Car les revendications d'origine, les mariages, les rites des chamans n'étaient pas les seuls moyens de mêler la nature de l'homme à celle de la bête. Il en existait un autre, tout à fait primitif, qui consistait à « changer de peau », à « rentrer dans la peau ». Ce ne sont plus que des métaphores. Elles recouvrent des pratiques réelles dont rendent compte de nombreux folklores, et certaines gravures pariétales. Se mettre dans la peau d'un autre, c'est muter, devenir cet autre, acquérir des comportements spécifiques et des énergies.

En ce qui concerne la conjugaison des hommes et des loups, le terme savant est « lycanthropie » (*lukos* = loup, *anthropos* = homme), qui désigne donc l'état des Hommes-loups.

« Les Loups-garous sont des hommes qui se transforment de temps à autre en loups pour étancher leur soif de sang. D'après la croyance primitive, l'homme restait couché à la maison dans un profond sommeil, tandis que son esprit errait au-dehors sous la forme d'un loup (...). Une variété de garous, ce sont les *Berserkir* nordiques, à savoir les « peaux d'ours » (*ber* = ours, *serkr* = enveloppe)[271].

Ailleurs, ce sont des Hommes-panthères, des Hommes-tigres, des Hommes-hyènes, etc. Il s'agit d'une métamorphose temporaire en une bête sauvage et dévoratrice. Il faut distinguer dans ces histoires d'une part une croyance en un dédoublement magique : le corps du sujet reste inerte, peut-être en état cataleptique, tandis que son « esprit » agit sous l'apparence d'un loup ou d'un autre animal, et d'autre part le souvenir de mascarades sauvages durant lesquelles des hommes appartenant plus ou moins à une classe d'initiés, et plus ou moins en état de transe, se revêtaient de dépouilles animales et couraient réellement les lieux déserts en mettant à mal les infortunés qu'ils pouvaient surprendre. Au Légendaire du loup proprement dit s'ajoute donc celui des Hommes-loups, entaché du même caractère destructeur et sanglant[272].

De quelques autres Bestes qui en savent long

En Auvergne, la Bête Noire, ou Galipote, erre dans la montagne... « Une sorte de loup-garou, écrit Henri Pourrat, qu'on n'est jamais arrivé à voir de façon à le détailler. »

Au Pays basque, à l'automne, les chiens s'échappent des maisons et vont faire une assemblée mystérieuse quelque part dans les solitudes. On y rencontre aussi un être tout à fait fantastique mais inoffensif, mi-chien, mi-cheval, l'*Olano.* C'est le serviteur du Tartaro, sorte de cyclope cavernicole[273]. En Thessalie galopaient jadis les Centaures.

Sur certaines montagnes chinoises bondit et file avec la rapidité d'une flèche un chien monstrueux à tête humaine nommé Houi, dont l'apparition passe pour annoncer les typhons. Il ricane quand il aperçoit des humains.

Dans l'Himalaya, où Ctésias (Ve siècle av. J.-C.) plaça des hommes à tête de chien, les Leptchos entendent parfois des aboiements qui viennent du fabuleux pays de Mayel, situé au-delà des glaces du Kangchendzönga. Durant l'expédition de 1924 à l'Everest, quatre porteurs laissés au col Nord furent terrorisés par les hurlements des redoutables molosses qui gardent le trône de la Chomolungma[274].

Un énorme chien sans poil vient parfois attaquer les attelages des Esquimos. Les Netsilingmuit, en Amérique du Nord, racontent :

> qu'un esprit de la montagne avait épousé une Renarde blanche ; et comme cet esprit demeurait bien tranquille chez lui, sans jamais aller à la chasse, il était abondamment moqué par ses renardes de belles-sœurs. Pour finir, il se remua un peu, creusa un trou, en sortit de la viande séchée de renne, et du suif. Ainsi naquirent les rennes[275].

Dans le Valais, un renard qui pénètre dans une maison annonce malheur ou mort. En Dauphiné, c'est une belette, quand elle vous coupe le chemin.

Chez les Indiens Ojibwe, le Lièvre blanc apporte l'aurore. En de très nombreux points de la planète : Amérique du Nord, Afrique, Asie mineure, Mongolie..., il est associé à la Lune, « parce que l'on croit discerner la silhouette d'un lièvre dans la Lune[276].

Sur la montagne de Voirons, qui domine le lac de Genève, « Vénus », autrement dit Satanas femelle pour les chrétiens, chassée de son temple, se transforma en... sanglier *(ce qui constituait vraiment un camouflage de premier ordre).* Et sous cette forme elle ravageait la contrée...

« ... arrêtant les voyageurs et les mettant en pièces quand ils refusaient de l'adorer. Un jour, chassant dans la montagne, le seigneur Amédée de Langin fit rencontre du Sanglier diabolique. Déjà le monstre avait mis à mal le valet du seigneur, son piqueur, son sonneur de cor ; et lui-même avait reçu un coup de boutoir. Le blessé fit vœu, s'il échappait à la mort, d'ériger sur l'emplacement même où le sanglier l'avait frappé une chapelle à la Vierge. Il fut guéri et accomplit fidèlement son vœu. Une nuit qu'on avait laissé la chapelle ouverte, le sanglier y pénétra, et fut tué et dépecé devant l'autel[277]. »

Le diable se met encore plus volontiers dans la peau des chats, noirs, cela va sans dire, qui, miaulant, feulant, crachotant, s'assemblaient, avant la Révolution, sur le Méné de Bretagne ; en 1829, ils sont signalés dans les Ardennes sur le Tieune des Martias ; et plus récemment dans le Valais, non loin de Martigny, où ils arrivaient de tous les pays « en longues files à la pâle clarté de la lune ». On dit qu'un roulier de Monthey, ayant rencontré la troupe, tua l'un des matous d'un coup de pierre, ce qui provoqua une immense clameur : « Maître Jacques est mort ! Maître Jacques est mort ! » suivie d'une débandade générale[278].

Le Tigre « hante encore certaines montagnes de Sumatra et de Java (...). Le félin prend une place importante dans nombre de ces légendes ; dans les rites d'initiation (...). Il est aussi identifié à l'Ancêtre mythique[279] ».

Chez les Incas, le Puma était un solaire. Il paraît, comme ailleurs le cerf ou le renne, bénéficier d'une qualification positive dans les montagnes de l'Amérique du Sud[280].

Dans les Andes, le Lama est un animal-roi. « Au commencement fut le Lama et non pas l'Homme », écrit Keyserling dans ses *Méditations sud-américaines.* « Quand l'homme de l'Age de pierre glissa hors de sa caverne, il vit peut-être le lama qui l'attendait (...), le lama qui donne le vêtement, sert au transport, peut réchauffer (car on vend des excréments pour faire le feu), nourrit après sa mort et tenait lieu d'épouse aux solitaires[281].

C'est une association aussi importante qu'en d'autres lieux celle de la vache et du taureau (et du bœuf). L'animal était sacré pour les anciens Péruviens, ils croyaient que les âmes des morts s'y réincarnaient et ils lui attribuaient même le pouvoir de prédire les événements. L'abbé de Molina nous rapporte cette légende indienne :

A Angasmarca, près de Cuzco, ces animaux montrèrent un jour une profonde tristesse ; dans la journée, ils refusaient toute nourriture, et dans la nuit ne cessaient de regarder les étoiles. Interrogés *(par l'intermédiaire des prêtres)* sur la raison de ce comportement, ils répondirent qu'un grand déluge allait s'abattre sur la terre. Un animal auquel on accordait de telles facultés humaines et même suprahumaines devait tout naturellement être considéré comme « magique » à un très haut degré ; nous connaissons aussi les vertus surnaturelles attribuées à son fœtus, à son suif, à sa laine, et plus particulièrement à son sang[282].

La Mule des Andes est un animal également puissant et mystérieux.

« Je suis arrivé à comprendre, écrit Saint-Loup, qu'il s'établissait un accord secret entre elle et la montagne. L'une et l'autre se complètent ; la mule s'assimile à ces terres hostiles où l'homme reste un étranger, vainqueur toujours provisoire, et régulièrement rejeté. Nous ne savons rien. Aveugles égarés dans la forêt des symboles ! Rien ne nous rattache à la réalité éternelle, sinon, peut-être, l'héritage des divinations paysannes transmis fragmentairement par les proverbes et légendes... »

Dans les légendes santiaguennes, « les mules sentent l'approche des âmes qui vagabondent à travers le monde. Il faut faire très attention quand votre mule heurte une âme au passage. La bête essaye alors de désarçonner le cavalier et, si elle y parvient, elle le piétine, le tue et le mange »... Les femmes incestueuses expient leurs fautes en s'incarnant chaque nuit dans une mule qui, lourdement chargée, peine sur les pentes des Andes. « Délivrée peu avant l'aube, la femme se retrouve dans son lit (...) fatiguée, défaite, lourde de souvenirs amers[283]. »

Il est vraisemblable que la plupart des animaux de montagne se sont trouvés associés à des activités fantastiques. Ainsi, dans les Alpes, l'hermine (servant). Quant à la marmotte, à part des contes modernes, nous n'avons pas recueilli de légendes précises à son sujet. Peut-être justement que l'évidence des rapprochements a nui aux transpositions fabuleuses ?

XVII
CEUX DU CIEL

Moi, je ne daigne punir les gouffres qu'avec mes ailes.

VILLIERS DE L'ISLE-ADAM.

Leur domaine, ce sont les espaces célestes, universellement sacralisés. On peut donc s'attendre à trouver le thème de l'Oiseau étroitement associé, ou même confondu, avec celui du divin : l'Emplumé devenant responsable de certaines interventions supra-terrestres, entre autres les phénomènes atmosphériques ; ou bien messager, exécuteur des hautes œuvres. Ou enfin, sur un plan quasi technique, jouant le rôle de véhicule aérien, et permettant à l'homme de réaliser son rêve le plus lancinant, qui est de triompher de la pesanteur. C'est en effet dans ces différentes fonctions qu'apparaissent les oiseaux légendaires.

Altesses volantes

Les plus grandes espèces incarnent naturellement les Puissances majeures. Dans les Rocheuses, les Alpes, le Caucase, l'Himalaya... l'Aigle est le prototype de ces oiseaux fabuleux dont l'envergure et la force, déjà considérables au naturel, se trouvent amplifiées dans les contes à des proportions gigantesques. Ailleurs, cette place est occupée par le Vautour — les « aigles » du Parnasse ne sont souvent que des vautours —, ou le condor dans les Andes. En ancienne Égypte, le faucon Horus. Tous sont des solaires, annoncent ou incarnent les divinités d'En-Haut, et ce caractère solaire est encore accusé dans plusieurs traditions par la blancheur.

Nul n'ignore que l'aigle olympien est l'oiseau de Zeus, et c'est souvent sous la forme d'un aigle que Zeus lui-même franchit l'espace et surprend les mortels (Ganymède...). En Inde, Vishnu chevauche l'aigle *Garuda.* Au Mexique, Quetzalcoatl se revêt du plumage de l'oiseau *Opis* (l'Invisible). Pour les Indiens de Californie, l'aigle règne sur l'univers. D'ailleurs, le grand oiseau de proie, image du pouvoir suprême et inaccessible, plane au-dessus des plus hautes montagnes des Amériques.

Chez les peuples de l'Altaï, comme jadis en Asie mineure, un aigle bicéphale est posé au sommet de la « colonne du monde ». Sur le Démâvend (Elbourz, Perse, 6 200 m), se tenait le grand Phœnix *Simurgh* dont un œil regardait le passé et l'autre l'avenir... Allusion claire à la domination sur l'espace et le temps et aux grands cycles cosmiques.

Une autre tradition moins localisée place le fabuleux Simurgh, le roi des oiseaux, au sommet de la montagne cosmique Qaf. Dans son *Colloque des Oiseaux* (Mantiq altayr, XIIe siècle), Farid ed-Dîn Attâr conte que les emplumés partent à la recherche de leur roi. Beaucoup d'entre eux renoncent dès le départ à cette redoutable expédition. D'autres abandonnent ou meurent en cours de route. La série des obstacles concentriques est ici analogue à ceux qui défendent le Mérou : les oiseaux doivent traverser sept vallées ou océans, etc. L'avant-dernière se nomme « Vertige ». La dernière, « Anéantissement ». Trente survivants parviennent enfin à la Cime et y font l'ultime découverte : le Roi des oiseaux s'est identifié à chacun d'entre eux.

Dans cette belle fable ésotérique, le Simurgh devient un symbole de transcendance.

Le Couple initial des Kollouches, sur la côte américaine du Pacifique, comporte le Frère et la Sœur. Celle-ci s'enfonce dans le volcan Edgecumbe et y soutient l'axe terrestre. Son frère, sous la forme de l'aigle géant *Cheth'l*, vient se poser au sommet du volcan chaque fois qu'elle provoque un tremblement de terre. L'oiseau cosmique assume une fonction stabilisatrice.

Dans une légende d'Asie centrale, d'origine indoue, on raconte comment le dieu Otchirvani (= Indra), sous l'apparence de l'aigle Garide (= Garuda, *Nâgantaka* : « Celui qui tue les serpents »), livra une terrible bataille au serpent géant Losoun et lui écrasa finalement la tête au sommet de Soumer (Mérou). Le corps du reptile s'enroulait trois fois autour de la montagne sacrée, et sa queue baignait dans la mer[284].

L'Aigle et le Serpent symbolisent ici les deux grands courants de forces antagonistes. Les célestes, les solaires, les éthérées, les spirituelles ; et celles des eaux profondes et primordiales, de la terre-mère, de la matière ondoyante et féconde, des ténèbres où mûrit la vie sur le terreau des morts, l'éternel conflit entre l'En-Haut et l'En-Bas, — dans un conte hittite, le Grand Serpent attaque même le dieu céleste —, entre l'Esprit créateur et le Chaos informel, pourtant riche de toutes les virtualités. En sorte que, dans l'étrange légende du Barattement de la mer, où l'image est fondamentalement analogue, puisque le Grand Serpent s'enroule autour du Mérou, c'est de l'union et non de l'opposition des deux principes que va naître le monde. La lutte s'engage plutôt à l'occasion des retours offensifs du Chaos[285].

L'Exécuteur et le Messager

Les Oiseaux fabuleux sont au service des dieux :

> Si tu laisses périr la race de l'Aigle
> Par qui enverras-tu des signes aux mortels ?
>
> Eschyle.

Dans un très vieux récit des Hittites :

> le grand dieu Télépinou, excédé de la méchanceté des hommes, disparaît brusquement, et avec lui le printemps, l'été, la douce chaleur, les arbres, les moissons, les fruits... Frissonnante de froid, la terre se désole et les dieux s'émeuvent. « Alors le Soleil fit venir un aigle rapide aux yeux perçants : " Fouille les hautes montagnes, fouille les vallées profondes... " L'aigle survola les hautes montagnes et les vallées profondes, inspecta les eaux tourbillonnantes, mais ne vit rien. Après lui, le dieu du vent courut partout et n'eut pas davantage de chance. Pour finir, l'aigle s'envola de nouveau, guidé par une petite abeille et revint triomphalement avec le dieu, apaisé, sur son dos[286]. »

Chez les Sumériens, le héros post-diluvien, Étana, est à la recherche pour son épouse de « l'herbe d'enfantement ». Cette herbe paraît une variante de la plante d'immortalité Soma — que, dans l'Inde védique, un autre aigle rapporte du ciel — et, comme Soma, se dissimule à une altitude mystérieuse.

Sur le conseil du dieu-soleil Shamash, il va rencontrer l'aigle sur la montagne. Après quelques péripéties retraçant les démêlés de cet aigle avec un serpent, l'oiseau accepte d'enlever Étana jusqu'aux cieux d'Anu, le Grand Céleste... « Sur ma poitrine, place ta poitrine. Sur mes ailes, place tes mains. Sur mes flancs, place tes flancs ! »

Dans les Andes du Sud, les jeunes chasseurs puelches, entraînés par l'ardeur de la chasse, violent les pentes du volcan Lanin, demeure d'un redoutable Pillan. Pour l'apaiser, il faudra immoler la plus jeune fille du chef... Un jeune guerrier portera son corps inerte sur le rocher Cerro Paimun. Bientôt surviendra un oiseau géant qui l'enlèvera dans ses serres et jettera le cadavre dans le cratère[287].

L'arrivée des conquistadores fut précédée de présages extraordinaires qui expliquent la non-résistance des Aztèques et des Incas, persuadés que leurs destins étaient révolus.

> La jolie femme du seigneur de Ucareo *(Mexique)* rêva qu'elle rencontrait un aigle blanc dont les plumes se hérissèrent à sa vue. Il la regarda « avec de grands yeux brillants qui semblaient ceux de notre père le Soleil (...). L'aigle lui dit de s'asseoir sur ses ailes (...). Elle se sentit transportée sur les hautes montagnes où gît le soufre, l'alun, le sulfate de cuivre et l'ocre dont s'enduisent les guerriers. Il l'emmena vers les eaux bouillantes du Purùa,

où se pétrifient les tiges de flèches qu'emploient les armées tarasques. Il la conduisit ensuite sur le sommet de la montagne où les eaux thermales forment la lagune verte et la grande lagune à l'eau cristalline et enchantée. Dans toute la Cordillère il y a des bouches qui vomissent des vapeurs...

S'étant élevés dans l'air à une hauteur considérable, ils arrivèrent à la cime altière du Xhanuat-Ucacio... ».

Là se trouvaient réunis les dieux des quatre provinces, auxquels un messager des divinités suprêmes annonça tristement que leur monde allait s'écrouler... « Les dieux pleurèrent. Le concile prit fin, et la mystérieuse vision se recouvrit de ténèbres[288].

Chez les Indiens Loucheux, en Amérique du Nord, le héros Atsina entre dans la peau de l'Aigle blanc, et parcourt la terre en volant. Au sommet d'une haute montagne, il retrouve ses deux belles-sœurs et couche avec elles. Il les féconde en leur perçant le sein avec le tuyau d'une plume blanche[289].

Une technique aussi insolite et la plume blanche marquent le caractère surhumain de l'action et des partenaires. Ces plumes sont des talismans rares et précieux, pour les anciens Basques comme pour les chamans d'Asie centrale. Elles confèrent les pouvoirs des grands oiseaux, et en premier lieu celui de voler, au moins en rêve... C'est pour s'emparer de leurs plumes magiques qu'une vierge andine nommée Caribay poursuivra, d'ailleurs inutilement, cinq aigles géants de toute blancheur.

Dans les Andes encore existe un oiseau fabuleux, d'or ou d'argent, l'*Alicanto.* Il ne vole que les nuits de lune et ne projette aucune ombre. Il guide les mineurs à la recherche des bons placers. S'ils font preuve d'une avidité excessive, il les égare, les entraîne dans quelque abîme où ils se tuent. C'est une légende assez naïvement moralisatrice (Echevarria).

Dans le nord-ouest du Canada, les Dènè Tchippewayans racontent :

Le Jeune Homme du-début-des-temps descendit du ciel par une lanière et atterrit dans le nid de l'aigle géant *Orelpale (la Blancheur).* Il n'y trouva par chance que l'aiglon, qui le prit en pitié et le cacha sous ses ailes... « Quand le jour apparaît, lui dit-il, c'est mon père qui arrive, et c'est ma mère quand vient la nuit. »

Ils se montrèrent tour à tour, puis l'aigle mâle finit par s'apercevoir de la présence de l'intrus et voulut le tuer. L'aiglon s'interposa et menaça de se jeter lui-même hors du nid s'il y touchait. Ensuite, durant l'absence de ses redoutables parents, il lui donna des plumes de ses propres ailes, que le Jeune Homme attacha à ses bras et à ses jambes.

Il tenta de voler trois fois autour du nid, et la première fois dégringola. Mais l'aiglon le soutint et peu à peu lui apprit comment il fallait s'y prendre. Enfin, le garçon en sut assez pour s'élancer jusqu'à la terre.

Le nid des Aigles du Jour et de la Nuit se trouvait donc sur une haute montagne.

Dans une autre version, l'Aigle géant, devenu l'allié du Jeune Homme, vient le déposer lui-même sur cette terre, « dans un beau pays élevé, avec beaucoup de neige et d'arbres, et d'élans, et de rennes, et de castors gras[290] ».

Un conte assez étrange des Dolomites (Rosengarten) dit que le fils d'un géant, qui se révèle ici le précurseur des astronautes modernes, chevauche un aigle jusqu'à la lune. Il s'y trouve aveuglé par la lumière, et doit regagner la terre, où tout est obscur (éclipse ?). Un lutin attend la pleine lune, s'empare de ses rayons et les lie autour des montagnes qui redeviennent blanches.

Vents, Foudres et Tonnerres

Les Indiens Hopi de l'Arizona croient qu'après le déluge c'est un vautour géant qui, « en battant des ailes, repoussa les eaux vers l'est et vers l'ouest jusqu'à ce que les montagnes apparussent[291] ».

L'idée que le vent et le tonnerre sont produits par un oiseau monstrueux s'exprime dans de nombreuses mythologies. C'est l'*In-Dugud* des Sumériens, l'aigle *Garuda* des Indous, le *Hraesvelgr* des Scandinaves, etc. Et l'image des « ailes du vent » se trouve aussi dans la Bible. « Chez les peuples de la famille turque, le responsable du tonnerre (...) apparaît en général comme un grand oiseau, et le roulement du tonnerre est produit par le battement de ses ailes » (Toungouses). C'est « l'oiseau de fer », un canard sauvage, chez les Samoyèdes, et il provoque la pluie en éternuant ; une oie non moins gigantesque chez les Iouraks ; une sorte de poule de bruyère noire chez les Ostiaks. L'Ilja — ex-saint Élie — des Téléoutes de l'Altaï est un aigle-tonnerre[292].

Dans le Nord-Canada, *Itli*, l'Oiseau-tonnerre, qui se nomme encore *Cheth'l*, *Yehl*, ou *Iell*, produit le tonnerre en faisant vibrer les plumes de sa queue, et la foudre en clignant de l'œil. Et c'est à un oiseau-foudre que les Indiens Lenguas (Chacos du Paraguay) volent le feu.

Les grands oiseaux, toujours redoutables, sont tantôt les alliés, tantôt les ennemis des hommes. Si la première attitude semble, hélas ! n'appartenir qu'aux rêves, la seconde, en revanche, pourrait refléter le souvenir d'agressions réelles perpétrées dans un passé incertain par des rapaces d'une taille gigantesque. On songe à l'Oiseau-rock des *Mille et Une Nuits...*

Le folklore de l'Amérique du Nord est, comme on l'a vu, particulièrement riche en formidables oiseaux-tonnerre, au plumage neigeux. Mais il est moins curieux de noter que, de l'autre côté de la terre, dans l'Himalaya, « on a des récits nombreux et renouvelés (sic ?) d'alpinistes qui ont vu planer de gigantesques aigles blancs au-dessus des cimes de 8 000 mètres [293] », d'après R. de Nebesky-Wojkowitz (?)

« Il y a très longtemps (disent les Eskimos du détroit de Bering), il y avait de nombreux aigles géants ou oiseaux-tonnerre vivant dans la montagne, mais ils disparurent tous, excepté un seul couple qui s'était installé au sommet de la montagne surplombant le fleuve Yukon (...). De leur perchoir (...), ces grands oiseaux, comme des nuages dans le ciel, prenaient leur essor de leurs larges ailes, et allaient quelquefois s'emparer d'un renne (...), puis ils reprenaient leur vol circulaire, faisant avec leurs ailes un bruit semblable au tonnerre, et ils fondaient sur un pêcheur, dans son canot[294]... »

Car ils s'attaquaient aussi fréquemment aux hommes.

Un jour, une jeune femme qui s'en allait puiser de l'eau à la rivière fut surprise par un de ces fauves ailés, enlevée « par les talons » jusqu'au sommet de la montagne, et les villageois, une fois de plus, poussèrent des cris inutiles et se désespérèrent... Le mari, lui, quand il apprit son malheur, s'enferma dans un silence farouche, puis, muni de son arc et de ses flèches de guerre, malgré tout ce qu'on put lui dire, partit vers la montagne aux aigles.

Après une dure ascension, il parvint au bord du nid puant, ensanglanté de misérables débris humains. Il n'y trouva que les aiglons, qui vinrent sur lui avec des yeux de braise, et des cris perçants. Mais il tint bon et les tua à coups de flèches... Ensuite il courut se dissimuler derrière un rocher.

Peu de temps après, les adultes arrivèrent au nid et, trouvant leur progéniture morte, poussèrent de tels cris de rage que les montagnes en retentirent de l'autre côté du fleuve. Ensuite ils se mirent en chasse, repérèrent le jeune guerrier et fondirent sur lui. Mais il envoya coup sur coup une flèche dans le cou de la femelle, et deux autres dans les ailes du mâle. Alors les monstres s'enfuirent vers le nord, et on ne les revit plus jamais.

Autres Emplumés dans le ciel des légendes

Dans un conte d'origine arabe, l'héroïne va quérir un « oiseau de vérité » sur une montagne à travers toutes sortes de périls. Il y est aussi question d'un « oiseau parleur », au sommet d'un pic infesté de serpents[295].

L'*Énéide* décrit les Harpies comme des hybrides au visage de jeune fille, aux griffes acérées, au ventre immonde, perpétuellement affamées. Elles descendent des montagnes et souillent de leurs excréments la table des festins.

Dans un hymne du *Rigveda*, le Faucon arrache la plante sacrée Soma à la montagne.

« Souvent, sur les cimes basques, sur les hêtres d'Ohry ou sur les neiges de l'Altabiscar, vole un oiseau que nous appelons *Chori-Belatcha*, l'Épervier (...). Les lignes que son vol dessine sur le ciel enferment, disent les Anciens, toute la sagesse. Celui qui saurait les lire pourrait se rendre maître des phénomènes naturels qui agitent la vie de l'homme. »

« La connaissance de cette écriture s'est presque complètement perdue. Cependant, bien souvent encore, le berger, lorsqu'il garde ses troupeaux dans la montagne, au milieu des fougères, lève les yeux vers le ciel, et suit avec une passion ancestrale le vol de Chori-Belatcha (...). Il est aussi le héraut d'armes des animaux qui se réunissent parfois en assemblées solennelles dans quelque prairie caillouteuse. Il vole alors de Biscaye en Navarre pour prévenir les membres du conseil (...). Il a bon cœur ; un jour, vers Ibardin, il a aidé le poulain Patroa à monter dans la montagne les trois pommes rouges que lui avait données une vieille femme[296]. »

Par ses mœurs, ses attitudes, son don de « parole », une présence parfois presque humaine, le Corbeau a vivement frappé les imaginations. Il est très vieux, donc très sage, mais cette sagesse est souvent malveillante, insolente, perfide. C'est un « oiseau de malheur », un esprit mauvais. Il peut même incarner purement et simplement le diable. Les démons du Bégo sont des corbeaux.

« D'hommes, il n'y en avait plus, racontent les Indiens Loucheux *(Amérique du Nord)* dans leurs traditions du déluge. Seul le Corbeau, perché sur un roc élevé, dormait, bien repu, sur une de ses pattes. »

Le Nautonier *(le Noë indien : Etpoetchokpen)* grimpa sur le rocher et s'en empara pour le précipiter. « Si tu me tues, croassa l'oiseau, je ferai disparaître les derniers hommes, et tu seras seul au monde. » Mais l'autre le fourra dans un sac et le jeta au bas de la montagne, où ses restes s'éparpillèrent et blanchirent... Comme la prédiction du corbeau se réalisa, il finit par regretter cette exécution, rassembla les os, péta dessus *(sic)* et lui rendit ainsi la vie[297].

Dans un autre conte de même origine, il oblige plutôt les hommes puisqu'il vole aux dieux d'En-Haut la lumière, le soleil et le feu.

Ce Prométhée emplumé en profite pour séduire la fille du Grand Céleste, et jouer quelques autres mauvais tours, conformément à sa nature astucieuse et maléficiente.

En Australie, dans l'état de Victoria, le feu est d'abord la propriété des corneilles des monts Grampians. *Yuuloin-Keear,* le Roitelet à la queue de feu, parvient à leur voler un tison qui lui est à son tour ravi par *Tarrakukk,* le Faucon, lequel incendie maladroitement tout le pays.

Une histoire aimable, encore nord-américaine, pour finir ce chapitre des « Emplumés » :

Quand vint l'hiver, le Premier Homme se fabriqua une paire de raquettes, mais de ses gros doigts gourds il ne parvenait pas à tisser une natte. Pourtant, ô merveille, cette natte se fit toute seule en six nuits. Ou plutôt il surprit une gélinotte fort occupée à ce délicat travail.

Cela lui donna à penser, et après qu'il eut ruminé une ou deux idées dans sa cervelle toute neuve, il parvint à capturer l'oiseau en l'attirant dans sa tente. Mais il n'était pas au bout de ses bonnes surprises car la jolie bête se métamorphosa incontinent en une squaw ravissante. En sorte qu'ils se marièrent, furent heureux, et eurent beaucoup de petits Dènè Tchippewayans.

XVIII
LES ÉCAILLEUX

Ce chaos ruisselant qui déroule ses anneaux d'or au fond des antres veille sur un amas de siècles, darde les racines vertes de la foudre...

(S.V.L.)

L'inimitié entre l'Aigle et le Serpent, entre celui-qui-vole et celui-qui-rampe, ressort d'un état de fait : les grands rapaces sont réellement les ennemis des reptiles, et plusieurs s'en nourrissent. Sur le plan des symboles, elle traduit de la manière la plus directe, la plus immédiate, une opposition fondamentale et naturelle : d'un côté, l'être libéré grâce à ses ailes des contraintes de la pesanteur et maître des espaces célestes ; de l'autre, celui dont le corps, dépourvu de pattes-appuis, se trouve tout entier écrasé au sol par le même faix, l'enchaîné à la terre, l'Horizontal par excellence[298].

Celui d'en bas

La forme reptilienne est donc revêtue des significations qui s'attachent à une telle structure, c'est dire qu'elle se trouve a priori qualifiée négativement. Et, sur le plan moral, le Serpent deviendra dans la tradition judéo-chrétienne une incarnation active du Mal[299].

A cette appartenance à l'univers inférieur, universellement ressentie, s'ajoutent d'autres caractéristiques : à cause d'un corps fluent, et pour ainsi dire informel, il devient le signe du Chaos primordial, des Eaux originelles, de l'Océan d'ailleurs gonflé de toutes les virtualités futures, qui entoure le monde. C'est le Grand Serpent de Midgard des Scandinaves. L'inconscient ne contredit nullement cette attribution. Les rêves de serpent indiquent « le danger pour la conscience acquise d'être de nouveau dévorée par l'âme de l'instinct[300] »...

L'immense majorité des serpents mènent une existence souterraine. Ils ont donc partie liée avec les Puissances du sous-sol, les morts, la nuit[301], et, dans une autre perspective, avec la terre nourricière, les eaux fécondatrices, les sources... Comme les eaux, ils ondulent, ils coulent.

Certaines gravures des mégalithes, ou bien les traditions indoues sur les Nâgas, les Rois-serpents des empires souterrains, témoignent parmi d'autres de cette antique association qui s'étend aussi aux mouvements du sol, aux phénomènes sismiques et volcaniques.

Le serpent change de peau au cours de mues successives. Il est donc immortel, comme le cerf à cause de ses bois, ou le phœnix fabuleux qui renaît de ses cendres. D'autre part, son corps à peu près identique en toutes ses parties n'a pas vraiment de « sens ». Le serpent se mord la queue, il échappe à l'écoulement rectiligne du temps... « Dans l'âme du moindre homme un serpent se remord » (Valéry). Il est donc aussi une figure de l'éternité. Pour ces raisons il apparaît comme l'emblème, mieux : le dépositaire d'une science, d'une sagesse multi-millénaires, qui transparaissent d'ailleurs dans la redoutable fixité de son regard. Il connaît les secrets, la voie des trésors cachés dont il a souvent la garde. En un mot, c'est un grand Ancêtre, et il *sait.* De telles qualifications positives ou négatives rendent compte de la diversité des rôles qu'il assume dans les mythologies.

Les Aquatiques

En Australie centrale, au nord des Musgrave Rangers, se dressent en plein désert d'extraordinaires bastions rocheux, parmi lesquels l'Ayers Rock, « une merveille de l'Australie, sinon du monde. C'est un énorme monolithe de granit métamorphique dont les flancs s'élèvent si abrupts que l'on peut, de la plate-forme sommitale, étendre les mains au-dessus d'un précipice de plus de 300 mètres. Gosse, qui découvrit le Rock en 1873, a écrit : Ce rocher est certainement le plus merveilleux phénomène naturel que j'aie jamais vu[302] ».

Le rouge brique des parois, sauf au fond des gorges noircies par le ruissellement des orages d'été, ajoute encore à la fascinante beauté du site, auquel se rattachent de nombreuses légendes indigènes, entre autres celle d'un serpent géant *Wonambi* qui vit toujours dans les cavernes du Rock où dorment les eaux souterraines. Ce Wonambi aux brillantes couleurs était primitivement un serpent arc-en-ciel, donc céleste ; localisation qui pourra surprendre au premier abord puisqu'il s'agit d'un monstre aquatique, mais c'est tout simplement que les Vieux-Australiens associent, comme le font beaucoup d'autres peuples, l'arc-en-ciel à la pluie.

Chez les Amérindiens, le Grand Serpent vit au fond des eaux, ou sous les rochers et les montagnes. Avec l'épithète de « Chevelu », « c'est une des divinités les plus honorées du Nouveau-Mexique »[303].

Dans les Andes du Sud, l'énorme couleuvre *Kaiçaivilu* sort de la mer, provoque le déluge, et poursuit les hommes jusqu'aux plus hautes montagnes, transposition simple de l'événement. « Au Tibet, les Lous (orthographe tibétaine : *klu*), plus connus sous leur nom sanscrit "*Nâgas*", sont des divinités-serpents que l'on croit habiter l'Océan, les lacs, les sources, et posséder des richesses fabuleuses[304]. »

En Grèce, plusieurs rivières portaient le nom d'Ophis ou de dragon. Hydre (serpent-dragon) et eau ont la même racine : Hudra-Hudär.

> « Les blancs sourceaux des monts s'emportent déglacés
> et par le Monde les serpents des fleuves rôdent. »
>
> Paul Faure.

Le folklore français localise souvent de gros serpents aux sources. Un torrent du Champsaur se nomme *Drac*, affluent de l'Isère. Au Queyras, un reptile monstrueux blessé par saint Véran, de Cavaillon, remonte le cours de la Durance puis du Guil, et vient mourir dans la combe de l'Aygue-blanche, non loin du Viso. (D'où le nom du village de Saint-Véran, d'ap. A. Bourgue.) Au val d'Aoste, un serpent précède l'arrivée des eaux dans le lit d'un torrent, et partout les montagnes d'Occident cachent des fées-serpentes qui sortent ruisselantes des ondes et s'en vont séduire les hommes. L'association eau-serpent est universelle.

Les Ébranleurs

Dans les hautes terres de l'Assam (Khasi-Hills) se dissimulait *U Thlen*, serpent-dieu géant qui, lorsqu'il trépassa pour avoir gobé une masse de fer incandescente, eut de telles convulsions que toute la terre en trembla[305]. Même type d'histoire dans... les Pyrénées :

> Elles étaient jadis dévastées par un serpent colossal dont la tête reposait sur le pic du Midi *(comme celle du serpent Losoun sur le Mérou...)*. Son cou traversait le territoire de Barèges, le corps s'allongeait dans la vallée de Luz et la queue se repliait dans un antre du cirque de Gavarnie. Sur le conseil d'un vieux sage, les gens désespérés finirent par abattre quantité d'arbres dont ils allumèrent un brasier à peu de distance du monstre, lequel, réveillé en sursaut et furieux, l'avala d'un coup. Brûlé jusqu'aux entrailles, ses tortillements et soubresauts provoquèrent d'abord un grand tremblement de terre et de nombreuses avalanches. Puis il rampa dans la vallée et but tous les torrents, de Gavarnie à Pierrefitte. Enfin il creva, et ces eaux formèrent le lac d'Isabit.

Dans une autre version, cette fois identique à celle des lointaines montagnes d'Assam, un héros lui jette dans la gueule des barres de fer chauffées au rouge[306].

Dans les traditions basques, le serpent géant *Herren Sugue,* ou *Lehen Suge* (le Premier serpent), se dissimule sous les Pyrénées. On situe l'orifice de son trou vers Iraty, ou dans les cavernes de Balsola, en Biscaye.

Le monstre, cette fois, est nettement associé aux feux souterrains. Il gît dans les profondeurs au bord d'un « lac de feu », puis se réveille, pousse sept têtes qui crachent des flammes, s'envole avec un fracas horrible et plonge dans la mer. Il consume en dix jours toute l'ancienne terre, et de sa queue pétrit celle qui reste dans les eaux fumantes d'un déluge. Ensuite il se rendort peu à peu sous la montagne, où le moindre de ses mouvements provoque une secousse tellurique[307].

La légende du Lehen Suge dit encore que la tête du serpent repose sur les genoux d'une femme merveilleusement belle, et que son sort dépend d'un œuf couvé par un Ramier bleu sur le pic le plus inaccessible des Pyrénées. Quand cet œuf sera brisé, le monstre se manifestera à nouveau. Il s'agit apparemment d'un oiseau céleste couvant « l'Œuf du monde » au sommet d'un pic central désigné dans l'autre légende comme le pic du Midi, d'orientation solaire. Nous retrouvons donc ici à peine voilé le mythe majeur du Grand Serpent cosmique fixé ou vaincu au sommet de la Montagne axiale centrale par un Oiseau céleste (Garuda dans la tradition indoue), scène qui rappelle aussi l'histoire nord-américaine de l'aigle Cheth'l sur le volcan Edgecumbe et surtout celle d'Azi Dahaka, le « serpent hostile » de la Perse ancienne enchaîné sur le mont Démâvend, dans l'Elbourz, jusqu'au moment où, parvenant à se libérer, il provoquera une fin du monde.

Les Gardiens

« Les serpents " gardent " toutes les voies de l'immortalité... » En Égypte, dans les grandes tombes royales, d'énormes reptiles figurent parmi les obstacles infernaux dont l'âme du mort doit triompher pour parvenir à la solarisation. « Ils gardent tout " centre ", tout réceptacle où se trouve concentré le sacré (...), toutes substances réelles (...). Ils veillent dans la lointaine Scythie sur l'or d'Apollon[308]... »

Au sommet de la montagne de l'Éden, le Serpent joue à la fois le rôle de gardien et de séducteur. Il a été fait précédemment allusion à un pic défendu par des serpents.

D'innombrables cavernes à trésors sont gardées par les Écailleux. Beaucoup ne sont pas montagnardes. Dans l'Himalaya central, au Garhwal, le monde perdu où trône la déesse Nanda Dévi (7820 m), l'une des neigeuses manifestations de Pârvati « née des montagnes », l'épouse de

Çiva — territoire particulièrement sacré puisque peu éloigné des sources du Gange —, est hanté, pensent les indigènes, par un redoutable reptile, « entre le Trisul et la Nanda Ghungti, n'y a-t-il pas une pile de souliers, restes (rebelles à la digestion !) des imprudents aventurés dans ces lieux et dévorés par le grand serpent qui les gardait »[309] ?

La croyance est quelque peu antérieure à l'apparition des souliers — et même de l'humour britannique — et Longstaaf ignorait que « Nanda » est aussi le nom d'un des deux dragons cosmiques veillant sur le lac au centre du monde. En fait, il semble que l'altitude fasse souvent pousser ailes et pattes aux serpents, en sorte qu'ils deviennent ces dragons dont il sera plus loin question.

Les Sataniques

Il y a dans les Alpes et ailleurs beaucoup de traditions qui parlent de régions, de vallées jadis infestées par les serpents : le Valais suisse par exemple, « et jusqu'à l'épouvante (...). Nous devons l'éloignement de ce fléau, évoquant hier encore les monstres et les plaies des premiers jours du monde, au pieux et savant personnage apparu dans les commencements de notre histoire, qu'on nommait l'Étudiant voyageur. »

> « Un jour, en effet, que les habitants de Zermatt, dit-on, encore ignorants de la musique, écoutaient l'un d'entre eux jouer merveilleusement de la flûte, combien furent-ils stupéfaits de voir tous les serpents du voisinage sortir ensemble de leurs trous et suivre impétueusement le charmeur. Étonné lui aussi, notre nouvel Orphée a l'idée là-dessus de s'élever lentement vers la montagne, jouant toujours ; les reptiles resserrent les rangs, comme enchantés, et l'accompagnent, paraissant ne pouvoir se rassasier de son chant. Il n'y en eut qu'un : la Reine, la reine des serpents, venue de Gorner, reconnaissable à la couronne et à ses beaux colliers d'or, qu'il crut devoir mettre en laisse. De sorte qu'à un endroit plus abrupt de la pente il n'eut aussi qu'à la diriger vers l'entrée d'un grand trou, à l'y faire glisser avec les groupes qui la suivaient, et puis à recouvrir pour jamais la troupe sifflante d'une grosse pierre. Le trou qui se voit encore aujourd'hui porte le nom de Combe-au-Serpent[310]. »

Des purifications analogues, à l'aide d'une flûte, ou d'un « livre magique », sont contées à Saas et dans le Fiescherthal. On précise que les reines des serpents sont blanches. Ces récits orphiques où l'on voit apparaître un sorcier joueur de flûte capable de manier les animaux ou les gens viennent de loin, mais n'ont aucun caractère rustique. Ils ne sont pas dans la ligne de la tradition chrétienne et locale qui confère aux seuls saints le pouvoir de chasser les serpents pour la raison majeure que ceux-ci, primitivement, furent plus ou moins vomis par l'enfer. Il est d'ailleurs difficile de distinguer la version réaliste de la pure métaphore, car les païens obstinés et leurs idoles devenaient des « serpents » aux yeux des apôtres de la vraie foi.

C'est ainsi qu'après que la Tarentaise eut été occupée par les Sarrasins saint Colomban monta prêcher ces brebis égarées dans la montagne, et la plupart se sauvèrent à son approche. Celles qu'il put rattraper furent changées par lui en « serpents »[311].

En général, et fort heureusement, l'intervention des évangélisateurs a des résultats inverses. En basse Maurienne, un ermite entraîne lui aussi tous les serpents de la région dans un antre. La chapelle de Notre-Dame de Briançon aurait été élevée en souvenir de ce miracle, étant entendu que Notre-Dame est la dompteuse de « Celui d'en bas », qu'elle foule aux pieds dans toute l'iconographie.

En Valtournanche, le fameux saint Théodule, premier évêque de Sion, entra dans un chalet où un enfant venait d'être mordu par une vipère. Il commença par le guérir, puis, « élevant la main, il bénit ce coin de terre, et ordonna aux serpents et autres bêtes venimeuses de s'enfuir sur la rive opposée du torrent. Alors un grand sifflement passa dans l'air, et l'on vit des serpents, des scorpions, des crapauds *(sic)* et des salamandres qui émigraient sur l'autre rive ; et plusieurs se noyaient en passant l'eau. Depuis ce jour, tout le versant de la montagne où se trouve situé Breuil est pur, et délivré de ces sortes d'animaux nuisibles[312]. »

Dans le pays de Vaud, un vieux capucin en fit autant sur la montagne du Paray, où il n'y a plus de serpents, alors qu'on en rencontre toujours en abondance de l'autre côté de la chaîne du Cray. A preuve « qu'on a trouvé une fois un énorme serpent qui avait essayé de franchir la limite, et dont une moitié, côté Paray, était bien morte, tandis que l'autre était vive et vivante[313] ».

Si nos lecteurs ne sont pas subjugués par une telle preuve, c'est qu'ils n'ont pas, ou plutôt qu'ils ont, l'esprit scientifique.

Grandes et inestimables Chroniques des Dragons

Nous en arrivons au représentant le plus redoutable et assurément le plus pittoresque de la faune fantastique des montagnes : le Dragon, avec majuscule obligatoire. « Pas de montagnes sans dragons », assurait J. Grand-Carteret, qui songeait surtout à celles de la Suisse. Mais l'observation est valable en beaucoup d'autres points de la planète, puisqu'on relève la présence du monstre aussi bien dans les chaînes chinoises ou japonaises que dans l'Himalaya, les Rocheuses, le Caucase, les montagnes de Perse ou d'Indonésie, ou d'Australie, ou de Patagonie, les Pyrénées, etc. Tandis que, chronologiquement, l'une des premières allusions date peut-être du Paléolithique supérieur, avec le grand reptile ailé (?) de la Baume Latrone ; et les plus récentes, du XXe siècle, avec les histoires de « tatzelwurm », qui ressemblerait plutôt à un héloderme.

Qu'est-ce au juste qu'un dragon ? Un serpent qui a justement cessé de serpenter, étant désormais muni de pattes, ou d'ailes, ou des deux ; ou bien encore de nageoires s'il est aquatique[314].

L'adjonction d'éléments permettant au corps reptilien de s'arracher à l'étreinte de la pesanteur, de ne plus « marcher sur son ventre », modifie singulièrement la nature de l'animal fabuleux.

Il s'agit désormais d'une forme composite qui additionne parfois les valeurs du reptile, du mammifère (taureau, lion), et de l'oiseau. Il est cuirassé et crache le feu. Si le serpent est d'abord « Celui d'en-bas », le dragon, lui, se présente non moins essentiellement comme une incarnation dynamique, un symbole d'énergie, quel qu'en soit par ailleurs le sens, positif ou négatif, maléfique ou bénéficient. Il est vrai qu'en Occident la qualification, à cause du revêtement satanique, est péjorative.

Montagne = Dragon

Il existe d'étroites relations entre le thème Montagne et le thème Dragon et, chez les Sumériens, le même mot : *Kur*, les désignait[36]. On en aperçoit les raisons. La première, c'est qu'en comparaison des basses terres et des plaines les parties montagneuses ont un caractère plus ou moins hérissé, chaotique, et marquent un « désordre ». (C'est pourquoi d'ailleurs, dans certaines traditions, elles doivent disparaître lors du triomphe final de la Divinité.)

La seconde réside dans le fait qu'elles sont souvent identifiées avec les frontières extrêmes du monde habitable, du monde des hommes, constituant ainsi les limites visibles du grand Chaos extérieur, autrement dit la forme reptilienne qui entoure le monde.

Outre ces désignations mytho-géographiques, il faut tenir compte d'apparences évocatrices : échines rocheuses, crêtes déchiquetées, mouvements destructeurs : chutes de pierres, avalanches, orages, émissions de brume, torrents dévastateurs, etc. Dans le val d'Aoste, l'avalanche est un monstre dégringolé de la montagne. Les grands glaciers surtout, crachant leurs eaux de fonte, poussant leurs mufles blindés parmi les pierrailles, les alpages, parfois les forêts, quand ils sont en crue, avec leur carapace scintillante, leurs écailles de glace, leurs borborygmes, les bandes annelées sombres qui paraissent en surface, leurs mouvements lents mais incontestables, puissants, irrésistibles, suggèrent naturellement une grande forme reptilienne, vivante, monstrueuse. Tout cela n'est pas à négliger. Tout cela fut certainement observé par nos lointains ancêtres, surtout à la rude époque de la dernière glaciation. Il y a là un ensemble de visions favorables à une identification primitive.

Un pedigree foisonnant

Les dragons chinois écailleux, contournés, crépitants, labyrinthiques, hérissés de griffes, de barbes, de cornes et d'épines sont autant de hiéroglyphes des courants d'énergie célestes (foudre) ou telluriques. Ils tonnent, tourbillonnent, fulgurent, se glissent aussi dans les profondeurs de la terre avec les eaux, les arborescences mystérieuses du métal. Leurs retraites sont aquatiques et montagnardes et ils passent pour être des Maîtres de la pluie, premiers des dons de l'En-Haut aux yeux de paysans réalistes. Cette pluie fécondatrice « était le résultat du combat et de l'accouplement de deux dragons de sexe contraire, l'un *yin* (femelle), l'autre *yang* (mâle)[315] ».

La mythologie officielle énumérait quatre grands Rois-dragons cardinaux sous l'autorité immédiate de l'Auguste de jade. Mais chaque montagne, chaque rivière avait le sien, dont il était prudent de se concilier les bonnes grâces.

On dit même qu'en une certaine province où régnait une déplorable sécheresse c'est en vain que le philosophe-poète et magistrat Su Tungpo (1036-1101) « implorait le dragon du mont Taipo pour qu'il inondât de l'eau du ciel les champs altérés. A la fin, le sage, en fouillant de vieux documents, découvrit que le dragon divin du mont Taipo avait, par erreur, reçu le titre de comte au lieu de celui de duc, qui lui revenait de droit ; il se vengeait certainement de l'affront subi en envoyant cette sécheresse... ». On rédigea une pétition pour l'empereur, tout rentra dans l'ordre, et il plut à seaux (!)[316].

Au Japon, *Ryuketsu-Jin,* qui habite la grotte du mont Muro, ou du moins l'habitait, jouissait d'une excellente réputation comme faiseur de pluie.

Dans les Himalayas, un pays entier porte leur nom : c'est le Bhoutan (Drougyu = Pays des dragons), et pour remonter au cœur des plus vieux mythes, et aussi au centre du monde, le lac Anavatapa, où s'élève la colonne d'or de l'axe cosmique, est hanté par les « dragons » Nanda et Upananda. Les monstres himalayens crachent du venin (Fa-hian IVe s.).

Le Dragon mésopotamien appartient à une autre famille. Sans doute retrouve-t-on, avec l'histoire de Tiamat vaincu par le dieu Mardouk, le thème universel de la grande forme océane et chaotique subjuguée, asservie par l'Être solaire ; et sa queue tordue marque aussi l'axe de la terre et du ciel ; mais il apparaît surtout comme une figure de l'anti-Dieu, une image de l'angoisse (Kur), c'est-à-dire finalement d'essence démoniaque. *Azi-Dahaka* est bien enchaîné sur le Démâvend pour neuf mille années mais la chronique veut qu'il ait longtemps exigé un tribut de jeunes gens fourni par les villages voisins. Un pauvre homme, dont douze enfants sur treize avaient été dévorés par le monstre, parvint à rassembler les montagnards, qui, malgré leur terreur, se lancèrent dans une expédition punitive, et l'écailleux fut occis. Le mythe cosmique se dégrade au niveau de la légende populaire et locale.

L'*Usum Gallu*, ou Gallou, sumérien est le serpent-dragon ravageur qui descend du ciel dans la trombe, oscille, se tord et ravage le plat pays.

En Égypte, *Apopi*, à la fois céleste et aquatique puisqu'il hante les eaux du Nil supérieur, menace perpétuellement la barque du grand solaire Râ, et provoque les éclipses. Dans la Bible (*Isaïe*, XIV, 29 ; XXX, 6), il est question de serpents volants nommés *Saraphs* (brûlants), infestant les déserts du Sinaï, et carrément démoniaques.

C'est sous cet aspect de monstres plus ou moins infernaux que les dragons réapparaîtront dans le folklore montagnard occidental, mais en liaison avec le thème pré-chrétien de la fée-serpente.

Vouivres et compagnie

Le mot Vouivre vient du latin *Vipera*, ce qui marque la confusion déjà signalée entre le dragon et le serpent. En Suisse alémanique, on parle de *Wïra* et de *Wurä*, de *Lindwurm*, de *Stollenwurm*. En patois valaisan, c'est la *Ouibra*. En Maurienne, la *Guivre*.

« La Vouivre est un serpent volant, d'une longueur et d'une grosseur colossales. Elle porte sur la tête une aigrette ou couronne étincelante. Elle a sur le front un œil unique, vrai diamant lumineux qui brille comme une boule de feu ou comme une étoile (...). Comme il lui arrive parfois de se baigner dans les lacs et les torrents, elle a soin, avant de se jeter à l'eau et d'y prendre ses ébats, de secouer l'escarboucle précieuse et de la déposer sur le rivage. Ce diamant étant d'un grand prix, plus d'un homme courageux a tenté de tuer le dragon ou de profiter du moment où il se baignait pour s'approprier le bijou[317]. »

Cette description classique réclame quelques commentaires. On peut tout d'abord admettre que la vision des comètes, bolides, et autres objets volants plus ou moins identifiés a donné du corps à la légende.

D'autre part, il s'agit bien ici : 1° d'un serpent, 2° volant, 3° crachant le feu, et 4° qui se baigne ; donc en relation intime avec les quatre éléments : terre, air, feu, eau. C'est un être composite, maître des quatre sources d'énergie, évoluant visiblement dans un ciel antérieur au chrétien, dans la préhistoire mythologique. La précision la plus intéressante est celle de l'œil frontal. Nous le connaissons déjà. Il évoque le « Troisième Œil » de l'indouisme, l'organe de la clairvoyance spirituelle, et aussi l'escarboucle de Lucifer. Il est temps de rappeler qu'en grec, *dragon* signifie : « Celui qui voit ».

La présence de cette escarboucle, d'une inestimable valeur car elle confère des pouvoirs magiques, ou des richesses (version dégradée), revêt la Vouivre d'une dignité mystérieuse, d'une sorte de royauté, bien précisée dans certains récits par le port d'une couronne, ou la neigeuse blancheur du corps qui marque le plus souvent une appartenance céleste, solaire.

Il est dit encore qu'elle se baigne volontiers : c'est qu'elle se souvient alors de ses ruisselantes origines, et qu'avant de plonger dans les eaux elle ne manque pas de déposer escarboucle et couronne sur les rives. Pourquoi ? Parce qu'il y a incompatibilité fondamentale entre l'état de clairvoyance et le retour aux eaux primordiales, à un stade antérieur, à l'inconscience originelle. Aussi abandonne-t-elle provisoirement les insignes d'une certaine transcendance pour redevenir le « nâga », l'être, des ondes, et onde elle-même. A travers l'affabulation rustique et concrète, on peut encore discerner les chatoiements des mythes les plus vénérables, eux-mêmes en accord avec les développements de la psychologie analytique du XXe siècle.

On rapporte, à propos des vouivres, d'autres détails fort esbahissants. Par exemple : qu'elles se nourrissent de lait de lune, « matière spongieuse et blanche qui suinte des roches trouées pendant la pleine lune, et peu à peu se durcit »[318].

« Quand la ouibra pond ses petits, elle serait infailliblement dévorée par eux si elle n'avait la précaution de se placer sur la pointe d'un rocher, afin de pouvoir les précipiter du haut en bas des éboulis aussitôt qu'ils sont venus au jour. »

Les vouivres de petite espèce ressemblent comme deux gouttes d'eau, c'est le cas de le dire, aux fées-serpentes ; et Mélusine elle-même n'est pas loin. La Tante Arie jurassienne ne dépose-t-elle pas proprement sa couronne de diamant avant de se plonger dans les bassins de Milandre[319] ?

Au lac des Chavonnes *(Ormonts, Suisse),* il y avait une belle vouivre blanche qui, si elle continuait de faire une guerre acharnée à tous les emplumés, se montrait fort aimable pour ses visiteuses. En Savoie, devenue l'amie intime d'une petite fille, on la vit, à son mariage, traverser les airs et lui faire cadeau de sa belle couronne d'or.

Il s'agit là désormais d'une vraie fée, et qui transmet ses pouvoirs à une élue. Elle n'a plus de rapport avec certains monstres carrément orageux et infernaux, tel celui que le roi Pierre III d'Aragon fit imprudemment lever d'un lac (l'Estanyol ?) sur la montagne du Canigou.

De très nombreux lacs en montagne furent hantés par des dragons. On peut citer en Suisse ceux de Géronde, des Vaux, de Fully, de la Lona, du Pilate, de la Limat, de Thoune, etc. En Auvergne, il y avait

« un monstrueux et effroyable dragon » dans un lac dit « le Ténébreux », au-dessus de Notre-Dame d'Orcival, « où il se fait quantité de miracles ».

De celui de Monte d'Oro, au centre de la Corse, émergeait un monstre dont les clameurs stridentes annonçaient les malheurs publics. Aux lacs d'Enfer (mont Bégo, Alpes-Maritimes), c'est une grenouille monstrueuse. Au Pamir, Wou K'ong, pèlerin chinois (751-790), a maille à partir avec un dragon aquatique et orageux.

Les Cavernicoles

D'autres ont préféré les cavernes, et les cartes modernes en portent encore témoignage... Rota del Dragone, Drachenried, Drachenloch... Un Drachenfels des Siebengebirge (Sept montagnes), rive droite du Rhin, fut occupé par le dragon de Siegfried. Dans les vallées alpestres, surtout en pays d'influence germanique, on se souvient de leurs anciens repaires, en Suisse, par exemple, au Beatenberg, au Bristenstock, au Schilthorn, au Mittaghorn (Saas Fee)... Ils y gardent des trésors[320].

En Suisse encore, au fond du Rynächtloch, il y a un dragon à sept têtes accroupi sur un coffre plein d'argent. Si quelqu'un trouve le courage de baiser ces horribles têtes, il délivre une belle demoiselle de ces écailleries, et récupère en dot le trésor. On peut évidemment en rester là. Mais aussi discerner, au-delà d'une affabulation tirée à $n + x$ exemplaires, l'idée capitale de l'amour extrayant du Chaos initial un monde sensible et ordonné. Une telle interprétation n'a rien d'artificiel ni de forcé. Elle gît au fond du conte, attendant d'être « délivrée », exactement comme l'héroïne sous la double chape de la forme reptilienne et des ténèbres.

Certaines tentatives dérisoires sont sanctionnées par le bon sens populaire, et le conte devient tout à fait burlesque.

> « Un habitant du petit village de Saint-Martin, au pied de l'aiguille de Warens, en Haute-Savoie, apprit que tout là-haut dans la montagne était un trésor. Un monstre horrible défendait l'accès de la cachette, mais le paysan, un peu simple d'esprit, trouva bien vite un moyen de protection. Et, s'élevant dans les prairies, il portait sur son dos l'énorme chaudron qui servait à faire le fromage (...). L'escalade devenait difficile (...). La pente augmentait à chaque pas. Il tressaillait à chaque murmure du vent et les chutes de pierres le faisaient sursauter. Tout à coup, au détour d'une vire rocheuse, dans un bruit effroyable, surgit le gardien des richesses, reptile écailleux aux yeux flamboyants. Le paysan terrifié se couvre de son chaudron. Il n'a jamais osé en sortir et, si vous levez les yeux vers la haute falaise, peut-être verrez-vous encore, lorsque le soleil éclaire l'aiguille, briller le cuivre qui dissimule le pauvre homme[321]. »

Lance-flammes et gaz asphyxiants

S'il est vrai qu'une « ouibra », au mont Bonvin, s'accommoda, dit-on, sept ans de la présence d'un humain, et même partagea avec lui sa pitance d'or liquide et de jolis cailloux, il s'agit là d'une exception qui confirme la règle, et l'on peut soupçonner cette vouivre d'avoir été quelque peu « serpente », ce que le bonhomme n'eut garde de raconter à son curé. Cette règle fut pendant de longs siècles, et jusqu'à extinction de la race écailleuse, l'hostilité permanente. Le premier motif de la guerre était de purger la région d'une présence notoirement superflue.

Au-dessus du village de Naters *(dans le Valais)*, on voit toujours l'entrée d'une petite grotte, « autrefois la demeure d'un monstre dont l'haleine empoisonnée attirait infailliblement à lui le bétail et les hommes qui avaient le malheur de s'approcher de ce lieu fatal. L'horrible bête, moitié dragon, moitié vipère, les dévorait ensuite. »

De nombreux chasseurs s'étaient escrimés, sans aucun succès, et les gens ne savaient que faire quand un forgeron, condamné à mort pour on ne sait quel crime, proposa de tenter à son tour l'aventure, en échange de la vie sauve, ce qui fut accepté. Il se confectionna un vêtement de cuir hérissé de pointes et de tranchants et, après avoir passé la nuit en prière dans l'église, s'achemina vers l'antre du dragon. Une foule immense s'était rassemblée sur les hauteurs voisines pour assister à l'engagement.

« La bête, furieuse, se jeta en avant. Un hurlement formidable s'échappa de sa gorge enflammée. L'homme ne recula pas ; il leva son épée et lui assena un coup terrible. Toutefois, vaincu bientôt par l'haleine empoisonnée, il perdit l'équilibre et fut avalé (...). Mais le ciel qu'il implorait ne l'abandonna pas. Les armes et les piquants dont il était bardé transpercèrent les intestins de son ennemi, de sorte qu'il put, à l'aide de son poignard, se créer une issue pour sortir de cet affreux tombeau[322]. »

Une autre bonne raison d'occire la Bête fut de s'emparer du fameux trésor : celui qu'elle couvait au fond des trous, ou la couronne d'or, ou la gemme magique. On raconte en Savoie que « beaucoup firent des tentatives hasardeuses, mais qu'un seul réussit à saisir cet œil, et même à ramener dans son village la vouivre devenue aveugle[323] ».

La bataille contre le Diable

Avec les gens d'Église, la chasse aux dragons prenait une autre allure, puisque le Dragon c'était le Diable. La bataille engagée était donc celle des soldats de Dieu contre la cohorte infernale, de la Lumière contre les Ténèbres, du Bien contre le Mal[324]... Et plusieurs saints personnages s'en firent une spécialité.

Le décor alpestre, ou du moins celui d'une élévation quelconque, ajoutait naturellement au symbole. Car, précipité, au propre et au figuré, au fond de l'abîme, l'infortuné dragon, deux fois vaincu, n'avait plus qu'à se mettre en quête d'une autre peau.

L'exemple venait de haut, de l'archange Michel en personne, qui trucida l'Écailleux au sommet du Gargano, au mont Tombe (Mont-Saint-Michel) ou au mont de Bar, non loin de Toul. Au Ier siècle, un certain Béat expulsa sans pertes mais avec fracas un dragon qu'il culbuta du haut de la montagne dans le lac de Thoune, dont les eaux se mirent à bouillir. Après quoi le vaillant ermite occupa l'antre, et la place encore chaude. Au IIIe siècle, un saint Georges (?), premier évêque du Velay, assena trois formidables coups d'épée au sommet d'une roche nommée « la Huche pointue », aux fins de tronçonner le Rampant gigantesque qui entourait la montagne. Serpent ou dragon ? En tout cas, trois croix marquent encore l'emplacement de ce hachis. Saint Loup défait un « cocatrix » sur le mont de Don, non loin de Troyes. Saint Samson de Dol, ayant lié le monstre avec sa ceinture, le précipite d'une hauteur et, au mont Garrot, saint Suliac en fait autant avec son étole.

Saint Théodule, comme on l'a vu, mène l'offensive en Valais, et sur le futur mont Saint-Bernard, un Bernard, qui n'était pas de Menthon, déconfit une première fois le dieu-diable-dragon du col.

Au Caucase (Ossètes) :

> Saint Élie libère les hommes du dragon *Rouimonn*, « né aveugle, et dont le rugissement les rend malades et les tue. Il l'attache avec une chaîne, le tire en haut dans le ciel et, là, les esprits célestes abattent, de leurs épées, des monceaux de chair de son corps, avec lesquels les âmes *(sic)* se cuisent le « Vsvar »[325].

Cette légende est si barbare que l'on se demande finalement de quel côté est le « dragon ».

En Suisse, d'autres récits de bagarres contre le monstre lui opposent non plus un héros ou un saint, mais un taureau, version extrêmement archaïque :

> Sur la montagne de Louyo, dans le val de Bagnes, une ouibra détruisait le bétail et échappait à toutes les battues. On imagina d'élever un taureau, et de le nourrir pendant six ans exclusivement avec du lait. On le lança alors à la poursuite de la ouibra. Leur rencontre fut si impétueuse, et le choc qui en résulta si terrible, qu'ils en périrent tous les deux[326].

Le taureau combat le dragon dans le val d'Aoste. A Rohrdorf, dans le canton d'Argolide, on précise que le premier était blanc et que le second crachait le feu. L'apparition en cette affaire de la Puissance cornue, nourrie de lait, breuvage magique, parfois revêtue de blancheur et lancée contre le reptile lance-flammes, symbolise clairement le conflit des énergies célestes et infernales, lesquelles s'annulent pour aboutir à une morale manichéenne. En tout cas, au-delà des détails pittoresques et locaux, c'est l'émergence des grands mythes indo-aryens.

On ne saurait sans doute mieux achever ce Bestiaire fantastique, et la chronique mouvementée des dragons, qu'avec un récit venu d'autres montagnes, de l'autre côté de ce grand Océan qui dissimula si longtemps d'autres hommes, remuant sous une peau différente les mêmes images, les mêmes idées.

Il était une fois, content les Indiens Arikara de la vallée du Missouri, un grand chasseur qui était aussi un redoutable guerrier et un puissant magicien. Il s'endormit un jour à la chasse et fut enlevé par deux oiseaux-tonnerre. Il se réveilla au sommet d'un pic abrupt, dans une région inconnue. Alors...

« Il entendit au-dessus de sa tête un mugissement puissant semblable au bruit de la tempête. C'était un des oiseaux du tonnerre qui volait vers lui. L'homme voulut se cacher, mais l'oiseau se posa non loin sur un rocher, et lui parla : “ Tu n'as pas besoin d'avoir peur. Je t'ai apporté ici ; je serai ton grand-père. Tu es un bon chasseur et il me semble que tu as des flèches solides. Tu m'aideras dans un combat que je vais avoir à soutenir. Nous deux, oiseaux-tonnerre, vivons depuis longtemps sur cette montagne. Tu sais que notre devoir est de lutter contre les Puissances des Ténèbres. Mais chaque fois que nous avons des petits, un monstre, venu des profondeurs du lac, monte jusqu'ici et les dévore. C'est un dragon des eaux à deux têtes. D'épaisses écailles de silex recouvrent sa peau. Si tu veux nous aider à le tuer, nous te ferons le frère de tous les oiseaux. Tu comprendras leur langue et ils te protégeront. ”

» Les jours passèrent. Une nouvelle couvée d'oisillons-tonnerre vint au jour, et le chasseur restait là pour les garder...

» Un matin, au lever du soleil, il vit que le lac roulait des vagues furieuses. Puis deux vapeurs fusèrent des flots, et deux choses sombres émergèrent. C'étaient les têtes du dragon. Elles commencèrent à escalader la montagne et il s'éleva une violente tempête. Les grands oiseaux arrivèrent dans un fracas étourdissant. Leurs yeux jetaient des éclairs, et leurs ailes ronflaient comme le tonnerre. Chaque coup de foudre faisait crépiter sur la carapace du monstre des gerbes d'étincelles, mais cela ne l'arrêtait pas et, pour finir, l'une des horribles têtes parvint au sommet du pic. Un nouveau jet de feu l'atteignit en plein front (...). Elle chancela mais revint à la charge... “ Tire ! Tire ! crièrent les oiseaux. Tire à présent si tu veux nous aider... ”

» Le chasseur banda son arc avec une flèche noire. Le dragon ouvrit la gueule, et la flèche alla se planter dans la gorge. On entendit un craquement, comme si un arbre s'effondrait. Le dragon tomba à la renverse et éclata, car la flèche noire était en réalité un érable de la montagne.

» Alors la deuxième tête à son tour rampa vers le nid. L'homme attendit que sa gueule s'ouvrît, et y lança une flèche rouge. On ouït encore le craquement d'un arbre qui tombe. Le coup arracha toute la tête du dragon, car la flèche rouge était un pin[327]. »

Ainsi l'homme sauva la nichée et devint l'ami de tous les oiseaux. Il revint à son village, où bientôt la vie lui parut terne. Alors il reprit son arc et ses flèches magiques, et s'en fut de par le monde pour combattre avec les oiseaux-tonnerre les Puissances des Ténèbres.

III

LES CRÉATIONS

Tous les pays qui n'ont plus de légendes
seront condamnés à mourir de froid.

Patrice DE LA TOUR DU PIN.

XIX

SUR L'ÉCLOSION DES MONTAGNES ET LA NAISSANCE DES FORMES

D'où viennent les plus hautes montagnes? C'est ce que j'ai demandé jadis. Alors, j'ai appris qu'elles viennent de la mer.
Ce témoignage est écrit dans leurs rochers et dans les pics de leurs sommets. C'est du plus bas que le plus haut doit atteindre la cime.

NIETZSCHE.

Ramener l'ensemble des récits légendaires à des tentatives d'explication serait réduire arbitrairement le domaine de la conscience, et oublier l'essentiel : la quête éternelle des âmes, les mouvantes, puissantes, irrésistibles impulsions de l'intelligence créatrice.

Il est vrai qu'une quantité de contes parmi ceux qui nous paraissent les plus naïfs témoignent à la fois de l'instinct qui pousse les hommes à établir des rapports de causalité, et d'une profonde inattention, non pas aux faits mais à leurs enchaînements naturels[328]. Ceux-ci ne sont jamais envisagés pour la raison qu'ils ont été remplacés par d'autres séries de causes et d'effets, où les événements sont rapportés à des *interventions,* à l'action souvent instantanée de Puissances, c'est-à-dire d'Êtres. D'ailleurs, tout ce qui se modifie dans l'espace ou dans le temps est vivant. La notion même de matière est ignorée. Une pierre tombe, non parce qu'elle est devenue le jouet de la pesanteur, mais parce qu'elle est lancée par « quelqu'un », ou se détache volontairement. Les poètes demeurent fidèles à cette vision du monde. Par la grâce des mots, ils remontent sans cesse aux sources fraîches de l'imaginaire.

C'est dans cette optique que furent élaborés une foule de récits étiologiques (explicatifs), sur la création des montagnes, celle des détails du paysage alpestre, enfin la production de toutes sortes d'événements ou de phénomènes propres à l'univers de l'Altitude.

Il faut dire d'abord comment apparut l'Ancêtre, l'Aînée des montagnes, la Cime axiale au centre du monde

L'œuvre des dieux

En ancienne Égypte, l'embryon de cette hauteur insigne, d'où naîtra tout le reste de la terre, n'est autre que la Colline du début des

Temps. Créée par le dieu Soleil pour s'y poser, elle surgit de Noun, l'Océan primordial. Même image chez les peuples sémites avec le premier Sec laissé par les eaux, soit au commencement du monde, soit à l'issue du Déluge.

Au Japon, le couple divin Izanagi et Izanami, le Frère et la Sœur, baratte la mer originelle à l'aide d'une lance ; puis, quand elle commence à coaguler, ils la retirent, et de sa pointe tombe une goutte qui forme la première île-montagne : *Onokoro.*

Au Japon encore, en Polynésie, Mélanésie, Nouvelle-Zélande, régions où les terres font surface au milieu d'immenses étendues marines, il était naturel de se figurer l'éminence des origines comme un écueil montant du fond de la mer par l'action de quelque divinité céleste. Maui, grand démiurge créateur des Polynésiens, pêche les îles comme des poissons. Les bases rocheuses seront peu à peu recouvertes par un terreau fertile. C'est presque une théorie scientifique. D'ailleurs, dans toutes les régions volcaniques où les montagnes ont pu surgir, grandir en un temps assez court, la fiction s'imbrique étroitement à la réalité[329].

Chez les Indous, les Babyloniens, les Perses, et dans certaines légendes d'Asie centrale, au Commencement, il y avait seulement la mer, et la Montagne cosmique en émergeait. Elle n'était d'abord qu'un simple tertre, puis elle a grandi... Non qu'il s'agisse d'une illusion d'optique due à la baisse des eaux, mais parce qu'elle a réellement poussé, comme une plante, et le monde avec elle, en vertu d'une sorte de dynamisme interne, parce qu'elle est une chose vivante... « Lorsque le mont Khanghaï était une colline... », disent les Mongols[330].

D'autre part, en cas de diluvium, les déités bienveillantes interviennent. Dans les Andes de Patagonie, chaque fois que se gonflait la mer, la couleuvre Trentreng haussait la montagne où se tenaient les derniers hommes.

« Le Sikkim fut la proie d'une gigantesque inondation. Les quelques Leptchos qui échappèrent aux eaux cherchèrent refuge sur une montagne qui s'appelle aujourd'hui Tendong, ou " la Corne élevée ". Les survivants virent pleins d'horreur les cimes environnantes de l'Himalaya disparaître l'une après l'autre dans les flots. Les dieux les préservèrent de l'anéantissement : ils firent pousser la hauteur sur laquelle ils se trouvaient[331]... »

Les Bouriates de l'Altaï précisent qu'au début « il n'y avait que de l'eau, et une tortue engourdie dans l'eau (...). Sur son nombril, Dieu créa la montagne de Sombour. Au sommet se trouvait l'étoile Polaire[332].

Le thème se généralise dans la Bible, enrichi des tonitruantes mises en scène propres à Yahvé :

Les eaux recouvraient les montagnes
Elles s'enfuirent devant ta menace
Au bruit de ton tonnerre, elles reculèrent épouvantées.
Les montagnes surgirent, les vallées se creusèrent...

Psaumes, CIV, 6, 7, 9.

La sérénité du mythe indou forme un contraste saisissant avec ces violences : du sein de l'Océan cosmique, l'Être suprême « fait jaillir un Lotus unique, aux mille pétales d'or, immaculé, radieux comme le soleil ». Puis au centre du lotus épanoui apparaît Brahman, le créateur de notre univers... « Ce lotus est la forme ou l'aspect le plus élevé de la terre, et de cette terre s'élèvent les saintes montagnes qui la dominent, saturées de la sève vitale du lotus ; l'Himalaya, la montagne Sumeru, le mont Kailasa, le Vindhya[333]... »

Pour bien saisir l'éloquence d'une image directement empruntée à la nature vivante, il faut considérer les aspects successifs du lotus. La plante émerge des eaux généralement troubles et boueuses des mares (le Chaos originel), sous la forme d'un bouton, volume compact, neigeux, d'une pureté de lignes admirable, et qui paraît condenser à la fois la fraîcheur des aubes et toute l'énergie des devenirs. Au point de vue de la symbolique des formes, c'est la perfection même : la base est une demi-sphère (statisme) qui se prolonge en hauteur (dynamisme) par une silhouette formée de deux arcs rompus, assez proche de l'ogive.

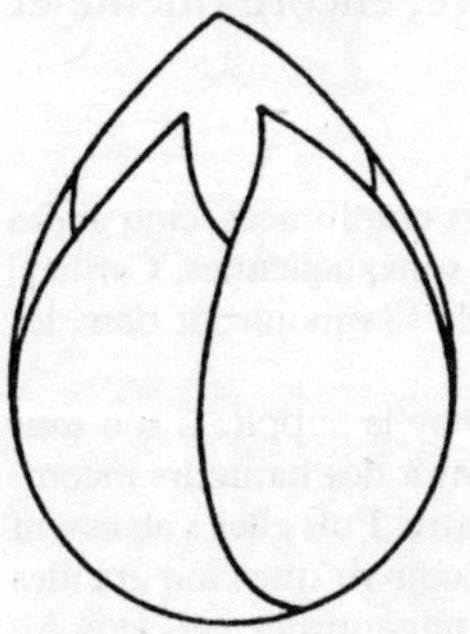

Ensuite la fleur se développera comme l'univers lui-même, et ses pétales formeront la couronne des montagnes sacrées, avec au centre le dieu créateur et ordonnateur, vêtu en quelque sorte de la forme du Mérou, pivot cosmique.

Les montagnes sont les filles de la Terre, « Gaea à la large poitrine » pour les Grecs ; les filles du Ciel et de la Terre pour les Tibétains. Nées de l'union du dieu Soleil et de la Terre en Côte-d'Ivoire.

L'ancienne Égypte, non plus à propos de la Montagne cosmique mais des montagnes en général, avait élaboré un curieux mythe d'« arrachement ».

Sur l'ordre de Rà, le dieu-aether Shou, « Celui qui élève », et joue un peu le rôle d'Atlas, rompt brutalement l'union des amants primordiaux : Nout, déesse du ciel, et Geb, dieu de la terre, lequel demeure étendu dans une position contorsionnée. Les montagnes seront les parties les plus élevées de son corps, genoux, coudes, épaules, tête... L'idée que le ciel et la terre étaient d'abord étroitement unis flotte, comme on l'a vu, au fond de nombreuses légendes. Elle est évidemment à la source du thème du Paradis perdu, qui lui-même exprime à son niveau l'universelle nostalgie de l'Unité.

Venues du ciel...

Les Eskimos pensent que la terre et les montagnes sont tombées du ciel. C'est aussi l'opinion d'indigènes de Bornéo...

> Des avalanches d'or du vieil azur, au jour
> Premier et de la neige éternelle des astres
> Jadis tu détachas les grands calices pour
> La terre jeune encore et vierge de désastres.
>
> Mallarmé.

Dans une radieuse vision du *Ramayana*, les montagnes, d'abord, étaient ailées, et leur substance se mêlait à celle des nuages. Puis Indra les priva de ces ailes afin qu'elles se posent sur la terre, encore fluente et mouvante, et la consolident de leur poids.

Au ciel des Andes apparaissent cinq merveilleuses blancheurs emplumées, cinq aigles géants que poursuit de crête en crête une Diane des montagnes vénézuéliennes, Caribay, fille de Zihué le Soleil, et de Chia la Lune. Mais vers le soir ils s'évanouiront dans les abîmes de l'espace, et le soleil s'en ira aussi vers l'ouest.

Alors la lune se lève solitairement dans la nuit glacée. Caribay la supplie à son tour d'intervenir, et le miracle s'accomplit, car voici que réapparaissent à des hauteurs incommensurables les cinq blancheurs, virant avec lenteur autour de l'astre. Puis elles s'abaissent et se posent enfin à l'horizon. L'héroïne y court... pour n'y plus découvrir que cinq grandes montagnes de glace, cinq fantômes à vague silhouette d'aigles, la tête tournée vers le nord, étincelantes sous la lune. Ce sont à présent les cinq plus hauts sommets de la sierra Nevada vénézuélienne : *El Leon* (4594 m), *El Toro* (4760 m), *La Concha* (4875 m), *Humboldt* (4945 m), et *Bolivar* (5007 m).

Jadis, racontent les Indiens, il existait dans les montagnes boliviennes deux peuples, chacun gouverné par un puissant Inca. L'un et l'autre avaient leur étoile au ciel, et elles se nuançaient différemment suivant leurs actes. Mais ces princes étaient cruels. Quand ils moururent, les deux astres se précipitèrent violemment sur la terre ; et, pour se purifier de tant de crimes, ils furent métamorphosés en cimes de neige immaculée qui veillent à présent sur le pays : *l'Illampu* (6362 m) et *l'Illimani* (6458 m)[334].

L'œuvre du diable

Quand le Polynésien Maui pêche les îles-montagnes de la mer, les vallées et les plaines fertiles y marquent la trace de ses pas. Ailleurs, ce sont des pentes escarpées et stériles : Ata, Tonga, Hawaii, Nouvelle-Zélande... On voit ici pointer une théorie en opposition totale avec les précédentes : évidemment celle d'esprits réalistes qui donnent le pas à des considérations utilitaires. Comme elle a été exprimée fortement et sans ambiguïté par une illustre cervelle scientifique, le plus simple est de citer ce «principe d'Archimède », à vrai dire moins connu que l'autre : « Les montagnes sont des pierres énormes jetées par les dieux infernaux dans le jardin du monde, car des divinités bonnes et protectrices ne peuvent admettre que des surfaces planes *(sic).* »

Jugement à la fois pittoresque et instructif. D'abord parce qu'il sent d'une lieue son géomètre, Sicilien par surcroît, habitant une île aux reliefs tourmentés, où les hauteurs sont des collines souvent infécondes, ou bien racornies par le feu. Ensuite, parce qu'elle prouve que certains esprits demeurent imperméables aux prestiges de l'Altitude, et n'envisagent les montagnes que sous la forme d'obstacles, pénibles ou dangereux. Ce sont des espaces « horribles », « affreux », dira-t-on jusqu'à la fin du XVIIIe siècle en Occident, repaires, comme on l'a vu, d'une foule de diables, et fournissant d'excellents décors infernaux. De là à admettre qu'elles témoignent directement de l'action du Mal, de son intervention dans les architectures terrestres, il n'y a qu'un pas, et qui fut fréquemment franchi.

Aux Indes, Indra, ayant tué par erreur un démon tricéphale mais de caste brahmane nommé Viçvarupa, demanda à la terre de prendre pour elle un tiers de cet énorme péché : aussitôt bâillèrent les gorges et les abîmes.

Dans une tradition iranienne, *Chkaï*, l'Être créateur, et *Chaïtan* (Satan), son éternel adversaire, s'unissent pourtant afin de créer le monde. Le second plonge au fond de la mer et rapporte du sable plein la bouche. Il en crache une partie à la surface des eaux et Chkaï fait pousser la terre.

La masse restée dans la gueule de Chaïtan gonfle d'autant, en sorte que, pour finir, il est obligé de la rejeter aussi. D'où les inégalités de la surface terrestre, les vallées, les montagnes.

Une variante bouriate, en Asie centrale, dit que le diable cacha du sable sous son talon, puis le lança sur la terre primitivement plane, en sorte qu'elle se hérissa de pics. Dieu lui demanda la raison d'un tel acte qui défigurait la terre *(sic).* L'Autre répondit : « Si les hommes descendent d'une montagne, ils ont peur et se signent en ton nom ; mais, s'ils la gravissent, ils se mettent à pester et invoquent le mien. Ainsi se souviendront-ils de nous deux ! » Il y avait assurément pas mal d'ironie dans la barbe de l'auteur d'une telle « explication ».

L'opinion des Iakoutes est exactement celle d'Archimède. Ils prétendent qu'au début la terre était petite, lisse et plate, mais que le diable en gâta lamentablement l'aspect. Un idéal d'arpenteur en somme[335].

Les Roumains pensent que c'est sur le conseil du diable que Dieu plisse la terre. Dans un vieux texte mazdéen, Ahriman, le Mauvais, précipité dans les profondeurs, soulève l'écorce terrestre et produit les montagnes de l'Iran. Le dénouement logique de ces histoires, c'est qu'à la fin des temps, quand le Mal aura été vaincu, la terre sera de nouveau plate et lisse. Il y a des échos de cette conception jusque dans la Bible :

« Et Yahvé deviendra roi sur la terre ; en ce jour-là, Yahvé sera unique et son nom unique. Tout le pays sera transformé en plaine. »

... et dans l'Évangile (*Luc*, II, 3, 5) : « Toute vallée sera comblée, toute montagne et toute colline seront abaissées »... et dans certains folklores : en France, celui du pays d'Albret...

On peut ne pas « lire » plus avant. Mais nous rencontrons justement ici l'une de ces traditions multi-signifiantes dont fourmillent les anciennes mythologies, et dont une analyse plus poussée révèle les perspectives supérieures. Il suffit d'ailleurs de se reporter attentivement au texte biblique pour s'apercevoir qu'il s'agit en définitive, et sur tous les plans, d'un *triomphe ultime de l'Unité.*

Et d'autre part, à propos des sept Pas accomplis dès sa naissance par le Bouddha pour parvenir à la Cime cosmique, et participant *à la fois* de la marche à plat et de l'ascension, on a pu remarquer[336] que « là où s'avance le Seigneur du monde, les lieux bas se relèvent et les endroits élevés deviennent unis ». En d'autres termes, Il accède simultanément à la transcendance temporelle et spatiale. Voici donc ce que dissimulent de tels contes.

Quoi qu'il en soit, l'origine présumée diabolique se reflète, on l'a déjà remarqué, dans de nombreux lieux-dits, de nature sauvage, hérissés, impropres au séjour de l'homme, horrifiants pour l'imagination, défendus par un interdit psychologique, et qu'il a fallu l'alpinisme moderne pour explorer.

Par puissance magique

Ici, la légende se préoccupe peu de préciser comment les choses se firent. Le mot « magie » ayant pour vertu, comme la chose, de résoudre toutes les difficultés. Au Tibet :

Le Maître qui connaît les trois Temps, Padmasambhava,
est né en un corps merveilleux, glorieux, immortel.
... Il est capable d'élever dans les airs le Soumerou...

Dans l'*Histoire de la Famille royale,* d'après la tradition des Bön-po, « on apprend qu'Hanoumandha, le roi des singes, aurait brisé un gros morceau de la montagne Tisé en Perse, puis l'aurait projeté au sud du Tibet, où il devint le Kaïlas[337]. Dans le *Ramayana,* Hanouman, n'ayant pas trouvé les plantes magiques au sommet du même Kaïlas, emporta tout simplement la montagne avec lui. Au Népal, « le démon, Kaçiapa, prétend jeter le Dhaulagiri dans l'espace ; Krishna plante un lingam, comme un clou, dans la montagne et l'affermit : telle est l'origine du Kîleçvara ».

Dans le Nord-Canada, chez les Dènè-Peaux-de-Lièvres, un magicien dit « le grand Ennemi » élève une montagne, qu'un autre magicien s'empresse de détruire. Au Pérou, le mystérieux Viracocha, héros blanc divinisé, crée les hauteurs à sa volonté.

Il est aussi question d'un certain Tonapa, serviteur de Viracocha, ou peut-être encore Viracocha lui-même, dont « le pouvoir de thaumaturge était si grand qu'il était capable de déplacer les montagnes. Un jour, l'énorme *Murutata* voulut ravir la première place à l'*Illimani,* qui demanda justice à Tonapa. Celui-ci prit sa fronde et décapita l'audacieux. D'où le nom de cette montagne de la cordillère Real, car Murutata signifie " le Décapité " (...). Sa tête roula loin dans la plaine. Tonapa lui donna un coup de pied en prononçant le mot *Sajama,* c'est-à-dire : " Va-t'en ! " Tel est encore le nom d'une hauteur qui se dresse loin à l'ouest du Murutata[338]. »

Dans ce domaine, l'hagiographie chrétienne n'est pas en reste. Gêné par quelque hauteur dans la construction d'une église, Grégoire le Thaumaturge prie le Seigneur de la mettre ailleurs, et la montagne s'en va gentiment à quelque distance. Vers Mossoul, au XIIIe siècle, et sur la prière des chrétiens, une autre montagne se met en marche devant les « Sarrasins » stupéfiés (Marco Polo). Il existe une légende galloise particulièrement intéressante, car l'événement miraculeux qui s'y trouve décrit coïncide exactement avec toute la symbolique de l'Altitude : durant un prône, au synode de Brevy, en 519, la terre se souleva peu à peu sous la personne de David de Menevia, le saint prédicateur, et finit par former une colline ! Ici, la métaphore de « l'élévation spirituelle » et le phénomène matériel, comme dans certaines lévitations, appartiennent à la même Réalité[339].

L'œuvre des Géants

L'idée d'assimiler la terre, les hautes montagnes, à la chair et aux os de quelque créature colossale vient naturellement à l'esprit. Comme l'a fait remarquer M. Leenhardt, cette mythologie primitive se reflète toujours dans le vocabulaire montagnard, où l'on parle de « tête, couronne, dent, gorge, col, mamelon, flanc, côte, croupe, culée, ossature... » et encore d'échine, de doigt, de face, d'épaule, etc., sans compter les nombreuses allusions toponymiques.

C'est ainsi que de la dépouille d'Ymir le Scandinave naissent toutes les choses terrestres. Son sang donne les fleuves, ses os les montagnes, sa cervelle les nuages, etc. En Cochinchine, Bouddha a créé rochers et montagnes avec les os du géant Banio. Au Yun-nan, chez les tribus Lolo, les extrémités d'un cadavre gigantesque, orteils, mains, tête, donnent les cinq montagnes sacrées.

Chez les Dènè-Peaux-de-Lièvres (Canada Nord-Ouest), *Ya-kkéelt'ini,* « Celui qui frôle le ciel de sa tête », abat un mauvais géant qui tombe en travers de la mer, et son épine dorsale forme la cordillère des Rocheuses.

Beaucoup de pics de par le monde sont des géants pétrifiés, comme dans les « monts des Géants » en Silésie, comme au Watzmann dans les Alpes autrichiennes. Ou bien des parties de corps de géants, « Rochers de fardeaux et d'épaules », dit Paul Éluard. Des désignations comme celle de la dent du Géant dans le massif du Mont-Blanc, ou de l'Eiger (Ogre) en Oberland, témoignent encore de cette assimilation instinctive. Ce qui n'est plus qu'une allusion pittoresque fut souvent à l'origine une croyance.

Les corps des grands Ancêtres — il faut ici prendre l'expression dans son sens le plus concret, c'est-à-dire que les grands Ancêtres sont grands — pétrifient et deviennent rochers, pics aigus. En Terre de Feu, quand les premiers hommes ne voulaient pas se réveiller et vivre une nouvelle existence, ils se transformaient en montagnes. Dans les Andes du Sud, les grandes tours rocheuses, objets d'expéditions exceptionnelles pour les grimpeurs modernes, représentent toujours pour les péones indiens les corps intouchables des Ancêtres :

> Il dit que le Paine est une montagne Trentreng, et que les tours sont les corps de ses ancêtres...
>
> Painemal Weitra fut transformé en rocher au Chatel (Fitz-Roy).
>
> Panilef fut transformé en rocher au Tronador.
>
> Winkaman, mon ancêtre vénéré, fut transformé en rocher au Paine...

Et ceux qui se noyèrent lors du grand déluge devinrent des rochers « Huitralcun[340] ».

En Australie centrale, il y eut d'abord « le temps des rêves ». La terre était alors plate et uniforme. Puis vinrent des êtres géants nommés *Tjukurita.* Ils pensaient et agissaient comme des hommes doués d'une puissance extraordinaire, mais ils revêtaient des formes animales : lézards, oiseaux, kangourous, insectes, etc., et même végétales. Beaucoup étaient d'énormes serpents.

Ces formes se confondent avec celles des grands Ancêtres totémiques des tribus aborigènes. Les colossales masses rocheuses qui surgissent verticalement du désert, tels le mont Conner, l'Ayers Rock, le Katatudja (mont Olga), dont les aspects et les couleurs ont vivement frappé les explorateurs, témoignent à présent de ces temps fabuleux.

« Nous découvrîmes que trois groupes distincts d'ancêtres étaient responsables du Katatudja. Les piliers du coin sud-ouest, dont le mont Olga, sont les corps métamorphosés du kangourou, de l'euro (kangourou des collines) et du petit hibou de nuit ; les dômes de la partie est sont les anciennes demeures des Femmes-souris, et la double rangée de piliers isolés, hauts de plus de 300 m du côté ouest, ont été les camps des Hommes-pungalunga. » Un autre groupe de rochers représente le corps de la « Femme Malili ». Ailleurs, des tumuli ou collines sont encore des « camps », ou des dépôts de nourriture, ou des monceaux de « gomme », ou des déblais d'anciens travaux exécutés par ces ancêtres géants. Ils ont été les grands modeleurs du décor[341].

Il existe dans la province d'Annam, au Vietnam, un exemple remarquable de pétrification géante animale : celle du Grand Dragon d'Annam en personne, antique protecteur du pays et de l'ex-famille impériale.

En face de la ville de Tourane, l'actuelle Dà Nang, et de l'autre côté de la baie, on aperçoit une file de quatre collines rocheuses. La plus au nord et la plus haute (400 m) pousse un promontoire dans la mer. C'est la tête du dragon. Les trois autres, de hauteur décroissante, sont les écailles de l'échine du monstre, et l'ensemble évoque d'ailleurs certaines descriptions du fameux « serpent de mer ».

Considéré comme endormi, on pensait qu'il était très dangereux de le réveiller, car cela pouvait déclencher des séismes et d'autres catastrophes[342].

Les Bâtisseurs

Les Géants excellent naturellement à fabriquer des montagnes, en vertu du raisonnement simple que, pour créer de si grandes choses, il faut être soi-même de taille colossale. Ce rôle, ils le partagent avec des dieux et des héros « gigantisés ».

L'exemple classique est celui des Titans entassant Pélion sur Ossa. Ou bien d'Hercule dressant Calpé et Abyla aux bornes du monde (Gibraltar et Ceuta), ou encore édifiant les Pyrénées, tombe colossale de son amante Pyrène. Dans les Vosges, le Hohneck est celle du géant qui creusa la vallée de Munster.

En Occident, Gargantua et d'autres colosses, eux-mêmes montagnes mouvantes de chair et d'os, sont responsables de nombreuses buttes, collines ou sommets... *Hok-Braz*, Breton bretonnant, élève la chaîne d'Arhez et y plante le mont Saint-Michel-de-Brazpartz...

Les techniques employées par Gargantua sont d'une agréable variété. Tantôt, s'étant embourbé, il secoue et dépatte ses sabots, et les mottes en pleuvent sur le Sancerrois. Tantôt il se mêle d'améliorer le paysage, « enlevant la terre où il y en avait trop et en mettant où il n'y en avait pas assez »... Il affouille le lit de la Saône, et les déblais forment les hauteurs du Beaujolais ; ou bien le Colombié de Gex... ou le Salève.

Une autre fois il bute sur la crête des Aravis, dont un gros morceau vole à travers les airs et va se ficher en plein Beaufortin : c'est Pierra Menta. Il a aussi une fâcheuse propension à renverser sa hotte... Cela donne la montagne de Laon, ou le Roimont en Beaujolais, ou le Montet de Château-d'Oex, ou même la dent de Jaman. Dans toutes ces histoires, de plus en plus familières, le bon peuple achevait d'exorciser la formidable silhouette d'antan ; et les faits et gestes de cet Hercule gaulois, au cours de moult veillées, étaient débités par un conteur qui clignait évidemment de l'œil, surtout quand il attribuait diverses protubérances, comme le mont Aimé en Champagne, le pic d'Aiguilhe en Forez, Lou Pech d'Embrieu, l'aiguille de Quaix, etc., aux... comment dire ?... surplus digestifs d'une panse active et volumineuse. Il est vrai qu'avec un respect douteux pour la majesté olympienne, les gens de Carpentras montraient dans leur campagne un « estron de Dzupiter », heureusement pétrifié, cela va sans dire[343].

Le chef-d'œuvre de Gargantua continue d'effilocher les nuages entre le val d'Aoste et le Valais.

En ces temps très lointains, les montagnes n'étaient pas ce qu'elles sont aujourd'hui, tout hérissées d'aiguilles et déchirées de lézardes profondes, mais une seule chaîne uniforme (...). Un jour, le géant fut pris du désir d'aller voir le pays d'au-delà des monts. Ce

1. Omphalos de Delphes.

2. Stèle de Nâram Sin.

3. L'Enfer de Dante.

4. La Descente du Gange.

5. Le Paradis du Kaïlas.

6. Le site
de Thyangboché.

7. Orage à Surtsey
(Islande).

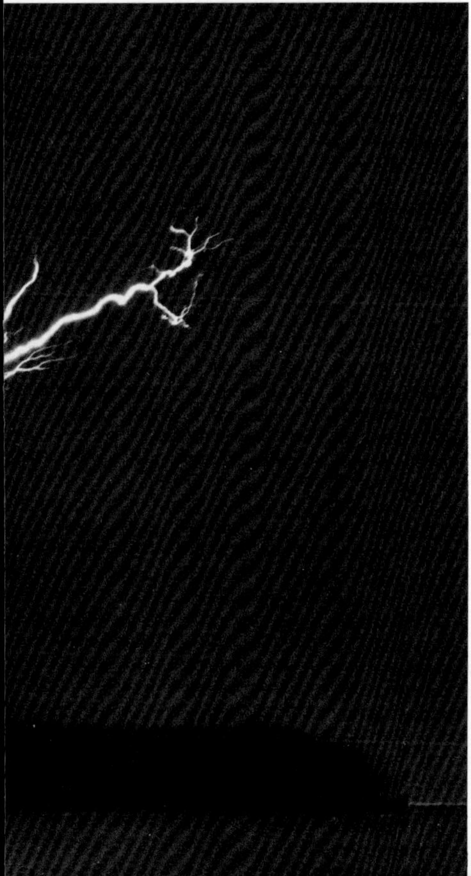

8. Laque chinoise.

9. Le Démâvend.

10. Le Fuji Yama.

11. Pyramide de Dahchôur (Égypte).

n'était pour lui qu'un jeu de traverser la très haute barrière ; il enfourcha la chaîne et, durant qu'il tenait encore un pied de ce côté et que déjà l'autre appuyait sur le pays des Suisses, il arriva que les rochers autour de lui s'effondrèrent (...). La pyramide de roche qui se trouva prise entre ses jambes énormes demeura seule debout. Ainsi fut formée " la Becca " *(le Cervin).*

Un murmure d'incrédulité s'éveillait dans l'auditoire à cette conclusion. Mais le vieux conteur, touché au vif, reprenait les jeunes incrédules. Ces choses avaient été dites par les aïeux ; ils les croyaient, eux qui en savaient plus long que nous et avaient plus de vertu[344]... »

Dans le même val d'Aoste, on dit qu'après le déluge un couple de géants s'était installé sur le Grand Paradis, évidemment des Ancêtres. Les hommes tentèrent de les en déloger. Ils se défendirent à grands coups qui ébranlèrent la terre et la découpèrent en cimes et vallées. Même histoire au Yun-Nam du Sud, où l'œuvrier se nomme *A-Li.*

Deux autres explications particulièrement pittoresques des creux et des bosses sont d'origine sibérienne. Au début, la terre était tout à fait plate, et il vint au Seigneur du ciel l'idée de descendre y faire une petite promenade à skis. A son passage, la surface ici et là s'effondra... Ce skieur-là pesait bon poids. Un autre conte, inspiré par les trouvailles de restes de mammouths, attribue à cette Grosse Bête une sorte de défonçage de la terre à l'aide de ses «cornes » (lire : défenses). Ainsi naquirent gorges et hauteurs, vallées, lacs, etc. Le Créateur, mécontent d'un tel gâchis, la relégua sous la terre, où elle vit toujours, creusant des galeries comme Chaïtan lui-même.

Feux et flammes

A l'immobilité, au silence, à la royale sérénité des sommets, les volcans opposent des manifestations véhémentes, écrasent l'imagination sous une réalité redoutable.

Une première vision naïve en fait les corps d'êtres qui somnolent, « dorment », puis tout d'un coup s'animent, rugissent, crachent trombes de ténèbres, essaims d'étincelles, nuées ardentes, fleuves de feu, et ravagent l'univers des hommes. Ils tremblent, grandissent, se déforment sous les yeux des observateurs terrifiés, osent entamer des batailles fracassantes contre le ciel, lequel riposte par tonnerres et foudres. Un volcan, c'est *le* Dragon, le Monstre par excellence, « El monstruo » comme fut baptisée incontinent la « Chose » qui, d'une motte de terre fumante, devint en quelques dizaines de jours l'énorme Paricutin. Pour les pauvres paysans mexicains dont il ruina les maisons et les champs, le « Pillan », le Diable... On n'explique pas comment s'est créé le Diable, on le subit.

Les vieilles chroniques bibliques présentent les événements d'autre manière : c'est Yahvé en personne qui, dans sa colère, boute le feu à une montagne... « Il a dévoré la terre et sa végétation, enflammé ses fondations. » (*Deutéronome,* XXXII, 22.) Et en certains passages (*Genèse,* XV, et suiv.) il semble que le Dieu des Juifs s'identifie si bien à de telles ardeurs qu'il s'en distingue mal, qu'il soit lui-même la montagne en feu, le manifesté et le manifestant..., comme en Indonésie, comme au Japon.

La seconde interprétation prend quelque distance avec le phénomène, tente de lui substituer des images adéquates. Dans les Pyrénées, on se souvient de l'énorme Lehen Suge et de ses sept gueules enflammées. Et sous le Démâvend, volcan éteint, se trouve enchaîné un vieux dragon.

Les Amérindiens du Pacifique nord, archipel de la Reine-Charlotte, parlent d'une « grande algue qui poussait dans la mer (...), et le sommet de l'algue était arraché, et beaucoup d'étincelles en sortaient[345] ».

En Islande, certains bouleversements volcaniques furent attribués à des géants comme *Logi,* symbolisant la flamme vorace, ou *Surt,* le démiurge qui, lors du crépuscule des dieux, provoque l'embrasement général de l'univers. L'île volcanique émergée au sud de l'Islande fut baptisée « Surtsey »... Mais il s'agit là sans doute de fabrications poétiques des scaldes, plutôt que de croyances réellement populaires.

Dans la mythologie classique, les volcans furent créés par jet d'une énorme paumée de blocs et de terre dont Athéna ou bien Zeus accablèrent quelque monstre en déroute... Ainsi l'Olympien enfouit-il Typhon sous la masse de l'Etna, où le Titan continue d'ailleurs à cracher feux et flammes, en sorte que, se frayant passage, elles finissent par exploser à l'air libre. Au fond d'immenses cavernes, en Sicile comme à Lemnos, ronflent désormais jour et nuit les enclumes et les marteaux des Cyclopes, sous la direction technique du boiteux maître de forges, Héphaïstos.

Au Moyen Age chrétien, le même Etna sera considéré comme grand-porte ou soupirail de l'enfer, « comme cela est prouvé », précise Hubert de Clairvaux, un moine qui aura voyagé (fin XIIe siècle), lequel déclare pourtant que l'Etna « n'est qu'un misérable fourneau en comparaison du formidable feu de la lointaine Islande ». Encore aujourd'hui en Suède, l'expression « Go to Hell » (aller en enfer) est remplacée par « Go to Hékla ».

Un inventaire réconfortant

Au cours des temps, les montagnards ont poursuivi avec patience et timidité l'exploration de leur patrie de forêts, d'alpages, de rocs, de neige et d'azur. Ils ne s'écartaient guère des passages jalonnés, traditionnels, car à une portée de caillou commençait un dangereux no man's land.

Le décor alpestre abonde en formes étranges, fantastiques, aussi impressionnantes par leurs dimensions que par leurs silhouettes. Toute apparence insolite provoque un mouvement de l'âme plus ou moins proche de l'angoisse parce qu'elle prend le sens d'une menace indistincte. Il fallait donc de quelque façon l'exorciser, transformer *l'objet sauvage* en chose familière et signifiante. Les hommes d'autrefois y parvinrent par des légendes, car légender l'environnement, c'est pratiquer une espèce de magie conjuratoire, l'annexer au territoire psychologique de l'homme. L'œuf de toute légende engendre une métamorphose, où le phénomène naturel à l'état brut est transformé en quelque chose d'autre, quelque chose d'acceptable[346].

Les accidents de la nature alpestre, blocs, pics, falaises, brèches, abîmes ont suscité des affabulations aussi nombreuses que les cailloux d'une moraine. On se contentera ici de quelques exemples originaux.

Les Insolites de la pierre

Ils suscitent à leur échelle des explications à peu près analogues à celles qui rendent compte de la naissance des grandes montagnes : pulsion interne, intervention d'Êtres très puissants, pétrifications...

Au Tibet, non loin du célèbre monastère de Samyé, au sud de Lhassa, se dresse au milieu de la rivière Yerou Tsangpo, qui deviendra le fleuve Brahmapoutra, un monolithe colossal. On dit qu'il est arrivé là des Indes par la voie des airs.

Il faut noter qu'en différents points de la planète existent des traditions témoignant symboliquement d'une victoire totale sur les forces de pesanteur, par des chants magiques , par des musiques[347].

Le niveau du grand lac Koukou-Nor s'éleva de telle façon que le pays fut noyé. Cette brusque montée des eaux était due à l'afflux d'une source profonde dont il fallait boucher l'issue. C'est alors que le célèbre magicien Padmasambhava, plusieurs fois nommé, qui en ce temps-là résidait à la cime du Kang-Tisé (Kaïlas), arracha un fragment de la montagne sacrée et le lança au milieu des eaux bouillonnantes. Ainsi fut stoppée l'inondation. Le fragment en question est à présent « la Montagne de la mer », au centre du lac. Entre le Koukou-Nor et le Kaïlas, la distance est d'environ 1 000 kilomètres. On peut dire qu'il s'agit d'un fameux lancer.

En Occident, Gargantua et consorts plantent de nombreux blocs erratiques. En Pays basque, ceux projetés par Samson sont dits « sansonari », tandis que le déplacement d'autres grands rochers est dû aux *Maïriak* fabuleux, dont le souvenir paraît se rattacher aussi à la construction des monuments mégalithiques.

Dans la tradition chrétienne, les exploits du même genre sont l'œuvre des saints ou du diable... Dans le val d'Aoste, il existe une « pierre du diable », ayant la silhouette d'un taureau, que l'Ennemi serait allé quérir... à Rome, afin de barrer le cours du torrent et submerger la plaine de Gressonney. Un rocher dans la vallée de la Viège-en-Valaise est une dent du diable. Au mont de Bar, près de Toul, il a renversé sa hotte, comme Gargantua, et créé un éboulis. Ailleurs, des démons païens sont en cause : le bloc *Puntunkas*, célèbre en Lituanie, est tombé du ciel, lâché par un démon volant surpris par l'aube et le chant du coq.

Inutile d'insister : avec quelques variantes locales, le thème se répète à perte d'horizon car toute structure étrange est attribuée à une intervention fantastique : l'étrange étant la signature des Invisibles.

Un peu partout dans le monde, d'anciens géants, définitivement annulés, mais pas toujours, emprisonnés dans leurs gangues de pierre, montent une garde éternelle parmi les forêts, les déserts pierreux, les brumes.

C'est un monde difforme, abrupt, lourd et livide,
Le spectre monstrueux d'un univers détruit
Jeté comme une épave à l'océan du vide...

Leconte de Lisle.

Parfois, la pétrification marque la correction brutale d'un désordre, celui né d'un grand malheur ou d'une faute ou encore d'un péril à conjurer[348].

Niobé, mère orgueilleuse de douze beaux enfants, se moqua de Léto, qui n'en avait que deux. Mal lui en prit car ces deux-là n'étaient autres qu'Apollon et Artémis, lesquels vengèrent l'affront en trucidant les rejetons de l'insolente. Folle de chagrin, elle fut finalement changée en rocher par un Zeus pour une fois miséricordieux. Un bloc, évoquant effectivement la silhouette d'une femme éplorée se dressait jadis aux environs de Magnésie.

« Au pied de l'Aggneenfjaeld *(Groenland oriental, région d'Ammasalik)*, raconte William Thalbitzer, sur la grève, on voit un troll pétrifié : c'était une femme qui a aimé, souffert, et qui, en secret, a mis son enfant au monde à cette place ; elle et l'enfant ont été changés en pierre, et ses traits restent convulsés de douleur pour l'éternité.

Au sommet du mont Conner, en Australie centrale, deux blocs sont les corps pétrifiés de deux « Hommes de glace » qui s'y livrèrent furieuse bataille[349]. Cette éternisation d'une douleur exemplaire, ou d'une période de crise aiguë, sous-entend une morale assez rude, qui exclut apparemment toute rémission, toute libération finale. C'est une vision stoïque de l'au-delà, et la plus pessimiste de toutes.

En haute Bretagne, une jeune fille serrée de près par le diable se transforme en rocher escarpé. Au-dessus de Grenoble, ce sont « trois pucelles » qui, pour échapper à des poursuivants animés de trop bonnes intentions, sont muées en trois gigantesques piliers rocheux. Légende voisine en Maurienne près de Valloire, où deux «nonnes » se trouvent changées en colonnes de terre (autre version : « cheminées » fabriquées par les fées) à la suite d'un violent orage. Sans contester le bien-fondé de tels miracles, on peut admettre que ces vertueuses interventions évoquent un peu trop le pavé de l'ours, et même d'énormes pavés. Toute silhouette rocheuse d'apparence anthropo- ou zoomorphe donne lieu à des histoires de pétrification (Dames de la Meuse... Capucin... Bonhomme... Jument de pierre, etc.).

Des brèches, pertuis, abîmes et autres « accidents »

Le terme témoigne d'une sorte de surprise, et de surprise désagréable, celle qui naît d'une apparence chaotique. Et en attendant que la géologie ait su distinguer sous les tumultes superficiels les ordonnances de la matière, l'homme inventa des légendes dont le premier effet fut de réduire considérablement la part de l'inconnu. C'est par raisonnement analogique qu'il confia le modelage de la surface terrestre à une Surhumanité qui se jouait des masses, des résistances et des poids ; creuseurs d'abîmes, perceurs de granits, tranche-montagnes, reproduisant avec aisance, d'un bout à l'autre de la planète, les mêmes tours de force.

Tandis que, dans les Alpes, l'inévitable Gargantua entaille d'un coup de galoche le massif des Aravis, s'ouvre un passage près des Grands Plans, creuse la petite rigole du vaste val d'Illiez..., d'autres colosses, à coups d'épée ou autrement, ouvrent les gorges de Sassenage, le « port » de Larraum dans les montagnes de la Soule ; fendent la montagne de Beltchu ou la formidable muraille du Marboré au-dessus du cirque de Gavarnie.

C'est le travail de Roland, qui, ayant buté contre une paroi des gorges d'Arrens, taillade colériquement ladite montagne à grands coups de sa Durandal. On peut voir encore les marques sur le rocher.

Le dieu Freyr, également porte-épée, découpe comme lard les montagnes de Scandinavie ; et aussi les Jutuls norvégiens. Padmasambhava en fait autant au Sikkim.

Le mythe et la science sont d'accord pour admettre que la dépression du Népal était jadis occupée par un lac dont le nom légendaire était *Nâg-Hrad,* demeure d'une déité serpentiforme. Du haut du mont Paulchôk (env. 3 000 m), un bouddha nommé Visvabhou — qui, ajoute A. David-Neel, paraît avoir eu l'étoffe d'un ingénieur — examina la situation « et désigna à ses disciples un endroit se prêtant à l'ouverture d'une brèche qui permettrait de faire écouler les eaux ».

Beaucoup de siècles passèrent, puis vint de Chine, et plus précisément de la montagne sacrée Wou T'ai shan, un héros magicien : *Mandjoushri.* Et c'est lui qui, d'un seul coup de sabre, pratiqua finalement l'ouverture par laquelle s'écoulèrent enfin les eaux de la rivière Baghmatti. Ainsi furent récupérées les terres où s'installèrent les premiers habitants.

Plus tard, un démon bloqua le passage, et provoqua une inondation générale. Des villes furent englouties et de nombreux hommes périrent. Vishnu, cette fois, intervint en personne. Il anéantit le démon, et les choses rentrèrent dans l'ordre.

De tels récits mythiques transmettent sans nul doute le souvenir d'événements réels enfouis dans la mémoire collective. Il existe des contes parallèles au Tibet, en Chine, dans les Indes, souvent en liaison avec le thème moralisateur du Paradis perdu[350].

Les brèches, trous, pertuis, sont ailleurs l'œuvre du diable, par exemple au mont Tofonato, en Corse, au Cervin, etc. Ou bien d'un saint. Dans la région de Grindelwald, saint Martin se montre très fort sur la question. C'est lui qui, d'un coup d'épaule, élargit la gorge entre l'Eiger et le Mettenberg, libérant des eaux qui jadis, s'accumulant, provoquaient des catastrophes périodiques. On voit encore dans la falaise une curieuse dépression nommée *Martinsdruch,* tandis que, sur les arêtes de l'Eiger, le même saint, lançant son bâton, perce un trou dit *Martinsloch,* à travers lequel, deux fois par an, le soleil darde ses rayons. On se souvient peut-être que Kaçiapa frappe aussi de son bâton une paroi himalayenne qui s'ouvre et se referme sur son passage. L'une des prérogatives universellement reconnues de l'état de sainteté, c'est la manipulation aisée de l' « inanimé ».

Parfois, c'est la montagne, le rocher, la nature elle-même qui réagit moralement. Dans le protoévangile de Jacques, il est dit qu'Élisabeth et le jeune Jean, fuyant la persécution d'Hérode, se cachent dans une montagne qui s'entrebâille à leur prière. La même bonne aventure arrive à sainte Barbe, à l'esclave Marie, à saint Vigilius près de Trente.

Dans la forêt de Finges, entre Sierre et Louèche (Valais), il existe un gros rocher fissuré, « la Pierre au meurtre », ou « la Pierre à l'ange ». Une jeune femme et son bébé y furent attaqués par des brigands, qui lancèrent l'enfant contre la roche ; mais celle-ci se fendit et un ange emporta l'innocente victime, au ciel naturellement. De tels récits aidèrent les gens à supporter beaucoup d'épreuves pendant de nombreux siècles.

En Australie centrale, dans ces étranges massifs rocheux dont il a déjà été question, chaque détail du paysage prend un sens précis, bien connu des autochtones, et sa légende particulière s'insère dans la grande Légende de la création du monde, de leur monde, en sorte que tout le pays est rempli pour eux de signes, d'idéogrammes naturels, *et qu'ils le lisent,* comme ailleurs on lit un livre d'histoire. C'est ainsi que l'humanité primitive a réussi à tisser un univers clos, *mentalement confortable,* au sein duquel elle est parvenue à survivre ; et où, dans ce cas particulier, elle a stagné.

Empreintes

Certains détails des surfaces évoquant, parfois à grande échelle, la trace laissée par l'homme ou différents animaux, signalent le passage de quelque Fabuleux, et devient chose sacrée[351].

Le Kaïlas montre sur ses flancs, en diagonale, une série de corniches superposées, correspondant à des strates géologiques et considérées comme les sillons laissés par la corde du démon qui voulut arracher la montagne de sa base, ou par le Serpent cosmique quand il faisait tourner la cime-pivot au cours du Barattement de la mer. « Le sommet de l'Ayer Rock est entaillé de failles profondes (...) qui sont, me dit Matinya (le guide indigène), les traces laissées par les serpents-tapirs (...) aux temps de la création[352]. »

Au sud-ouest de Ceylan, non loin de Ratnapura, le pic d'Adam (2 400 m) porte à son sommet une empreinte géante (env. 170 cm sur 85) : celle d'Adam pour les musulmans, de Bouddha pour les bouddhistes, de Çiva pour les indous, et de saint Thomas apôtre pour les chrétiens ! Il existe aux Indes bien d'autres empreintes du Bouddha, par exemple sur une colline du pays de Behar. Au Tibet, dans la vallée du Lapche-Kang, non loin du temple du même nom, des grottes vénérées par les pèlerins conservent quelques marques du séjour qu'y fit le poète-ermite Milarepa.

Dans le val d'Aoste, empreintes de têtes, de mains et de pieds dues aux « fées », et même à un dragon. A Embd, en Valais, un gnome est en cause. En Suisse encore, au Nidwald, au Melchtal, des « sabots » ont une origine diabolique indéniable, d'après les bonnes gens. Au Salève, près d'Evire, autres « sabots ». Un cheval, de race pégasienne sans doute, se serait élancé de là dans les airs. Bayard, la monture de Roland — qui lui-même a semé ici et là différents moulages de son pied, de son genou (Lourdes) et de son corps (Arrens) — en a fait autant près de Barèges, et surtout à la *Peyrada*, grand éboulis de Gavarnie, sur un bloc où, d'un bond de quatre lieues, il atterrit jadis depuis le sommet du Marboré.

Au-dessus de l'Adige, près d'Ueberetsch, une sente escarpée creusée dans la roche montre des traces de fers : ceux de la mule portant Jésus et sa mère de Palestine en Égypte. Il paraît évident que saint Joseph avait dû se tromper de route quelque part.

Au sommet du mont Sainte-Catherine (Djabal Katherin, 2 641 m), le plus élevé du massif du Sinaï, le granit a conservé l'empreinte du corps de la sainte, transportée jusque-là par les anges après son martyre (312 ap. J.-C.).

En haute Maurienne, « sur le chemin qui conduit de l'église de Bonneval à l'Écot, on voit sur le rocher des marques semblables à celles d'un soulier à clous. Elles auraient été imprimées par les pieds de saint Landry », moine de Novalaise, monté jusque-là pour évangéliser la vallée, devenue païenne au contact des Sarrasins (?), et proprement jeté dans le torrent par les récalcitrants (E. Canziani).

Dans le Valais, au-dessus de Grimentz, existe un bloc énorme, et à sa base une pierre plus petite, sur laquelle « il est aisé de reconnaître, semblable à celle qu'elle aurait laissée dans la cire molle, l'empreinte parfaitement naturelle de deux pieds de moyenne grandeur ». Ceux de la Vierge, qui jadis bloqua par là, dit-on, une grosse avalanche[353].

La légende peut s'appuyer sur des apparences très mystérieuses. C'est ainsi que les moines du monastère de Rongbuck, sur la route de l'Everest, conservaient une pierre sur laquelle se trouvait nettement imprimé un pied humain, peut-être une véritable empreinte fossilisée[354].

Sources, lacs et rivières

L'imagination mythique est limitée : les thèmes et la trame des récits se ressemblent, et sous des noms différents figurent des Fantastiques analogues, avec, pour seules variantes imposées, un certain contexte religieux, une imagination poétique plus riche ou plus raffinée. La supériorité de l'Orient sur l'Occident est éclatante en cette occasion.

Au cours de l'épisode du Barattement de la mer :

Çiva, ayant avalé l'élixir d'immortalité mélangé au « poison du monde », fut saisi d'une soif inextinguible, et commença d'errer çà et là, cherchant à l'apaiser sans jamais y parvenir. S'étant engagé dans les Himalayas, il rencontra une falaise rocheuse qu'il frappa d'un grand coup de son trident sacré. Trois sources en jaillirent, auxquelles il put enfin se désaltérer. Ces eaux ruisselantes, fraîches et pures, formèrent plus bas le lac de Gosainkund *(ou Gosainthan, 4 500 m env.)*, lieu de pèlerinage pour les pieux indous. (D'après *Ella Maillart.*) Dans une autre affabulation, d'une charmante fantaisie, c'est d'un joyeux éclat de rire du même Çiva, égayé par les mortifications du démon Hiranya Kaçipu, que naît au sommet de la « Cime au Lion » la très sainte Baghmatti, la rivière sacrée du Népal.

Dans l'*Avesta,* ensemble des textes sacrés de la Perse ancienne, le fleuve mythique Ardvî, qui porte le nom de la Grande Déesse céleste, ce qui marque dès l'abord son origine, « descend de la montagne Hukairya, et s'écoule vers le lac Vourukasha. De ce fleuve sortent toutes les eaux de la terre ». Légende identique aux Indes, où la Gangâ céleste tombe dans un lac mystérieux des Himalayas, d'où naissent les fleuves[355].

Les formes reptiliennes sont si bien associées aux eaux souterraines, aux sources, que l'imagination populaire les distingue mal et les confond d'ailleurs dans le même graphisme sinueux. Aux Indes pullulent les Nâgas. En Occident, ce sont les fées-serpentes, les Morgane, les Mélusine et autres Merewip. L'onduleuse liquidité, une nudité ruisselante sont les deux manifestations d'un seul être, en sorte qu'une source naissante n'est plus que le mouvement d'un corps luisant, fuyant, aux cuisses vertes et lisses. En gagnant volume et force, le torrent, la rivière deviennent dragon, python méandreux... Bien entendu, la pieuse cohorte de la Vierge et des saints prendra la relève, souvent au prix de réajustements laborieux. C'est ainsi qu'un « saint Roland », de pédigree plus que douteux, fait surgir en Valserine dans l'Ain une « Fontaine bénite », préalablement sans doute exorcisée. D'ailleurs le Mauvais n'est jamais très loin : c'est lui qui pollue dans les Hautes-Alpes le ruisseau de Béal-trouble (sali par l'apport de limons argileux). Au XIIe siècle, les sources bouillantes d'Islande sont, au moins pour les Norvégiens, les marmites où le diable accommode les damnés[356].

Non loin de la montagne Sajama, le fleuve andin Desaguadero prend naissance, dit-on dans un défilé rocheux près du lac Titicaca. Les Indiens racontent qu'un certain Thunupa (Tonapa ?) se serait révolté contre l'Inca. Vaincu, condamné à mort et ligoté sur un radeau, il fut lancé dans le courant contre les falaises rocheuses où il devait s'écraser, mais elles s'entrouvrirent devant le héros, et ainsi naquirent les gorges du Desaguadero.

Jadis, aux lieux mêmes où clapote à présent la vaste mer intérieure du Koukou-Nor *(Asie centrale)*, s'étendait une vallée pleine d'excellentes pâtures, arrosées par une source. Et les pasteurs, après avoir désaltéré leurs bêtes, prenaient toujours soin d'en reboucher l'orifice avec une grosse pierre. Un jour, une jeune fille distraite (nous pouvons supposer que c'était au printemps et qu'elle était amoureuse) oublia cette précaution. L'eau continua à s'échapper en bouillonnant, remplit bientôt le fond de la vallée et continua à monter, provoquant une inondation catastrophique qui fut finalement enrayée par Padmasambhava.

Une tribu riche et industrieuse vivait dans une région écartée des Andes sous l'autorité d'un bon cacique. Mais son successeur se révéla indigne et cruel, et son mauvais exemple pourrit les gens. Ils finirent par accumuler de tels crimes que le ciel indigné intervint par le truchement d'un « grand magicien » : tempête, orage, séisme... Pour finir, le mauvais prince fut changé en taureau noir, esprit du mal, la ville fut engloutie, et à sa place stagnent les eaux sinistres du lac Noir.

C'est le thème de la punition céleste qui réapparaîtra plus loin à propos des « paradis perdus[357] ».

A mille ou dix mille lieues — nous avouons ne pas les avoir comptées — un autre « lac Noir », cette fois au pied du Cervin, naît des larmes du Juif errant. Celui d'Isabit, on l'a vu, fut vomi par le Grand Serpent subpyrénéen, après absorption d'une masse de fer préalablement et aimablement portée au rouge.

XX

QUAND LES MONTAGNES S'ANIMENT

Un rêve épouvantable, c'est la pensée de ce que deviendraient l'horizon et l'esprit de l'homme si ces énormes ondes se remettaient tout à coup en mouvement.

Victor HUGO.

A part le cas des séismes, relativement rares, sauf dans quelques massifs « privilégiés » comme les Andes, les Alpes japonaises..., les mouvements du sol s'accomplissent de haut en bas, à des rythmes lents ou rapides, sous l'action de la pesanteur. Et ces descentes ayant dans la plupart des cas des conséquences fâcheuses pour les montagnards sont attribuées au déchaînement de volontés hostiles, qu'il s'agisse de manifestations gratuites et pour ainsi dire automatiques du Mal, ou des effets d'une punition divine[358]. C'est ce que laissent entendre les légendes, d'un bout à l'autre du monde, avec une parfaite unanimité... et une légère dose de monotonie.

Une certaine suite de légendes de destruction méritent une attention particulière. Liées à l'idée d'une punition collective, elles se rattachent directement au mythe du Paradis perdu, d'un espace merveilleux, effacé à la suite d'une faute.

Elles le traduisent à leur niveau, c'est-à-dire de façon locale et concrète ; car, dans la plupart des cas, il semble effectivement que l'interprétation mythique se soit greffée sur le souvenir d'événements réels, transmis de génération en génération. Il en subsiste certaines traces, la nature apportant ainsi sa caution aux interprétations fantastiques. Rencontrant par ailleurs un consentement universel, elles témoignent de l'unité du psychisme et de l'existence d'une morale non moins universelle et instinctive. Quels que soient les contextes culturels, politiques ou religieux, certains actes, toujours les mêmes, sont décidément considérés comme détestables. Il s'agit essentiellement d'un manque à l'entraide ; pour parler un langage plus spécifiquement chrétien, d'une faute contre l'amour ; ou, pour ne pas dépasser la vision d'une éthique matérialiste, d'une atteinte à la survie de l'espèce. Car une doctrine plus ou moins précisée de l'amour du prochain ne se trouve-t-elle pas initialement justifiée par l'instinct de conservation ?

Le thème du Paradis perdu

Dans sa signification la plus évoluée, il exprime une rupture cosmique. Au niveau de l'imagination populaire, il s'agit du souvenir nostalgique d'un temps, d'un lieu, où la vie était merveilleusement bonne à vivre. Comme cette imagination ne va guère au-delà des expériences journalières, la version montagnarde de l'Age d'or demeure à la fois très naïve et très terre à terre.

« A en croire les vieilles légendes transmises par nos pères, il fut une époque heureuse entre toutes où (...) nos Alpes n'étaient point recouvertes d'un linceul de neige et de glace ; l'avalanche ne semait pas la mort, et les bergers pouvaient mener paître leurs troupeaux jusqu'aux plus hauts sommets, d'où ils ne redescendaient que pour deux ou trois mois d'hiver (...). Les plantes vénéneuses, si répandues aujourd'hui et si dangereuses pour le bétail, étaient inconnues, et les lourds impôts ne faisaient gémir personne *(sic)*. En outre, gens et bêtes étaient superbes, de haute taille (...), les vaches d'une beauté sans pareille. Elles avaient une telle abondance de lait qu'on les trayait trois fois par jour, et souvent dans des étangs. C'est en bateau qu'on allait lever la crème ! (...) Les matoilles *(mottes)* de beurre étaient grosses comme des barriques et il n'était pas rare de voir les bergers les prendre comme boules pour leurs jeux de quille, et jouer aux palets avec des fromages[359]. »

Ailleurs, il s'agit de forêts prodigieusement touffues, de prairies où s'ébattent les fées (mer de Glace), d'alpages gras et fleuris où se donnent rendez-vous toutes les bêtes de la montagne (légende d'Anne la Blanche dans le Lötschental), d'une véritable oasis, d'une sorte de petit Chambala occidental et rustique, cerné par les pierrailles et les glaces... Et encore de ruisseaux de lait, de champs prolifiques, de bourgs et de villes pleines de richesses. Tout ce que peut souhaiter, ou tout ce qui peut émerveiller un ancien montagnard incapable de concevoir d'autres manières de vivre que la sienne, et d'autres décors à son paradis terrestre que les familiers, mais améliorés, repeints des couleurs les plus séduisantes, conformément à de très vieilles espérances... ou à de vagues souvenirs ?

Quoi qu'il en soit, il est du destin même des édens de couver quelque part un serpent destructeur et d'être finalement anéantis. Les alpestres n'échappent point à cette règle. Le serpent, ici, c'est l'orgueil, l'avarice, la dureté du cœur... et la sentence est exécutée par la montagne qui s'effondre brutalement sur les coupables ; ou bien procède avec une lenteur à la fois homicide et implacable, poussant peu à peu ses tentacules de glace, engloutissant toute une contrée jadis prospère sous un manteau de pierraille ou de gel.

« En remontant la vallée de la Viège, à une lieue de Randa, on traverse un village de peu d'importance, c'est Taesh.

Autrefois il était bien plus grand. Là vivait un riche paysan qui fit un jour un grand fromage. Le même soir un homme frappa à sa porte et supplia qu'on lui fît l'aumône d'un morceau, car il mourait de faim. Mais, loin de l'accueillir avec bonté, la maîtresse du logis, qui était avare, le renvoya avec des injures. »

Là-dessus le mendiant la maudit, elle, sa maison, ses biens et le village, s'en alla un peu plus loin et trouva finalement refuge chez de pauvres gens.

« Quand le moment de se coucher fut venu, il dit à ses hôtes :

— Si cette nuit vous entendez un grand bruit, n'en ayez point d'émotion, il ne vous arrivera aucun mal.

La même nuit il y eut un fracas épouvantable qui ébranla tout le pays. La montagne descendait, et le village fut enseveli sous ses décombres avec ses habitants[360]. »

Le thème se répète à satiété : les pâtres du Ténébré repoussent un autre mendiant qui se retire en prédisant que la montagne « ne terrerait plus » (ne montrerait plus le sol). Peu après, l'alpage, un des plus beaux et des plus vastes du Valais, disparut sous une cape de gel et le glacier actuel se nomme « de la Plaine morte ». Parfois il s'agit d'une pauvresse (à Yvorne, au Jardin de Talèfre...), ou de la mère du mauvais berger, ce qui double la faute. Ainsi disparut l'Alpe de Sardona, et au Tyrol le beau domaine des Riesenferner (Gross-Venediger), dont le maître osa offrir pour toute boisson à sa vieille mère altérée une jatte de lait aigri.

L'offensée peut être encore une fée, déguisée en mendiante (Argentières). A Plan-Névé (Grand-Muveran), après un renvoi brutal, elle profère malédiction : « Balla pllanna ! Pllan Névé ! Jamé terreina te ne te reverré ! » (Belle plaine ! Plan-Névé ! Jamais je ne te reverrai terrain !)... D'autres destructions sanctionnent des offenses variées à l'égard des Invisibles : l'alpe dite « la Pierreuse » à la Gumfluh, les roches de Naye.

Un saint se dissimule parfois sous les traits d'un clochard. A Chamonix, chassé cruellement par les gens d'un hameau, une jeune fille apitoyée lui donne pourtant une « épogne » en cachette. Il lui conseille alors de s'éloigner en toute hâte avec ce qu'elle a de plus précieux : sa quenouille. Quand elle jette un regard en arrière, le glacier a tout envahi. Le scénario rappelle celui de Taesh et de Géronde. Ailleurs, c'est une équipe d' « anges » camouflés en loqueteux, et le bourg ruiné se nommait Gross-Ernen. Dans le Trentin, les eaux du lac de Kaltern couvrent une ville qui refusa de recevoir Notre-Seigneur en personne. Toutes ces histoires révèlent l'influence moralisatrice de l'Église, laquelle ne manqua jamais d'associer les désastres naturels aux manifestations de la Justice divine[361].

Une Ys glaciaire, et les surprises du Juif errant

Il y avait jadis au col Félik, dans le val d'Aoste, une cité florissante, mais la richesse avait gâté les mœurs de ses habitants. Devenus avares, orgueilleux, insolents, ils négligeaient en outre leurs devoirs religieux. Un jour d'automne apparut le mendiant d'usage. Certains parlent de saint Théodule. D'autres du Christ, comme dans l'Ueberetsch. Ce Visiteur du soir fut brutalement éconduit. Il s'éloigna alors dans la pénombre grandissante et prophétisa : « Cette nuit il neigera rouge. Et demain et après demain il neigera encore et toujours. Et jamais, ville maudite, tu ne te sauveras. »

Tout arriva comme il avait prédit. D'abord il neigea « rouge[362] », puis peu à peu la contrée fut engloutie par un vrai déluge de flocons, comme Pompéi sous les cendres, et nul n'en réchappa. Un glacier, celui du Felikjorch, couvre à présent le site maudit et de ses profondes crevasses montent, parfois, dit-on, des sons étranges..., des gémissements, des plaintes lugubres...

Le thème prend encore plus d'ampleur et de précision avec l'histoire d'Ahasvérus, le Juif errant.

« En cet âge d'or où les plus hautes cimes n'étaient pas encore couvertes de neiges éternelles, la tradition valaisane nous apprend qu'une ville populeuse s'élevait au pied du col nommé aujourd'hui Augsthalgletscher, ou " Théodul pass ", entre le mont Rose et le Cervin.

Le Juif errant y arriva un jour, mais, comme on l'avait reconnu, personne ne voulut lui donner l'hospitalité. Irrité de ce mauvais accueil, il maudit la ville et ses habitants, disant :

" Maintenant, c'est encore une ville, mais, lorsque je reviendrai, il n'y aura plus maisons, ni rues, ni tours. La terre sera stérile ; il n'y poussera plus d'herbe ; la vigne, les moissons, tous les arbres fruitiers auront disparu, et à leur place on ne verra plus que des pierres...

Et quand je passerai ici pour la troisième fois, il ne s'y trouvera plus de sapins, ni même aucun vestige humain, mais un désert, de la neige et des glaciers[363]. »

Toutes ces choses advinrent. Le climat se fit très rude. La neige tomba en abondance. Mille ans après, plus une âme dans ces déserts. Le Juif s'assit, se prit la tête entre les mains et pleura amèrement..., d'où le lac Noir, à côté de la chapelle de Notre-Dame-des-Neiges. »

Même légende au Tyrol ; au Grimsel, où l'on ajoute que la quatrième visite coïncidera avec la fin du monde.

L'intéressant dans ce conte du Juif, c'est que l'éternel voyageur est un témoin séculaire, jugeant des choses à une échelle déjà géologique, laquelle n'échappe pas aux traditions. Le processus de lente emprise glaciaire qu'il évoque n'a rien de fabuleux et, comme en tant d'autres circonstances, la légende transmet dans sa langue le souvenir d'événements authentiques[364].

Le Passage scellé

Au cycle du Paradis perdu on peut rattacher une série de légendes qui, pour être plus rares, se retrouvent pourtant dans différentes régions élevées du monde, et paraissent encore évoquer l'idée d'une rupture, cette fois d'une route abolie. Le noyau de ces contes est à la vérité assez bien dissimulé sous un pittoresque immédiat et local, mais il apparaît dès que l'on sonde la pulpe.

« Autrefois », par exemple, les gens de Chamonix pouvaient aller en quelques heures et sans difficultés à travers la montagne jusqu'à Courmayeur pour entendre la messe, ou se rendre à Notre-Dame-de-Guérison.

Revue et simplifiée par la voix populaire, la tradition se réduit à ceci : les Chamoniards allaient entendre la messe à Courmayeur. Ou bien : un prêtre du val Montjoie va dire la sienne en val d'Aoste, à travers le col de Miage. Un curé en fait autant, de Vallouise à la Bérarde, franchissant et refranchissant la chaîne dans un temps record. Et présentée de la sorte, comme un exploit hebdomadaire, l'aventure commence à devenir tout à fait fabuleuse. C'est bien ainsi qu'elle apparaît dans d'autres régions du globe.

— Entre Chili et Argentine, ou mieux : entre Santiago et Mendoza, il existe, à 4800 m d'altitude, un passage de la cordillère des Andes considéré actuellement comme impraticable à cause de sa hauteur, de ses neiges et de ses tourmentes. On le nomme pourtant le « passage du Prêtre », parce qu' « autrefois » un moine partait le samedi de Santiago pour aller dire le dimanche sa messe à Mendoza, parcourant ainsi — à cheval ou à mule — plus de 250 km. (E. Echevarria.)

— Dans l'Himalaya, région des sources du Gange, se trouvent deux sanctuaires fameux, Kedarnath et Badrinath, séparés par une distance d'environ 45 km à vol d'oiseau, et par une chaîne de montagnes avec une passe à 5608 m d'altitude. Or, dit la légende locale rapportée par E. Shipton[365], « des centaines d'années auparavant », il n'y avait pas de grand-prêtre au temple de Kedarnath ; et celui de Badrinath avait coutume de célébrer ses offices dans les deux temples le même jour (...). « La tradition du col perdu, ajoute-t-il, est fréquente dans les montagnes de l'Asie centrale. » On peut encore préciser que l'auteur, bien qu'excellent alpiniste, éprouva les plus grandes difficultés à réaliser cette traversée qui dura une bonne semaine, au cours de laquelle sa petite troupe eut tout loisir, dit-il, « d'éprouver un respect salutaire pour son révérend prédécesseur ».

On se souvient peut-être que, derrière les remparts glacés du Kangchendzönga, les Leptchos du Sikkim placent la contrée fabuleuse du Mayel : « Autrefois » encore, la route en était ouverte à travers la haute chaîne et de nombreux Leptchos purent visiter leur Chambala.

Par la suite, le passage disparut et l'on oublia son existence.

L'ordre dans lequel on a présenté ces récits marque une progression. On passe en somme sans hiatus de traditions couvrant certainement un fonds de vérité à des interprétations carrément fantastiques.

Leur caractère commun, c'est d'être des entreprises « sacrées », des voyages à travers les glacières exécutés à des fins religieuses ou mystiques. Ce sont en effet les seules qui permettent d'affronter avec le maximum d'aisance et le minimum de fatigue et de risques les difficultés du passage, et ses gardiens démoniaques. Car ceux qui tentent l'entreprise se mettent *ipso facto* sous la protection des Puissances célestes et bienveillantes qui *aplanissent* toutes choses. Cette croyance se trouvait profondément enracinée dans l'âme des montagnards occidentaux ; et elle est encore vivante en d'autres régions du monde[366].

XXI

DE NATURA MONTIS SPECIERUM... SUIVI DE QUELQUES HISTOIRES ÉTONNANTES SUR LES VENTS, BRUMES, TOURMENTES ET ORAGES

La mythologie est une météorologie primitive.
G. BACHELARD.

La substance des roches est l'élément fondamental qui, surtout lorsqu'il se nomme granit, additionne toutes les valorisations du poids, de la stabilité, de la dureté, de l'indestructibilité, de la puissance incluse, et de la grandeur. C'est à travers le tissu compact de la pierre que l'Esprit « s'incarne » profondément dans les formes. Au pôle le plus éloigné de l'aether, elle ne peut être à l'origine justement qu'un don de l'aether, l'épure des premières méduses de flamme et, plus tard, le corps durci des Ancêtres, des Géants... Matière initialement vivante, mouvante, et qui l'est encore avec la complicité du temps.

La neige

Elle se situe aux antipodes du poids, de la dureté, même si, figée par la baguette du gel, elle devient à son tour dure et lourde.

Fille aérienne de l'eau, elle demeure ductile et souple, se modèle aux structures inamovibles du roc avec une lente docilité. La neige, les brumes, sont les éléments féminins (Yin, diraient les anciens Chinois) du haut décor alpestre, et l'alliance insolite de ces trois « principes », sans parler d'autres prestiges, assure aux architectures de l'altitude une singulière emprise sur l'âme humaine, toujours sensible à l'éloquence magique des unions et des contrastes.

Elle est essentiellement, quand elle tombe, une *matière immatérielle,* comme les brumes, c'est-à-dire quelque chose sans l'être : justement le propre des substances les plus raffinées. Elle vient du ciel, de l'En-Haut. Elle est blanche, froide, impondérable, évanescente. Les alchimistes jadis ont cru y découvrir « l'Ame du monde ». Et elle le demeure pour certaines intelligences neigeuses particulièrement sensibilisées à ses enchantements qu'elles interprètent volontiers comme une manifestation subtile et souriante de l'Esprit. Cette certitude instinctive d'assister, quand il neige, à quelque rite sacré de la Nature est si communément enfouie dans la psyché que le plus inattentif ou même le plus obtus des témoins en ressent le vague reflet d'un très primitif et très lointain émerveillement[367]. Tombant, ou plutôt volant, aux frontières indécises du réel et du songe, on lui donne parfois la lune ou les étoiles comme origine. C'est l'explication des Eskimos, qui témoignent comme chez les Indiens d'une belle invention poétique. Au moins ici les astres ne sont-ils point indignes de la blanche neige.

Les Iglulik du nord du Canada racontent aussi une très étrange histoire de maisons qui volent en sifflant, avec des esprits à l'intérieur, brûlant de la neige dans leurs lampes[368]...

Ailleurs, on fait intervenir un dieu : *Khunu*, dans une légende aymara de la cordillera Real... *Nyentschen Thanglha* au nord du Tibet... ou un magicien[369]. Au Japon, la neige, sa beauté, ses mortelles séductions se trouvent personnifiées par Yuhi-onna, qui ressemble un peu à la Lola andine.

Puis l'on rencontre des comparaisons familières : l'*Hulda* (ou Holda) nordique secoue son lit de plumes. Encore cette Hulda, celle des Huldufolk, est-elle fée, en sorte que le lit de plumes d'une fée doit surtout ressembler à une nuée.

L'association neige-plumes blanches se retrouve un peu partout. Hérodote, qui avait vu neiger à gros flocons lors de son voyage en Russie du Sud, chez les Scythes, la considère comme évidente. Ceux-ci d'ailleurs lui précisèrent que, davantage au nord, le pays devenait inabordable à cause de toutes ces plumes, lesquelles, dans les Pyrénées comme au Japon, sont celles des « auques » : « L'Ossau plume ses auques » (Le génie du pic d'Ossau plume ses oies). « Ah ! comme la neige tombe ! La neige !... la neige blanche... — Des flocons blancs s'envolent comme le duvet des oies. » (Nô du Chevalier Misère. Japon.)

Dans des contes de plus en plus naïfs, le christianisme, qui n'aime pas les génies, leur substitue le Bon Dieu, la Vierge ou les saints. A Chamonix, ce sont les « copeaux de saint Joseph ». Dans le Forez ou les Ardennes, il est question de mouches blanches. Dans le Jura, Tante Arie « déchire sa chemise ». Mais Tante Arie, malgré son nom assez rébarbatif, est elle aussi une fée, et sa chemise tissée de brumes.

En Amérique du Sud, la légende se hausse à nouveau à des altitudes sacrées. Quand les cinq grands aigles, métamorphosés en cimes de gel, secouent leur plumage, il se met à neiger sur les Andes ; et la Lola peut finalement s'identifier avec les séductions mortelles de la neige.

Au Sikkim, une longue aigrette de poudreuse au sommet du Kangchendzönga, c'est l'oriflamme du dieu qui flotte au vent. D'ailleurs, dans ces Himalayas où la montagne et le dieu se trouvent plus ou moins confondus, il va de soi que glaces et neiges deviennent les scintillantes vêtures de l'Être géant, ou quelque partie de son équipement. Le Trisul passe pour le trident de Çiva.

Les névés sont les lessives, ou les robes non moins étincelantes des fées au mont Aiguille, d'après Gervais de Tilbury ; en Lioson, dans le pays de Vaud, les Pyrénées, etc., ou parfois, si l'imagination s'assombrit, des linceuls. En revanche, à propos du givre, on recueille en Asie centrale une image d'une autre envergure : « On se figure que le Dragon passe l'hiver sur une haute montagne où son haleine produit la gelée blanche dans les gorges et les champs de glace[370]. »

La glace

Certaines formes glaciaires ont inspiré des légendes analogues aux pétrifiantes.

Dans les Pyrénées, à la Maladetta, la montagne maudite, on retrouve une fois de plus l'histoire du pauvre rejeté par de mauvais bergers. C'est Notre-Seigneur, et les chiens sont lâchés contre Lui.

La punition d'un tel crime est immédiate : une congélation générale, non seulement des pâtres coupables, mais aussi des chiens, des moutons, du décor. La Nature entière est considérée comme complice.

La silhouette des troupeaux, des gardiens à quatre pattes et de leurs maîtres fut longtemps visible à la surface des neiges nouvelles, puis à la longue elles s'effacèrent sous la chape de nombreux hivers. Il s'agit sans doute à l'origine du bossellement de séracs.

En pays chrétien, la croissance des glaces s'explique par la punition d'une faute. Mais on peut distinguer sous ces affabulations d'autres plus archaïques, où le lien de cause morale à effets catastrophiques n'est pas établi. On serait tenté, comme en linguistique, de parler de racines mythiques indo-européennes. Car les fantômes du Dragon et de la Vache blanche viennent d'Asie. Le premier est peut-être sous-jacent au thème du Saint chassant les reptiles de quelques hautes vallées[371]. Quant à la Vache blanche, déjà rencontrée dans les Pyrénées, elle réapparaît très visiblement dans cette curieuse histoire du Lötschental :

> Jadis, cette belle vallée était si chaude que les gens s'y plaignaient amèrement d'une sécheresse qui grillait les alpages. Un « étranger » *(le diable ?)* entendit ces plaintes et donna un conseil qui par la suite se révéla gros de conséquences... « Faites rassembler à la Lötschenlücke *(une étroiture)* par une jeune vierge sept morceaux de glace provenant de sept glaciers différents. Vous ne manquerez plus d'eau, ni pour boire, ni pour arroser les terres. Mais quand la Vache blanche descendra, ne l'attendez pas et fuyez ! »

On comprit plus tard, trop tard, ce qu'il voulait dire, car, hélas ! les blocs rassemblés ne fondirent jamais, donnèrent naissance à un vrai glacier qui s'allongea d'année en année et commença d'avaler les alpages. C'était la fameuse « Vache blanche », actuellement le Glacier long.

Outre l'image de la « vache », qui peut avoir quelque rapport avec la forme du glacier, des détails comme ceux de la vierge, du nombre sept, marquent l'archaïsme du récit. Il s'agit d'une multiplication magique.

Le recul du gel, des glaciations est obtenu par des procédés non moins magiques, conjuration des démons de l'hiver au Tibet... et justement aussi au Lötschental, exorcisme, intervention d'un esprit. Celui du pic d'Anie, gardien d'éden, écarte la neige et les frimas. A Yvorne, dans le Valais, c'est une vouivre qui à son réveil au printemps fait craquer la glace des lacs. Mais dans le Bestiaire fantastique des montagnes la Vouivre, aérienne, aquatique, fée d'ailleurs porteuse de la fameuse escarboucle frontale, est vraiment de tout autre espèce que le Dragon destructeur, bien qu'on les ait souvent confondus.

Le cristal, glace lourde par l'autorité d'Aristote

Glace et cristal ont des apparences voisines, et cette ressemblance est à la source d'une théorie pseudo-scientifique suivant laquelle le cristal ne serait autre que de la « glace pétrifiée », ayant subi au sein des montagnes et à force de siècles une sorte de métamorphose.

« Allons, dis-moi, cristal, *eau condensée en pierre,* qui t'a durci ? — Borée (le vent glacé du nord). — Qui t'a fondu ? — Notos (vent chaud du sud). » L'épigramme est attribué à Claudien (Ve siècle), pour qui la nature du cristal tient à la fois de la pierre et de l'eau. Également l'opinion d'Aristote, de Pline, de Sénèque, de saint Augustin : *« A nive per multos annos non resoluta, et ita congelascente » (Psalm, 147).*

Et Josias Simler dans son *De Alpibus Commentarius* (Zurich, 1574), ayant d'abord cité Claudien :

Solibus indomitus glacies Alpina rigores
Sumebat, nimio jam preciosa gelu,
Nec potuit toto mentiri corpore gemmam,
Sed medio mansit proditus orbe latex.

(La glace des Alpes, rendue précieuse par le froid, prenait une dureté réfractaire aux rayons du soleil ; mais elle ne put imiter en son entier la pierre précieuse, car en son milieu est restée une eau vive, qui se révèle à la lumière.)
ajoute :

« Or si cette opinion des Anciens, que certains savants s'efforcent d'ébranler, est vraie, on ne doit pas s'étonner de trouver en grand nombre, dans les Alpes durcies par les neiges éternelles, de superbes cristaux : car il y a là une masse de glace ancienne, qui, soit qu'elle reste telle, soit qu'elle s'écoule en eau, ou comme d'autres le pensent en un liquide spécial, se condense dans le sol sous l'action du froid et s'y pétrifie[372]. »

Cette interprétation avait la vie presque aussi dure que le cristal, car elle apparaît encore au XVIIe siècle dans *Le Monde,* de Pierre d'Avity. Et, mieux : elle est recueillie par Toepffer, qui s'en gausse, au siècle dernier, au cours de son *Voyage autour du mont Blanc* !

Grêles, brouillards et tourmentes

La grêle est considérée partout comme une offensive particulièrement désastreuse des armées du Mal, puisqu'elle peut en quelques minutes anéantir les pauvres récoltes des montagnards. Sur la fabrication des grêlons :

« Dans la gorge aride de Rawyll, passage qui mène dans le canton de Berne, il y a un endroit connu sous la dénomination de lieu maudit. C'est là, dit-on, que les fées, lorsqu'elles veulent exercer leur vengeance (...), fabriquent la grêle. A cet effet, elles emploient de grandes chaudières où elles cuisent les grêlons, préparation dans laquelle elles font entrer leurs propres cheveux[373]. »

Au Tibet, on ne compte pas moins de dix-huit Seigneurs de la grêle. A. David-Neel a rapporté qu'au cours d'une tourmente un voyageur apeuré vit « très distinctement » des formes gigantesques, évidemment la matérialisation des esprits grêleurs dans la riche imagination du témoin.

En tous lieux, l'identification des brumes avec des fantômes divers, toujours inquiétants, souvent malfaisants, est trop naturelle pour qu'on y insiste. Les brouillards mouvants sont, si l'on ose dire, et très lourdement, la substance même de l'imaginaire. Et dans le ballet fuyant des nuées les hommes n'ont jamais cessé de reconnaître avec délices la présence d'un univers parallèle. Il est d'ailleurs probable que les effets de brouillard ont suscité une bonne partie des Fantastiques... Tout y passe : sorciers, sorcières, fées, géants, âmes en peine, dragons, démiurges... ou bien il s'agit du véhicule des Invisibles.

« Lorsque, la nuit, les esprits glissent sur des nuées argentées, au-dessus des montagnes et des vallées, à la lueur de la pleine lune, ils engagent de mystérieuses conversations avec les dieux et les démons[374]. »

Dans la région du lac de Constance, le gros bon sens des paysans a préféré exorciser les vieux phantasmes à l'aide d'un « Bonhomme Brouillard, espèce de nain coiffé d'un chapeau aux larges ailes, chaussé de sabots et portant un veston blanc[375] ». Il s'agit désormais d'un « plus lourd que l'air », à l'image sans doute des nappes livides qui se traînent là-bas, l'hiver, au ras du sol.

Dans le val d'Aoste, des nuées rougeâtres errant le long des pentes sont encore prises au XVIIe siècle pour les armées du diable en train d'abandonner les lieux, après un exorcisme.

Les Puissances irritées émettent des brumes. Le dieu Nyentschen Thanglha, déjà cité, s'efforce d'interdire l'accès du Tibet à Padmasambhava, l'apôtre du bouddhisme, en créant des murailles de brouillard. Ce dieu, comme on voit, était très en avance sur les techniques modernes de camouflage.

En Asie centrale, « des rochers et des montagnes émettent un brouillard épais qui enveloppe ceux qui les ont offensés ou ont omis de témoigner leur respect. Les pécheurs aveuglés errent alors au hasard et parfois tombent dans un précipice[376] ». Il existe aussi des émanations mortelles.

Les tempêtes, tourmentes, blizzards de neige suscitent des histoires analogues. Au Népal, la déesse *Mani Yoguini* provoque une série d'ouragans, mais cette fois pour protéger contre un persécuteur les communautés bouddhistes réfugiées dans les monts Manichoûra[377]. Au Karakoram, les tempêtes d'hiver sortent d'une caverne du mont Haïthai.

Les vents, la tourmente sont personnifiés. *Der Brahms* ou *Der Iseno Hof,* dans le val d'Aoste. En Pays basque, le vent du sud se nomme *Haice Hegoa.* Au Lötschental, le *Vieux Lötschard* est l'ouragan d'hiver. Au Zillerthal, sur la Schwarzenstein-Alpe, on a déjà signalé la présence d'une géante qui pleure... « Ses sanglots ressemblent à la tempête, et l'on croirait entendre le sifflement du foehn (vent du sud) au fond des gorges... »

D'autant qu'il s'agit justement des sifflements du foehn !

La légende a subsisté tant est puissant cet instinct de fabulation qui portait les hommes à transcrire à un autre registre les événements de l'observation journalière, parce que c'était mieux ainsi..., que l'histoire était plus belle, plus émouvante, qu'elle touchait davantage les cœurs. En furent-ils tout à fait dupes ? C'est à voir... peut-être de la façon dont on est dupe d'une action théâtrale. Créations esthétiques, les légendes furent pendant des siècles la bibliothèque, puis la prételévision du peuple, plus influentes dans leurs effets culturels *parce qu'elles exigeaient une participation.*

Les Iroquois d'Amérique avaient leur abominable « Grosse Tête » volant dans les tourmentes... Quant aux démons qui galopent, hurlent, tourbillonnent au sein des ouragans et des blizzards, dans toutes les montagnes du monde, qu'il s'agisse des hordes d'Asie centrale, du Caucase ou des Alpes ; du *Hualapichi* bolivien, des *Marmaroak* et *Prakagorrik* basques, etc., ils sont vraiment trop. Et, crainte d'être définitivement submergés, le plus sage est de leur fermer désormais la porte au nez.

Orages

Un grand orage est suffisamment terrifiant pour l'âme primitive : ténèbres, bourrasques, fracas du tonnerre, jets de foudre, arbres déchiquetés, flammes, parfois morts d'hommes ou d'animaux. Des puissances de première catégorie sont évidemment à l'œuvre. Et l'on a toujours cru à Zeus « quand il tonne ».

Le dieu Donar germanique est, comme son nom l'indique, le tonnerre en personne. Le Perun des Slaves est également un « tonneur » et un « frappeur », dont le nom fut ensuite usurpé par saint Ilja (saint Élie). Les Ossètes du Caucase et les Germains attribuent le roulement du tonnerre au passage fracassant d'un char céleste tiré par des chevaux de feu, et les éclairs sont les coups de fouet du cocher. Pour les Tatars de Kazan, le *Tängerebabaj* (le Vieillard) poursuit le diable (Chaïtan). Au Tibet, le dieu-tonnerre vit sous la terre, et les extractions de minéraux le mettent en fureur[378]. En Scandinavie, l'homologue de Donnar est Thor, qui parcourt également les espaces célestes sur un char, et les coups de foudre proviennent de son fameux marteau[379].

Dans d'autres traditions, l'orage est associé à une forme animale géante[380]. Chez les Eskimos, en Amérique du Nord et jusqu'au Mexique, jusqu'en Bolivie, il accompagne le vol redoutable d'un super-aigle : l'oiseau-tonnerre, dont les plumes en brassant l'air produisent les boucans célestes, et les yeux en clignotant « lancent des éclairs », cette fois pour de bon[381].

Une autre bête géante responsable des orages est le Dragon, aquatique et céleste, symbole des énergies fulgurantes. Et c'est le Dragon et non pas l'Aigle que l'on retrouve dans les montagnes d'Eurasie au fond des vieilles légendes... et d'un certain nombre de lacs.

Lacs à orages

Au VIIIe siècle, Wou-k'ong, pieux bouddhiste, regagnait la Chine par les hautes montagnes du Pamir, rapportant d'Inde des trésors insignes : livres saints, et même une dent de

Bouddha... « Comme il longeait un lac profond, le nâga ou dragon des eaux sut qu'il transportait une relique. La terre trembla, des nuages noirs s'amassèrent, la foudre éclata en tonnerres et en éclairs, la grêle et la pluie tombèrent avec violence... »

La caravane se réfugia non loin de là sous un grand arbre, qui fut bientôt frappé par la foudre. « Alors le chef dit : " Il faut que l'un de vous possède une relique, sinon pourquoi le dragon des eaux se fâcherait-il pour l'obtenir ? Que celui qui la détient la jette dans le lac pour sauver tous les nôtres ! " Mais Wou-k'ong se mit en prière et parvint à toucher le cœur du génie des eaux. La tempête s'apaisa, les reliques furent sauvées[382]... »

Au XIIIe siècle, le roi Pierre III d'Aragon s'avisa de grimper sur le Canigou (2 787 m), montagne à cette époque tout à fait déserte, « pour découvrir et reconnaître ce qu'il y avait au sommet ». Et il se lança dans cette aventure en compagnie de deux chevaliers.

« Or ils avaient déjà monté très haut quand ils entendirent des coups de tonnerre affreux et tout à fait terribles ; en outre des éclairs et la foudre *(sic)* brillaient à leurs yeux, et la grêle s'abattait avec la tempête. » ... Terrifiée, la petite troupe s'immobilisa. Bientôt pourtant le roi reprit courage et voulut poursuivre. Mais ses deux compagnons déclarèrent forfait.

Le hardi explorateur « continua à monter à grand-peine tout seul et, quand il fut au sommet du mont, il trouva un lac en cet endroit même ; il y jeta une pierre ; alors il en sortit un horrible dragon qui se mit à voler çà et là dans l'air, qu'il assombrit et obscurcit de son haleine. Après quoi Pierre descendit rejoindre ses compagnons ; tout ce qu'il avait vu et accompli, il le leur rapporta[383]. »

Dans ce conte, l'orage et le dragon ne sont pas explicitement identifiés, mais la chose ressort du contexte ; comme dans l'histoire du « monstrueux et effroyable dragon occis en une montagne de Hault Auvergne par Jean de la Brière... », lequel monstre avait, croit-on, son repaire dans un lac dit le ténébreux, « pour estre toujours couvert de brouillards et nuées espesses et obscures (...) où il s'entend du bruit et des heurlements espouvantables... ».

Au-dessus de Lucerne, la montagne et le lac du Pilate, aujourd'hui disparu, étaient aussi réputés hantés par un dragon... « Si l'on y jette à dessein quelque objet, tout le pays court risque d'orages et d'inondations... »

Comme le mont Pilate — qui serait en réalité un Mons Pileatus, c'est-à-dire « coiffé d'un bonnet » — fut associé par les bonnes gens à la damnation du malchanceux gouverneur de Galilée, il y a visiblement ici mélange de diable et de dragon. Lequel fait carrément alliance avec l'enfer au fond d'autres lacs non moins suspects. Il en est un, en Catalogne, d'après Gervais de Tilbury (XIIIe siècle) sur un mont « inaccessible », qui crache une effroyable tempête si l'on s'avise d'y lancer cailloux...

« En un certain lac, qui est entre nos monts Pyrénées, narre Belleforest au XIVe siècle, si quelqu'un iette une pierre, il ne faudra de veoir bientost, après avoir ouy un estrange bouillonnement dedans le creux de cest abysme, des vapeurs et des fumées, et puis des nuages épais, et après l'espace de quelque demi-heure c'est merveille des tonnerres et esclairs, et de la pluye qui s'esmeut de ceste emotion faite en l'eau qui est cause que le pauvre peuple pense que ce soit une gueule d'enfer. »

Mêmes récits aux étangs de Nohèdes, dans les Pyrénées-Orientales, et au lac du Saint-Barthélemy. Et la mise en scène se perfectionne encore sur la montagne de Tabe, où « il y a deux lacs, nourrissiers de flammes, feux et tonnerres ; et l'on tient pour assuré que, si on jette quelque chose, aussitost on voit un tel tintamarre en l'air que ceux qui sont spectateurs d'une telle furie sont consumés par le feu et brisés par les foudres ordinaires et originaires de l'étang[384] ».

Il est prudent de s'en tenir à la conclusion de l'honorable Conrad Gessner, à propos de la légende du mont Pilate, qu'il ascensionna en dépit des règlements, des diables et du dragon le 20 août 1555 :

« Cette croyance locale, qui ne repose sur aucune cause ou raison naturelle, ne me paraît mériter aucune confiance. Car s'il est vrai que parfois les superstitions et les fausses croyances soient suivies d'effets et de prodiges, il n'en résulte pas que les honnêtes gens doivent y croire aveuglément. »

Il est permis de s'interroger sur les raisons qui l'ont motivée. Il est assez étrange qu'en tant de lieux différents, non seulement à propos de lacs mais aussi de sources réputées magiques, le lancement d'un objet, et surtout d'une pierre, soit censé provoquer de violentes perturbations atmosphériques[385]. Les mythologues ont rapporté ces légendes, mais à notre connaissance sans en fournir d'explication. Voici la nôtre : elle tient en deux lignes : un lac, une eau pure est « un miroir du ciel ». Si l'on brise ce miroir par un jet de pierre, on perturbe aussi le ciel. La croyance se fonderait en somme sur une magie par similitude.

XXII

MYSTÈRES, MIRAGES ET AUTRES MERVEILLES

Tout est prodige
Le rêve prend visage
La pierre s'envole
Et le miroitement est mille tentacules.

Albert FABRE.

Orages, neigées, tourmentes, avalanches... sont des événements impressionnants, mais normaux, faisant partie, pourrait-on dire, des routines naturelles. Il en est d'autres plus troublants. Si l'on pense en déceler les origines, ils paraissent suffisamment étranges pour échapper à première vue à toute catégorie cartésienne. Enfin, il subsiste une marge de faits « maudits », comme les eût qualifiés Cocteau, qui, même à l'heure actuelle, n'ont reçu aucune explication satisfaisante, et se trouvent donc niés a priori par certains esprits dits sérieux et réalistes, en outre fort soucieux de préserver contre toute atteinte cet état si agréable de l'intellect que l'on nomme le confort mental.

Si nous en sommes émus au XXe siècle, on pense bien qu'au temps « où les bêtes parlaient », où régnaient les structures de l'imaginaire, de tels faits non seulement constituaient un terrain éminemment favorable aux mythogenèses, mais encore apportaient des sortes de « preuves » convaincantes de l'existence d'un autre monde, d'un envers du décor, d'une « terra incognita », d'un ou plusieurs « univers parallèles » enfin, pour s'exprimer comme le premier physicien venu.

Les montagnes, incontestablement, sont riches en phénomènes plus ou moins étranges. Et la raison en est d'abord qu'elles sont des espaces désertiques. Or, dans les déserts, qu'ils soient de sable, de neige ou de rochers — tous ceux qui ont connu cette expérience peuvent en témoigner — d'étranges phénomènes se produisent. Inconcevables dans une région habitée, et à plus forte raison au sein des grandes concentrations urbaines. Peut-être parce que l'homme ordinaire y subit une espèce de métamorphose, qu'il y retrouve une personnalité et une originalité égarées au contact de la foule, et qu'à moins d'un irrémédiable avilissement il y vit pour un temps à côté ou au-dessus de lui-même.

Au premier abord, c'est poser simplement le problème de la subjectivité de l'observateur. Et il est permis à qui le souhaite d'en rester là, coller sur toute manifestation insolite le mot « hallucination », et ne plus s'en préoccuper. Mais ceux qui se méfient à la fois des réponses-à-tout-faire, des opinions conformistes et de la paresse d'esprit, voudront aller plus loin, et se demanderont si l'isolement, la solitude, n'ont pas pour première vertu de placer le sujet dans un état nouveau, anormal, de réceptivité, porter à leur paroxysme les facultés d'attention, exalter à l'extrême les perceptions sensorielles, et peut-être réveiller celles qu'une longue évolution dirigée n'a pas tout à fait effacées.

Les déserts de l'altitude ont des effets spécifiques, à cause de cette altitude justement dont nous connaissons encore mal les effets sur le psychisme humain[386]. Leurs vastes architectures où se joue perpétuellement un grand drame de nuées et de lumières, de silences et de sons, également mouvants et fugitifs, se prêtent admirablement à ces alchimies de l'espace, à ces distorsions du temps grâce auxquelles s'établit entre l'homme et le cosmos un réseau de relations nouvelles, intuitives, fulgurantes. Tout cela peut être encore perçu, éprouvé par un Occidental du XXe siècle, malgré ses conditionnements intellectuels et techniques. Avec quelle force irrésistible la nature alpestre ne devait-elle pas percuter les sens et l'esprit de l'homme naïf des temps passés !

La montagne fantastique

Dans un ouvrage paru entre les deux guerres, une observatrice particulièrement attentive de cette même nature alpestre, Maria Jalek[387], a décrit et analysé avec une grande pertinence un certain nombre d'illusions propres aux déserts de l'altitude. Nous ne saurions mieux faire que de citer ici ses témoignages. On saisira mieux sur quel substrat de faits réels, observables, ont pu fleurir tant de légendes inquiétantes ou merveilleuses.

« Les relations de faits surnaturels, écrit Maria Jalek (on préférerait sans doute pudiquement à l'heure actuelle le qualificatif " insolites "), aperçus dans la montagne ne sont ni les produits d'une imagination déréglée ni des mensonges enfantins. Des phénomènes d'apparence fantastique existent réellement, mais la rencontre que les montagnards ont pu en faire a eu lieu généralement pour eux dans des circonstances plus propres à leur faire prendre la fuite qu'à leur inspirer le désir d'observation. La solitude pendant la nuit ou par le mauvais temps, dans le paysage d'hiver, la haute montagne ou des lieux rarement parcourus, crée déjà une impression d'inquiétude due aux dangers environnants à éviter (...). A leur appréhension s'ajoute pour eux le malaise que peut créer le voisinage de cette immense zone nivale inhabitée dont ils ne connaissent guère que les menaces. Le propre des phénomènes que nous avons rencontrés est non seulement d'être insolites, mais inattendus, fugitifs, intermittents et variables dans leurs manifestations et localisations, et de nécessiter pour être perçus la solitude qui est déjà génératrice de peur... » L'auteur décrit d'abord quelques auditions étranges :

« Vous vous reposez au bord d'un torrent encaissé qui danse sur les cailloux. Après un moment de silence, vous percevez le chant d'un pâtre, courte phrase musicale, répétée plusieurs fois sans conclusion, puis s'achevant — et reprenant sans arrêt à perdre haleine... »

Pourtant, absolument personne. Aucun berger aux environs. La montagne est vide.

« Toujours près d'un torrent, vous suivez le sentier traversant un étroit (...). Là bavardent sans fin des voix joyeuses, prononçant des mots dont l'accentuation et le ton vous sont perceptibles, mais restent juste à la limite où vous pourriez en saisir les syllabes exactes. Vous écoutez. Vous n'avez pas bien compris mais... Vous vous rapprochez pour mieux entendre... Attention ! Le bord du sentier peu visible dans l'obscurité est proche, instable, et domine le torrent... »

En réalité, ces sons multiples, imitant à s'y méprendre des voix humaines ou des mélodies, sont produits par un véritable jeu d'échos, répercutés et confusément mêlés par les innombrables portants et facettes des falaises rocheuses.

— Au pied du Breithorn, dans le Lötschental, il existe un site sauvage nommé Wunderspiel, « le Chant merveilleux », où plusieurs cascatelles forment un torrent coulant au fond d'une gorge très étroite. On y entend la musique d'un violon, celui d'une sorte d'Orphée rustique, jadis précipité dans l'abîme par des vachers jaloux.

« J'ai connu (A. David-Neel), dans les Himalayas, un endroit où un invisible joueur de flûte paraît avoir élu domicile au pied d'un glacier. »

Ces énormes masses glaciaires, sans cesse remuantes, craquantes, poussant leurs blocs et traversées par les veines des eaux de fonte, produisent aussi des rumeurs extraordinaires.

« Sous la glace qui a des résonances de nef de cathédrale, des fardeaux sont traînés, un bateau froisse l'eau, on heurte une paroi comme dans une écluse, une plainte s'élève, un chien aboie, quelqu'un marche, une charretée de déblais est déchargée d'un coup, une bête boit à longs traits, puis s'étrangle et tousse (...). Si l'écho des bruits de la vallée se mêle à ces bruits, vous pourriez croire qu'un village est sous la glace... »

On l'a cru en effet, et ces borborygmes sont assurément à la source des histoires de purgatoires sub-glaciaires, de cités enfouies comme Felik, ou Thora dans le val d'Aoste, des aboiements de chiens du Mayel, etc., ou de celle du *Lachergeist,* l'Esprit rieur du glacier d'Aletsch.

En fait, toute la montagne est productrice de sonorités bizarres, qui surgissent inexplicablement du silence, et s'y résorbent, comme une bulle vient crever la surface paisible d'une mare, édifie rapidement un système d'orbes concentriques qui s'effacent à peine nés...

Une pierre, un sérac, s'effondrent à une distance indéterminée. Un coup de vent sur une crête transforme chaque brèche, chaque fente, en tuyau d'orgue durant quelques secondes ou quelques minutes, puis tout s'éteint ; juste pour laisser la place au concert d'anches des eaux lointaines, au solo de flûte d'une cascatelle, au froissement des arbres dans la forêt, aux respirations des vallées profondes, portées sur l'aile du vent, venues d'azimuts incertains, comme de grands cerfs-volants invisibles, peuplés d'orchestres non moins invisibles, bientôt doublés par le chœur des parois, s'amplifiant, s'évanouissant au premier tournant de brise. Les musiques, vraiment concrètes, des grands espaces — il en est d'autres plus mystérieuses encore — non seulement provoquent perpétuellement l'imagination créatrice, mais murmurent des réponses que les légendes ont enregistrées d'un bout à l'autre de la terre[388].

Les impressions visuelles parfois ne sont pas moins convaincantes. Le ballet des ombres et des nuages ne cesse de détruire ses propres figures pour en créer de nouvelles, aussi fantasques, aussi fugaces... Qu'y a-t-il alors de plus mobile qu'un immobile rocher ? Tantôt flottant à des hauteurs incommensurables, car la brume a coupé ses bases ; ou bien clivé en silhouettes successives, toutes différentes, par les marées du brouillard.

Et encore le jeu de cache-cache des pointes rocheuses sur les moraines, par-dessus les falaises, dérivant, s'éclipsant, émergeant d'une manière inattendue, comme s'il s'agissait d'une foule guettant les mouvements du visiteur et, s'il s'arrête, retombant instantanément dans une fascinante immobilité ; en sorte qu'il a toujours l'impression qu'à peine son regard pétrificateur s'est-il détourné, la sarabande reprend pire que jamais.

Les crépuscules et les ténèbres apportent d'autres phantasmes..., lueurs fugitives, reflets d'origine indéterminée, apparitions, éclipses de feux célestes, au hasard des occultations produites par des écrans proches ou lointains. Sans compter les jeux de la lune, cette vieille maîtresse des sorciers et des songes.

« La plus désagréable impression que m'ont procurée les mirages de la montagne, raconte encore l'auteur d'*En campant sur l'Alpe*, je l'ai éprouvée un soir au lac de Pera Ciaval, sur le versant italien des Alpes Graies. » Demeurée seule tandis que son compagnon avait pris les devants, elle suit une sorte de digue naturelle, très étroite, bordant les flots du côté d'un abrupt :

« Engagée dans ce passage dont la vue est fort belle, je jette un dernier regard sur le lac peu à peu envahi par la nuit, et j'aperçois, nageant vers moi à toute vitesse entre deux eaux, une sorte de saurien blanchâtre de belle taille.

Je dois avouer que ma première impression fut la peur, une peur aussi extravagante que la Chose qui la provoquait... Une " dame blanche " ne m'aurait pas troublée ; une fée, c'est une femme après tout, mais, d'un ancêtre lointain qui, aux premiers âges du monde, eut probablement des démêlés avec un plésiosaure, est parvenue jusqu'à moi l'horreur persistante des bêtes pharamineuses ayant hanté autrefois les lacs profonds (...). Un réflexe de paysagiste me fit inconsciemment chercher dans le ciel l'explication du mystère de l'eau. Très haut, plus haut que le plafond nuageux et visible à la faveur d'une trouée, un nuage-plésiosaure, encore faiblement éclairé, survolait et accompagnait vers moi son frère lacustre... Saisissante illusion : à dix mètres du bord, la Bête se mit en boule et plongea. Je levai la tête, les nuages venaient de se refermer. »

Nos lecteurs, désormais familiarisés avec un aspect non moins extraordinaire de la zoologie, auront évidemment reconnu dans cette apparition une vieille connaissance : la Vouivre en personne.

A cette vision occidentale répond comme un écho celle d'une autre observatrice lucide, mais demeurée suffisamment sensible pour éprouver le choc des fantasmagories naturelles. Cette fois, nous sommes dans les Himalayas :

« La procession des nuages éclairés par la lune se déroulait le long des cimes voisines, descendait vers moi, m'environnant de fantômes nébuleux. L'un d'eux s'avança, suivant une traînée de lumière soudainement projetée sur l'eau obscure du lac, comme un tapis devant ses pas.

Géant diaphane, dont les yeux étaient deux étoiles, il me fit signe de son long bras sortant d'une ample manche. M'appelait-il ? Me chassait-il ? J'hésitais...

Alors il se rapprocha, si réel, si vivant, que je fermai les yeux pour dissiper l'hallucination. Je me sentis enlacée, enveloppée dans les plis d'un manteau souple et froid dont la substance subtile s'insinuait en moi, me glaçant jusqu'au tréfonds de l'être...

Quelles visions ne doivent pas contempler ces fils des solitudes enchantées[389]... »

Et voici enfin une description non moins précise des « fantômes des glaciers » aperçus par Maria Jalek sur le pic de l'Étendard, et qui peuvent être aussi bien les âmes en peine des montagnes d'Occident, les démons du pays des Neiges, ou encore la Lola des solitudes andines :

« Rapidement, la tempête de neige augmente et, en même temps, à notre droite, passent dans le même sens que nous des formes indistinctes... Ah ! cette fois, pas de doute. Voici les fantômes des glaciers...

Le vent soulevait de petits tourbillons de neige poudreuse d'environ deux mètres de haut qui, une fois formés, couraient assez longtemps à la surface du glacier avant de retomber. A distance, on pouvait les prendre pour des skieurs poudrés de neige. Plus près, l'aspect fantomatique était d'un effet étonnant (...). Il est très possible que ces petites trombes aient parfois causé des accidents, soit qu'elles aient été suivies pour leur apparence humaine, ou fuies pour leur allure de fantômes. Filles du vent, elles suivent le vent. Tant pis s'il mène aux crevasses et aux à-pics... »

Sons et lumières

Les rumeurs du vent, de la tourmente, sont des manifestations communes. Les échos sont plus rares, très localisés, et appartiennent à cette classe de phénomènes qui suscitent à la fois l'énigme et la réponse. Car, bien entendu, l'écho impliquait l'existence de bouches invisibles dont il pouvait d'ailleurs être périlleux d'éveiller les propriétaires. C'est pourquoi, dans de nombreuses régions des Alpes, il était considéré comme dangereux de « hucher » (pousser de longs cris d'appel), au moins en certains lieux de douteuse réputation.

« Un montagnard entendit hucher dans la direction du Plan au Savioz. Il répondit joyeusement : seconde huchée, seconde réponse, et ainsi trois ou quatre fois. Mais à chaque cri d'appel la voix se faisait toujours plus rapprochée, plus forte et plus irritée, jusqu'à ce qu'enfin ce fût un cri formidable accompagné d'un grand fracas de branches et de rochers qui dégringolaient de son côté. Notre homme eut peur et s'enfuit se cacher dans un chalet (...). Il vit comme un tourbillon passer un grand homme vert, qui descendait en bonds furieux dans la vallée. C'était le terrible Hutzeran *(en patois : le Hucheur)*, le génie sauvage et protecteur des forêts[390]. »

On connaissait au Fracmont (mont Pilate) un écho d'origine tout ce qu'il y a de plus satanique. Par contre, au pied du Cervin, et grâce au bénéfique parrainage de l'illustre saint Théodule :

« Les vieux racontent que, dans la grande plaine de glace qui est sous le col du côté de la Suisse, en un lieu nommé “ Tour de Gomba ”, il y avait un écho miraculeux. Quand, par les brouillards, épais, la route devenait incertaine, les pèlerins, unissant leurs voix, demandaient au saint s'ils étaient dans la bonne route. Pour peu qu'ils en fussent éloignés, le saint gardait le silence. Quand il leur faisait réponse, ils étaient sauvés[391]. »

Une fois admise l'origine surnaturelle du phénomène, il était aisé d'accorder aux réponses de l'écho non seulement valeur d'information, mais qualité prophétique. Plusieurs civilisations ont ainsi pratiqué une

« échomancie » dont il existe un exemple remarquable dans les montagnes de l'Oustoun-Tagh, limitant au nord le plateau tibétain.

Suivant l'explorateur suédois Sven Hedin, qui visita cinq fois le Tibet entre 1894 et 1935, on trouve là-bas un écho extraordinaire dont la présence a suscité un pèlerinage très fréquenté. Il ne se contente pas de répéter les sons, mais parle... et traduit. Quelles que soient la langue ou les paroles émises, et même s'il s'agit de sonorités obtenues avec des pierres, des armes, des gongs, etc., il répond par des rumeurs évoquant l'idiome tibétain, et donnant lieu de la part des lamas de Gyangtsé et de Tachétang à de véritables « traductions ».

Ces étranges discours sont considérés comme prophétiques et, toujours d'après Sven Hedin, de grands événements mondiaux auraient été ainsi annoncés malheureusement sans bénéfice pour personne, car l'auditoire ne pouvait guère en saisir la signification ni la portée. Le mécanisme du phénomène demeure inexpliqué[392].

Comme d'ailleurs celui de la « musique des solitudes ».

Déjà, Marco Polo, traversant les déserts de l'Asie centrale — et des auteurs chinois en avaient parlé avant lui —, raconte que, si quelque voyageur s'attarde derrière la caravane, ou reste seul pour un autre motif, il entend des voix mystérieuses qui paraissent être celles de ses compagnons. Elles l'égarent et finalement le mènent à sa perte.

« Je vous assure que même le jour on entend parler ces esprits. Vous les entendrez parfois sonner d'instruments variés, mais surtout battre du tambour... »

Six cents ans plus tard, A. David-Neel écrit : « Un autre phénomène se produit dans les solitudes du Ching-Hai. Par temps calme, il arrive que l'on entende de la musique religieuse semblable à celle exécutée dans les monastères avec des ragdongs (trompettes), des gyalings (hautbois) et des timbales. L'air qui est joué s'entend très distinctement quoique le son semble venir de loin.

Quel jeu de l'eau ou de la glace des lacs ou du vent soufflant à travers de lointaines chaînes de montagnes cause cette singulière harmonie n'est pas expliqué. Les pasteurs croient qu'elle est l'écho de fêtes qui ont lieu parmi les génies, les fées et les autres habitants d'un monde très proche du nôtre mais qui d'ordinaire nous reste imperceptible. (...) De semblables phénomènes sont allégués au sujet de nombreux endroits. »

En Amérique du Sud, les *iguanchis*, les démons de montagne des Indiens Jibaros de l'Équateur, battent aussi du tambour, tandis que, dans les Alpes suisses, il est question de *Die Todtentrommel*, le tambour des morts :

« Il doit ressembler au tambour ordinaire, mais les sons sont beaucoup plus mélancoliques, et les marches qu'il joue ont passé de mode.

Ce qu'il y a de curieux, c'est que l'on entend beaucoup mieux ses coups quand on ne leur prête qu'une oreille distraite, et que le son a toujours l'air de se perdre dans le lointain comme s'il accompagnait une procession. »

Dans les Carpates, des coups rythmés frappés dans la montagne sont attribués à une sorte de bûcheron-fantôme. Avec des détails un peu différents, il semble que l'on puisse admettre l'observation d'un phénomène analogue : des sons plus ou moins mélodieux, des battements rythmés entendus sans cause apparente dans les grands espaces déserts. En somme, des mirages sonores comme il existe des mirages optiques ? Le mystère n'est pas résolu[393].

Au cours de son *Voyage d'une Parisienne à Lhassa*, A. David-Neel et son compagnon, le lama Yongden, pénètrent dans le massif sacré du Kha Karpo, situé au nord-ouest du Yun-nan, « chaîne de hauts pics couverts de neiges éternelles, et lieu de pèlerinage très fréquenté par les Tibétains (...). A mesure que nous nous élevions sur la montagne sainte, la forêt changeait de caractère, devenant beaucoup plus sombre et sévère (...). Des phénomènes curieux vinrent accompagner nos marches nocturnes, nous paraissions être entrés dans le domaine d'un enchanteur. Nés du jeu des nuages, des rayons lunaires, de la fièvre causée par la fatigue ou de causes plus mystérieuses, d'étranges mirages surgissaient devant nous. Nous voyions danser sous les hautes futaies les lueurs de brasiers cachés dans les replis des montagnes, des ombres mouvantes se profilaient dans leur clarté, de vagues et très lointaines harmonies flottaient dans l'air. Une fois, marchant en tête, j'entrevis deux formes humaines de haute taille qui s'avançaient vers moi.

Inquiets, les voyageurs se dissimulent. Le silence est total... et toujours les lueurs mouvantes et fantomatiques. Le matin venu, « et plus intriguée que jamais », l'exploratrice examine les alentours. C'est un lieu très sauvage qui ne présente aucun emplacement pour camper, et d'ailleurs nulle trace de foyers... Tout ce qu'elle découvre, c'est, gravée sur une roche, une très vieille image de Padmasambhava, le fameux magicien. Quant à Yongden, il est persuadé que ces feux et ces musiques sont des tours des malicieux *mi ma yins*..., littéralement : « qui n'est pas un être humain », l'une des six classes d'êtres dont les Tibétains reconnaissent l'existence[394].

L'intéressant, c'est que nous allons voir réapparaître ces lueurs errant la nuit au flanc des montagnes désertes dans les massifs occidentaux. Parfois on les attribuait à des démons ou à des damnés :

« Pendant la nuit, on prétendait voir ces esprits sataniques, munis de petites lumières ou de lanternes, errer seuls ou par groupes dans les bois, sur les pâturages, dans les pierriers ou dans les hauts couloirs de la montagne (...). On vit briller ces feux d'une manière particulièrement sinistre avant et pendant les deux épouvantables éboulements de 1714 et de 1749[395]. »

Parfois, il s'agissait des « lumières des morts », de fort mauvais augure :

« Aujourd'hui comme autrefois, plusieurs assurent avoir vu sans cause apparente dans des nuits sombres, sur les alpages ou bien dans le voisinage des demeures, des lumières bleuâtres qui, tantôt hautes, tantôt basses, brillent en vacillant et disparaissent tout à coup. » En 1867, un homme de Zermatt tomba gravement malade, puis se remit contre toute attente. Tandis qu'on le félicitait, quelqu'un lui dit : « Je ne croyais pas à ta guérison car j'ai vu les lumières des morts briller sur ton pré. » En fait, l'autre fit une rechute et mourut peu après.

« Les paysans (mauriennais) racontent des histoires merveilleuses de lumières mystérieuses qui apparaissent dans les coins reculés de la vallée en été, montent et descendent les pentes jusqu'à ce que les cloches de l'église sonnent minuit[396]. »

On pense évidemment aux feux follets. Ils disparurent, paraît-il, définitivement du Petit-Saint-Bernard après la victoire du saint sur le démon du passage. Terreur de tous les voyageurs, ces lueurs étaient, disait-on, allumées par Jupiter à la grande escarboucle qui se trouvait encastrée dans le pilier planté au sommet du col[397].

Mais les feux follets se promènent-ils aussi sur les glaciers ? Trois lueurs apparaissent au-dessus d'une crevasse, et les bonnes gens pensent qu'il s'agit des âmes de trois guides ensevelis par une avalanche et morts sans sépulture chrétienne.

A propos de ces phantasmes, on peut lire dans Mummery quelques pages fort pittoresques qui situent bien l'atmosphère régnant encore dans les montagnes d'Occident à la fin du XIXe siècle.

— En compagnie de ses guides, Burgener et Venetz, il quitte Zermatt en pleine nuit pour une tentative au Cervin par l'arête de Furggen[398]. Il commence par être fortement intrigué par les allées et venues incohérentes et incompréhensibles d'une petite lumière sur le glacier de Gorner. Puis la caravane parvient sur un plateau marécageux qui s'étend au-dessous du lac Noir :

« Quelques minutes plus tard, nous étions entourés par le vacillement ensorcelé, surnaturel, d'innombrables feux follets. A chaque pas, ils flottaient, à droite, à gauche, toujours en apparition ; à peine avions-nous passé qu'ils rampaient furtivement derrière nous, suivant nos traces, inquiétants, pleins de menaces auxquelles il ne semblait pas plus possible d'échapper en s'enfuyant qu'en s'envolant.

Les guides étaient frappés d'horreur. Burgener, crispé à mon bras, murmurait d'une voix rauque : " Les voyez-vous, monsieur, les âmes des trépassés ? " (...). Les démons qui hantaient les escarpements du Cervin guettaient déjà leurs proies ! Tel était le sens des chuchotements d'angoisse des guides. Je suis obligé de le confesser, les petites flammes bleues, rampantes, le silence absolu, la contagion de la crainte superstitieuse de mes compagnons, me pénétraient d'une horreur instinctive... »

Réaction intéressante, car elle vient d'un homme cultivé, de nature ironique et sceptique. Tant sont puissantes les suggestions d'une certaine ambiance !

Il parvint ensuite à faire admettre à ses braves compagnons — qui en toute autre occasion étaient des hommes très braves — l'explication des feux follets. Restait la luciole du glacier de Gorner. Il apprit finalement qu'il s'agissait d'un guide cherchant une troupe égarée, à propos de quoi on lui servit une théorie beaucoup plus originale que celle des trépassés : une grosse pépite d'or errait ici et là aux fins de se grossir, se « wachsen » d'autres parcelles, seule méthode grâce à laquelle l'or parvenait à s'agglomérer ! Il était bien connu que les choses se passaient ainsi dans la vallée de Macugnaga, etc.

Les lueurs mystérieuses sont associées à la présence de l'or et, par extension, des trésors en bien d'autres lieux que les pentes du Cervin ! « Par une nuit très noire, raconte le marquis de Wavrin dans *Le Mystère de l'Orénoque*, on me montra une flamme bleuâtre voltigeant à mi-hauteur d'une montagne escarpée vers l'endroit où, en plein jour, on distingue l'orifice d'une grotte ou d'une caverne... Cette flamme, m'assure-t-on, indique la présence d'un trésor.

On croit couramment, dans toute l'Amérique du Sud, que les feux follets proviennent d'émanations dues à la présence de trésors. Plusieurs sommets de montagne sont connus des habitants par ces flammèches mystérieuses qu'on remarque parfois au cours des nuits de la saison sèche. »

Pour en revenir au récit de Mummery, ce qui émergeait dans nos Alpes, il y a un peu plus d'un siècle (1880), c'est une croyance très ancienne en la vie propre des minéraux qui naissent, croissent, se meuvent et s'unissent dans les ténèbres souterraines ou nocturnes. Elle révèle une conception généralisée de la réalité cosmique, perçue comme un inépuisable courant de vie baignant et fécondant toutes les formes, toutes les matières existantes.

C'est celle des cultures archaïques. Elle ne manque ni de noblesse, ni de grandeur, ni, pour l'essentiel, de vérité, une vérité aussi profondément enfouie sous les apparences que sous des colonnes de pesanteur, l'or lui-même au sein inaccessible de la terre[399].

Petit Supplément à la Météorologie classique

Les étoiles filantes sont souvent les âmes des morts, ou bien des esprits :

« La nuit, voyait-on un bolide brillant traverser le ciel d'un flanc à l'autre de la vallée, on disait : " Vaiqué les gomos qué passan ! " Les nains-mineurs, les gardiens des trésors se rendaient visite, racontaient les obstinés qui s'en allaient de nuit dans les rochers de Naye, ou ailleurs, pour " crosa ", chercher les prétendus trésors cachés dans les cavernes de la montagne. »

Ou encore il s'agit de la fameuse escarboucle frontale de la Vouivre : « Elle brille comme une boule de feu ou comme une étoile (...) et lui sert pour ainsi dire de lanterne. Lorsque la Vouivre voltige avec bruit de monts en monts, on voit sortir de sa bouche une haleine de flammes et d'étincelles qui fait briller les paillettes de ses écailles et de ses ailes gigantesques (...). Un vieux montagnard d'Ollon m'a raconté que, dans son enfance, son père lui parlait couramment de ce dragon ailé qu'il avait vu lui-même en l'année 1790 sortir des parois de Plan-Névé et du Muveran, puis s'élever dans les airs en décrivant des contours immenses pour se cacher enfin derrière la dent au Favre, en vomissant force flammes et étincelles[400]. »

En ce monde d'apparences, il arrive que le soleil lui-même, centre des espaces mythiques et symbole vénérable de stabilité, émigre dans une dimension nouvelle où tout devient possible, y compris l'histoire de Josué. Il existe en France de vieilles traditions régionales telles que celle des trois soleils qu'on pouvait voir se lever le jour de la Trinité sur le mont Poupet, en Franche-Comté, ou sur le ballon de Servance, dans les Vosges.

Le jour de la Saint-Jean, c'était au puy de Dôme. Dans le Bocage normand, la Creuse, le Limousin, le pays messin, les gens, à Pâques ou à la Saint-Jean, montaient sur les collines pour voir « danser le soleil ».

Il en est de même au pays de Galles et en Irlande. Une chanson lettone précise qu'il danse sur une montagne d'argent. L'Ushas védique (Aurore) est également une danseuse.

Les danses du soleil à l'horizon — il s'agit souvent d'une sorte de tremblement — sont l'effet des mouvements de l'air porté à des températures différentes. Les couches échauffées par les rayons du soleil entament une marche ascendante. L'image lettone de la montagne d'argent évoque précisément une vue à contre-jour[401].

Dans les phénomènes de halo et de parhélie, il se produit des réflexions sur les minuscules cristaux de glace en suspension dans l'atmosphère, d'où apparition de cercles, de faux soleils, et de figures plus complexes quand les effets s'additionnent. C'est presque certainement à une série de halos réfléchis qu'est due la fameuse vision de Whymper et des Taugwalder au Cervin, lors de la descente après la première ascension, et peu de temps après la chute de leurs quatre infortunés compagnons :

« Trop abattus pour parler, nous recueillîmes en silence tout ce qui nous avait appartenu, à nous et à ceux que nous avions perdus, et nous nous préparions à descendre quand soudain un arc immense se dessina dans le ciel, s'élevant à une très grande hauteur au-dessus de Lyskamm. Pâle, incolore, silencieuse, cette mystérieuse apparition présentait des lignes parfaitement nettes et arrêtées, excepté aux extrémités, qui se perdaient dans les nuages ; on eût dit une vision d'un autre monde. Frappés de terreur superstitieuse, nous suivions avec stupéfaction le développement graduel de deux grandes croix placées de chaque côté de cet arc étrange. J'aurais douté de mes propres sens si les Taugwalder n'avaient aperçu les premiers ce phénomène atmosphérique ; ils lui attribuaient une relation surnaturelle avec l'accident. Pour moi, je pensai presque aussitôt que c'était peut-être un mirage où nous jouions notre rôle ; mais nos mouvements n'y apportaient aucun changement. Les formes restèrent immobiles. C'était un phénomène terrible, merveilleux, unique pour moi qui avais vu tant de choses curieuses. Dans les circonstances où nous nous trouvions, l'impression qu'il produisit sur nous ne saurait se décrire[402]. »

Le vainqueur du Cervin précise bien qu'aucun mouvement ne modifiait cette aérienne épure, ce qui exclut l'explication classique du spectre du Brocken, lequel au surplus se manifeste souvent en altitude. N'importe quel alpiniste en a été au moins une fois témoin, et celui-ci était trop avisé pour s'y méprendre.

Voici encore deux observations plus récentes et beaucoup plus étranges faites dans l'Himalaya par des alpinistes confirmés. La première fut contée par Frank F. Smythe, excellent montagnard et bon écrivain. Ce fut au cours de l'expédition 1933 au mont Everest, par conséquent à une époque où l'on ne parlait pas des O.V.N.I. :

« Je redescendais vers le camp VI (Smythe était seul, et vers 8 500 mètres d'altitude), quand, le hasard me faisant regarder en l'air, j'aperçus deux objets noirs flottant dans le ciel bleu. Leur forme était celle des " saucisses " d'observation, sauf que l'un d'entre eux paraissait muni de courts ailerons. Planant, immobiles, ils semblaient se gonfler et se dégonfler alternativement, comme s'ils respiraient. Je les regardais fixement, abasourdi, avec un intérêt extrême. J'avais le sentiment que mon cerveau fonctionnait normalement, mais pour me mettre à l'épreuve je détournai mon regard... Mais quand je le ramenais ils étaient toujours là. Une deuxième fois je regardai ailleurs, mais en identifiant par leur nom, en matière de test mental, divers détails du paysage. Et pourtant, quand mon regard les chercha de nouveau, les " objets " étaient toujours visibles. Une minute ou deux plus tard, un brouillard dériva par le travers de l'épaule nord-ouest de l'Everest, au-dessus de laquelle ils étaient suspendus. Il s'épaissit, masqua progressivement les objets, et ils disparurent à ma vue. Quelques minutes encore passèrent, et le brouillard se dissipa. Je regardai de nouveau, m'attendant à " les " voir, mais " ils " s'étaient évanouis aussi mystérieusement qu'ils étaient apparus. S'il s'agissait d'une illusion d'optique, elle était vraiment curieuse. » (*L'Aventure alpine,* par Frank F. Smythe, p. 240, Arthaud édit., 1951.)

Autre témoignage de grimpeurs occidentaux à propos d'une apparition non moins fantastique, quelles qu'en soient les causes. Cette fois, nous nous trouvons dans une région particulièrement sacrée pour la tradition indouiste, celle de la Nanda Dévi.

« A deux heures du matin, nous " cramponnons " confortablement à rythme rapide et sans effort sur la neige gelée. Nous nous retournons pour contempler la Nanda Dévi, qui se dresse [...] majestueuse et austère dans la lumière de la lune, mais une torche flamboyante, un énorme chaudron incandescent, se détache de son sommet sous nos yeux, puis se déplace comme l'ombre de l'aigle en plein vol, par-dessus l'arête et vers le sommet Est de la Nanda Dévi... Nous sommes impressionnés. Nima (sherpa) tombe à genoux sur-le-champ, récitant ses cantiques bouddhistes... pendant que Bahadur murmure ses prières indoues. [...]

« Une décharge électrique silencieuse, entre des masses opposées d'air ionisé humide. » Telle fut l'explication de mon ami physicien (...). Ainsi c'était un phénomène explicable, l'ombre de l'aigle au-dessus de la gorge aussi. Presque tout est explicable dans notre monde (...). Oui, mais pour moi, et par une conviction née d'un besoin et non de l'ignorance, c'est quelque chose de plus qu'un phénomène scientifique, quelque chose de mieux exprimé par les paroles mêmes de Nima : " Hari Sahib, les montagnes ne sont plus en colère comme elles le sont le jour ! " » (*Trois Montagnes et une autre,* par H. Dang. *Revue alpine.* Lyon, septembre 1963.)

Le Brocken est le point culminant, 1 142 m, du Harz, massif montagneux au centre de l'Allemagne, couvert de sombres et sauvages forêts, et truffé de filons minéraux. De ses crêtes fréquemment embrumées, le voyageur effaré apercevait le fameux « spectre », autrement dit la projection agrandie et naturellement mouvante de son ombre, entouré d'un halo lumineux, sur l'écran plus ou moins translucide des brouillards.

Cette apparence est-elle à la source de la première vision de Mahomet méditant solitairement sur le mont Hira, quand il vit s'approcher de lui, flottant par les airs, et dans l'attitude de la prière, un personnage céleste qu'il reconnut pour l'ange Gabriel ?

Et au mont Omi, dans le Setchouan, d'après la légende, jadis visité par le Bouddha, site sacré d'importance majeure, grand pèlerinage pour les dévots chinois et tibétains, on dit qu'il existe une apparition colossale et quasi permanente du « Tout Bon », au centre d'une auréole aux brillantes couleurs de l'arc-en-ciel.

Au pic d'Adam, à Ceylan, montagne non moins sacrée, dont le

sommet porte une empreinte vénérée, le soleil levant, à la grande admiration des pieux visiteurs, projette à grande distance sur l'écran phosphorescent des nuées l'ombre parfaitement triangulaire du pic. Et cette géométrie dans l'espace, qui désigne une fois de plus le centre du monde, est interprétée comme l'un de ces signes quasi fraternels que les dieux font de temps à autre aux hommes pour les assurer d'une autre Dimension.

Les spectacles les plus ordinaires pour un Occidental blasé, à partir du moment où ils sont saisis, interprétés dans leur véritable épaisseur mythique, c'est-à-dire comme des reflets chatoyants d'une hyper-réalité, prennent une ampleur, une signification que seul un poète parvient à dégager. Comme jadis Dante en compagnie de Virgile errait parmi les hérissements infernaux, Faust, aux côtés de Méphisto, sorte de réplique suspecte du couple de *la Divine Comédie*, s'engage dans les sauvages escarpements de cette même cime hantée du Harz.

« Que cet éclat d'un triste crépuscule brille singulièrement dans la vallée ! Il pénètre jusqu'au plus profond de l'abîme. Là monte une vapeur, là un nuage déchiré ; là brille une flamme dans l'ombre du brouillard (...). Ici, elle ruisselle bien loin par cent jets différents, au travers de la plaine ; puis se réunit en un seul rai entre des rocs serrés. Près de nous jaillissent des étincelles qui répandent partout une poussière d'or. Mais regarde, dans toute sa hauteur, le mur de rochers s'enflamme... »

C'est ainsi qu'à travers le tissu somptueux des mots Goethe, dans son premier *Faust*, décrit avec l'ardeur, la vivacité et l'*étonnement perpétuel* du génie, les flamboyantes mises en scène d'un coucher de soleil en montagne, vision que d'aucuns jugeraient banale à force de répétitions, dont l'évocation n'aboutirait qu'à des platitudes sous une autre plume, mais dont, enchanteur lui-même parmi les enchanteurs, il parvient avec aisance à tirer la quintessence fabuleuse.

XXIII
LES CIMES ARTIFICIELLES

Attention! voilà l'homme qui bouge et qui regarde à droite et à gauche;
Le voilà qui se lève et sa face crépite comme torche résineuse,
Le voilà qui s'avance foulant les hautes herbes du ciel.

Jules SUPERVIELLE.

C'est autour d'une Montagne-mère, située au centre du monde et reliant la terre des hommes au ciel des dieux, que se sont fort souvent structurées les anciennes civilisations : sorte d'épure intérieure à partir de laquelle ils ont tout édifié. Il ne s'agit pas ici d'une théorie, mais d'un constat ; aussi solide que celui de l'existence de la pesanteur. Et, quand on s'en souvient, on tient la clé de beaucoup de problèmes de l'Histoire.

Pourtant, les circonstances variaient. Il existait des peuples montagnards pour lesquels la Cime cosmique était une réalité matérielle. Ils l'avaient sous les yeux, ou du moins savaient qu'elle était là, à une ou dix journées de marche, au-delà des horizons, pivot de pierre ou de glace scintillante, relief colossal haussant la terre jusqu'au zénith. Une telle Présence ordonnait à la fois l'univers et les pensées, donnait un « sens » à toutes choses au monde.

D'autres hommes s'étaient installés dans les plaines fertiles, au bord des fleuves ou de la mer. A l'entour, le paysage était à peu près plat, ou bien les lignes horizontales prédominaient. Rien dans les décors naturels n'évoquait d'une manière évidente l'image qu'ils portaient en eux, non essentiellement, comme on l'a souvent répété, parce qu'ils étaient d'origine montagnarde, conservant la mémoire et le goût des altitudes ancestrales — en plusieurs cas d'ailleurs la chose est fort probable — non pas même à cause du mythe si répandu de l'éminence salvatrice du déluge, mais d'abord sans doute parce qu'ils étaient des êtres debout, des créatures verticales, que chaque colonne vertébrale fournit un axe de l'univers et que tout individu se trouve au centre de son propre espace et de son propre temps. En sorte qu'étant ainsi faits le reste devait être à leur ressemblance. Si les montagnes n'existaient pas, il fallait les inventer. Les créations de l'art, surtout les monumentales, s'inspirent au départ des formes existantes, et les réordonnent en fonction de nécessités intérieures. Les nomades ne se préoccupent guère d'architecture, sauf dans le cas où ce nomadisme est justement brisé par la mort. Il leur arrive alors d'entasser des tumuli mortuaires. Tout peuple sédentaire parvenu à un certain degré d'organisation sociale élève des édifices matérialisant sa propre conception de l'univers. Ils peuvent être fort humbles et fort primitifs, ou au contraire atteindre des proportions colossales et témoigner d'extrêmes raffinements : ils contiennent en tout cas des allusions plus ou moins précises et méditées à l'ordre des choses, c'est-à-dire à l'axe-centre et à la Cime-mère du monde.

Il peut même advenir que l'allusion cède la place à une tentative de reproduction pure et simple... « On a (...), par des montagnes artificielles qui furent bâties par les rois indous, honoré le Mérou sacré. L'une d'elles, construite en 1207, se trouve près de la ville de Bénarès[403]. »

La première architecture sacrée. Les éminences mortuaires

Il est probable que les « pierres levées », les plus primitifs des monuments, ont eu, entre autres fonctions — dont chacune pouvait déterminer un culte —, celle d'évoquer l'axe centre[404].

Pour les anciennes civilisations, la mort n'est jamais qu'un passage dans une autre dimension, spatiale et temporelle. Et comme, en vertu des théories décrites, ce passage, ce « lieu de rupture des niveaux cosmiques », écrit Mircéa Éliade, est au centre, c'est donc au centre, autrement dit dans la Montagne axiale centrale, que doit être placée la dépouille du mort, lorsque celui-ci entreprend le grand voyage vers l'au-delà. Tout cela est aussi simple que logique, dans le cadre des vieilles cosmogonies.

Il s'ensuit que la tombe est souvent identifiée à la Cime du monde, évoquée à échelle naturellement réduite, sous la forme d'un tumulus qui peut ou se borner à recopier les volumes des collines ou se perfectionner, se géométriser, et devenir un cône, un cylindre, une pyramide. Bien entendu, étant donné l'extrême hiérarchisation des sociétés anciennes, seuls les morts insignes bénéficient d'une tombe-montagne, et cette tombe est en principe d'autant plus élevée que le personnage est plus considérable[405].

Il faut noter encore que l'intention symbolique, qui nous paraît l'essentiel à un certain niveau culturel, coïncidait parfaitement, comme par hasard, avec la volonté d'assurer au défunt paix et retraite inviolables. Tout à fait à l'origine, l'entassement des matériaux réalisait une protection de la dépouille contre les bêtes sauvages et, dans certains cas, celle des vivants eux-mêmes contre le mort, l'éventuel *revenant*, par un verrouillage de pesanteur. Les « chenques » de Patagonie, tas de pierres placés au sommet des collines, fournissent un exemple parmi bien d'autres de cette architecture élémentaire.

L'usage des tumuli est universellement répandu. Il est apparu dès les temps mégalithiques : « Il semble bien prouvé maintenant que la plupart des dolmens et allées couvertes correspondent à la cella centrale d'un vaste tumulus, et on sait quelle est leur extraordinaire dissémination sur toute la façade atlantique, de la Scandinavie au Portugal ; on les retrouve en Méditerranée, au Caucase, Japon, Dekkan... en Corée, Bolivie, Mélanésie ; comme l'a écrit G. de Mortillet, « les dolmens ne sont pas l'œuvre d'un seul peuple, mais bien plutôt l'œuvre d'une même idée[406] ».

Dolmen de Bousquet (Aveyron), d'après un dessin d'E. Cartailhac.

En Amérique du Nord, de grands tertres funéraires peuvent atteindre 20 m de hauteur et 300 m de circonférence. On y a trouvé les dépouilles entassées, sans cercueils de pierre, dans la position assise ou dans celle du fœtus[407].

L'Europe connaît les *Galgals* du pays de Galles et d'Écosse, les *Navetas* des Baléares, etc. Les Celtes étaient essentiellement des bâtisseurs de tumuli.

Sa plus haute montagne artificielle préhistorique, Silbury Hill, non loin de Stonehenge, malgré plusieurs sondages, n'a pas (encore ?) livré de sépulture. La hauteur est d'environ 40 m, et elle couvre 2 ha 1/2. Elle est entourée d'un fossé plein d'eau, d'où l'on a extrait jadis une partie des matériaux. Elle fut édifiée en trois temps, avec agrandissements successifs du projet initial. La construction, très soignée, de calcaire pilé, étalée par couches horizontales divisées en rayons et en circonférences, révèle une grande recherche de stabilité et de durée. On estime que le travail a exigé 500 hommes pendant dix ans, vers — 3100. S'il ne s'agit pas d'une tombe, disent les archéologues, « son usage est inconnu ». A la lueur de tout ce qui a été exposé précédemment, nous pouvons soupçonner une autre fonction majeure.

Pyramides

La cime artificielle s'éloigne carrément des formes naturelles avec les pyramides, qui sont des volumes réguliers, géométriques et *orientés*, ce qui les fixait à l'espace terrestre par des liens indestructibles.

Il y a là une intellectualisation du thème, répondant au besoin d'ordonner l'univers, d'y découvrir les réseaux d'une géométrie transcendante. A ce titre, les monuments pyramidaux apparaissent déjà comme les manifestations d'une certaine tournure d'esprit que bien plus tard, beaucoup plus tard, on qualifiera de cartésienne.

Toutefois, si les formes présentent d'évidentes analogies, les fonctions sont différentes, bien qu'elles soient fondées sur la même symbolique de l'Altitude, laquelle appartient à tous les hommes. En fin de compte, il y a peu d'éléments communs dans une pyramide maya ou inca, et une pyramide égyptienne, si ce n'est le volume pyramidal.

Les américaines

Les réalisations mexicaines paraissent surtout destinées à être le gigantesque piédestal du temple, et de l'idole dont il est la demeure et à laquelle on offre périodiquement des victimes humaines. La plate-forme qui couronne l'édifice supporte un autel de sacrifice et la demeure du dieu, tout au moins celle de l'effigie qui l'incarne.

Ici, il semble que l'effet dynamique propre aux élévations se trouve pernicieusement inversé. Les degrés successifs sur lesquels s'édifie le monument ne sont pas ceux d'une échelle géante qui, de libération en libération, entraîne vers les messages ultimes de l'azur. Ils apparaissent plutôt comme les strates de matériaux lourdement accumulés.

D'une raideur hargneuse, impitoyable, des escaliers pour fourmis découpent la pesanteur en éléments minuscules, et la pyramide tout entière, comme le dieu qu'elle a supporté, exerce de haut en bas une formidable pression, écrase de sa masse les corps et les cœurs. Il n'y a pas un bloc ici qui ne se souvienne du sang répandu ; et les masques féroces pointant des soubassements comme serpents de leurs repaires — ce sont des serpents — trahissent des terreurs cosmiques que les constructeurs ont vainement tenté d'exorciser par d'autres terreurs, sans jamais parvenir à contempler avec sérénité leurs ténèbres et leurs soleils. C'est un monde où les pierres elles-mêmes cherchent encore aveuglément qui dévorer.

Et ces serpents, dans un pays de tremblements de terre et de volcans, sont les mouvantes substructures du sol. L'année solaire creuse

367 niches dans la pyramide du Tajin. A Teotihuacan, la grande pyramide du Soleil, de 210 m de côté, s'élève à plus de 60 m de hauteur par quatre terrasses successives dont les plans intermédiaires, en retrait les uns sur les autres, créent une série de perspectives fuyantes agencées de telle manière que le sommet reste jusqu'aux derniers mètres invisible. Cette disposition accroît considérablement l'impression d'écrasante immensité donnée par ces pentes sans espoir n'aboutissant qu'à un gouffre plus obscur encore que tous les autres. La pyramide de Palenque a pourtant révélé une tombe, ce qui paraît introduire une fonction régénératrice (?).

Au Pérou, non loin de la mer, s'élève une autre pyramide colossale construite en briques, à cinq terrasses superposées, consacrée à Pachacamac, divinité chtonienne. Les hommes de Pizarre qui parvinrent pour la première fois à son sommet le 1er février 1533, après avoir entr'aperçu toutes sortes de richesses et de merveilles, traversé une cour aux piliers incrustés d'or et d'argent, et franchi une grand-porte dont les panneaux scintillaient de turquoises, de cristaux et d'autres matières précieuses, n'y trouvèrent qu'une grotte puante, éclaboussée de sang, où vibraient les mouches : « une espèce de caverne au centre de laquelle se dressait une grossière idole de bois. Autour étaient déposées des offrandes d'or et d'argent (...). C'était vraiment la demeure du diable », note Estete, chroniqueur de l'expédition.

Les égyptiennes

Malgré la découverte ultérieure des monuments américains, babyloniens, chinois..., les pyramides d'Égypte demeurent les plus célèbres, et la postérité a amplement confirmé l'opinion des Anciens, qui plaçaient la « Grande » parmi les sept merveilles du monde. Ce choix est doublement justifié, d'abord par la perfection technique de la construction, ensuite et surtout par la pureté de l'idée qu'elle matérialise.

Pour en comprendre la portée, il faut remonter aux sources, aux élaborations de la pensée égyptienne à propos du cosmos, car l'énorme cristal taillé de la pyramide n'est qu'une transposition à une échelle colossale d'une forme apparaissant dès les premières spéculations sur l'origine du monde, celle de la Colline primordiale.

Quand le dieu Soleil sortit de Noun, le Chaos, l'Océan originel, il ne trouva que le vide des ondes et de l'espace. Alors « il créa la Terre pour se poser ». La terre égyptienne, naturellement, puisque toute grande civilisation du passé se situe d'elle-même au centre de l'univers et au début des temps.

Cette première éminence était « un sable élevé ». L'image est assez claire. Elle évoque une inondation qui, se retirant, laissa un premier Sec. Ce fut « la Vénérable Colline du Commencement »[408].

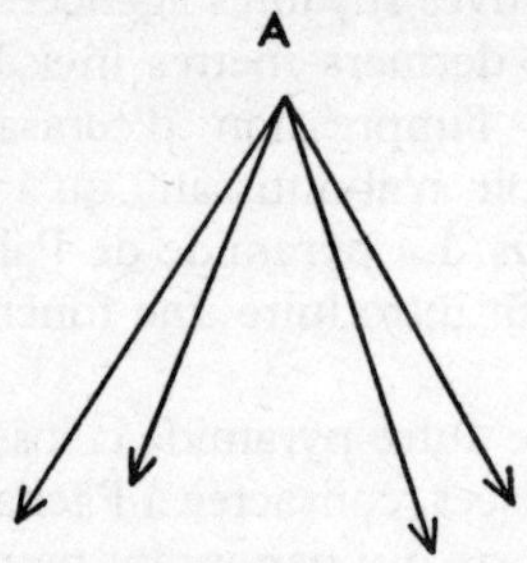

A : point d'émission des radiations solaires.

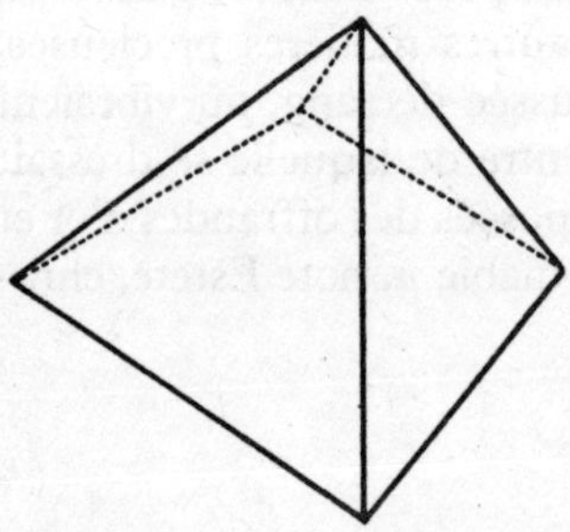

Elle est donc *ipso facto*, car ces fonctions sont inséparables, dans l'axe assurant l'intercommunication des niveaux cosmiques. C'est à la cime de cette Cime que va se poser l'astre à son zénith. Ce contact qui sous-entend une union de la terre naissante et de la Puissance céleste et solaire, source de toute énergie, matérielle et spirituelle, engendrera l'image d'une sorte de cristallisation du faisceau des radiations solaires : « Le ciel a durci pour toi les rayons du soleil, afin que tu puisses t'élever jusqu'à lui comme le regard même du dieu Râ. » (Texte dans une pyramide de la IVe dynastie.) Laquelle se matérialisera dans un volume à base quadrangulaire et orientée : la pyramide, conçue dès l'origine dans sa perfection géométrique.

C'est ce volume insigne, évoquant à la fois le Tertre initial, s'il est envisagé de bas en haut, et le faisceau fécondateur des rayons solaires, s'il est envisagé de haut en bas, c'est-à-dire *un échange* entre la terre des hommes et le ciel des dieux, qui va se répercuter dans l'art monumental de l'ancienne Égypte, à travers le monument Benben : élément majeur des temples solaires (Héliopolis, Ve dynastie), la toiture des naos, les pyramidions sommant les obélisques, les petites pyramides « portatives », tronquées ou non, que l'on découvrira dans les fouilles, et enfin les gigantesques pyramides elles-mêmes, lesquelles, affectant une forme analogue, sont donc chargées des mêmes intentions. Elles évoquent à la fois la Colline de la naissance du monde, le centre de l'univers, et l'axe des échanges terre-ciel-terre manifestés dans ce dernier sens par le faisceau quadrangulaire des radiations issues du point nuptial de la cime.

L'élément essentiel, commun à ces réalisations d'importance variable, c'est le volume pyramidal, synthèse géniale où l'esprit de géométrie et l'esprit de finesse ont également trouvé leur compte. Édifiée face à la source de toutes les énergies, la pyramide est une sorte d'aimant colossal dressé sur la terre d'Égypte, un objet fonctionnel.

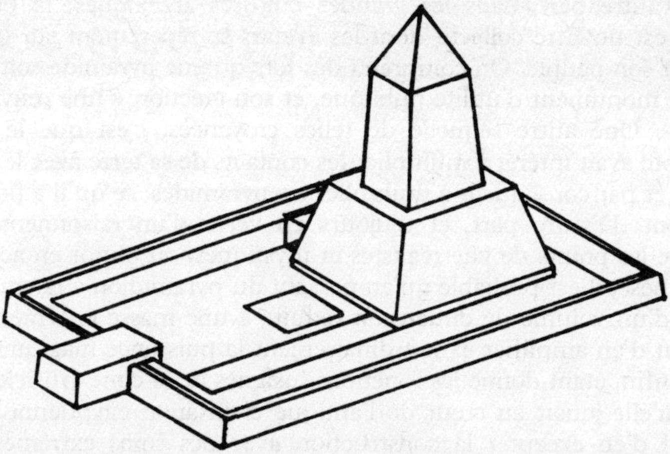

Monument Benben dans le temple solaire d'Abou-Gourob, d'après Borchardt.

Une autre signification se superpose à la première. Non seulement la pyramide — toutes les pyramides, pas seulement la grande — s'identifie à la Montagne de la naissance du monde, mais elle est aussi celle de la mort, la tombe géante d'Osiris, le dieu qui meurt et qui ressuscite, auquel se trouvait identifié le Pharaon et, à travers sa personne collective et sacrée, tout le peuple d'Égypte. La tombe primitive d'Osiris était d'ailleurs située en Abydos, c'est-à-dire au lieu où la tradition plaçait l'émergence du Tertre originel.

Avec une grande hardiesse dans l'exploitation des symboles, les anciens Égyptiens n'ont pas hésité à pousser plus loin. Le volume pyramidal, étant la structure vitalisante par excellence, devient pour ainsi dire le corps de l'Osiris mort et ressuscitant. Il en résulte que le monument peut être aussi considéré comme une figure matérielle, visible, du Kha, énergie créatrice, du Pharaon[409]. Elle est en quelque sorte le Pharaon lui-même, dont la dépouille est incluse dans ses flancs.

On voit donc la complexité et la richesse des significations dont se trouvait revêtue l'*éminente Éminence* pyramidale, fait dont il reste à signaler les conséquences.

La fonction de sépulture royale, réelle ou fictive (si la pyramide abrite seulement « l'âme », pour parler notre propre langue, du Pharaon) est prouvée par les structures, les textes et la découverte d'éléments funéraires. *Cette fonction ne serait pas la cause, mais la conséquence des architectures pyramidales.* La dépouille du prince est placée dans la pyramide parce que c'est là, et nulle part ailleurs, que peuvent s'accomplir les suprêmes métamorphoses.

D'autre part, dans les grandes cultures archaïques, la Personne royale est un Être collectif dont les avatars se répercutent sur le destin de tout son peuple. On comprend dès lors qu'une pyramide soit en réalité un monument d'utilité publique, et son érection « une œuvre de la foi »[410]. Une autre séquelle de telles croyances, c'est que le peuple d'Égypte avait intérêt à multiplier les contacts de sa terre avec le ciel des dieux, et par conséquent à multiplier les pyramides, ce qu'il a fait effectivement. D'autre part, et toujours en vertu d'un raisonnement qui cumule les points de vue réalistes et mystiques, ou plutôt en accomplit la synthèse, il est probable qu'en passant du pyramidion à la vraie pyramide, d'un volume de dimension réduite à une masse énorme, l'intention fut d'en amplifier extraordinairement la puissance magique.

Enfin, étant donné les fonctions insignes de la cime artificielle et le rôle qu'elle jouait au cœur de l'antique civilisation égyptienne, il était naturel d'en exécuter la construction avec des soins extrêmes, toute erreur ou malfaçon se répercutant sur le potentiel du monument et son efficacité. Il était également naturel d'inclure dans ce monument exemplaire les plus hautes connaissances de l'époque : mathématiques, astronomiques..., d'en faire en somme une sorte de tabernacle des sciences et des sagesses du temps. C'est pourquoi, indépendamment des interprétations qu'on a tenté d'en donner, et dont beaucoup sont sujettes à caution, cette fonction, une de plus, n'est ni absurde ni improbable.

Les pyramides égyptiennes ont-elles été aussi des cimes de remplacement ? Entre Assouan et le Soudan, sur les deux rives du Nil, ou plutôt du lac immense qui l'a recouvert, on découvre des formations rocheuses qui présentent de frappantes analogies. La civilisation historique égyptienne serait-elle la fille d'une autre civilisation ayant jadis occupé, avant que ceux-ci passent au désert, les territoires du haut Nil ? Aurait-elle placé ses morts au sein de ces pyramides naturelles, dans des cavernes à l'heure actuelle complètement obstruées par les sables et les éboulis ? Et ces mêmes peuples, une fois émigrés vers le nord, auraient-ils tenté de reconstituer les architectures familières ?

Quoi qu'il en soit, par allusion à la course du soleil et à sa disparition journalière, la rive occidentale du Nil se trouvait dévolue aux morts, et c'est sur cette rive que furent édifiés les monuments. Lorsque la construction en sera abandonnée, c'est dans les entrailles d'une pyramide naturelle, la « Cime de l'Occident », dominant en face de Louqsor les grands temples mortuaires et la vallée des Rois, que les pharaons feront creuser leurs hypogées. Elle deviendra donc une cime-tombe collective dont les dimensions dépassent désormais considérablement n'importe quelle œuvre humaine.

12. Temple solaire (Pérou).

13. El Tajin (Mexique).

14. Kandariya Mahadeo (Inde).

15. Houa Shan (Chine).

16. Angkor. Le Bayon.

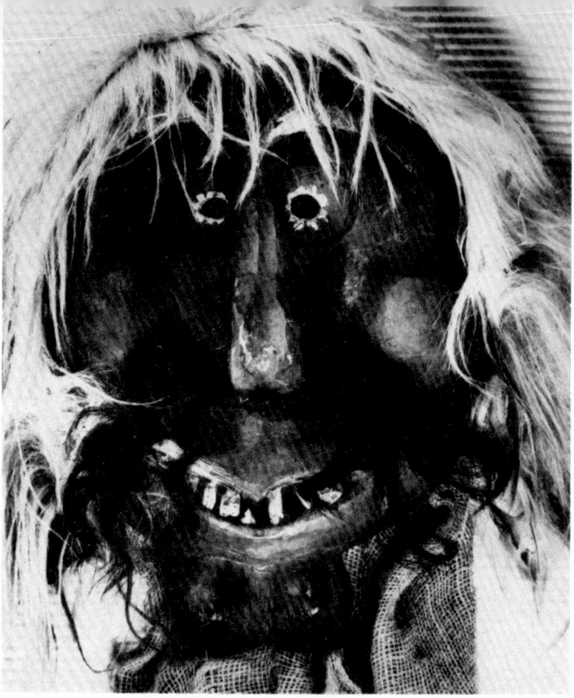

17. Masque démoniaque.

18. Procession en Valais.

19. Grand Chorten (Népal).

20. La tour de Babel.

La mère des pyramides égyptiennes est à Sakkarah, et fut édifiée sous le règne de Djezer Ier — début XXVIIIe siècle av. J.-C. — par Imhotep, le premier architecte dont le nom ait traversé l'Histoire. Mesurant déjà 60 mètres de hauteur, elle présente six degrés coiffés d'une plateforme sommitale. Sa silhouette évoque donc celle des pyramides mexicaines et aussi celle des ziggourats. Mais il existe une différence fondamentale : alors que ces deux autres types de montagnes artificielles fournissent des voies d'accès réelles, matérielles, vers « le ciel », et demeurent en somme des hauteurs utilitaires, celle de Djezer est inaccessible. Il s'agit donc dès l'origine d'une architecture de l'esprit, car l'esprit seul est capable d'escalader les degrés, ceux de l'Escalier magique que le Pharaon doit gravir pour rejoindre son père le Soleil. L'Égyptologie paraît d'ailleurs admettre actuellement que cette pyramide « à degrés » se trouvait dès l'origine recouverte d'un parement lisse.

Le pharaon Snéfrou élève pour son compte deux et peut-être trois pyramides, et ce seul fait annule l'interprétation de la « fonction exclusive de tombe ». La première, à Meïdoum, apparaît encore, du moins à l'heure actuelle, comme une pyramide à degrés, mais à lui seul l'inférieur mesure presque 25 m de hauteur, et le second 30 m 20.

Les deux autres sont plus au nord, à Dahchôur. La première dite « la Rhomboïdale », haute de 907 m, change d'inclinaison à peu près à mi-hauteur, et ressemble ainsi à un énorme bloc taillé, à huit pans, forme analogue à la partie supérieure des benben des temples solaires.

La seconde « la Grande » septentrionale (hauteur : 99 m ; base : 213 m), présente pour la première fois l'aspect classique de la pyramide, telle qu'elle apparaîtra à Gizeh, successivement avec la fameuse « Grande Pyramide », *Akouit,* la Brillante, construite par Khéops, successeur de Snéfrou, la plus haute de toutes : 146 m sur une base d'un peu plus de 230 m, puis celle de Kephren, *Ouërit,* la Grande (haut. : 136 m ; base : 210,50 m), de pente plus raide ; enfin celle de Menken-Ra, *Neteret,* la Divine (haut. : 66 m ; base : 108 m), et par la suite beaucoup d'autres en des lieux différents.

Le monument est un volume plein, dans lequel se trouve ménagé un réseau de passages labyrinthiques, de rampes, de couloirs, de puits, de herses qui aboutissent à une ou plusieurs chambres, dont l'une contenait le sarcophage royal. L'ensemble pouvait aussi être excavé dans le soubassement de l'édifice, comme à Mikerinos (Menken-Ra).

La pyramide n'était pas isolée. Elle formait le culmen d'un vaste ensemble architectural comportant des quais de débarquement le long du fleuve, un temple bas, une vaste chaussée d'accès, un temple haut accolé au monument lui-même ; et toute une ville de mastabas, ou tombe des Nobles, qui contenaient les dépouilles des hauts fonctionnaires de la dynastie, évidemment groupés autour de la hauteur royale afin de profiter des flux d'énergie céleste qu'elle était censée capter.

Enfin, dans l'invention des cimes invisibles, la pensée mystique de l'ancienne Égypte déploie ses ultimes raffinements.

Avant la première réalisation architecturale de Sakkarah, la forme pyramidale, dont le hiéroglyphe △ existait déjà, se trouvait incluse et en puissance dans celle des mastabas (bancs, en arabe). Ces tombes anciennes, recelant un spéo dans un volume plein, sont des édifices rectangulaires à toit plat et à parois faiblement inclinées. Si l'on prolonge par la pensée les lignes des angles, on obtient, à une hauteur *x*, une pyramide idéale d'angle très aigu.

La relation pourrait apparaître purement hypothétique. Mais les Égyptiens ont montré ailleurs que cette conception leur était familière : les petites pyramides, plus ou moins portatives, dites tronquées, sont dépourvues justement en apparence de ce qui compte essentiellement dans la pyramide, c'est-à-dire la pointe, le lieu géométrique où convergent les quatre arêtes, où se consomment les noces mystérieuses de la Lumière créatrice et de la Matière qu'elle informe. De tels objets étaient aussi sacrés que peut l'être une croix pour un chrétien, mais leurs dimensions réduites les exposaient aux injures du temps et à celles des hommes. C'est pourquoi, ici, les volumes sont censés se prolonger dans l'invisible, où ils culminent en un sommet, définitivement hors d'atteinte. Ce genre de détail donne la mesure d'une civilisation.

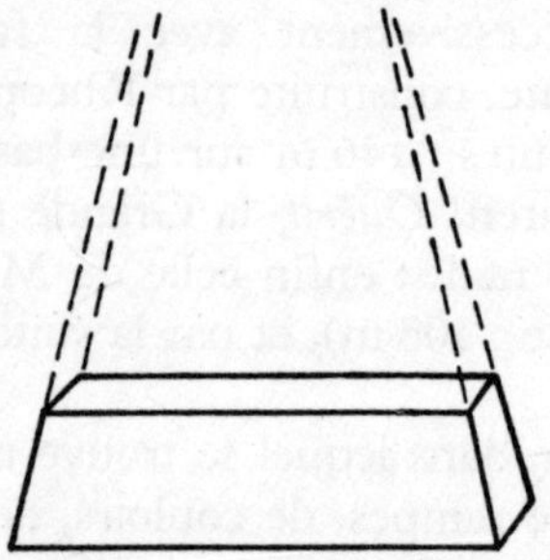

Mastaba

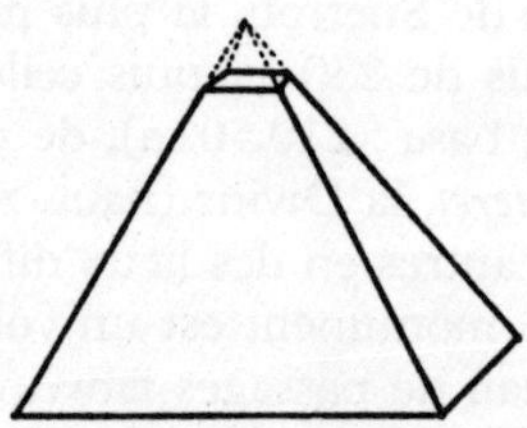

Pyramide tronquée

Il semble d'autre part qu'une conception analogue puisse informer la singulière structure de la « Rhomboïdale » de Dahchôur, qu'Alexandre Varille propose d'appeler plutôt la « Double ». Selon l'éminent chercheur, cette pyramide à pans coupés serait en réalité composée de deux volumes pyramidaux étroitement associés : le premier à base visible et à sommet idéal, le second à sommet visible et à base idéale[411].

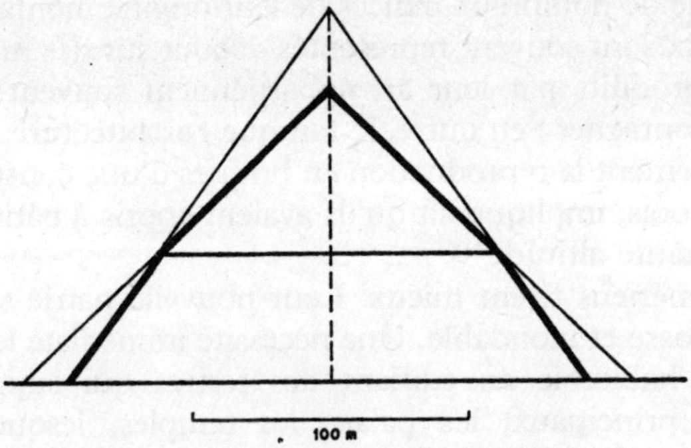

La « Double » de Dahchôur, d'après A. Varille.

La foi, dit-on, est capable de transporter les montagnes. En Égypte, ce fut vrai, à la lettre. Ainsi s'édifièrent ces étonnantes cimes de pierre, dont la lumière dévorait l'opacité, gigantesques protestations contre l'anéantissement, témoignages d'une recherche passionnée de la vérité, d'un amour non moins passionné de la vie, et de l'éternel et instinctif élan d'une grande civilisation vers les espaces célestes.

A présent, bien des siècles ont passé ; beaucoup d'entre elles ne sont plus que ruines et décombres, moins par la faute du temps que par celle des hommes. Il nous appartient de les réimaginer dans leur gloire, comme les avaient voulues les constructeurs, œuvres de science, œuvres de sagesse, œuvres solaires, telles qu'elles furent, et portant au zénith :

> La clameur de toute une humanité
> saluant la voie ouverte au ciel
> par le triangle aigu des Pyramides.
>
> Sully Prudhomme.

Les mésopotamiennes

Vers le milieu du IVe millénaire av. J.-C. eut lieu en Asie occidentale une grande migration de peuples qui, abandonnant les régions montagneuses de la Perse, peut-être à cause d'un assèchement généralisé, vinrent s'installer au nord-ouest du golfe Persique, dans les terres fertiles arrosées par le Tigre et l'Euphrate. Il est possible que, pour la même raison, d'autres communautés aient émigré vers l'ouest, événement dont l'étrange tradition du « déplacement » du « Tisé » (Kang-Tisé = Kaïlas) de Perse en Himalaya fournirait un ultime reflet[36, 43].

Les peuples qui descendirent en Mésopotamie étaient les Sumériens. Il existe de nombreux indices de leur origine montagnarde. Ainsi : « Leurs dieux sont souvent représentés debout sur des montagnes et les animaux reproduits par leur art appartiennent souvent au type de la faune des montagnes ; en outre, le fait que l'architecture de leur temple était véritablement la reproduction en briques d'une construction primitivement en bois, impliquerait qu'ils avaient appris à bâtir dans un pays boisé et de haute altitude[412]. »

Les Sumériens firent mieux. Leur nouvelle patrie se trouvait être une région basse et inondable. Une nécessité immédiate les poussait à la rendre plus habitable en édifiant des tertres qui supporteraient les monuments principaux, les palais, les temples, lesquels, c'est bien connu, doivent s'élever plus haut que les demeures des hommes. Mais ils ne s'arrêtèrent pas là. Le ciel parut désormais trop éloigné à ces ex-montagnards habitués aux promontoires lancés dans l'azur, et aux horizons qu'on y découvre. Les rendez-vous traditionnels avec les dieux de l'En-Haut n'étaient-ils pas compromis ? Ils décidèrent de s'en rapprocher, de suppléer par un formidable travail aux absences du décor. Et c'est ainsi qu'ils commencèrent d'édifier, à coups d'immenses corvées et de milliards de briques séchées au soleil, de nouvelles montagnes dont la seule présence pacifiait désormais les âmes, et conférait au pays *un sens* qui lui manquait. Ce furent les ziggourats, dont le nom, *saqqaru*, signifie simplement « hauteur »[413].

Par la suite, d'autres civilisations prirent le pas sur celle de Sumer, l'akkadienne, puis l'assyrienne, mais l'élan était donné, l'habitude prise. Elles aussi construisirent leurs cimes particulières en augmentant si possible les dimensions initiales pour bien marquer leur propre grandeur et la puissance de leurs dieux.

Ainsi, par un paradoxe éloquent qui ne saurait désormais nous surprendre, c'est justement dans un pays plat que s'édifièrent un grand nombre de montagnes artificielles, qui, cette fois, l'étaient intégralement, puisque la pierre manquait, et que le moindre centimètre gagné en hauteur provenait de l'industrie humaine. Cette architecture de remplacement était aussi une architecture de réaction. Et une preuve historique de plus de l'*aetherotropisme* qui caractérise décidément l'espèce.

Quant à la fonction, ou plutôt le faisceau des fonctions, il n'y a pas d'énigme, car les dénominations des tablettes les précisent sans ambiguïté ; et ce sont justement celles qui conviennent à la Cime cosmique :

« Temple du Fondement du Ciel et de la Terre » à Babylone. « Grand Temple de la Montagne de tous les pays » à Assur. « Maison de la jonction entre la Terre et le Ciel » à Larsa. « Maisons des sept Guides du Ciel et de la Terre » à Borsippa, etc. La cause est donc entendue, sans préjudice de certaines spécialisations. Par exemple, la ziggourat de Borsippa devait être *plutôt* dédiée aux Célestes, les cinq planètes et les deux astres, les « Guides », dans leurs rapports actifs avec les hommes, et on l'utilisait *aussi* comme observatoire sacré[414].

Tout cela ne s'oppose en aucune façon, et tel usage n'excluait pas les autres, puisqu'ils étaient inclus dans un concept exprimé par la même structure : un monument systématiquement développé en hauteur.

Comme en Égypte, la ziggourat se trouvait associée au temple qui jouxtait sa base, et qu'elle prolongeait en quelque sorte dans l'axe vertical. Mais l'énorme différence déjà signalée, c'est qu'en vertu d'une vision beaucoup plus concrète la tour était effectivement un lieu de rencontre où l'on montait depuis la terre (les hommes), et où l'on descendait du ciel (le dieu).

Et la rencontre en question, si nous en croyons Hérodote, s'accomplissait de la manière la moins... abstraite.

« Dans la dernière tour, il y a un grand temple ; dans ce temple un grand lit garni de belles couvertures ; et auprès de ce lit une table d'or. Aucune statue de divinité n'est placée dans ce lieu, et aucun être humain n'y passe la nuit, si ce n'est une seule femme du pays que le dieu a choisie entre toutes... » (Hérodote, I, 181.)

A présent, que l'on veuille bien faire un effort d'imagination, évoquer cette scène extraordinaire, cette scène d'il y a trente ou quarante siècles : très haut, par-dessus la cité endormie, la Tour. Et cette nuit-là où une mer phosphorescente de brouillard déferle jusqu'aux confins du monde, elle vogue solitairement dans l'énorme silence des espaces sidéraux.

Les prêtres, ayant accompli les derniers rites, s'en sont allés, refermant derrière eux, l'une après l'autre, les portes du sanctuaire ; et depuis longtemps déjà les échos se sont tus. Dans la pénombre où reluit vaguement une table d'or, portée jusqu'à cette couche par l'effrayante certitude de tout un peuple, une femme, parée, fardée, inondée de senteurs lourdes, infiniment seule, les yeux largement ouverts, face à un plafond de ciel (?) où dérivent d'énormes étoiles, attend la descente d'un dieu.

Qu'était au juste cette prodigieuse hiérogamie dont dépendait périodiquement le destin de centaines de milliers d'hommes ? Que se passait-il au sein de cet espace sacré, et quelle certitude à son tour la *pénétrait* ? On demande ici l'opinion des psychiatres, des psychanalystes.

Roman ? Peut-être. « Rien ne prouve... » En effet. Mais il y a une chose certaine, c'est que sans imagination sympathique, et les vrais découvreurs du passé ne contrediront pas, on ne peut rien comprendre au génie spécifique d'une civilisation morte, et le reste demeure alors indéchiffrable[415].

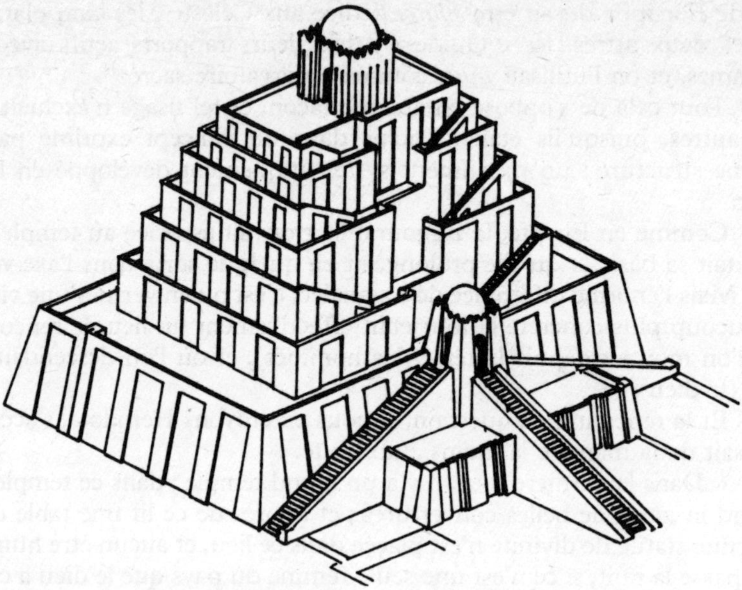

Une reconstitution de la ziggourat d'Ur, en Chaldée, par Sir Leonard Wooley.

Les ziggourats édifiées en briques crues séchées au soleil et armées de paille, disposées par lits successifs avec couches de roseaux intermédiaires liées par l'argile ou le bitume, étaient construites sur bases rectangulaires ou carrées, surélevées, et chaque cité importante avait la sienne. La mesure du côté du carré de base est assez constante, une cinquantaine de mètres en moyenne.

Elles s'élevaient par grands degrés de hauteur décroissante, chacun en retrait sur le précédent, et fournissant ainsi des terrasses successives correspondant par des rampes ou des escaliers. Le nombre de ces degrés varie : de 3 à 5 chez les Sumériens ; puis, ultérieurement, sept, par allusion aux planètes et aux astres, chacun à la couleur du « Guide », soit, pour la pyramide de Borsippa, de bas en haut :

1er : *noir* (Saturne). 2e : *blanc* (Vénus). 3e *orange* (Jupiter). 4e : *bleu* (Mercure). 5e : *écarlate* (Mars). 6e : *argent* (Lune). 7e : *or* (Soleil).

Celle de Suse en Élam, détruite par Assurbanipal, qui la décrit, était recouverte de briques émaillées, et portait « des pinacles en forme de cornes faites en bronze brillant ». (Allusion tauriforme ?)

La plus importante et la plus célèbre reste celle de Babylone, généralement identifiée avec la tour de Babel de la Bible. Nous y reviendrons. Le premier (?) édifice fut démoli par Sennachérib en —689, ensuite rétabli dans sa splendeur par Nabopolassar (VIIe siècle av. J.-C.) ; puis son fils Nabuchodonosor, qui fit placer dans les fondations « des pierres précieuses de la montagne et de la mer ». Il remonta aussi celle de Borsippa :

« Je fis et parfis tout le travail de l'asphalte et de la brique cuite. Avec de la brique cuite émaillée de bleu brillant, je fis sur leur sommet étincelant une demeure sainte, une chambre d'honneur. »

D'après les reconstitutions proposées, la tour, dont la hauteur était égale au côté du carré de base (tablette de l'Esagil), mesurait environ 90 mètres. Elle comportait sept — ou huit (Hérodote) — étages, y compris à son sommet la fameuse chapelle du Lit. Et peut-être aussi « un *é-gi-gunû* (chapelle sépulcrale), quelque part dans les étages supérieurs »[416].

Ruinée à nouveau par Xerxès, Alexandre le Grand entreprit de la relever, mais la mort l'empêcha de poursuivre cette tâche. Deux mille deux cent douze ans plus tard, des archéologues allemands commencèrent à piocher dans un tumulus informe...

Les Temples-montagnes d'Asie

Toute demeure dédiée aux Puissances d'En-Haut doit être de quelque façon marquée du sceau de l'Altitude. Ce rappel pourra s'exprimer de bien des façons : d'abord par le site choisi, une éminence quelconque, naturelle ou artificielle ; ou par un exhaussement de la plate-forme de base de l'édifice à l'aide de degrés. Les temples grecs eux-mêmes, malgré leur dominante horizontale et une conception rationalisante, obéissent à ces impératifs. Ou bien encore par une surélévation de l'édifice qui domine ainsi tous les autres : basiliques, cathédrales, mosquées, clochers, campaniles, minarets... Si les circonstances locales sont défavorables, c'est à l'intérieur qu'on découvrira l'allusion[417].

Il arrive encore que l'architecture évoque directement celle de l'univers telle que la conçoivent les civilisations traditionnelles. Il s'agit alors de monuments cosmiques, de véritables images du monde.

Cette réduction de la totalité à un nouveau volume conçu à l'échelle de l'homme traduit deux tendances fondamentales : l'une, centripète, qui consiste à s'installer autour d'un point préférentiel de l'espace, en l'occurrence matérialisé par un édifice, et l'autre à réaliser des synthèses. Toutes deux nées apparemment du besoin d'intégrer d'une manière quelconque l'intraduisible Dimension de l'Univers.

Il existe des constructions de ce genre en différentes parties du monde, mais on se limitera ici à quelques exemples pris en Asie.

Aux Indes, les *stûpas,* bâtis sur les reliques de différents bouddhas, sont considérés comme les plus anciens (IIIe siècle av. J.-C.). Ce sont des tumuli affectant une forme hémisphérique, surmontés d'une pointe (axe-centre) qui peut s'étager en disques superposés représentant les différents niveaux célestes. Au sol, la région terrestre est imagée par des bas-reliefs. Les substructures correspondent aux régions infernales et l'aire sacrée se trouve délimitée (Stûpa de Sançi, IIe-Ier siècle av. J.-C.) par une barrière circulaire où s'ouvrent quatre porches orientés[418].

Les *chortens,* aussi abondants au Tibet que nos oratoires et chapelles en pays chrétiens, reprennent le thème des stûpas, mais à une échelle réduite — sauf quelques exceptions comme le Kanbum de Gyantsé, qui est un monument considérable — et avec des variantes importantes dans la forme et l'usage. D'après le professeur Tucci, il ne s'agit plus de reliquaires, mais de cénotaphes construits « afin de rappeler quelque fait particulier, pour le salut de celui qui l'érige ou de ses parents, ou encore en tant qu'ex-voto, et témoignage d'action de grâce ».

La base, terrestre, est carrée, à degrés, surmontée d'un corps principal en forme de cloche, la voûte céleste, qui s'achève en pointe effilée sommée « par une faux (symbole de l'air, voûte du ciel retournée) et d'une flamme figurant l'espace, l'aether, le dernier et le plus subtil des éléments ». Et Fosco Maraini ajoute : « Un vieux chorten aux pierres mangées par le vent, qui se dresse devant un fond illimité de montagnes ocre, jaunes, rouges, s'étendant jusqu'à des lointains bleutés, endiamantés de neige, est chose d'une indicible poésie. »

Stûpas et chortens expriment avec une discrétion conforme à l'esprit du bouddhisme certaines structures essentielles. Ce sont les signes, déchiffrables à qui sait les lire, d'une géométrie transcendante, et ils suggèrent plutôt qu'ils n'expriment. En Inde, dès le haut Moyen Age, les rapports entre les grands temples brahmaniques et la silhouette de la Montagne cosmique cessent d'être allusifs. Ils l'incarnent avec évidence. Et d'ailleurs les contrastes entre le corps de l'édifice, ses murailles énormes et les volumes intérieurs sont tels que, plutôt qu'à des salles, on songe à des spéos, des cavernes ménagées dans l'épaisseur de la roche.

Un porche, puis un vestibule (mandapa) donnent accès à un antre étroit, quadrangulaire, au centre duquel s'érige la colonne-phallus du Lingham, symbole çivaïte de l'énergie créatrice. Et, couvrant ce mystérieux lingham dressé dans le silence et les ténèbres, jaillit à 30... 50 mètres de hauteur un Double visible, aérien, une tour qui n'est à tout prendre que son expansion architecturale en plein azur.

Le monument, dans son ensemble et jusqu'en ses moindres détails, se trouve voué à partir de cette racine à l'expression d'une dynamique de l'Altitude que les constructeurs, jouant avec habileté des deux directions majeures, ont réussi à transcrire dans la pierre. Après un envol puissant, rigoureux, et comme relancées par les étages successifs des contreforts, les verticales fusent vers le ciel pour ensuite fléchir leur trajectoire, s'incurver dans une courbe parfois très proche de l'arc ogival, s'unir enfin dans un culmen où, comme par magie, brillent les fascinantes séductions de la véritable Cime. La roche ici s'élance avec ardeur, puis se soumet, s'incline, fleurit enfin sous le regard des dieux. Car cette montagne-là est celle de Vishnu, couronnée de cèdres et de déodars, et sur ses flancs la pierre foisonne de mondes, de jungles, des images bruissantes de la vie.

Il fallait aussi évoquer d'incommensurables hauteurs. Ces mêmes verticales dont le faisceau orienté demeure partout évident, malgré la complexité de l'édifice, se divisent horizontalement en d'innombrables degrés dont l'accumulation évoque les entassements géologiques. Ainsi l'œil, perpétuellement sollicité, perpétuellement bloqué par une nouvelle assise, doit s'élever par une espèce d'effort, de strate en strate, vers un sommet qui paraît toujours plus lointain, toujours davantage inaccessible. L'ascension dure trois secondes ou vingt siècles, on ne sait plus. Et cet autre Mandara, cet autre Mérou, illustre avec une remarquable éloquence la pensée profonde de l'Inde, subjuguée par la prolifération des êtres, éternellement aimantée par l'abîme des espaces et des temps.

L'enveloppe du vide

Entre les VIe et VIIIe siècles ap. J.-C., à Ellora, où les rochers et les eaux jaillissantes évoquaient des Himalayas en miniature, les sculpteurs, mués en démiurges, ont excavé en pleine falaise ermitages, chapelles et temples.

Parmi ceux-ci, une réplique mythique du fameux Kaïlas, formidable massif affouillé, sculpté comme un corail, où, sur des bases rectilignes et soutenu par des éléphants-atlas, s'édifie un labyrinthe d'escaliers, de porches, de vestibules, d'arches, de piliers géants, de danses, de flammes, de tourbillons, qui, de degrés en degrés, culmine au dôme final.

Émergé des océans obscurs de la pierre, synthèse de pesanteur et d'altitude, ce Kaïlas artificiel est étrange. Davantage qu'une montagne, il apparaît comme l'empreinte d'un vide, comme une coulée de pierre dans le moule d'un concept, comme une caverne en relief... L'indestructible centre du monde est ici enfanté par la terre et, malgré la frénésie des sculptures, la rigueur de cette géométrie pétrée est telle qu'elle atteint au dépouillement des grandes altitudes abstraites, immobiles, plongées dans l'aether immobile. Cette leçon d'absence et de sérénité est celle des anciennes cellules monastiques creusées dans le pourtour du temple, volumes cubiques dépourvus de toutes choses au monde, sauf de silence et d'ombre.

L'île de Borobudur

A peu près au centre de Java, dans une vallée où pèse toujours la présence de quatre grands volcans enrobés de brumes bleuâtres, la jungle se bossuait d'une colline, d'une colline comme les autres, jusqu'au jour où l'on s'aperçut qu'aux lianes, aux troncs musculeux se mêlaient confusément les arborescences de la pierre. On déblaya... des escaliers, des terrasses se superposèrent à d'autres terrasses, à d'autres escaliers menant vers des passages perdus, et finalement une énorme île de basalte émergea peu à peu des profondeurs végétales. Les racines, les cobras, les ombres vénéneuses cessèrent de ramper sur les dalles qu'échauffèrent à nouveau les rayons verticaux du soleil. Cette Atlantide retrouvée c'était Borobudur, et Borobudur c'était le Monde.

Ici, la conception du temple-montagne s'élargit jusqu'à remplir la totalité du cosmos, jusqu'aux frontières du chaos extérieur, d'ailleurs remarquablement suggéré par l'océan tumultueux des sèves. Ce qu'au XXe siècle, poursuivant un vieux désir de synthèse, la science tente de concentrer dans des équations magistrales où se révélerait l'ordre réel des choses, est ici formulé dans la pierre, conformément à une vision intérieure, cohérente, exhaussée et centrée. De Pythagore à Einstein, en passant par Borobudur, si les moyens et les œuvres diffèrent, l'intention est analogue.

Le monument fut édifié vers le IXe siècle ap. J.-C., c'est-à-dire à une date relativement récente, par des bouddhistes émigrés des Indes et fuyant sans doute la persécution des brahmanes. Ils replantèrent en ces lieux leur centre sacré, pour l'essentiel un stûpa, mais cette fois de dimensions colossales.

C'est une pyramide à degrés, établie sur un plan quadrangulaire de 180 m de côté. Les cinq premières assises forment des carrés à redents. Les trois dernières sont circulaires et portent respectivement 32, 24 et 16 chapelles-reliquaires, elles-mêmes stûpas, ou « dagobas ». A la cime, un ultime et monumental stûpa contient, dit-on, une effigie inachevée du Bouddha ; ou l'espace mythique *Sadarçana*, le « Pilier du Souffle », axe-centre envisagé sous son aspect créateur.

Borobudur associe donc les symboliques majeures du carré (terre-matière), et du cercle (sacré céleste), de la pyramide et du dôme. Les

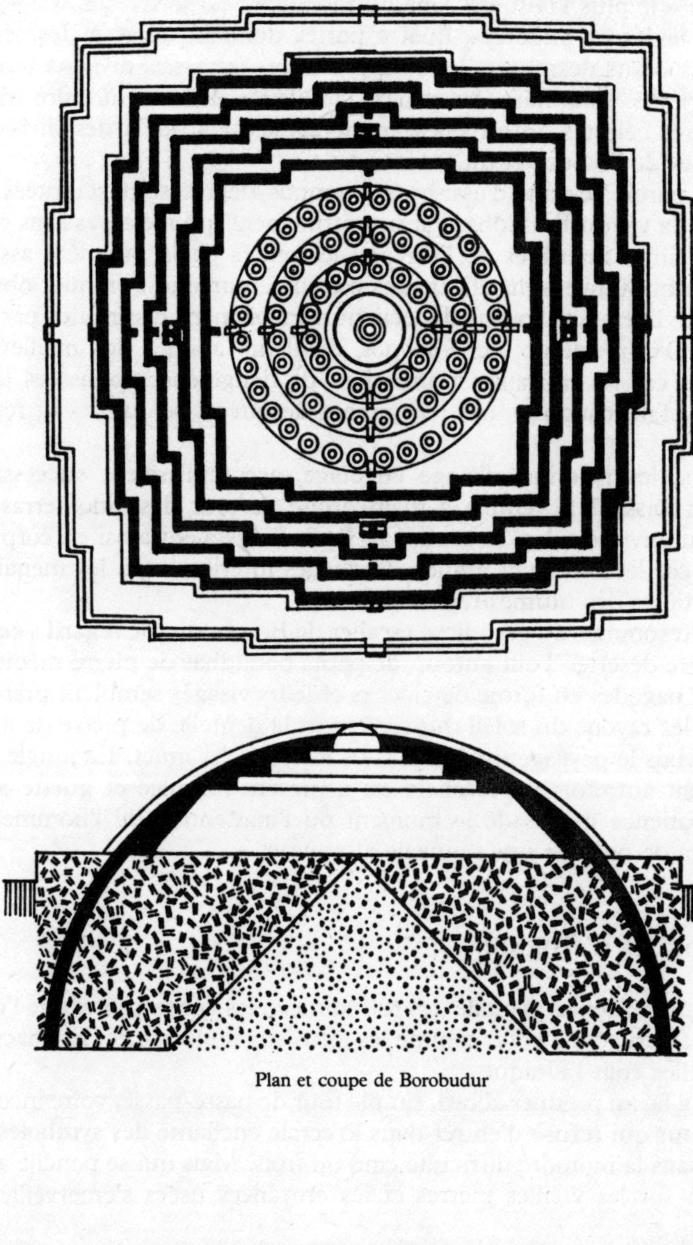

Plan et coupe de Borobudur

degrés représentent la série des étages cosmiques, terrestres puis célestes, culminant au Sommet polaire des espaces et des temps, celui-là même qu'atteignit en sept Pas le Bouddha dès sa naissance, et où il se proclama « le plus Haut et l'Aîné du monde ».

Sur les faces orientées, quatre portes donnent accès à des séries d'escaliers droits desservant les cinq premières terrasses, niveaux terrestres inférieurs. Plus haut, les paliers circulaires définissent l'aire triple des sphères célestes, informelles, inorientées, car au-delà des divisions communes de l'espace et du temps.

Les parois servant d'assises aux grands degrés sont sculptées de scènes de la vie du Bouddha. Par un raffinement qui n'est pas sans évoquer les cimes invisibles de l'Égypte, les reliefs de la première assise, représentant l'univers maléfique des passions humaines, premier obstacle à toute libération spirituelle, étaient normalement dissimulés par un blocage. D'imprudents archéologues, d'ailleurs animés des meilleures intentions car les murailles trahissaient de dangereuses poussées latérales qu'il fallait juguler, ont récemment découvert ce qui devait rester caché.

Jadis, les pèlerins, d'étage en étage, accomplissaient successivement, en laissant le temple à main droite, le tour des cinq terrasses, déployant environ 6 km de parcours. Ils franchissaient ainsi en corps et en âme, car leur foi était grande, les étages inférieurs qui les menaient aux frontières des ultimes révélations.

« Du sommet du grandiose escalier de Borobudur, le regard s'étend sur la terre déserte. Tout autour, de petits bouddhas de pierre méditent dans des pagodes en forme de cloches et leurs visages semblent prendre vie sous les rayons du soleil qui traversent la dentelle de pierre de leurs niches. Mais le paysage qu'ils ont sous les yeux est muet. La jungle qui envahissait autrefois les escaliers est à présent refoulée et guette avec une impatience maussade le moment où l'inattention de l'homme lui permettra de pousser une nouvelle attaque[419]. »

Les mondes d'Angkor

Dans l'ancienne capitale des rois khmers, les cimes-centres de l'univers ont fleuri côte à côte, comme les lotus sur un lac sacré. Et chacune d'entre elles était l'Unique.

Il y a là, au premier abord, simple tour de passe-passe, voire incohérence, pour qui refuse d'entrer dans le cercle enchanté des symboles où un *font* sans la moindre difficulté cinq ou trois. Mais qui se penche avec affection sur les vieilles pierres et les croyances usées s'émerveille au contraire de telles multiplications, car elles témoignent de la liberté souveraine de l'esprit, de la victoire d'une onde impalpable d'énergie sur beaucoup de lourdes pierres. Non tant parce que ces morts anciens les ont remuées, assemblées, sculptées avec des peines et des soins infinis que parce qu'elles étaient devenues à leurs yeux suffisamment transparentes pour qu'au-delà d'apparences diverses ils ne distinguent plus qu'une forme insigne, la seule qui leur conférait justement sens et réalité.

Comme les fantastiques cristaux de l'Égypte, ces monuments ne valaient quelque chose que dans la mesure où ils signifiaient autre chose qu'eux-mêmes, étant en fait les empreintes variées d'une seule idée dans la matière soumise. C'est cette brillante réduction à l'unité qui honore les civilisations anciennes et nous font leurs débiteurs, car, sans cette alchimie préalable, l'avenir n'existait pas.

La Cime-mère d'Angkor s'érigeait au centre de la cité fondée à la fin du IXe siècle par le roi Yaçovarman. C'est le *Phnom Bakheng,* une « montagne du Temps ».

Cette pyramide quadrangulaire à six étages porte à son sommet une haute tour centrale flanquée de quatre autres tours aux angles : le mont Mérou, pôle céleste — son négatif est au fond des enfers, au centre de l'En-Bas —, et ses quatre grands contreforts himalayens.

« Les cinq étages inférieurs comportent chacun 12 tours : 5 cycles duodénaires de Jupiter formant son cycle sexagénaire.

Des tours périphériques complètent à 108 le nombre des tours environnant la cime axiale : période cosmique de 108 dizaines de milliers d'années humaines.

De chaque point cardinal sont visibles seulement 33 tours, par le jeu de recouvrement des plans postérieurs par les antérieurs. Ces 33 tours figurent les trente-trois groupes de dieux habitant le Mérou. Les trois tours supérieures représentent Brahma, Vishnu et Çiva[420]. »

Le *Baskei-çankran* (Xe siècle) passe pour le type du temple-montagne khmer. C'est une petite pyramide quadrangulaire à trois étages servant de piédestal au sanctuaire-Mérou.

Le *Ta Kéo* (fin Xe, début XIe siècle), immédiatement à l'ouest du Barey oriental, grand lac artificiel rectangulaire, est une magnifique cime artificielle d'une structure plus dépouillée, sans doute parce qu'elle est demeurée inachevée. Elle comporte une enceinte carrée, quatre terrasses et au sommet la tour-Mérou et ses quatre satellites.

Le célèbre *Angkor-Vat* (XIIe siècle), *Yacodhapura,* « la Cité préservant la gloire », est une montagne-tombe, séjour de l'ombre de son bâtisseur, le roi Sûryavarman II, dont le surnom posthume est : Paramavisnuloka, « Parvenu au monde suprême de Vishnu ». On est assez près ici des identifications osiriennes.

Ce grand temple, toujours quadrangulaire, défendu par plusieurs enceintes et des bassins « océans » qui en font l'île-montagne paradisiaque du centre du monde, culmine à l'énorme tour-Mérou, divisée en étages correspondant aux niveaux célestes, cette fois résidence de Vishnu ; plus les quatre tours angulaires. Comme au Phnom Bakheng, et ailleurs, l'axe-centre se prolonge par un puits qui donne accès aux mondes sub-terrestres. C'est le trou « mundus » des Romains. L'édifice repose sur des kilomètres de bas-reliefs où grouille la vie.

Le templion bouddhiste de *Naak Pean,* au nord de l'« Océan » oriental, contraste par ses proportions discrètes avec l'énormité des monuments qui l'avoisinent, mais les dimensions ne comptent plus en l'occurrence. De forme circulaire, c'est « une île éminente (...) nettoyant la boue des péchés (...), servant de bateau pour traverser l'océan des existences » (trad. G. Coedès), au centre d'un miroir d'eau d'où s'écoulent les quatre fleuves qui vont aux océans cardinaux, disposition évoquant curieusement celle de l'Eden biblique.

Ici paraît l'allusion aux ondes pures et purificatrices descendues des sphères altissimes de l'espace ; et une autre qui fait de l'île une sorte de nef magique, immobile — car au centre des temps —, entourée de l'océan fluent des existences : nouveau développement d'une image-mère inépuisable.

Enfin, à peu près au milieu, évidemment, des divers Angkor, la « Tour d'or » marquant, suivant un visiteur chinois au Moyen Age, le centre du royaume khmer, le *Bayon* (XIIe-XIIIe siècles) dont on pourrait dire qu'il était la Montagne de l'ordre dans l'État. La même structure, mais projetée cette fois sur le plan politique, inséparable à l'époque du religieux, et exprimant l'unité inébranlable du peuple khmer groupé autour de son souverain magnifié.

Plus de 50 tours secondaires, carrées de base, symbolisent les diverses provinces[421].

Sur chaque face orientée, le visage colossal d'Avalokitçvara, « le Seigneur du monde », identifié avec le souverain lui-même, est omniprésent. Une nouvelle fois la multiplication du thème engendre magistralement l'unité.

Elle trouve son expression culminante dans la tour centrale, circulaire, de plus de 25 m de diamètre, avec évocation sous-jacente de la Cime cosmique.

Mais le temps, le Temps — et l'on ne sait trop s'il faut ajouter :

hélas ! — est intervenu. Cette cime que jadis les hommes ont voulue lisse et parfaite, comme une sorte de flamme pétrifiée, les siècles et d'autres hommes l'ont considérablement dégradée, en sorte qu'elle est peu à peu retournée au modèle initial, à la vraie montagne, dont les seuls sculpteurs sont la pesanteur et l'érosion. Ainsi le massif central du Bayon n'est-il plus qu'un amas de blocs disjoints où l'œil s'émeut pourtant de découvrir encore les traces désormais vagues, ambiguës, du ciseau créateur. Surplombs parmi d'autres, quatre fantômes aux yeux clos, au sourire inoubliable des bodhisattvas, parviennent néanmoins à tirer de profondeurs opaques les dernières ondes de l'esprit.

Autres sommets

En Extrême-Orient, à travers des styles propres à chaque pays et dans des matériaux différents, se transmet un message sinon identique, du moins analogue par ses intentions. En Birmanie, le stûpa Mingalazedi, à Pagan (XIVe siècle), est une pyramide carrée à cinq étages, surmontée d'un cône élevé, à nombreux niveaux célestes.

A Rangoon, la flèche principale du temple de Shwe Dagon, qu'il a fallu *mille années* pour parfaire... (VIe siècle av. J.-C.-XVIe siècle ap. J.-C.) mesure 110 m de hauteur. Elle est établie sur des reliques du Bouddha. La pointe ultime, le Seinbou, contenait au début du siècle 4 600 pierres précieuses, rubis, émeraudes et diamants enchâssés, richesses invisibles, sauf au regard des Invisibles.

Au Siam, où les monuments s'effilent considérablement, le temple insulaire de Klang-Nam est surmonté comme à Shwe Dagon d'un *prachedi* en forme de cloche, d'une neigeuse blancheur, et sommé d'un *kthi* étincelant. Cette architecture évoque le bouton de lotus.

En Chine, le Temple du Ciel, à Pékin, comporte plusieurs édifices reliés par une voie axée nord-sud : un tumulus sacrificiel circulaire à trois degrés, contenu dans une aire carrée ; car le ciel est rond et la terre est carrée. Au nord de la grande enceinte, le temple proprement dit, circulaire, à trois toitures superposées, s'élève sur un piédestal à trois niveaux. Tout et jusqu'au moindre détail a correspondance cosmique, en ce cas surtout révélée par les nombres.

Au Japon, comme en Chine, d'innombrables pagodes à toitures superposées ne font que matérialiser la même orientation, graduée par des étages intermédiaires. La conception est double et partout identique : primauté absolue de l'axe vertical, existence d'une hiérarchie cosmique.

L'aménagement du territoire

Toutefois les Chinois, jadis « Fils du Ciel », mais ayant le goût des choses concrètes, ne pouvaient se satisfaire des cérémonies fort savantes et fort officielles des temples d'État. Il leur fallait accomplir d'autres gestes, jugés instinctivement plus efficaces, approcher réellement cet espace où résidaient les Augustes Immortels, dont toutes choses ici-bas dépendaient, et spécialement le sort des récoltes, la fécondité de la terre.

On se souvient peut-être qu'à haute époque les empereurs se devaient d'escalader en personne les montagnes cardinales au tournant des saisons afin d'attirer sur le pays les bienveillances de l'En-Haut. Une telle coutume présentait trop d'inconvénients pour durer, et elle fut remplacée par un rituel moins héroïque[64, 422].

L'alpinisme sacré n'en disparut pas pour autant. Des foules de pèlerins continuèrent à visiter les hauts lieux, dont l'accès, souvent difficile, fut considérablement amélioré au cours des siècles[423]. D'autre part, on rendit le symbolisme de l'ascension plus évident par la multiplication d'édifices cultuels. Ainsi la montagne tout entière se transformait en sanctuaire ; et les hommes donnèrent à la nature le coup de pouce nécessaire pour qu'elle joue pleinement son rôle ; celui d'escalier menant aux altitudes hantées par les Célestes.

Le terme d' « escalier » est particulièrement justifié appliqué au Houa-Shan, cime cardinale du couchant (*T'ien-tchou chan* = « Pilier du ciel »), a environ 150 km à l'orient de l'antique capitale de Si-An-Fou, actuellement Si-ngan, dans la province de Chensi. C'est, à plus de 2000 m d'altitude, un formidable bastion de granit taillé à grands éclats, qui domine la vallée du fleuve Jaune, l'un de ces objets naturels dont les proportions colossales et l'apparence insolite suggéraient une intervention particulière des Puissances. Et il est vrai que sa silhouette trifide, cernée de rigoureux à-pics, est suffisamment impressionnante pour avoir ému des alpinistes confirmés.

« Une immense dent de pierre (...) nous écrase de sa masse. A droite, le sommet principal, très aigu, se dresse au-dessus d'une paroi rocheuse, presque verticale, de mille mètres de hauteur. A sa gauche, l'arête découpée est soutenue par une grande muraille très relevée mais présentant pourtant des terrasses sur lesquelles s'accroche la végétation. C'est la voie d'ascension, mais d'ici on comprend mal comment un sentier peut trouver sa place dans un tel escarpement[424]. »

Les pieux Chinois l'ont escaladée depuis des temps immémoriaux, puisque le livre *Tchoo-Li* assure qu'elle servait déjà d'autel à l'empereur Choun... 2 000 ans avant notre ère, soit 35 siècles avant la « première » occidentale du mont Aiguille en Dauphiné ! Mais l'ascension n'a été

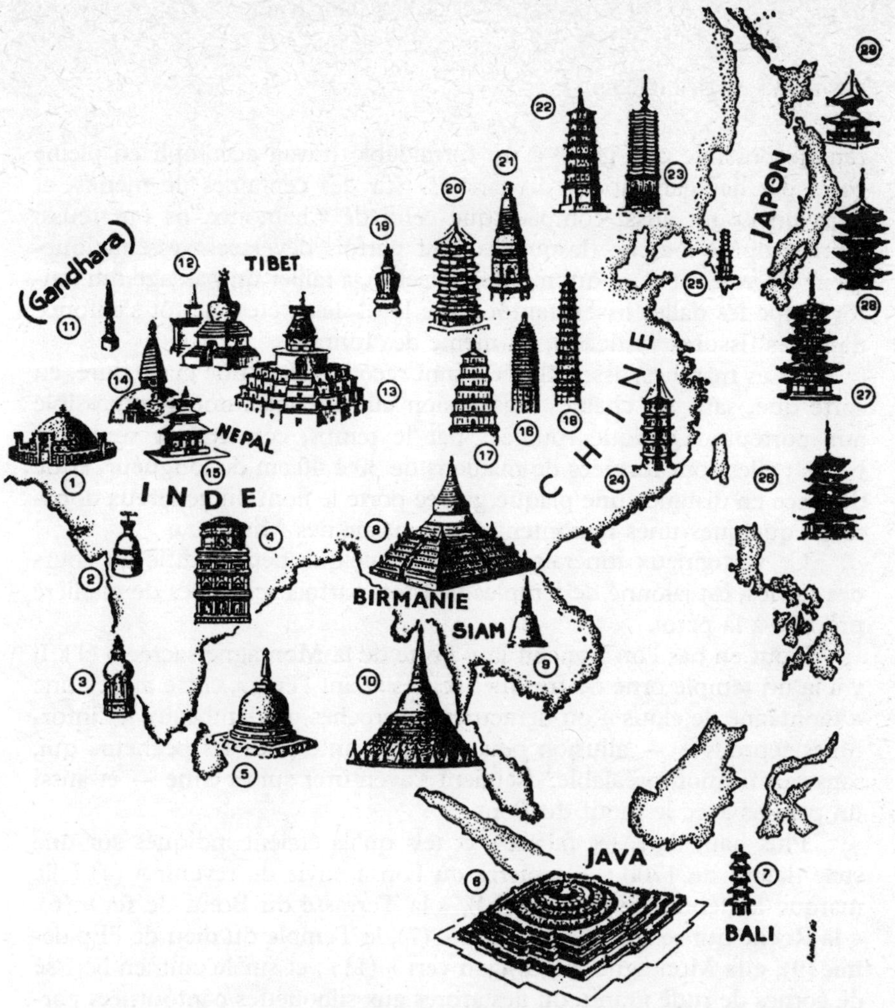

1. Le grand stupa de Sanchi (IIe-Ier s. av. J.-C.). — 2. **Stupa** taillé dans le rocher ; temple-grotte de Karli (IIe s. ap. J.-C.). — 3. **Stupa** à l'intérieur de la 19e grotte d'Ajanta (IVe-VIIe s. ap. J.-C.). — 4. Un **stupa** de Nalanda (IXe s. ap. J.-C.). — 5. **Dagoba (stupa)** de Ceylan ; Anuradhapura (Ier s. av. J.-C.). — 6. Le plus grand **stupa** du monde, Borobudur (Java) (VIIIe s. ap. J.-C.). — 7. Une petite pagode à toit de paille. Bali (époque contemporaine). — 8. Le **stupa** Mingalazedi, à Pagan (Birmanie) (XIVe s.). — 9. **Prachedi (stupa)** du Siam ; ruines d'Ayudhya (XIVe-XVIIIe s.). — 10. Pagode Shwe Dagon (Rangoon, Birmanie) (XVIIe siècle). — 11. Petit modèle d'un **stupa** de Gandhara (fouilles de Jaulian) (Ier-IIIe s. ap. J.-C.). — 12. **Chorten** tibétain (Lhassa) (XVe-XIXe s.). — 13. Le Kambum de Gyantsé (Tibet) (XVe s.). — 14. Le petit **stupa** de Bodnath (Katmandu, Népal) (IXe s.). — 15. Petit templs bouddhiste népalais (Patan). — 16. Pagode dodécagonale du monastère Sung-Yüeh (Honan, Chine) (VIe s. ap. J.-C.). — 17. Pagode Ta-y en-t'a, Hsian-fu (Shensi, Chine) (VIIe s. ap. J.-C.). — 18. Pagode « couleur de feu », K'ai-feng (Honan, Chine) (XIe s.). — 19. Pagode « des reliques », Wu-tai-shan (Shansi-Chine). — 20. Pagode du monastère Fo-kung, Ying-hsien (Shansi, Chine) (IXe s.). — 21. Pagode du Mont-Fang (XIIIe s.). — 22. « Pagode blanche », Ch'ing-chou (Jéhol, Chine) (XIe-XIIe s.). — 23. Pagode Pei-chen, Chin-hsien (Mandchourie) (XIe s.). — 24. Pagode à Ch'üan-chou (Fukien, Chine) (XIIIe s.). — 25. Petite pagode du parc de Séoul (Corée) (XIVe s.). — 26. Pagode du Horyu-ji (Nara, Japon) (VIIe s). — 27. Pagode du Yakushi-ji (Nara, Japon) (VIIIe s.). — 28. Pagode de Yasaka (Kyoto, Japon, reconstruite en 1618). — 29. Petite pagode du type **Tahoto**, à Ishiyama-dera (Otsu, Japon) (XIe s.).

(Carte de S. Pannuti, extraite de Japon *par Fosco MARAINI, éd. Arthaud.)*

rendue possible que grâce à un formidable travail accompli en pleine paroi par des générations de carriers. Sur des centaines de mètres, et dans un granit aussi compact que celui de Chamonix, ils ont réussi marche après marche (lesquelles sont parfois déversées systématiquement : la voie est dure qui monte au ciel...), à tailler un passage qui tantôt coupe les dalles lisses, tantôt casse le fil des arêtes, tantôt s'enfonce dans des fissures verticales, ou même des tunnels :

« Les marches, assez élevées, sont recouvertes d'une glace dure, en sorte que, sans les chaînes, l'ascension eût été absolument impossible aux porteurs. Quoique rouillées par le temps, ces chaînes sont fort belles ; elles sont formées de maillons de 30 à 40 cm de longueur, et de distance en distance une plaque gravée porte le nom du généreux donateur ; quelques-unes remontent à la dynastie des Ming[425]. »

Ce vertigineux itinéraire, qui s'est quelque peu modifié au cours des siècles, est jalonné de temples taoïstes, parfois accrochés de manière précaire à la paroi.

Tout en bas l'on franchit la « Porte de la Montagne sacrée » (1). Il y a là un temple orné de fresques représentant l'enfer, entre autres une « montagne de clous » où demeurent accrochés par lambeaux les infortunés réprouvés — allusion peu encourageante pour les pécheurs qui, sans purification préalable, oseraient s'aventurer sur la cime — et aussi un paradis avec le motif du Pont.

Plus haut dans les falaises, et tels qu'ils étaient indiqués sur une stèle datant de 1700 : « la pierre où l'on a envie de revenir » (4) (elle marque le début des difficultés !), « la Terrasse du Bœuf de fer » (6), « la Roche qui se frotte les oreilles » (7), le Temple du dieu de l'Épidémie (9), « la Montagne du Dragon vert » (11) ; et sur le culmen hérissé de cornes de rude granit, où des arbres aux silhouettes contournées parviennent à s'agripper à toutes les failles de la roche : le Temple de la Femme de jade (13), « la Porte de communication avec le ciel », « le Lac du Dragon noir » (17), « le Sommet où sont tombées les oies sauvages » (18), « la Caverne du Serpent » (19), le Temple principal du Grand Empereur, l'Auguste de jade blanc, maître du Houa-Chan (15), et enfin « la Porte du ciel », au-delà de laquelle il n'y a plus qu'abîmes et azur.

Les sites, l'abîme, l'azur sont toujours là. Mais les us ont changé. Dans les temples, à la place des bâtonnets d'encens, des bonzes toujours souriants, d'un sourire qui en a vu d'autres, distribuent des « consommations ».

Sur le fameux T'ai Shan de l'Est, autre « Pilier » désaffecté, non moins semé de temples, non moins Porte du ciel, d'un ciel où les réacteurs ont remplacé les vieilles divinités barbues de l'ancien panthéon, on

Silhouette et itinéraire du T'aè-Houa-Chan. Croquis de M. F. Leprince-Ringuet, d'après une stèle de 1700, conservée au Pée-Lin *(Annuaire 1900 du Club Alpin Français)*

a construit un autel, pardon hôtel, de vastes dimensions, et les fidèles d'un nouveau culte — mais le culte de l'État est-il vraiment une nouveauté pour les Chinois ? — y passent la nuit afin d'assister au lever du soleil, lequel n'est plus, comme chacun sait, qu'une boule de gaz incandescent de 1 390 000 km de diamètre.

« La grande attraction du T'ai Shan (...). Une vingtaine d'hommes et de femmes avec leurs enfants y sont entassés, serrés les uns contre les autres, derrière le temple qui les protège des violentes rafales du vent. Tous sont drapés dans des couvertures et dans de grands édredons piqués qui les transforment en ballons. Ils ont enroulé autour de leurs têtes des passe-montagnes, des écharpes de laine, des serviettes de toilette, et pressent contre leurs bouches des mouchoirs et des masques de gaze (...). Le soleil apparaît enfin, mais ne tarde pas à se cacher derrière les nuages. Tout le monde est content cependant, et chacun rentre dans sa chambre pour se réchauffer, avec le sentiment du devoir accompli[426]. »

Le T'ai Shan lui-même n'est plus « la Montagne de la Princesse des nuages colorés ». C'est le Righi.

XXIV

BABEL, OU L'INVERSION

S'ils n'adoraient que les montagnes ! Ces lointaines sont des temples où le Seigneur aime à siéger. Mais c'est leur force avec des poulies de chair vive qu'ils élèvent...

P. EMMANUEL.

« Toute la terre avait une seule langue et les mêmes mots. Étant partis de l'Orient, les hommes trouvèrent une plaine dans le pays de Sennaar, et ils s'y établirent. Ils se dirent entre eux : “ Allons, faisons des briques et cuisons-les au feu. ” Et ils se servirent de briques au lieu de pierres, et de bitume au lieu de ciment. Ils dirent encore : “ Allons, bâtissons-nous une ville et une tour dont le sommet soit dans le ciel, et faisons-nous un Nom, de peur que nous ne soyons dispersés sur la face de toute la terre. ” Mais Yahvé descendit pour voir la ville et la tour que bâtissaient les fils des hommes. Et Yahvé dit : “ Voici, ils sont un seul peuple et ils ont pour eux tous une même langue ; et cet ouvrage est le commencement de leurs entreprises ; maintenant rien ne les empêchera d'accomplir leur projet. Allons, descendons, et là-même confondons leurs langues, de sorte qu'ils n'entendent plus le langage les uns des autres. ” C'est ainsi que Yahvé les dispersa de là sur la face de toute la terre, et ils cessèrent de bâtir la ville. C'est pourquoi on lui donna le nom de Babel, car c'est là que Yahvé confondit le langage de toute la terre, et c'est là que Yahvé les a dispersés sur la face de toute la terre. » (*Genèse*, XI.)

Ce récit, non moins fameux que celui du Déluge, évoque évidemment la Mésopotamie et les constructeurs de ziggourats. Le pays est d'ailleurs nommé (Sennaar = Babylone), et les détails techniques sont précis et authentiques. Quant au lieu du drame, les opinions diffèrent. La plus grande part identifient Babel à Babylone, mais il existe une tradition talmudique, reprise par les Arabes, qui désigne Borsippa, site d'ailleurs voisin.

Au-delà, nous nous trouvons assez curieusement devant une interprétation des faits qui rappelle celle des mondes grecs et romains à propos des pyramides. C'est-à-dire qu'elle est, volontairement ou non, erronée.

Le thème même de la « confusion des langues » pourrait être d'origine sumérienne :

> Autrefois, il fut un temps où... (...)
> L'univers tout entier, les peuples à l'unisson (?)
> Rendaient hommage à Enlil en une seule langue.
> Mais alors...
> Enki, le Père-seigneur, le Père-prince, le Père-roi ;
> Le Père-seigneur courroucé... (?)

Les tablettes, très détruites, n'en disent pas davantage, juste assez pour faire dresser l'oreille[427].

Si l'on peut fonder sur ce texte, la coïncidence est impressionnante, et dans ce cas l'histoire de la confusion des langues serait elle-même fort antérieure à la rencontre des Babyloniens et des Juifs. Ceux-ci auraient donc rassemblé en un seul récit le souvenir de cette légende, une relation déformée des usages et croyances mésopotamiennes, et l'écho de diverses ruines, catastrophes et défaites, tirant de l'ensemble une sorte de fable moralisatrice qui a traversé les temps.

L'intention prêtée aux constructeurs de ziggourats d'édifier une tour dont le sommet « soit dans le ciel » n'a aucun fondement historique. La fonction de tels édifices, nettement précisée par les textes, celle de la Montagne cosmique, était, comme on l'a vu, de servir de trait d'union entre la terre et le ciel, et de reposoir pour le dieu. Non pas d'aller violer ses demeures d'azur. Quant à la pensée religieuse de ces peuples, elle a pu s'exprimer en des termes étrangement voisins de ceux de la Bible :

« Sinon toi, Seigneur, qui existe ?... Tu m'as créé. Fais que la crainte de ta divinité soit en mon cœur, accorde ce qui te plaît, tu es l'auteur de ma vie... » Qui dit cela ? Nabuchodonosor II ! Celui de la destruction de Jérusalem et de la captivité en Babylone[428] !

L'histoire de la tour de Babel, telle qu'elle a été transmise par le livre sacré des Hébreux, est donc pour l'essentiel apocryphe.

Mais ainsi remaniée, elle illustre admirablement un drame-type de la conscience humaine et devient plus vraie que la vérité. Les circonstances authentiques de l'effondrement de la puissance babylonienne n'intéressent que les spécialistes. La version biblique intéresse toute l'humanité à cause de son contenu exemplaire.

Jusqu'à présent, les « pointes » que les hommes tentaient vers l'En-Haut étaient marquées d'humilité. Les moins imparfaites y mêlaient aussi l'amour. Dans le mythe babélonien, les buts poursuivis sont maléfiquement retournés. Il s'agit désormais d'un acte d'agression. Cette version court d'ailleurs en filigrane dans d'autres contextes mythologiques, par exemple avec l'aventure des Titans révoltés contre l'Olympe, ou celle, plus subtile, de Prométhée.

L'homme veut se hisser au centre élevé de l'univers, non plus pour rendre hommage à la divinité ou s'entretenir avec elle, mais pour la détrôner.

Quant à l'attitude prêtée à Yahvé, elle est bien davantage humaine que divine. Il apparaît comme un dynaste inquiet, dont le territoire et les prérogatives sont menacés, et qui prend la contre-offensive. En sorte que c'est le passage de la *Genèse* et non la prière de « l'impie » Nabuchodonosor qui trahit une vision polythéiste !

L'étrange et le significatif dans cette espèce de conflit, c'est qu'il s'achève par la « confusion des langues », autrement dit : des esprits, et par une dispersion. Or telles seraient très exactement les conséquences de la destruction d'un Centre[429]. Et Babylone — pour les Babyloniens — était bien le Centre des centres, sa tour « le Fondement du ciel et de la terre », et la cité elle-même, « la Porte de Dieu » (Babel)[430].

Beaucoup d'autres tours que celle de la Bible se sont élevées ici et là sur la planète mythologique :

Un jour, racontent les Indiens Choctaw de la Louisiane, les premiers hommes *(naturellement Choctaw...)*, levant le nez, s'ébahirent des nuages et du grand ciel bleu et décidèrent d'y aller voir. Ils entassèrent beaucoup de terre et de rochers et firent une première butte. Mais, la nuit venue, le vent souffla si fort qu'elle s'effondra. Ils se remirent à la besogne et cette fois encore le vent nocturne démolit leur œuvre. A la troisième tentative, l'ouragan fut tel que non seulement l'édifice fut culbuté, mais qu'il écrasa dans sa chute un grand nombre de dormeurs. Le pire est que les rescapés s'aperçurent qu'ils ne parlaient plus la même langue, qu'ils ne se comprenaient plus, en sorte qu'ils se battirent, puis se dispersèrent aux quatre horizons. C'est pourquoi il y a tant de tribus différentes[431].

« Les Naong *(tribu Leptchos du Sikkim)* élevèrent une tour gigantesque pour atteindre les cieux. La construction avançait rapidement, et un jour ceux qui travaillaient en haut virent le ciel tout proche d'eux ; alors ils crièrent à leurs camarades travaillant en bas de leur faire parvenir un crochet afin de leur permettre de tirer le firmament jusqu'à eux. Mais ceux qui étaient près du sol comprirent qu'ils avaient déjà atteint le ciel, et que par conséquent la tour devenait inutile. Sans réfléchir, ils se mirent en devoir d'arracher ses fondations et bientôt tout le bâtiment s'effondra dans un grondement de tonnerre, ensevelissant sous ses décombres le plus grand nombre des ouvriers. Quant aux rares survivants, ils devaient constater à leur grand effroi qu'ils ne pouvaient plus se comprendre par la parole. Ils se dispersèrent donc par tout le pays : il en résulta les différents peuples de l'Himalaya. »

Dans ces deux versions, on a plutôt l'impression d'un récit importé dont la morale fut oubliée ou incomprise. Les détails pittoresques sont seuls retenus, et complétés par l'imagination locale ; chez les Leptchos d'une manière nettement satirique, et aux dépens des infortunés Naongs[432]. L'allusion à la colère divine a également disparu, et elle demeure confuse dans la version Choctaw (le vent). Il reste pourtant l'essentiel du scénario : l'élévation d'une tour ou montagne artificielle pour atteindre le ciel, l'effondrement et la confusion finale, mais présentés désormais sans ce lien logique qui assure puissance d'impact et pérennité au récit moralisateur de la Bible[433].

A travers la tradition judéo-chrétienne, le thème initial n'a cessé au contraire de prendre davantage de relief, d'éveiller de plus amples résonances, comme si la fable et sa morale concernaient plus particulièrement les civilisations occidentales, comme si elles étaient seules en mesure d'en évaluer la véritable portée, car seules capables d'édifier à la longue la *vraie* tour de Babel, celle dont la Bible faisait déjà endosser la responsabilité aux Mésopotamiens[434]. Derrière cette vieille histoire s'exprime une vérité constamment vérifiée par l'Histoire. A savoir que toute tentative de domination suscitée par la seule volonté de puissance est vouée à un échec final et catastrophique. L'orgueil porte en lui les germes de sa propre destruction parce qu'il fausse les rapports avec le reste du cosmos, *qu'il perturbe une structure.* Et que la Nature ne pardonne pas ce genre d'erreur qui la lèse.

Ces rapports doivent être basés non sur des acquisitions unilatérales, mais sur des échanges. La tour de Babel est d'abord le signe tangible d'une rupture d'équilibre spirituel et moral, avant de n'être plus qu'écrasante pesanteur et ruines matérielles. On peut constater ici, une fois de plus, que les vrais mythes adhèrent parfaitement au réel, que le concept, l'image et le fait coïncident, et que toute vision fragmentaire est en somme erronée.

Au centre de toutes les perspectives de ce livre, et au-dessus du foisonnement des légendes dont les plus éloquentes ne sont pas toujours les plus pittoresques, se dresse une grande Forme rayonnante. Elle a illustré au cours des temps une adhésion universelle à la même conception fondamentale : celle d'une hiérarchie spirituelle de l'univers manifestée dans une orientation de l'espace. Nul n'est capable d'évaluer la signification réelle d'une telle épure qui ressemble à une « idée » platonicienne. Il reste que son influence fut extraordinairement bénéfique pour l'humanité ; la sauvant de l'angoisse, elle a donné un sens à ses actes, catalysé les espoirs, suscité d'immenses progrès.

Son inversion, son expression négative, c'est la tour de Babel, qui paraît, elle aussi, s'élever vers l'empyrée, ouvrir une voie vers les transcendances, mais le ciel qu'elle prétend atteindre n'est plus qu'un gouffre vide, et tous les gouffres sont dévorateurs.

Le rêve technique est un très vieux rêve des hommes. Il continue à les hanter. Il les hante plus que jamais[47, 435].

Les tentatives prométhéennes modernes ne sont qu'un aspect particulièrement spectaculaire des œuvres d'une civilisation qui, sur tous les plans, des infimes aux plus vastes, s'est engagée, à l'égard de l'univers qu'elle est capable de concevoir, dans une politique de viol. C'est une civilisation du viol.

Alors, il faudra choisir : à travers des réalisations en elles-mêmes remarquables, retrouver l'humilité d'esprit des hommes qui jadis édifièrent temples, tours, pyramides à la ressemblance d'une image où s'exprimait la grande unité du cosmos, et aussi cette énergie inconnue dont l'un des noms est Amour.

Ou bien poursuivre aveuglément une aventure babélienne et, un jour ou l'autre, un jour inéluctable, être enterré sous les décombres.

NOTES

Les numéros correspondent à ceux portés dans le courant du texte principal, et ne forment qu'une seule série. Ceux en caractère italique désignent les ouvrages indiqués en référence dans la liste bibliographique.

1. Peut-être qu'il ne faut pas se hâter de condamner comme telles ces méthodes anthropocentriques ; c'est un fait que les mythes paraissent souvent refléter à leur niveau des vérités profondément enfouies dans la substance de l'univers. Cela peut passer pour une allusion à la vieille théorie hermétique sur les identités du microcosme et du macrocosme. Envisagée sous un autre angle, c'est aussi l'hypothèse d'une connaissance a priori, d'une sorte d'intuition collective de l'espèce, analogue à l'instinct des sociétés animales, qui permettrait à l'homme de saisir d'un bond, par-dessus la masse des déductions logiques ultérieures, l'essentiel des réponses aux problèmes essentiels, parce qu'elles existent déjà en lui.

2. Exemple classique : l'Omphalos de Delphes qui marquait, d'après les Grecs, le centre du monde.

3. Le schéma est emprunté à l'architecture : étant donné un corps C, de poids P, supposons-le d'abord en position verticale. Il est soumis à l'action de la pesanteur, et son seul travail consiste à compenser cette action représentée par le vecteur GP = P, appliqué au centre de gravité :

Supposons-le maintenant dans une position C', inclinée par rapport à la verticale. Le poids est alors représenté par un vecteur G'P égal à p. Mais l'action de la pesanteur se décompose en deux vecteurs : G'A = a, et G'B = b, tels que $p^2 = a^2 + b^2$.

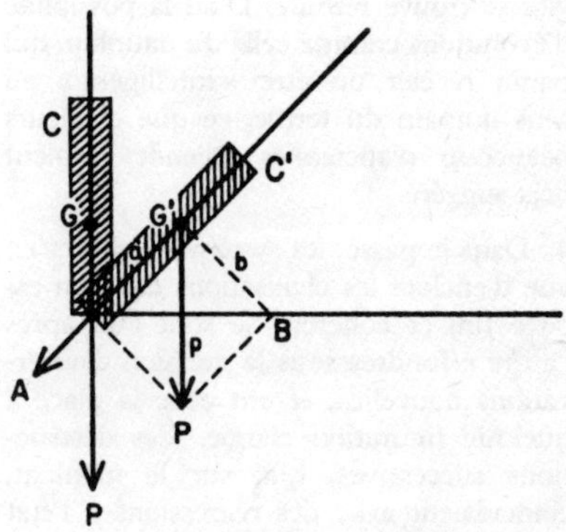

On a toujours a + b > p, la somme des côtés de l'angle droit du triangle G' AP étant toujours supérieure à l'hypoténuse G'P. La composante a est compensée dans les mêmes conditions que l'était la totalité du poids dans la position verticale. Mais il s'y ajoute maintenant la composante b, effort de flexion, dont l'annulation représente elle aussi un certain travail.

Le corps en position inclinée doit donc fournir, pour équilibrer l'action de la pesanteur, un travail plus grand que lorsqu'il est en position verticale. (Expression mathématique transmise par M.-J. Lombard.)

Il paraît donc licite d'émettre la proposition suivante :

L'attraction qui s'exerce à la surface du globe suivant une direction définie par une perpendiculaire abaissée sur la ligne d'horizon détermine, ipso facto, *un itinéraire éco-*

nomique et préférentiel pour l'expansion des formes vivantes, lequel remonte la même perpendiculaire.

En gros, les végétaux ont résolu le problème. Les animaux terrestres ont poussé des pattes-appuis supplémentaires. Et, pour les vers et les serpents, c'est le corps tout entier qui donne l'assiette. L'homme seul a définitivement adopté la position verticale, ce qui, tout en libérant les mains, lui a sans doute permis de dériver dans le domaine du psychisme des énergies désormais vacantes.

La situation est très différente dans le domaine sous-marin, où l'action de la gravité se trouve réduite. D'où la possibilité d'évolutions comme celle du dauphin, qui paraît révéler un être « intelligent » au sens humain du terme, ce que d'ailleurs beaucoup d'anciennes légendes avaient déjà suggéré.

4. Dans le passé, les systèmes élaborés en vue d'enclore les civilisations dans un espace fini et cohérent se sont l'un après l'autre effondrés sous la pression d'observations nouvelles, et ont cédé la place à quelque figuration élargie. Ces destructions successives, qui, sur le moment, coïncidaient avec des régressions à l'état chaotique initial, ont engendré les grandes crises de l'esprit, qui sont essentiellement des périodes d'incertitude. Nous en vivons une présentement.

5. En fait, cette droite créait dans l'espace une infinité de centres à une infinité de niveaux. Le monde à trois étages est l'aspect le plus simple de cette figuration purement schématique. Dans d'autres mythologies, le seul compartiment céleste se trouve parfois divisé en 5, 7, 9, 12 ... et même 33 degrés (Altaïques, Samoyèdes), auxquels correspondent des clivages inférieurs, en sorte que la terre des hommes est « au milieu ». L'œuvre de Dante avec ses enfers, et ses cieux superposés servant de piédestal au *Cielo quieto* fournit en Occident un exemple-type de cette architecture cosmique.

6. L'hypothèse d'une évolution linéaire aboutissant à un Adam déductif et rationalisant n'est pas confirmée par les faits. En plein XXe siècle, les mythes, chassés officiellement par la porte sont revenus en foule par la fenêtre, en général sous une forme dégradée. La vérité probable, c'est qu'il est de la nature de l'homme d'appréhender simultanément l'univers d'une manière rationnelle *et* a-rationnelle, logique *et* sentimentale, intuitive *et* déductive, mystique *et* scientifique, sans qu'il existe de preuve péremptoire de la prééminence de l'une ou l'autre de ces attitudes qui, dans la vie courante, se trouvent constamment mêlées.

7. *Cf.* R. Otto, *149*.

8. Il est permis d'attirer ici l'attention du lecteur sur un fait qu'il aura l'occasion de vérifier tout au long du livre. C'est qu'en un tel sujet il est souvent impossible d'éviter les redoublements d'images, puisque l'arsenal des métaphores linguistiques est justement échafaudé sur les mêmes structures... On ne pourra donc éviter de dire par exemple que l'altitude est exaltante, ce qui forme pléonasme. (*Cf.* Tableau des métaphores, note 125.)

9. Dans les théories primitives, la voûte céleste est aquatique, ou bien formée d'une matière dure et translucide. Bref, cette immatérialité est en réalité matérialisée d'une manière quelconque, ce qui révèle encore le besoin d'un univers clos. Quant à l'inaccessibilité, outre qu'il s'agit d'une disposition nouvelle de l'espace — car autrefois, disent les légendes, la terre et le ciel étaient unis (thème du Paradis perdu) — elle peut être annulée au profit de quelques élus.

10. Il faut noter que le bleuissement général des teintes en altitude a des répercussions sur le psychisme. Le bleu est tout naturellement associé au niveau céleste, et la couleur participe des valorisations de *« ce plan où, pour employer l'expression de Freud, nos instincts parviendraient à se sublimer... où la couleur blanche se confond avec la couleur bleue (...). C'est l'habitat des dieux, la tente immense qui recouvre l'Olympe ou, dans la symbolique chré-*

tienne, la voûte qui sert de voile et de manteau à la divinité ». (R.-L. Rousseau, *27*, pp. 43-44.)

Le bleu est la couleur de la pureté, de la sagesse divine. Elle est bénéfique dans de nombreuses régions du monde et, en Orient, passe pour chasser les démons. (*132*, p. 138.)

11. A propos de quoi G. Bachelard écrit (*158*, p. 346) : *« Peut-on à meilleur compte nourrir un complexe de supériorité? Peut-on plus facilement éprouver les joies d'un orgueil sans raisons valables, sans valeur ? »*

Sans doute. Mais une vision étendue qui comporte aussi celle des gouffres célestes a d'autres effets que de nourrir un orgueil puéril. Ils peuvent être absolument contraires. Cette vision favorise la naissance d'un jugement relatif sur les choses et sur soi-même. C'est l'univers qui commence à être vu de Sirius, et par conséquent une leçon d'humilité *incluant l'observateur.* La morale du *Gulliver* de Swift, puisque G. Bachelard parle de gullivérisation, n'est certes pas une morale d'orgueil !

Le philosophe, qui ne connaissait pas la montagne et la craignait, à la suite d'un incident personnel (*op. cit.*, p. 344) qu'il considère d'ailleurs comme *« un grand malheur de sa vie inconsciente »*, n'a envisagé ici qu'un aspect de la question. Et il est également significatif qu'il ait placé les imaginations ascensionnelles sous le signe d'Atlas, dont la légende montre un aspect négatif, c'est-à-dire une lutte pénible contre la pesanteur. Or, justement, le rêve ascensionnel (et le mythe ascensionnel dans son ensemble) ne tient aucun compte de la pesanteur. Il l'annule. Il fallait donc bien plutôt placer le complexe sous le signe d'Icare par exemple, malgré la chute finale, que sous celui d'Atlas. Atlas est à tout jamais le symbole d'un échec : *il est dessous au lieu d'être dessus ?.* (*Cf.*, à propos du mythe icarien, Paul Diel, *Le Symbolisme dans la mythologie grecque*, Payot, pp. 61-72.)

12. Nous avons pu aussi nous demander (*Psyché*, revue internationale des sciences de l'homme, nos 37-38) si l'altitude ne favorisait pas l'apparition des phénomènes dits « supranormaux » : prémonition, télépathie, visions, extrasensorialité, etc. Certaines confidences d'explorateurs, le fait que le Tibet, par exemple, de très haute altitude moyenne, passe pour une terre particulièrement fertile en événements mystérieux et déroutants (cf. *114*) permet au moins de poser la question.

« Sous l'influence de ce pays, une étrange transformation s'opère, écrit le lama Anagorika Govinda... On a l'impression qu'un poids est enlevé de votre esprit... Les pensées coulent facilement... La conscience semble portée à un niveau très élevé... Parallèlement, la sensibilité s'aiguise. » Dans les pages remarquables qui suivent, le même auteur analyse « le langage vivant des couleurs » — lesquelles, comme on sait, sont souvent, au Tibet, d'une pureté et d'une vivacité inouïes — et leurs effets sur le psychisme. Il faudrait tout citer. Nous renvoyons le lecteur à son livre : *Le Chemin des nuages blancs* (Albin Michel, 1969, pp. 93 et suiv.).

D'autre part, et indépendamment de l'altitude, les grands espaces, l'état de solitude, le silence ont une influence certaine sur le psychisme.

13. *Cf.* p. 163.

14. On trouve cette grande forme-mère aussi bien en Mésopotamie, avec l'arbre *Gaokerenea*, ou en Égypte (arbre *Dad*), que dans les mythologies germaniques avec le frêne géant *Yggdrasil* dont les ramures plongent au sein des mondes inférieurs (Nifhel), tandis que les ramures s'épanouissent dans les sphères célestes. Cette magnifique image poétique, comme celle de l'arbre *Açvattha* des traditions indiennes, présente un résumé du cosmos.

Le symbole de l'arbre-pilier axial existe encore en beaucoup d'autres régions du monde, en Chine, en Mongolie, en Sibérie, aux Indes, aux îles Canaries, etc. Et bien entendu on songe aussi à l'Arbre de la montagne de l'Éden. En fait, c'est un archétype de l'imagination mythique.

15. Le Centre, même s'il est situé dans un

pays plat, est désigné comme le sommet de la terre. Par exemple, la Ka'bah de La Mecque dans la tradition islamique. Ce qui marque une nouvelle fois la collusion du thème avec celui de l'Altitude, et introduit une variante dans la figuration du niveau terrestre, qui n'est plus un disque plat, mais une sorte de cône axé sur ladite cime. C'est la terre des hommes tout entière qui se trouve identifiée avec la Montagne cosmique, et le pôle Nord — dans les représentations influencées par la géographie moderne — en devient le sommet. Peary comme Cook racontent que, quand ils parvinrent au pôle, les Eskimos qui les accompagnaient cherchèrent partout le « grand clou », c'est-à-dire le pivot du globe.

16. Estella Canziani, *26*, p. 37.

17. *Cf. 145*, p. 62

18. La chaîne circulaire formant frontière fut aussi identifiée avec l'Oural, que les Russes nommaient *zemnoi pojas*, ce qu'un ouvrage du XVIe siècle (d'après Herberstein) traduit par *cingulus mundi vel terrae* (ceinture du monde ou de la terre). Le Caucase est désigné en arabe et en turc par le mot *Qaf*, qui, pour les mahométans, a aussi le sens d'un anneau de montagnes entourant la terre entière. Au-delà gisent les chaos extérieurs.

La désignation *Qaf* paraît assez imprécise, car elle s'applique également à la Montagne cosmique.

19. L'identification de l'Atlas mythique avec la chaîne de montagnes située au nord-ouest du continent africain est sujette à caution. Voici la description d'Hérodote : « Elle est étroite et ronde de tous côtés, et si haute, dit-on, qu'il est impossible d'en voir les sommets, car les nuages ne s'en écartent jamais, ni pendant l'été, ni pendant l'hiver. Les gens du pays disent qu'elle est la colonne du ciel. C'est à cette montagne que les hommes doivent leur nom ; car ils s'appellent Atlantes. » (Hérodote, XLIX.)

Henri Lhote (*162*, pp. 105-106), après diverses considérations sur les noms des lieux et des populations : *Garamantes* (Garama), *Atarantes* (Adrar), *Atlantes...* fait remarquer que la description s'applique fort bien à la Koudia du Hoggar, en plein Sahara. Mais Hérodote paraît désigner une région plus septentrionale (l'Aurès).

20. *Cf. 107.*

21. *Cf. 132*, pp. 101 et suiv. Ces deux derniers récits semblent évoquer des catastrophes naturelles. On songe pour le premier à la chute d'une comète... « énorme dragon... encorné... cheveux rouges ». Et pour le second à un tremblement de terre : « la montagne qui se tord et qui tremble », suivi d'une formidable éruption volcanique avec la colonne de scories fusant jusqu'au ciel, le « cognant », et l'ébranlant. On peut se demander si le tout n'est pas en relation avec l'observation d'un grand phénomène volcanique en mer Égée.

22. Au niveau terrestre des personnages éminents et munis de pouvoirs appropriés (magiciens, rois) pourront, à la faveur de certains rites, influencer le cours des astres et tous les phénomènes célestes. Et qu'en contrepartie les astres agiront sur les actions des hommes. Ainsi naîtra l'astrologie.

Ces rapports pourront aussi déterminer la recherche ou la fabrication d'analogies entre les structures de l'En-Haut et la surface de la planète, par un ordonnancement céleste de l'habitat humain. C'est ainsi que J. Richer *(69)* a ramené au jour une probable « Géographie sacrée de la Grèce », où villes, temples, lieux cultuels se trouvent territorialement situés en fonction de plusieurs centres définis à la surface du sol par des projections zodiacales.

23. Indes. *Trente-deux récits du Trône,* trad. Feer.

24. Certains mégalithes à Carnac ont pu être érigés dans un but de revigoration solaire. (*Cf.* interprétation recueillie à Carnac par P.-Y. Sébillot, *58*, tome IV, p. 14 et R. Karsten, *23*, p. 215.)

Au Saint-Gothard, il existait une « Columnia Solis », colonne du Soleil. L'Irmensul paraît procéder d'une même tradition.

25. ... car il était seul en concordance avec les apparences, et la théorie du centre axial, point *unique* et privilégié de l'espace. *« Y a-t-il quelqu'un d'assez inepte pour croire que les hommes ont leurs pieds au-dessus de la tête, ou que ce qui est gisant pour nous est suspendu ailleurs, que les pluies, les grêles et les neiges montent vers la terre ? »* (Lactance, 300 ans ap. J.-C.). Pierre d'Albano en 1316, et Cecco d'Ascoli en 1327 sont encore brûlés vifs pour avoir soutenu que la terre était sphérique et non discoïdale ; alors que, dix-huit siècles auparavant, cette sphéricité était déjà enseignée par les pythagoriciens (Philolaos).

Deux cents ans plus tard, la querelle continuait — toujours en vertu de la même théorie du Centre — mais transférée cette fois au globe terrestre : *« Le fou veut mettre sens dessus dessous l'astronomie. Mais, comme l'a montré la Sainte Écriture, ce fut au soleil, non à la terre, que Josué ordonna de s'arrêter. »* (Luther.)

26. Cosmas, dans sa *Topographie chrétienne,* prétendument basée sur les Saintes Écritures (Job, Isaïe...), et d'ailleurs entièrement aberrante (VIe siècle), expliquait l'alternance du jour et de la nuit par la marche du soleil autour de la Montagne cosmique.

27. On peut noter que la formidable Montagne de l'Ouest (mont Mashu, ce qui signifie : jumeaux) possède deux pics en forme de cornes qui s'élèvent jusqu'à toucher le ciel, c'est la cime dont on voit la silhouette sur les cachets babyloniens.

La forme cornue implique une série d'allusions :

1o Au Taureau (force, puissance, orage, lui-même souvent assimilé à la montagne), et à la Vache (maternité, nourricière).

2o Au croissant de lune, astre naturellement associé aux idées de renaissance, de génération, de fécondité. La lune régit les eaux, les sèves, les plantes, les femmes. Le jeune dieu lunaire Sin est un *« taurillon puissant dont les cornes sont massives ».*

La coiffure à cornes était chez les Babyloniens l'apanage des grands dieux célestes. Quand le disque solaire se trouve encadré, comme chez l'Hathor égyptienne, par les cornes lunaires, c'est une espèce de synthèse graphique indiquant que la déesse participe à la fois de la nature et des pouvoirs des astres majeurs.

3o Il y a une autre attribution probablement liée à l'apparition du thème de la dualité. Dans un conte cananéen, l'entrée du royaume de Mot, Maître des morts, est aussi marquée par une montagne à cornes. C'est en quelque sorte l'inversion des thèmes précédents. Elle peut être à la source d'une longue série de qualifications négatives, particulièrement marquées dans les traditions sémitiques : cornes des démons et des animaux qui leur sont voués (boucs, etc.). Mahomet, adversaire des cultes solaires, dit que l'astre se lève entre les cornes du diable. Dans la littérature juive, *« il danse entre les cornes du taureau ». « Sheija, démon de la destruction, apparaît sous la forme d'un taureau. »* (*Cf.* Éd. Langton, *34*, pp. 16-17.)

28. Ce détail confirme l'identification secondaire avec l'archet à feu. D'autre part, les flancs du Kaïlas-Mérou réel montrent une série de corniches circulaires considérées comme la trace laissée par le Serpent.

29. ... en Arménie, où, en 1949, des journalistes turcs « découvrent » un vaisseau long de 150 m, plus... la tombe de Noé. Cette arche-là recelait encore dans ses flancs au moins un canard, d'ailleurs vénérable puisqu'il en est déjà question dans Marco Polo.

D'après la tradition biblique, la première « descension » de l'Ararat fut donc faite par Noé. Malgré le tabou vigoureux qui protégeait la montagne insigne, plusieurs aventureux s'y hasardèrent en quête de l'arche. On cite un moine dès le IVe siècle, puis un évêque de Nisibe et, dans la première année du XVIIIe siècle, le savant français Tournefort, lequel s'arrêta à la limite des neiges. (*Relation d'un voyage au*

Levant fait par ordre du Roy [Louis XIV]. La publication est de 1717.)

La première ascension connue fut accomplie par Parrot vers 1829. Le sommet fut ensuite atteint en 1850 par une importante expédition topographique russe. (*Cf. Annuaire 1866 du Club Alpin Français*, pp. 377 et suiv.)

En 1916, un aviateur russe, W. Roskovitzky, survolant le massif, déclara avoir repéré quelque chose qui ressemblait à la silhouette d'une grande coque. Son rapport déclencha sur ordre du tsar une expédition dont, par suite de la révolution, on ne connut jamais les résultats. En 1955, un enthousiaste tirait de la première crevasse venue un morceau de bois qu'il présenta comme un débris de l'arche. Une datation au carbone 14 aurait donné environ 5000 ans (les journaux).

Les fouilles archéologiques en Mésopotamie ont livré les traces non pas d'un déluge « universel », mais de plusieurs inondations considérables. (Sur la question, voir A. Parrot, *33*.)

30. *Histoire générale des Indes occidentales et terres neuves qui jusqu'à présent ont été découvertes*, de Lopez de Gomara, trad. M. Fumée, Paris, 1580.

31. *Cf.* Saint-Loup, *113*, p. 173.

32. Sur la tradition d'un grand déluge, destructeur de l'humanité, on a recensé 13 récits en Asie, 4 en Europe, 5 en Afrique, 9 en Océanie et en Australie, 37 en Amérique, dont 16 pour la seule Amérique du Nord.

La présence de coquillages marins au sommet des chaînes calcaires a pu jouer un rôle dans quelques affabulations (Eskimos). Elles étaient, de toute façon, beaucoup plus proches de la vérité que la belle théorie des « jeux de la Nature », encore en vogue auprès des « savants » occidentaux du XVIIIe siècle !

Malgré les détails fantastiques de certains de ces récits, d'ailleurs inéluctables dans le contexte des temps, on peut être frappé de leur caractère réaliste, documentaire, surtout en Amérique. Ils paraissent bien transmettre le souvenir de catastrophes réellement vécues par les hommes en des temps incertains.

C'est d'ailleurs la tradition relevée par Platon au sujet de ce que les prêtres égyptiens avaient conté à Solon : *« Bien des fois, en bien des façons, sont survenues ruines d'hommes, et il en surviendra d'autres ; le feu et l'eau ont fait les plus grandes (...). Quand les dieux, pour nettoyer la terre, la submergent sous les eaux, ce sont les habitants des montagnes qui sont saufs, bouviers ou pasteurs (...). Vous ne mentionnez sur terre qu'un seul déluge, alors qu'il y en a eu bien d'autres. » (Timée. La narration de Solon.)*

On peut faire les remarques suivantes :

1° Que l'universalité attribuée à l'événement dans telle ou telle version n'a absolument pas le sens qu'un moderne peut conférer à l'expression, attendu qu'à l'époque « l'univers » était pour chaque peuple le cercle assez restreint qu'il inventoriait. Des épreuves analogues ont pu successivement affecter telle ou telle région du globe et susciter des récits à peu près parallèles, étant donné que les réactions des humains à de tels événements sont en nombre limité.

2° L'hypothèse suivant laquelle l'histoire du Déluge avec ses accessoires classiques serait due à des infiltrations chrétiennes, outre que le récit biblique n'est pas le premier en date, est controuvée dans certains cas. Par exemple, la légende araucane citée précédemment apparaît aussi dans le folklore sud-chilien antérieur à la conquête espagnole.

3° Enfin, que l'histoire d'un déluge et de l'humanité sauvée sur une cime d'où la vie se répand à nouveau soit ou non en relation avec des événements réels situés dans un passé imprécis, l'incontestable est que ses nombreuses « éditions » prouvent qu'elle a eu un succès extraordinaire. Et il y a de bonnes raisons pour cela. D'après tout ce qui précède, le lecteur les a sans doute dégagées lui-même. En effet, elle « colle » remarquablement au grand système axe-centre-altitude génératrice. Et, s'il s'agit d'un mythe, il est toujours vivant en pleine civilisation technique. En voici trois échos modernes :

— En 1949, un évêque mormon déclara en chaire à Salt Lake City que l'humanité allait bientôt périr tout entière, sauf ceux qui vivaient *« sur le sommet des montagnes »*, c'est-à-dire, précisa-t-il, les Mormons eux-mêmes, car le mot « Utah » signifie « montagne » dans les anciens dialectes indiens des Rocheuses (d'après M. A. Tunc).

— *« East Lensing, Michigan »* : Le docteur Charles Laughead a donné sa démission, convaincu que la date du 21 décembre marquera la fin du monde... *« Le docteur Laughead vend ses biens et s'apprête à se réfugier au sommet d'une montagne... »* (*Est républicain*, décembre 1954.)

— En 1960, une petite secte groupée autour d'un certain frère Emman s'était installée au-dessus de Courmayeur, sur les flancs du mont Blanc, au mont Fréty. Elle y attendait la fin du monde par gel, puis déluge, pour le 14 juillet. Des barques avaient été prévues... (*Dauphiné libéré*, 10 juillet 1960.)

Ces piteuses aventures ne nous intéressent que dans la mesure où elles révèlent la persistance d'une vieille certitude instinctive, d'un véritable archétype, pour emprunter le langage de Jung : la montagne, espace privilégié, où jaillit la vie *et où on la sauve.*

33. Elle échappe au déluge, puisqu'elle échappe au temps et aux avatars de la matière. Strabon pensait que le Paradis était situé au-delà de l'Océan, à une hauteur telle que les eaux du déluge ne purent l'atteindre. Opinion reprise par les Pères de l'Église, dont saint Augustin. Il est remarquable et touchant de retrouver au fond d'une vallée savoyarde, sous la forme la plus humble et la plus familière, l'écho lointain de ces brillantes superstructures : non loin de Moutiers, en Tarentaise, il existe une *Pierre Chevrette* qui, disaient les bonnes gens, ne fut jamais submergée par les eaux du déluge. Plusieurs cimes sont dans le même cas : le pic d'Anie dans les Pyrénées, le Watzmann, dans les Alpes autrichiennes. Sur le mont Aiguille en Dauphiné la tradition plaçait « des bêtes du déluge » (d'après Antoine Chollier), etc. Et chaque fois que l'on recueille une telle légende, c'est qu'il s'agit d'un ancien « centre du monde ».

34. On peut d'ailleurs remarquer que l'expression « chute d'Adam » sous-entend à la fois la faute morale, et l'expulsion du Haut Lieu par excellence, de la « Contrée suprême » = Paradêscha (sanscrit), d'où Pares = Paradis.

35. P. Radin, *75.*

36. Il est incontestable que le thème montagne a véritablement hanté la civilisation sumérienne, établie dans une région plate et fluviale. Leur architecture sacrée, les métaphores désignant les dieux : Enlil = Grand Mont, etc., leur cosmologie :

Maison d'Enlil, Montagne de la fertilité...
Ekur, Maison de lapis-lazuli, haute Demeure qui fait trembler,
Dont le respect et la terreur touchent au ciel,
Dont l'ombrage s'étend sur tous pays,
Dont la hauteur atteint le cœur même du ciel... »

(D'ap. Kramer, *74.*)

... tout indique une sensibilisation particulière à la symbolique de l'Altitude ; on oserait presque écrire une nostalgie héréditaire des *vraies* montagnes dont ils auraient été initialement chassés ; en sorte que le mot *Kur*, qui signifiait d'abord « montagne », a fini par désigner ce qui est extérieur, étranger. On a d'ailleurs émis depuis longtemps l'hypothèse d'une origine montagnarde du peuple de Sumer (Plateau iranien-Kurdistan... Kur ?) dont le nom même prête à de curieux rapprochements phonétiques : Sumer. Sumérou est aussi l'un des noms du Kaïlas. Ce peuple est-il venu des territoires où régnait un Sommet du monde ? Dans l'ancienne littérature tibétaine des Bön-po, on recueille une tradition suivant laquelle la Montagne sacrée, donc actuellement le Mérou-Kaïlas himalayen, se serait d'abord trouvée... en Perse (sous le nom de Tisé), d'où elle se serait « déplacée » ultérieurement dans l'Himalaya. (*Cf.* R. Bleitchsteiner, *47,*

p. 27.) Ce qui signifie, en clair, qu'un vaste mouvement de population aurait eu lieu d'Ouest en Est. D'autre part, des rapports ultérieurs entre les civilisations de l'Indus et les mésopotamiennes sont prouvés. Les gens de Sumer seraient-ils descendus dans les plaines du Tigre et de l'Euphrate, depuis le même centre primitif irano-turc ? Région où l'on rencontre d'ailleurs à la fois l'Ararat, l'Elbourz, deux cimes sacrées, et la tradition de l'Éden. (*Cf.* note 43.) Les spécialistes l'admettent.

37. *« Ces mots sémites (...) Altaïr, Horeb, saphir, séraphin, élixir... aux arêtes de cristal, qui rafraîchissent la bouche comme des gemmes glacées... »* (Matila C. Ghyka, *Les Sortilèges du Verbe,* N.R.F.)

Dans le même ouvrage, l'auteur signale la prédilection de poètes comme Mallarmé ou Valéry pour certains mots-clefs : azur, vierge, or, cristal, glacier, vol, dur, pur, gel, bel, pierres, etc., aux sonorités hautes, incantatoires, et qui tous, remarquons-le, appartiennent au vocabulaire de l'Altitude.

38. Pas tout à fait : le diamant est la pierre mûre, réservée aux ultimes alchimies. Le cristal est en train de mûrir. (Voir plus loin, note 87.)

39. Adam Mickiewicz, traduit par Milosz.

40. T. G. Longstaaf, *127,* p. 185.

41. R. Guénon, *145,* p. 72. Elle apparaît en 629 dans la vision d'un jeune moine chinois vers 1315 chez Dante, 637 ans plus tard dans *Le Mont Analogue* de R. Daumal, et l'on peut ajouter sans crainte d'erreur : et cætera.

42. Il existait des « livrets-guides » pour le voyage à Chambala. Alexandra David-Neel (*170,* p. 272) a rencontré des gens qui prétendaient y être allés.

43. Cette précision des quatre fleuves a fait aussi désigner le Pamir, d'où descendent l'Oxus (Géhon), l'Indus (Phison), l'Helmend (Euphrate), et l'Iarxarte (Hiddekel). Ou bien l'Arménie, non loin du lac de Van, avec l'Euphrate, le Tigre, l'Araxes et le Phase (ou Rioni). (*Cf.* L. Chochod, *77,* p. 87.)

« Dilmum », le « pays des dattes », le « pays des vivants », est quelque part à l'est ou au nord-est, en Iran.

Le mont de l'Éden aurait été identifié (?) au nord-ouest de l'Iran, en Azerbaïdjan, avec un *Takt-i-Sulayman* (Trône de Salomon), situation qui le rapproche de la Montagne de l'Arche, ainsi que de l'Elbourz (Démâvend), cime sacrée du mazdéisme, le tout dans la région où se serait élevé, d'après la tradition bön-po rappelée plus haut, un « Tisé » premier Kaïlas-Mérou.

Il y a là un faisceau impressionnant de convergences qui désigne le pays montagneux situé entre le sud de la mer Noire et le sud de la mer Caspienne, comme ayant contenu à haute époque un Centre mythique d'une exceptionnelle importance.

44. On évoquera plus loin (*cf.* notes 106 et 107) le problème d'identification posé par de telles descriptions (volcaniques).

D'autre part, le Dieu de Moïse est-il le premier visiteur du Sinaï (Tur-Sina)? Tur = montagne. Et Sina paraît bien être la vieille divinité mésopotamienne, lunaire et céleste : Sin. D'autant qu'un « désert de Sin » s'étend toujours à l'ouest du massif.

45. « *S'il faut en croire Homère (...) l'Olympe de* l'Iliade *et de* l'Odyssée *n'est qu'une brillante assemblée de supermen et de superwomen, dont les préoccupations, les appétits, les aventures, les vertus, les vices et les scandales ne diffèrent en rien de ceux ou de celles des simples mortels. En somme, Hollywood avant la lettre.* » (*Le Soleil se lève en Grèce*, par l'auteur.)

46. Le thème du Labyrinthe est connexe, mais projeté à l'horizontale. Et, à son niveau, l'expérience mystique se trouvera assimilée par les Pères de l'Église à un retour au Paradis.

47. Mais l'imagination technico-mythique a trouvé beaucoup d'autres procédés : arbre, colonne ou poteau (substitut de l'axe central), liane, corde, fil plus ou moins ténu, plante en croissance, choisie parmi

les espèces « grimpantes », cep de vigne, haricot... — Ils apparaissent dans les contes de fées, et aussi... les dessins animés de Walt Disney — ... escalier, échelle, chaîne de flèches, pont de l'arc-en-ciel. Le titre de *pontife* dans la hiérarchie romaine qualifie précisément celui qui garde ou rétablit « le Pont ». On utilise aussi, bien entendu, le véhicule-oiseau, préfigurant les machines volantes modernes : une métamorphose ailée où le cristal de roche peut jouer un rôle (*cf.* note 66). Enfin, l'enlèvement par un être céleste (aigle), sur une nuée, etc.

L'imagination du vol, le désir du vol, est l'un des aspects les plus archaïques, sinon le plus archaïque, de la psyché (cf. note 123). L'adoption de la position verticale pourrait être envisagée comme une première tentative pour se rapprocher du ciel. De toute façon, l'*ouranotropisme* (d'*ouranos* = ciel [sous son aspect matériel, physique], et *trepein* = tourner vers) — ce que certains auteurs nomment le géotropisme négatif ou ascensionnel (*cf.* G. Viaud, *Les Tropismes*, coll. « Que sais-je ? », pp. 48-58 et note 5) — et l'*aethérotropisme* d'æther, qualifiant ici le tissu le plus subtil du monde sensible : même tendance au niveau spirituel) apparaissent comme des caractéristiques fondamentales de l'Espèce.

Dans les métaphores courantes, la notion du péché est associée à celle de pesanteur. Plus généralement, la libération des contraintes de la pesanteur coïncide symboliquement avec l'accession à un état supérieur de conscience, et le contraire avec une régression. C'est pourquoi la lévitation demeure l'apanage traditionnel des saints, des grands mystiques, de tous ceux qui, de quelque façon, sont parvenus à transcender la condition humaine. (*Cf. La Lévitation*, d'Olivier Leroy, édit. du Cerf ; *Le Lotissement du ciel*, de Blaise Cendrars, édit. Denoël.)

Les images ascensionnelles abondent dans toutes les grandes religions. Le christianisme les connaît aussi sous les formes classiques : arbre (saint Jean Chrysostome), pont (sainte Catherine de Sienne), échelle (Théodore d'Anatolie, sainte Perpétue, l'évêque Sadoth, etc.), et enfin montagne. (Saint Augustin - saint Jean de la Croix). (*Cf.* Beirnaert, *155.*)

Au niveau des techniques, l'invention moderne des machines volantes réalise matériellement les vieux rêves des mythologies. Mais en vertu d'ironiques et inéluctables lois de compensation de tels objets perdent du même coup toute signification spirituelle, du moins dans le contexte de la civilisation qui les a créés. Par contre, pour des groupes humains appartenant encore à des cultures archaïques, leurs trajectoires peuvent toujours s'inscrire dans un espace mythique. C'est ainsi que l'on a vu naître il y a peu d'années en Nouvelle-Guinée une « religion du Cargo », les indigènes s'étant persuadés que les gros avions américains, porteurs de toutes sortes de richesses, ne pouvaient venir que du ciel des Ancêtres, et qu'en conséquence ces richesses étaient soustraites à leurs véritables destinaires. Aussi construisirent-ils de fausses pistes d'atterrissage, de fausses tours de contrôle, de faux avions, en bambous, dans l'espoir de détourner les transports aériens, dont la cargaison reviendrait ainsi à leurs légitimes propriétaires.

48. Pour reprendre le titre du célèbre roman de Conan Doyle, qui, lui aussi, à son niveau, participe au mythe, puisque ce monde est dépeint comme un plateau cerné de murailles inabordables où survit la faune fabuleuse de l'Ère secondaire : en somme, un éden paléontologique !

Et encore d'innombrables « îles » semées dans l'océan littéraire, y compris celles de Daniel De Foe, de Giraudoux, de Michel Tournier... Dans tous les cas, il s'agit d'un espace appartenant à la vierge jeunesse du monde, et que le temps n'a pas dégradé. Cette foi en un espace heureux, perdu, à retrouver, est si profondément ancrée dans l'inconscient qu'à la faveur de circonstances favorables — il est vrai bien rares en Occident — le vieux mythe réapparaît dans sa fraîcheur native. C'est ainsi qu'à la fin du XVIIIe siècle le val du Lys, en pays d'Aoste, connut son expédition des Argonautes !

De vagues rumeurs, probablement répandues par les cristalliers et les chasseurs de chamois, faisaient allusion à une vallée merveilleuse, enclose quelque part dans sa couronne de glaciers. Un certain jeune homme nommé Joseph Beck, plus hardi et plus avide de gloire que les autres, décida d'y aller voir et prit la tête d'une première exploration qui aboutit probablement entre le mont Rose et Lyskamm. Mais à cause du brouillard ils ne virent pas grand-chose, ni diables ni vallée. N'importe, de l'autre côté les montagnes s'effondraient réellement vers des profondeurs mystérieuses.

En 1780, une seconde tentative les amena au même endroit. Les brumes se déchirèrent et ils aperçurent leur Chambala ! Malheureusement, un compagnon à la vue perçante y découvrit des troupeaux de vaches ! Hélas, la Terre promise n'était autre que la vallée de Zermatt... (*Cf.* Annuaire du Club Alpin Français, 1891, pp. 121 et suiv.)

49. J'ai insisté ailleurs (*L'Or de l'Islande*, p. 107, note 6) sur le réalisme d'une telle description qui s'applique fort bien à un grand glacier arctique apparaissant au fond d'un fjord embrumé.

50. Il y a eu contraction du temps, comme dans le fameux conte de Rip van Winckle, de Washington Irving.

Les vieilles fables ont des correspondances au niveau des plus modernes théories scientifiques. Langevin imagine un « boulet » — on dirait à présent une fusée astronautique — capable de dépasser la vitesse de la lumière, donc le mur du temps. Les toujours jeunes explorateurs reviendront dans le futur et dans un monde vieilli.

51. « *Ferula communis* ». Effectivement la moelle de cette plante très commune en Grèce se consume avec lenteur, comme l'amadou. C'est un détail précis, réaliste.

52. La tradition désigne le rocher de Khomli, dominant la ville de Koutaïs, en Géorgie occidentale.

53. En réalité, ce « corbeau » se comporte comme un homme. Ce sont les ambiguïtés du totémisme.

54. Sir J. Frazer, *121*, pp. 122-168.

55. H. R. Rieder, *60*, pp. 187 et suiv.

56. R. Petitot, *163*, pp. 126 et suiv.

57. La résorption finale dans la flamme est un thème familier à la pensée indoue. Elle exprime une union totale avec l'Esprit. Elle est également liée à une technique : la pratique la plus ancienne du Yoga, qui tend à accumuler dans le corps de l'ascète un immense potentiel d'ardente énergie nommée tapas, *« comme une charge électrique à haute tension qui menace de s'écrouler spontanément »* (H. Zimmer, *119*, p. 114) ; en d'autres termes, de déclencher une autocombustion. Au Tibet, l'art d'accumuler la chaleur interne se nomme « Toumo ». (A. David-Neel, *10*, pp. 4 et suiv.)

58. Une flamme verticale fournit une image subtile de l'axe du monde. « *Les montagnes qui s'élèvent au cœur de l'œther (grec :* αιθηρ = ce qui brûle, ce qui flambe) *sont considérées comme le réceptable essentiel de cette énergie lumineuse qui, soit sous forme de foudre, soit sous celle de feu volcanique, soit enfin sous celle de gaz combustibles enflammés, brûlant çà et là sous forme de flammes légères, pénètre l'univers stellaire qu'elle vivifie sans arrêt.* » (Francis Beaufort, *Karemania, or a brief description of south coast of Asia minor*, Londres, 1817, pp. 45 et suiv.)

59. Combien de siècles nous séparent de tels mystérieux échanges ? Au début du XXe siècle, Ndagano, l'un des derniers rois thaumaturges du Ruanda (mort en 1923), s'en allait encore sur la montagne réclamer de l'eau pour son peuple, sacrifiait le taureau, et pour provoquer enfin la pluie faisait surgir de son propre corps, par scarifications, une rosée sanglante.

En outre, l'intégrité de sa personne physique répond de celle du territoire. Un dernier écho de cette conception nous est parvenu avec l'anecdote suivante : quand, en 1894, l'explorateur von Götzen parvint au Ruanda et fut mis en présence du roi Kigeri IV, il lui secoua énergiquement la main. Aussitôt celui-ci s'inquiéta pour la stabilité de ses collines (...) : « Vous voulez donc ébranler le Ruanda ? » (Paul del Perugia, *Les Derniers Rois mages,* N.R.F., pp. 36 et suiv.).

60. E. Dhorme, *142,* p. 47.

61. Ces premiers rois ont été créés par Ilac Tiki Viracocha, que le peuple inca se représentait comme un être blanc et barbu, venu du nord et de la mer, où, besogne faite, il disparut (vers l'ouest) après avoir accompli des miracles avec un bâton magique. Le chroniqueur quichua Santa-Cruz Pachacuti-Yamqui *« prétend que Viracocha portait une croix, qu'il aurait érigée sur un sommet ; ensuite il aura prêché et versé de l'eau sur la tête d'un prince ».* (S. Huber, *147,* p. 284.)

Derrière le mythe inca de la création du monde et de l'empire se profile donc un récit d'un bien singulier réalisme. Il a permis à Thor Heyerdhal d'émettre l'hypothèse d'une immigration blanche en Amérique centrale.

En ce qui concerne les rapports des civilisations incas ou pré-incas avec l'Ancien Monde et bien avant l'arrivée des conquistadores, il existe sur le seul plan linguistique des analogies impressionnantes entre certains mots de la langue quichua et les racines indo-européennes. Il est difficile d'en charger le hasard :

Capac-caput (latin) = tête. *Hana*-ana (grec) = haut. *Suma*-summus (latin) = le plus élevé. *Cauri*-gora (slave)-(Gauri : déesse-mère-montagne dans l'Himalaya). Goris Anghelosi. Did Gori (Caucase). Yanna Gorri (Pyrénées basques)... = montagne. *Pichu*-pico (latin) = pointe, pic. *Umu*-humor (latin) = eau. *Illa*-el (sémit.) = rayon de lumière, etc. (*Cf.* S. Huber, *op. cit.*).

62. En Crète et en Asie mineure (Phrygie), on a repéré, au sommet de certaines montagnes ou roches escarpées, des trônes taillés dans la pierre, parfois solitaires, parfois doublés, mais vides, ce qui implique l'attente d'une Présence.

63. Le monde a deux aspects fondamentaux, sexués et complémentaires : le Yin (féminin) et le Yang (mâle). Ils fournissent la substance de l'univers, et leurs oppositions, leurs alternances ou leur union rendent compte de tous les phénomènes. Les êtres, les objets, les apparences sont Yin ou Yang. Les eaux, la neige, la lune, la nuit, la femme sont Yin. Les rochers, le ciel, le soleil sont Yang. La montagne, dans ses différents aspects, peut être Yin ou Yang.

64. Elles correspondaient aux saisons : Est = printemps, Sud = été, Ouest = automne, Nord = hiver. *« Par chacune de ses stations sur les montagnes sacrées, entouré par les vassaux de la région, il mettait en marche à son tour une saison nouvelle : tous alors imaginaient que l'œuvre céleste qu'à titre de Fils du Ciel il inaugurait ainsi, les montagnes l'accomplissaient à demeure comme les délégués permanents aux saisons (...), qu'elles n'étaient pas autre chose que les subordonnés directs et les émissaires terrestres de l'Auguste Ciel. »* (M. Granet, *139,* p. 57, et note 422.)

65. D'après W. Bogoras, *Chukchee Mythology,* cité par Mircéa Éliade, *20,* p. 230. Pour le lecteur non informé, nous résumons comme suit : les chamans, ou sorciers-hommes-médecine, occupent une situation éminente au sein des sociétés archaïques encore vivantes en différents points du globe. Ce sont essentiellement des intermédiaires entre l'homme et le divin. Ils exécutent des « voyages » vers le ciel ou vers l'enfer, afin d'en rapporter messages, dons, remèdes, bref quelque chose d'utile aux vivants. Ces expéditions s'accomplissent au cours de transes provoquées, accompagnées d'un rituel allusif. C'est ainsi que, pour monter au ciel, le chaman escalade réellement un poteau qui est l'axe-centre-lien géo-céleste (*cf.* M. Éliade, *op. cit.*)

66. *« Son corps se couvre de cristaux de roche... »* Il pourrait y avoir confusion entre cristal et gel, ou flocons de neige.

Outre la lévitation, le cristal confère l'ubiquité, la voyance et possède de nombreuses vertus curatives. Cette fonction magique a traversé les temps. Au XXe siècle, les *extra-lucides* continuent imperturbablement à déchiffrer l'avenir dans une sphère de cristal *translucide.* Et les poètes, les vrais, ceux qui puisent aux sources éternellement fraîches des grands mythes, considèrent toujours les miroirs comme les portes de l'Autre monde. Voir l'*Orphée* de Cocteau.

67. En basse Bretagne, P.-Y. Sébillot (*58,* I, p. 249) note un récit plutôt surprenant dans une région qui n'a rien d'alpestre : c'est *« la Fille du roi de France »* qui, pour capturer l'Oiseau de vérité, doit escalader un pic abrupt et colossal ; malgré neige, grêle, tempête, froid cruel... Si elle ne parvient pas à triompher de ces épreuves, elle sera changée en pierre, comme bien d'autres victimes. Ce conte est tout à fait dans la ligne des voyages chamaniques dans l'Autre monde. Et, en outre, c'est presque le canevas d'un récit moderne de conquête himalayenne, plus un aveu que l'on trouve rarement sous la plume d'un grimpeur : la quête de « l'Oiseau de vérité ». En pays basque, il est dit qu'elle ne doit pas détourner la tête malgré d'horribles clameurs, et ici le conte ressemble étrangement à un épisode des *Mille et Une nuits :* l'histoire de la princesse Parizade escaladant une montagne hantée par des voix furieuses au sommet de laquelle se tient Bulbulhezar, l' « Oiseau qui parle ». *(Histoire des deux sœurs jalouses de leur cadette.)*

L'histoire des « hommes creux et de la Rose amère » (R. Daumal, *Le Mont Analogue,* pp. 128 et suiv.) appartient à la même ligne imaginative, avec des détails empruntés au Légendaire traditionnel. (Iles Féroé. D'après von Görrès.)

68. F. Wiersma-Verscha, *La Montagne de verre, Cahiers d'études cathares,* nos 9-10, Arques (Aude).

69. Outre le rythme ternaire qui scande toute l'histoire (dans la symbolique des Nombres, Trois, soit : un + un = UN, exprime l'évanouissement de la dualité dans une nouvelle unicité qui en opère la synthèse, ce qui s'exprime formellement par l'image d'un triangle pointe en haut, vieil hiéroglyphe de la divinité, et aussi graphisme stylisé de la montagne), ... on y trouve le thème des épreuves et des niveaux successifs de clairvoyance.

Le tout centré sur celui de la montagne translucide et inaccessible au sommet de laquelle attend la « Fille du roi », symbole non moins transparent de la Sophia, de la sagesse, ou d'un autre type de transcendance.

La fin, ironique, sorte de version masculine de Cendrillon, devient critique sociale, mais elle contient aussi la morale de l'Or caché, de la chose ou de l'être dissimulés sous de ternes apparences : allusion à l'ésotérisme.

70. Le futur prophète raconta qu'il avait vu (vers 690 de notre ère) un « astre » descendre du plus haut de l'horizon, puis rester immobile dans l'espace, à deux longueurs d'arc, ou à peu près.

71. Conception qui peut engendrer des représentations très naïves comme celle de « la tente des Géants » des Amérindiens (*163,* pp. 255, 355), ou très élaborées comme celle du crâne-K'ouen Louen des taoïstes.

72. Chez les Grecs, le fameux antre de Trophonios, situé dans une montagne au-dessus d'un bois sacré, fournissait un décor terrorisant. On s'y trouvait comme aspiré au fond du gouffre, puis *« l'on voyait et l'on entendait ».* Pausanias, dans son *Voyage historique,* en a donné une description qui laisse perplexe et s'achève par ces lignes : *« Ce que j'écris là n'est pas fondé sur un simple ouï-dire : je rapporte ce que j'ai vu arriver aux autres, et ce qui m'est arrivé à moi-même. »* (*Cf.* W. K. C. Guthrie, *72,* pp. 251 et suiv.).

73. La vision architecturale d'un antre universel, c'est-à-dire d'un monde clos,

fini, rassurant, restitue intégralement la « coque de certitudes » dont il fut déjà question.

Chez certaines tribus d'Asie centrale et d'Amérique du Nord, le ciel est conçu comme l'intérieur de la Montagne cosmique dont les bords ne touchent pourtant pas le disque terrestre, ce qui ménage un passage vers l'Autre monde.

Dans d'autres visions en quelque sorte complémentaires, c'est la terre des hommes qui forme la voûte d'une immense caverne intérieure.

L'idée d'un monde creux, on en retrouve l'écho dans la tradition ésotérique de l'Agarttha (*cf.* René Guénon, *145*). Prise dans son sens concret, il s'agirait d'un mystérieux centre initiatique situé dans l'épaisseur du globe terrestre, comportant quelques sorties secrètes, entre autres au Tibet, en Asie centrale (grottes de Touen-houang), en Islande, en Perse... (la ville souterraine de Luz, près de la cime sacrée de l'Alborj), et recelant une race « supérieure » sous les ordres d'un mystérieux « Roi du Monde ». Cette vision de l'Agarttha peut évoquer une Sagesse à présent dissimulée, comme la flamme du Swayambhou, à cause de l'incompréhension et de la dégradation actuelle de l'humanité. L'image est très proche de celle de la Caverne au Trésor dont il sera question plus loin. Elle n'en diffère que par son étendue spatiale, puisque c'est la terre entière qui couvre désormais la grotte précieuse.

Il faut encore au moins mentionner la théorie pseudo-scientifique émise en plein XXe siècle par le « mage » tyrolien Hoerbiger en Allemagne hitlérienne, suivant laquelle la terre n'était pas convexe mais concave, en sorte que l'humanité vivait à l'intérieur d'une boule creuse. (L. Pauwels et J. Bergier, *Le Matin des magiciens,* N.R.F., pp. 333 et suiv.) Il y aurait toute une exégèse à faire sur la portée psychologique d'une telle représentation, qui fut adoptée d'enthousiasme par le Führer : angoisse latente d'où nécessité d'un univers clos, élimination du « ciel », etc.

74. P.-M. de Angleria. D'après traduction latine faite à Londres en 1555.

75. Légende du XIXe siècle citée par J.-P. Roux : *Faune et flore sacrées dans les sociétés altaïques,* p. 286.

76. *128,* p. 246. D'après les croyances des bouddhistes tibétains, les *tulkous* ne meurent pas. Ils passent simplement d'un corps à l'autre, du vieillard à l'enfant, afin de parcourir une nouvelle existence terrestre. Le problème est donc de retrouver cet enfant-vieillard qui devra révéler sa véritable identité au cours d'épreuves très curieuses. (*Cf.* du même auteur, *114.* De R. P. Bleichsteiner, *47.* De David Macdonald, *106.* De Fosco Maraini, *160.*)

77. Il est curieux de constater que la célèbre fable de Platon (*République,* VII) contredit cet archétype, ou plus précisément néglige tous les aspects valorisants. Son antre, où subsistent, enchaînés, des demi-aveugles, est justement un espace d'inclairvoyance. On peut se demander si la visite des Latomies de Syracuse n'a pas inspiré le mythe platonicien.

78. René Grousset, *164.*

79. J. Richer, *Delphes, Délos et Cumes,* édit. Julliard, p. 157. La grotte principale, taillée de main d'homme et longue de 131,50 m, a été dégagée en 1932. Ces spéos furent considérés au Moyen Age comme l'une des entrées de l'enfer.

80. Apparemment, des émanations volcaniques. On n'en a plus trouvé trace. Mais les structures tectoniques ont pu changer au cours des siècles.

81. On a déjà rappelé le conte de Rip Van Winckle, où le héros passe une seule nuit dans la montagne ; elle a en réalité duré vingt ans. Une légende valaisanne renchérit sur le thème, puisqu'un chasseur de chamois dégringole au fond d'un antre occupé par un dragon, y survit longtemps en compagnie du monstre, puis finit par s'échapper et regagne son village, où personne ne le reconnaît, pour la raison qu'il a disparu depuis un siècle.

82. Détails empruntés à la translation publiée par René Grousset dans *Sur les traces de Bouddha (154).*

83. Il est vrai que le lieutenant-colonel Howard-Bury (*25,* p. 102) cite le cas d'une anachorète qui, selon les villageois, aurait vécu cent trente-huit ans.

84. Le détail des *douze* pairs, des *douze* souterrains, est emprunté au Cycle arthurien de la Table ronde. Il s'agit probablement d'une allusion aux signes du zodiaque, et la « Table ronde » est au centre du monde.

85. Dans une version parallèle, c'est Frédéric Barberousse, dont la barbe a cette fois traversé la table de pierre, qui attend son heure dans la montagne voisine de Hohenstauffen, ou dans les souterrains du château de Trifels, dans le Palatinat, ou encore dans une caverne près de Kyffläuser, en Thuringe :

« Au sein profond du Kyfflhäuser
Sous la clarté rouge de la lampe
Le vieil empereur Frédéric est assis
A la grande table de marbre... »
(Geibel, *Friedrich Rotbart.*)

La grande légende de l'Untersberg, centre mythique d'un idéal pangermaniste et guerrier, à peine voilé sous le revêtement chrétien, entraîne à des considérations assez curieuses. Et tout d'abord qu'étant donné la mentalité magique de Hitler, qui bien entendu n'ignorait pas la tradition, doit-on considérer comme pur hasard qu'il ait fait choix d'une retraite alpestre (rocheuse et labyrinthique), justement à Berchtesgaden, à proximité immédiate du Wunderberg ?

D'autre part, les descriptions fabuleuses de la Caverne impériale parlent de quatre grandes statues d'airain tenues enchaînées par un nain. Cela signifiait, paraît-il, qu'une guerre éclaterait quelque jour entre les quatre grandes nations d'Europe, dont l'issue serait déterminée par « un tout petit prince, pour ainsi dire inconnu ». (M. Grandjean, *8.*) Un paysan de Bergham était même l'auteur de prophéties « tenues en grande considération par tous les patriotes » (même ouvrage, *datant de 1873*) suivant lesquelles la France, l'Allemagne, l'Autriche et l'Italie se livreraient des batailles furieuses et sanglantes. Ces remarques n'ont pour but que de suggérer par quelles filières certaines légendes pourraient bien créer une atmosphère favorable à la réalisation de certains événements.

On peut encore observer que les châteaux fantastiques édifiés par Louis II de Bavière sont ceux mêmes dont le conte orne le royaume souterrain de Charlemagne.

86. On trouve le cristal, l'améthyste, le grenat dans les Alpes ; le jade dans les monts K'ouen-Louen, les monts Sajan en Sibérie et les montagnes du Turkestan. La turquoise est dans l'Elbourz. L'émeraude, la topaze, l'aigue-marine, les chrysobérils, l'aventurine, le jaspe dans l'Oural, sans parler d'innombrables filons métallifères. *« Les matières métalliques sont aux montagnes non autrement que les arbres avec racines, troncs, rameaux, et plusieurs feuilles. »* (Hiérome Cardanus, 1556.)

87. Outre leur beauté propre, les pierres précieuses étaient réputées posséder des vertus particulières qui en augmentaient considérablement la valeur et s'ajoutaient aux sacralisations de l'Altitude. En sorte que le trésor signifiait toujours quelque chose de plus qu'un bien matériel.

L'Émeraude, « reine des pierres précieuses », la « pierre des mages », aiguise l'intelligence, confère le don de prophétie, la clairvoyance amoureuse. Elle est en rapport avec les serpents, qu'elle peut subjuguer. Car c'est une émeraude que les Serpents et Dragons mythiques portent enchâssée sur le front. Dans la tradition chrétienne, elle est luciférienne.

Le Diamant (Adamas = l'Invincible), pierre la plus dure et la plus pure, souvent considérée comme tombée du ciel. (L'étoile Polaire, pivot du ciel, est un diamant.) La « pierre fulminaire » Vajra, tenue par Indra, ou par la divinité tibétaine Vadchrapani, homologuée à la foudre, et aussi à l'essence de Bouddha, est un diamant. C'est la pierre d'immortalité associée à la clarté de l'esprit, à la pureté des mœurs, et à toutes les quintessences.

Le Cristal, tombé du ciel, participe des mêmes valorisations. Il confère le pouvoir de voler, l'ubiquité, l'invisibilité, la clairvoyance, se trouve comme le diamant associé aux idées de pureté et de quintessence, et simultanément à la flamme et au gel. (Autre théorie ultérieure, pseudoscientifique, sur l'origine du cristal alpestre.)

L'Améthyste favorise la clarté de l'esprit. C'est la pierre de l'expérience et de la piété. Elle chasse les serpents et évite l'ivresse.

Le Saphir, pierre céleste par excellence, possède les mêmes vertus que le cristal. En outre, c'est un emblème de l'amour pur, de la vérité. Elle décèle les poisons.

Le Rubis est la pierre des dieux, des rois, des héros. Sous le nom d'Escarboucle, elle est aussi censée naître dans la tête des serpents et dragons. Elle rayonne, confère la force vitale et protège du « mauvais œil ».

Le Jade (Yu), matière précieuse entre toutes pour les Chinois. Elle diffuse cinq vertus cardinales : la modestie, la justice du cœur, la sagesse, le courage et l'amour du prochain. Elle est associée aux notions de grandeur, de majesté divine, d'immortalité. Chez les Arabes, le jade protège du vertige.

La Turquoise est précieuse contre les serpents, les monstres, le « mauvais œil ». Au Tyrol, elle préserve des chutes.

La Draconite est une sécrétion des dragons, etc. Beaucoup de ces pierres possèdent en outre des vertus guérisseuses, thérapeutiques. (*Cf.* Hermann, *65.*)

88. A. David-Neel, *114.* L'ouvrage a paru en 1941. Depuis...

89. *160,* p. 117.

Faut-il rappeler que l'on a exhumé à partir de 1947, dans les grottes criblant les falaises de la mer Morte (Qirbet Qumran), de précieux manuscrits de l'Ancien Testament dissimulés dans des jarres depuis... 1 880 ans ?

90. D'après les versions christianisées, à partir de Robert de Boron, fin XIIe siècle. Cette « émeraude » est parfois dite écarlate.

91. Jacques Boulenger, *Le Saint-Graal,* édit. Plon, IV, p. 92.

92. Poète allemand du XIIe siècle. Auteur de *Parzival,* adapté de Chrétien de Troyes et de *Kyot le Provençal* ; et dont s'est à son tour inspiré Wagner.

93. Otto Rahn, *29.*

94. Dans un film d'Arnold Fanck, produit entre les deux guerres et portant un titre éloquent : *La Montagne sacrée,* on voyait un jeune couple se diriger sous la voûte d'une caverne immense vers un « Graal » étincelant, ici symbole du pur amour.

Le récit du pâtre ariégeois appelle quelques commentaires : sous l'affabulation, les faits historiques : Montségur, dernière forteresse des Purs, des Albigeois, fut investie en 1242 par les troupes de la Croisade catholique (« les armées de Lucifer... »). Le Pog tomba dans la nuit du 1er au 2 mars 1244 et, sur les occupants, 205 furent brûlés vifs au pied du château. Esclarmonde de Foix, qui soutint passionnément la cause cathare, était déjà décédée au moment du siège, mais une autre Esclarmonde (de Perelha) compta bien parmi les victimes.

Une information relativement récente (1961) fait état de l'existence réelle de cavernes creusées sous la forteresse et désormais inaccessibles. Elles contiendraient des tombes, des armes et des parchemins en très mauvais état. (*Le Monde,* 14 août 1964.) Sur l'étrange architecture de la forteresse, voir Fernand Niel, *Montségur,* édit. Allier, Grenoble.

De vieux *romances* espagnols situaient déjà au fond d'une caverne pyrénéenne un objet dénommé « table » ou « écrin » de Salomon, et retrouvé par Rodéric, roi des Goths. En Iran, plusieurs montagnes sont dénommées « Takt-i-Sulayman » (Trône de Salomon), et l'on a cherché à identifier l'une d'entre elles avec l'Éden initial. La

« Chasse du roi Salomon » passe dans le ciel des Pyrénées.

Ainsi, entre les lointaines montagnes d'Iran et celles de l'Ariège a circulé un flux mystérieux, et celles-ci ont fourni l'un des centres autour desquels se tissent les réseaux dorés des grandes légendes. On peut ajouter, pour en revenir à l'Histoire, sans abandonner pour autant les territoires mouvants du fantastique, qu'Otto Rahn, la guerre s'étant déchaînée, fut interné, paraît-il, en forteresse avec ordre exprès de Hitler d'avoir à récrire une histoire du « Trésor des Cathares » d'une manière conforme à la mystique nouvelle, c'est-à-dire en passant sous silence les sources celtiques ; qu'il parvint à s'évader et que, cherchant à fuir en Italie, dernière victime de la guerre des Albigeois, il fut abattu vers 1942 ou 1943, tandis qu'il tentait de traverser les Alpes austro-italiennes, par les sbires lancés à sa poursuite.

95. L'image paradisiaque en cours d'évolution présente des traits empruntés aux trois montagnes majeures du mythe hébraïque : le jardin d'Éden initial avec ses arbres, ses eaux et ses parfums ; le Sinaï et ses manifestations flamboyantes ; et enfin la montagne de Sion (Jérusalem) dont les décors paraissent eux-mêmes démarqués sur ceux de Babylone. (*Cf.* Autran, *134,* II, pp. 251 et suiv.)

Quant à la Géhenne, on admet généralement que le mot désigne « la vallée maudite » (*Hénoch,* XXVII, 1) de Ben-Hinnom, ou Gé-Hinnom, non loin de Jérusalem, où s'accomplissaient des sacrifices humains (enfants) à Molek, et à Yahvé (*Ézéchiel,* XX, 25-26 ; *Jérémie,* VII, 31), jusqu'à la réforme de Josias.

96. La montagne joue ici le rôle d'une entité maternelle qui rassemble les jeunes victimes en son giron, bien au chaud, heureux, dansants, et pour l'éternité.

97. E. Bégin, *171.*

98. M. Éliade, *87,* pp. 62-63.

99. Dans la description du Mérou, on trouve simultanément la montagne envisagée comme obstacle (chaînes circulaires) et sous son aspect glorieux. Il est d'autre part assez remarquable de découvrir sept cents ans plus tard, et chez un poète occidental, une vision très proche de celle du solitaire japonais :

« Ce mont
Avec son ombre prosternée
Au clair de lune devant lui
Règne, infiniment, la nuit,
Tragique et lourd, sur la campagne lasse... »

(Verhaeren.)

100. L'Elbourz comporte effectivement deux cimes jumelles, ce qui en fait, comme la Grande Montagne de l'Ouest des Sumériens, une cime cornue, avec la signification souvent maléfique qui s'attache à cette structure. (*Cf.* note 27.) D'autre part, la présence de très étranges « pénitents de glace » sur les flancs et au sommet du Dêmâvend a pu susciter ou affermir la tradition des « âmes ».

101. L'épreuve du Pont jeté par-dessus un gouffre dévorateur, ou une eau dangereuse, se retrouve dans de nombreuses traditions : Nigéria, Côte-de-l'Or, Insulinde, Nouvelle-Guinée, Mélanésie, Malaisie, Indochine, Pérou, Colombie, Alaska, chez les Eskimos et les Indiens, « chez les bouddhistes chinois, les anciens indous, les musulmans, les juifs du Caucase, les gypsies de Transylvanie, les Grecs modernes... » (*Cf.* J. T. Addison, *168,* p. 111.)

102. H. R. Rieder, *60.*

103. R. de Nebesky-Wojkowitz, *110,* pp. 225 et suiv.

104. Trad. Jean Marchand, *13.*

105. De tels récits apportent sinon la preuve, du moins une probabilité très forte en ce qui concerne la réalité des expéditions lointaines accomplies avant les temps modernes, et que certains commentateurs s'obstinent à nier. Depuis un million (?) d'années qu'il y a des hommes, et qui œuvrent, et qui circulent, des relations se sont établies, par hasard ou autrement, d'un continent à l'autre, à travers les mers du monde. En sorte que l'éternel pro-

blème qui se pose devant certaines analogies culturelles observées en des points éloignés du globe — contact ou similitude ? — se trouve faussé à la base. Dans plus d'un cas la vraie réponse ne serait-elle pas : les deux ? L'histoire actuelle de la découverte de la terre semble elle-même mythique, au sens péjoratif du terme.

106. Outre les passages typiques de l'*Exode* aux chapitres XIX, XXIV, XL, voir : *Deutér.*, IV, 11, 12 ; *Juges*, V, 4 ; *Habacuc*, III, 2 et suiv., *Isaïe*, IV, 5 ; XXIX, 6 ; LXVI, 15 ; *Daniel*, VII, 9 et suiv.

107. Or le Sinaï n'est pas un volcan, et il n'y en a pas dans la presqu'île. En conséquence, plusieurs auteurs se sont demandé si le Sinaï de la tradition (copte) était le bon ; et s'il ne fallait pas chercher la montagne de Moïse dans les reliefs situés au nord du golfe d'Aqaba, aux confins du pays Madian. D'après Beke, il s'agirait du Djebel Baghir ou Djebel en-Nour (Montagne de la lumière), située à l'ouest de l'Ouad Ithm. (*Cf.* G. Franklin, *169*, p. 194 et suiv.)

Cette zone volcanique a donné des témoignages d'activité aux époques historiques. En l'an 654 de l'Hégire, les chroniqueurs arabes signalent une éruption du Djebel Qhod. En Abyssinie, les volcans étaient en activité sous les Ptolémées. Mais, si le Peuple élu était aussi venu à haute époque des hauteurs de l'Iran, le « Sinaï » initial aurait-il été le Démâvend ?

108. *Du mont de la Sibylle et de son lac et des choses que j'y ai vues et ouï dire aux gens du pays.*

109. F. Bard, *146*, pp. 121 et suiv.

110. *Odyssée*, XI, 593-600, trad. Victor Bérard, N.R.F.

111. Imaginons un Sisyphe secrètement atteint d'une manie particulière : celle de basculer des pierres dans l'abîme... Or cette manie existe, et l'auteur, plus d'une fois — et sans doute plus d'un lecteur aussi —, l'a vu se manifester. Elle n'est pas sans rapport avec celle du pyromane, mais comme elle ne présente d'ordinaire aucun inconvénient social les psychiatres ont oublié de lui faire la moindre publicité.

Donc le puissant Sisyphe, Titan pour lequel l'entreprise est en réalité jeu d'enfant, *feint* d'épuiser ses forces à remonter le bloc. Il gémit, il ahanne, il roule des yeux, se délectant *in petto* de la suite, et de la farce qu'il va jouer une fois de plus à cet imbécile de Zeus. Enfin le voilà parvenu au sommet, tremblant et suant, non de fatigue mais d'impatience... Il tire la langue, il humecte ses lèvres asséchées par une trop longue attente, il s'assure d'un coup d'œil torve que là, tout en bas, il a ses témoins indispensables, ceux du passé et ceux de l'avenir, Homère et Camus. Il suspend alors son plaisir quelques secondes d'éternité puis, n'y tenant plus, donne une poussée délectable.

La masse fonce brutalement dans le vide, explose une première fois au sol avec un infernal (cela va de soi) fracas, crache une trombe de poussière puant le soufre, amorce une nouvelle trajectoire et, de paroi en paroi, de tonnerre en tonnerre, poursuit sa plongée vers le fond, tandis qu'un long soupir d'aise s'échappe enfin des flancs comprimés du Titan. On le croit aux Enfers ? Il jouit en plein Élysée. Et déjà, s'arrachant à cette extase, il fonce à son tour sur la piste encore chaude, crainte de perdre une seconde à réamorcer le Jeu des jeux.

La raison d'un tel plaisir a pourtant intrigué quelques rares curieux, dont Norbert Casteret. Voici notre hypothèse, fort simple : il s'agirait d'une euphorie très primitive, née d'un geste qui, pour le minimum de dépense, produit le maximum d'effets. Culbutez, messieurs ; la pesanteur fera le reste !

« ... atque animi causa devolvere rupem
Avulsam scopulo placet, ac audire sonantem,
Non secus ac tonitru scopulis dum immurmurat altis... »

(Et pour s'amuser, on veut faire rouler un rocher qu'on arrache à la montagne, on veut en entendre le fracas aussi bruyant que le tonnerre lorsqu'il résonne parmi les rochers si hauts...)

(*La Stockhorniade*, composée par Jean Rhellicanus, Bâle, 1537.)

112. Albert Camus, *Le Mythe de Sisyphe.*

113. *Cf.* René Guénon, *51,* p. 40 et suiv.

114. On ne s'attache ici qu'aux aspects de *La Divine Comédie* se rapportant directement au sujet du livre.

115. Dans *Mireille* (notes du chant VI), Mistral émet l'hypothèse que le vallon d'Enfer aux Baux, visité par Dante lors d'un séjour à Arles (?), aurait inspiré à celui-ci les premiers décors de son œuvre.

116. Cette citation et les suivantes sont empruntées à la traduction de M. André Pézard : *Dante. Œuvres complètes,* Bibliothèque de la Pléiade, N.R.F., 1968.

117. Ce cumul n'est pas une des inventions les plus heureuses du poète, car l'ensemble est esthétiquement désaccordé. Une autre solution eût consisté à placer une montagne *dans* une montagne. Quoi qu'il en soit au-delà de l'atmosphère terrestre, celle-ci devient un monument ordonné ; comme une autre tour de Babel, à sept étages correspondant aux sept péchés capitaux, mais cette fois acceptée par Dieu, signe d'alliance et non plus de dispersion. Le rappel semble flagrant.

118. Le survol en songe d'une partie de la montagne, puis les détails de la Porte et du couloir marquent clairement le passage dans une autre dimension. L'intervention de l'Aigle abolissant l'obstacle peut être interprétée comme l'action fulgurante de la Grâce, tandis que le couloir-tunnel réintroduit le thème cavernicole et la métamorphose initiatique, semée d'épreuves.

119. Dante a déjà (*Purg.* IV, 88-90) insisté sur le fait que l'acte même de l'ascension entraîne un allégement progressif du corps *et* du cœur.

Il est à remarquer qu'aucun degré ou escalier n'est apparu en enfer. C'est qu'à l'idée de purification des âmes au cours de l'ascension de la Tour du Purgatoire correspond fort bien l'image d'une élévation par degrés dont chaque franchissement représente un effort personnel, avec la certitude d'un résultat acquis. Au contraire, en enfer, il s'agit de glissades ou de chutes de plus en plus profondes par des rampes, des abîmes, où il est aisé de se laisser entraîner : *« Facilis descensus averni... »* Dans ses moindres détails, l'œuvre marque le souci des correspondances symboliques.

120. Mais qui donc est Béatrice ? Peu de temps auparavant, sur les rives du Léthé, une ombre glorieuse, certes, mais très féminine, reprochait au poète ses infidélités d'antan (*Purg.,* XXXI, 49-60). Au moment d'entreprendre l'ultime voyage, cette même Béatrice, vraiment « bienheureuse », suivant les promesses du nom, incarne avec majesté un reflet du Divin ; et le « Tel qu'en lui-même » qu'un autre poète extraira de l'avenir ne trouvera jamais d'illustration plus convaincante que cette figure du passé. Elle est désormais Force et Sapience... Et pourtant ! Dans la suite de l'aventure, et jusqu'à l'ultime « Voir » (*Paradis,* XXXI, 92), se profilera derrière cette entité radieuse, savamment théologienne, une silhouette d'une grâce souriante. Cet alliage a quelque chose de déconcertant pour un lecteur moderne. En fait, il appartient à une autre culture, vraiment raffinée, dont Dante était nourri, où la féminité était parvenue à assumer *simultanément* les prestiges de son sexe et les idéaux de l'espèce. Et bien qu'il ait placé en son *Paradis* Foulque de Marseille, le pourvoyeur fanatique de l'Inquisition cathare, on peut encore reconnaître en Béatrice la Dame des hautes amours occitanes.

121. Glaucus, le pécheur, absorbe une plante d'immortalité, et change de nature, devenant dieu marin.

122. André Pézard, *44.*

123. De telles opinions instinctives traversent les temps. Ce que souligne G. Bachelard, dans *L'Air et les Songes* (p. 32), quand il cite un passage des *Soirées de Saint-Pétersbourg,* de Joseph de Maistre, dont nous extrayons à notre tour les lignes

suivantes : « *Un homme de beaucoup d'esprit (...) me disait un jour qu'il avait été si souvent visité dans sa jeunesse par ces sortes de rêves* (de lévitation, d'envol) *qu'il s'était mis à soupçonner que la pesanteur n'était pas naturelle à l'homme.* »

Des remarques de ce genre font présumer de l'existence d'un véritable aetherotropisme (*cf.* note 47).

124. Il faut décrire au moins de façon sommaire *« l'art qui paraît en ces volantes voûtes »* (*Paradis,* XXVIII, 14), et d'abord rappeler que, suivant le système de Ptolémée, qui faisait encore autorité à l'époque, le globe terrestre se trouvait au centre du monde, en sorte qu'étoiles et astres tournaient autour de lui. Cet ordre imaginé posait au poète un problème fort délicat, car il était inconvenant d'admettre que l'espace où se manifestait essentiellement la Présence divine puisse se trouver subordonné au globe terrestre, alors qu'il était bien évidemment le Centre immuable, et le Sommet par excellence.

Dante a donc cherché à résoudre au mieux une contradiction née des croyances officielles au XIVe siècle, et il y est parvenu de la manière suivante :

Le globe terrestre (fixe) est entouré de neuf sphères, dont huit en mouvement rotatif. Les sept premières sont définies par l'orbe d'un astre ou d'une planète, et dans l'ordre de la distance qui leur est attribuée, savoir : 1 (la plus proche) : Lune ; 2 : Mercure ; 3 : Vénus ; 4 : Soleil ; 5 : Mars ; 6 : Jupiter ; 7 : Saturne.

Chacune de ces sphères enclôt la précédente et sa vitesse de rotation augmente, de la plus proche, la Lune, à la plus lointaine et la plus vaste, le Cristallin. Pour la première, on verra les Visiteurs pénétrer dans la matière même du satellite : *« nuée — épaisse, dure, lisse et parluisante — comme un diamant »* (*Par.,* II, 31-33) et qui néanmoins les recevra *« comme une eau claire accueille — un rai de pur soleil sans le déclore »* (*Par.,* II, 35-36).

A propos de la 7e, où règne Saturne, apparaît le thème du cristal *« qui cerne les planètes »* (*Par.,* XXI, 25). La 8e est celle des étoiles dites fixes, à mouvement apparent si faible qu'il a paru inexistant aux yeux de l'observateur primitif. Dante n'ignore pas ce mouvement (*Par.,* II, 127), et en outre il paraît reprendre à son compte une théorie très archaïque suivant laquelle les étoiles ne seraient que des pertuis ouverts dans une voûte obscure au-delà de laquelle gît une puissante source de lumière (*Par.,* II, 115). C'est aussi celle des Eskimos...

La 9e est dite « du Pur Cristallin », ou Premier Mobile, parce que c'est elle qui imprime sa propre giration et communique son ardeur à tout l'ensemble : *« Ainsi s'en vont tous ces orbes du monde — de degrés en degrés comme tu vois — tenant d'amont ce qu'ils rendent aval. »* (*Par.,* II, 121-123.)

Cette sphère ultime et enveloppante se trouve conjointe à l'Altitude suprême d'où rayonne le feu de l'amour divin et, comme dit plus haut, son mouvement vertigineux naît du « désir » de multiplier à l'infini ses contacts avec l'Empyrée, *ce qui implique* la stabilité dudit Empyrée. Après avoir franchi l'univers mouvant et tournoyant des sphères, nous retrouvons donc l'axe central immuable autour duquel s'échafaudent les étages sommitaux :

1° La *« Rose céleste »,* amphithéâtre immense, coque circulaire où siège la haute assemblée des élus, d'ailleurs suivant une stricte ordonnance verticale. Cette forme extravertie, que nous avons déjà vu apparaître dans un tout autre complexe mythique (le « sur-Mérou paradisiaque ») correspond à l'entonnoir (intraverti) de l'Enfer :

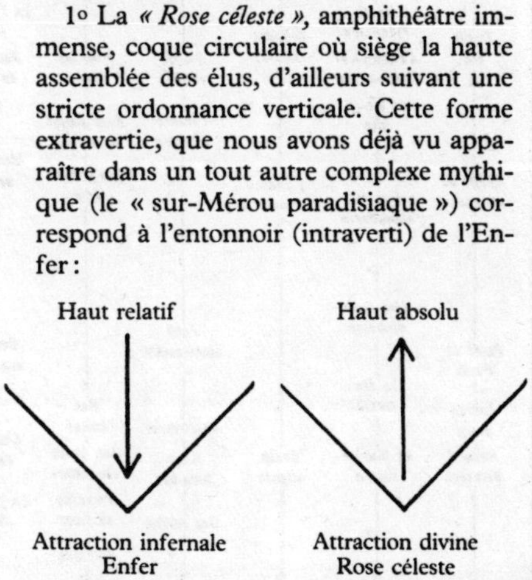

L'image d'une rose, associée au moins une fois par le poète aux étoiles elles-mêmes (*Par.*, xxx, 8-9), et qui évoque pour nous une autre sacralisation florale, celle du Lotus, a claire signification : c'est la « fleur » qui s'ouvre amoureusement aux rayons de l'astre majeur, du Soleil des âmes... *« tant largement comme elle en a la force ».* (*Par.*, xxii, 56-57.)

2o *La Cime angélique.* Au-dessus de la Rose, et la coiffant pour ainsi dire, une ultime forme alpestre, mais cette fois tout à fait transcendée... *« mirable temple angéliel — qui pour tous murs a lumière et amour ».* (*Par.*, xxviii, 53-54.) Il paraît possible de la décrire comme une éminence dont le volume invisible est seulement défini par 9 cercles ou degrés tournoyants de lumière ou de feu, correspondant aux 9 ordres des purs esprits, répartis en 3 hiérarchies, soit dans l'ordre, de bas en haut : Anges, Archanges, Principautés. Ensuite : Puissances, Vertus, Dominations. Enfin : Trônes, Chérubins, Séraphins.

Les cercles tournent de plus en plus vite suivant leur proximité relative du Sommet, ou Point central (Point : prime figure de la géométrie, échappant aux mensurations et d'où naissent toutes les autres), diffusant une lumière perçante (*Par.*, xxviii, 18), et qui symbolise Dieu. Cette cime, avec ses 9 degrés flamboyants où l'élément feu n'est plus que gloire et lumière, s'oppose trait pour trait à l'abîme infernal des antipodes, moule en creux d'une montagne inversée, avec ses 9 cercles de damnés, ses flammes destructrices, ses ténèbres puantes, ses glaces, sa pesanteur croissante, son diable central..., le tout contrefaçon et caricature horrible des architectures triomphales du Ciel.

125. Ce tableau sommaire en fournit la preuve :

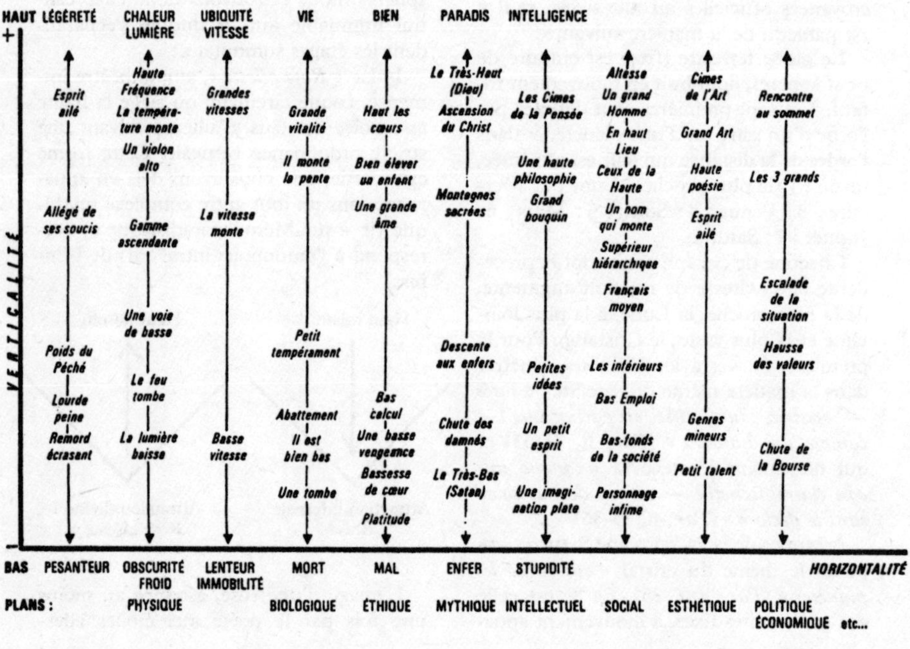

L'une des associations les plus curieuses est celle qui, avant toute spéculation scientifique, unit terme à terme l'image d'altitude et l'intensification des périodes vibratoires : violon alto, voix de basse, baisse de la lumière...

D'autre part, si la pesanteur est presque toujours qualifiée négativement (lourdaud, esprit pesant, etc.), il arrive qu'un système métaphorique secondaire mettant cette fois en valeur des images de stabilité, d'anti-superficialité, prenne le pas sur le principal : un esprit profond, une opinion de poids, une situation grave...

126. P.-Y. Sébillot, *58,* IV, 15. Cette vie est aussi l'apanage des menhirs qui grandissent (Locmariaquer, Bourg-des-Comptes, Janzé, Pontigny), dansent, virent... (Men sul en Maël-Pestivien, Armen-sul, près de Lannion, même nom que l'Irminsul des anciens Germains. Ce menhir tourne à midi (roue solaire), et découvre un trésor à Noël et à la Saint-Jean (solstices).

127. A. David-Neel, *128,* p. 71.

128. M. Leenhardt, *45,* p. 73.

129. « *Pour eux* (les Népalais), *chacun de ces pics est un dieu particulier; tous ont leur histoire fabuleuse remontant à l'âge où l'homme n'existait pas encore ; un culte leur est rendu, ils sont censés intervenir dans les affaires des êtres qui naissent et meurent à leurs pieds.* » (A. David-Neel, *10,* p. 34.)

130. A. David-Neel, *128,* p. 67.

131. *90,* p. 114.

132. J. R. Ullman, *70,* p. 196.

133. Il ajoute : *« De plus d'un côté, parmi les fidèles pieux et orthodoxes, on a exercé sur moi une forte pression pour me faire dire que j'avais eu quelque vision ou révélation. »*

Anecdote éloquente qui marque ici le heurt de deux univers apparemment inconciliables. Les conquêtes sportives ou scientifiques (interplanétaires) de l'Occident ont et auront des répercussions psychologiques dont l'ampleur est difficilement évaluable. Elles créent en effet des brèches dévastatrices dans la sphère protectrice des certitudes mythiques, c'est-à-dire un nouvel état d'angoisse parmi des millions d'hommes. De telles conséquences n'ont jamais été envisagées avant l'exécution de ces entreprises. On peut à ce propos citer les lignes d'un écrivain indou contemporain :

« Ce n'est pas simplement une montagne et même pas la plus haute montagne du monde qui s'appelle Everest ; c'est la demeure de nos dieux, le sanctuaire de nos saints, le point névralgique de notre recherche de l'Infini. »

« La conquête de l'Everest, comme celle du " ciel " par l'aviation ou de l'hyper-ciel par les fusées, ne détruisent pas les vieux mythes dans le cœur des hommes. Elles forcent simplement ceux-ci à les repenser à un niveau supérieur de conscience. » (Réponse de l'auteur à un article d'André Maurois intitulé : « Victoire sur les dieux », Nice-Matin, 15 janvier 1954.)

134. R. de Nebesky-Wojkowitz, *110,* p. 35.

135. Alban Bensa, *150.* (Cf. p. 231.)

136. Alban Bensa, *150,* p. 177.

137. P. Teilhard de Chardin, *Le Phénomène humain,* I, p. 201.

138. Aux antipodes de cette vision spiritualiste, on peut citer la théorie développée par J. Sendy (*Les Cahiers de cours de Moïse, Les Dieux nous sont nés, L'Ère du Verseau,* etc., édit. Laffont).

Les dieux n'y sont plus que des supertechniciens en bleus de travail. C'est une paraphrase inattendue du « deus ex machina », qui se ramène finalement à l'apparition d'un mythe supplémentaire, cette fois technologique.

139. Quand ces croyances s'effacent, ce sont les hommes qui prennent la relève ; et comme les valorisations de l'Altitude sont profondément instinctives, les promotions se trouvent sagement et bourgeoisement conformes aux meilleures traditions des vieilles mythologies. L'U.R.S.S., officielle-

ment matérialiste et égalitaire, ne manque pas d'attribuer aux plus hauts sommets de son territoire, et suivant une stricte hiérarchie verticale, les noms de ses gloires politiques : la chaîne du Shakhdara (Pamir, culmen 7 075 m) devient en 1946 la chaîne Karl Marx. Il existe un pic Molotov (6 808 m), un pic Lénine (7 134 m), un pic Malenkov (7 439 m), et un pic Staline : 7... 495 m. C'est un vieil usage, car, même « au temps des dieux », les Romains nommèrent les Alpes juliennes en l'honneur de Jules César, les Cottiennes en l'honneur d'un roi Cottius, devenu citoyen romain et préfet de quatorze territoires alpestres, etc.

Existe-t-il quelque part un pic Popof ? Par contre, au Chili, un volcan, ancienne montagne sacrée des Aracamenos, porte encore le nom de Licancaur, qui signifie « Montagne du peuple ».

Les fidèles des nouveaux cultes ont hissé un buste de Lénine au sommet de l'Elbrouz ; et, paraît-il, un buste de Mao à l'Everest ! lequel s'y trouverait (?) depuis 1982 en compagnie de... Lénine. Les parrainages politiques sont malheureusement moins solides que les montagnes qu'elles honorent. Dans les Andes, l'Aconcagua (7 035 m) servait de piédestal aux effigies de Juan et Éva Perón. Après la chute du dictateur, une expédition (militaire) fut officiellement chargée d'aller déboulonner les idoles tombées en désuétude.

140. Chomo-Kangkar est probablement le véritable ancien nom, encore mentionné dans le dictionnaire tibétain de Sarat Chandra Das en 1902. Celui de Chomo-Lungma (déesse-mère du pays, ou Mère divine des neiges des montagnes) est un arrangement récent, d'ailleurs heureux, dû à certaines confusions linguistiques. De toute façon, les dénominations locales font allusion à une Puissance génératrice.

141. H. Zimmer, *119*, p. 113.

142. Voir notes 36, 43. Pour la description du Kaïlas et de sa région, *cf.* Anagarika Govinda, *Le Chemin des nuages blancs*, pp. 283 et suiv. Dans la version Ihalmiut (N. Amér.) de la Genèse, le grand dieu céleste se nomme Kaïla. (F. Mowat, *102*, p. 224.) Pur hasard ? ou...

143. Uno Harva, *144*, p. 176.

144. Hymne à Enlil, cité par S. N. Kramer, *74*. Kur = montagne. Ekur, temple de la ville de Nippur, substitut montagnard.

145. R. P. Masani, *173*, p. 75.

146. Geoffrey Parrinder, *140*.

147. *Genèse*, XVII, 1 ; XXVIII, 3 ; XXXV, 11 ; XLIII, 14 ; XLVIII, 3 ; XLIX, 25, etc. Selon Hommel, le nom divin de Shaddaï dériverait du babylonien « Sadû », avec les sens mêlés de « montagne » et de « seigneur » apparaissant dans des expressions analogues : Bal sadûa = « Bel est ma montagne ». Sin-Sadûni = « Sin est notre montagne ». (*Cf.* G. Franklin, *169*, p. 225.)

148. Les chefs du peuple élu (Josias, Ézéchias...) ne condamneront ultérieurement les cultes sur les sommets que parce qu'ils s'adresseront à d'autres dieux que Yahvé, qui est lui-même « le Tout autre ».

149. W. K. C. Guthrie, *72*, p. 235.

150. Voici quelques-unes de ces « résidences secondaires ».

Taygète de Sparte : *Hélios* (solaire). *Artémis.*

Parnasse, Pinde (actuellement Smolikas) et Ida troyen : *Apollon-Hélios.*

Hélicon : *Éros.*

Kithairon de Béotie : *Kithairon* (dieu montagnard éponyme).

Kyllène d'Arcadie et Jouktas de Crète : *Hermès.*

Rocher de l'Acropole : *Athéna.*

Vésuve et Etna : *Hephaïstos.*

Pélion : *Asclépios.*

Nysa de Phrygie (?) : *Dionysos.*

Latmos d'Asie Mineure : *Séléné.* Etc.

Artémis vagabonde dans les montagnes d'Asie Mineure, de Crète, d'Arcadie, de Laconie, d'Élide... Pan, né au mont Lycée, veille sur les sommets. Hermès est le dieu des passages.

151. E. Tonnelat, *143*, p. 349.

152. G. G. Reicher, *94.*

153. H. Dontenville, 124, pp. 65 et suiv. Voir en outre p. 148 et note 233.

154. Comme en témoigne l'inscription d'Aime, qui marque aussi d'une manière pittoresque la hâte éprouvée par un fonctionnaire romain de quitter « ces monts affreux » pour regagner les douces plaines d'Italie. Traduction :

Dieu des forêts, qui es à demi renfermé dans un frêne sacré, et qui es le souverain protecteur de ce petit pays élevé, pendant que je suis le dispensateur de la justice et que j'exerce les droits des Césars, nous voyageons dans ces vallées et au milieu des habitants de la montagne des Alpes, conduits par ta lumière bienfaitrice, tu te hâteras par ta faveur de nous garantir de tout danger. Tu ne nous abandonneras pas, et tu reconduiras à Rome moi et les personnes de ma suite. Fais aussi que sous tes auspices nous puissions revoir les campagnes d'Italie.

155. A. Byhan, *22.*

156. E. Petitot, *163.*

157. R. Karsten, *23.*

158. Saint-Loup, 113, p. 187. On peut faire sienne la remarque pertinente d'A. Métraux (*86,* p. 101) : « *L'image conventionnelle qu'une société se fait du monde spirituel s'empare obligatoirement du subconscient des individus et colore leurs rêves et leurs hallucinations.* »

159. A. H. Krappe, *66,* p. 195.

160. Un Tibétain ne saurait penser comme un Grec ou un Égyptien. Par contre, sa manière de voir se rapproche de celle d'un ancien habitant des Alpes.

La théorie suivant laquelle la nature d'un pays influe directement sur les croyances de ses habitants fut maintes fois exprimée, d'Hippocrate à Taine. Néanmoins, dans *Thibet secret,* justement, notre ami Fosco Maraini la considère comme un *« château de syllogismes »,* et commente ironiquement cette phrase d'H. Berr : « *Il semble raisonnable de penser que le Parthénon ne pouvait se dresser autre part que sur la terre ou sous le ciel de l'Attique.* » Autrement dit : étant donné une contrée remarquable par la précision des lignes et la luminosité, on peut s'attendre au développement d'une civilisation rationnelle, cultivant le sens de la mesure, et à une mythologie pleine d'ordre et de sagesse. Or, au Tibet, poursuit Maraini, *« tout semble le glorieux symbole de la réalité la plus cristalline, de la pensée la plus harmonieuse et la plus sereine ».* Alors ?

On peut faire les remarques suivantes :

1° La vision d'H. Berr est inadéquate. C'est celle vulgarisée par des générations de commentateurs ayant oublié d'une part que les décors de la nature hellénique se sont profondément modifiés depuis l'Antiquité par la destruction des forêts et l'assèchement des sources, que l'atmosphère y devait être tout autre, c'est-à-dire normalement nébuleuse ; et d'autre part que les temples, comme les statues, y étaient bariolés de haut en bas, en sorte que nous voyons à l'heure actuelle des œuvres lavées par le temps, et dont l'aspect n'est nullement conforme à celui voulu par les créateurs. Au surplus, la chronique et la mythologie grecques sont bien loin d'être « raisonnables ». Les Grecs n'ont cultivé la « mesure » que dans la mesure justement où ils se sentaient eux-mêmes menacés par le raz de marée de l'irrationnel... *« Le véritable visage de la Grèce (...) révèle une âme éternellement balancée du pôle de l'Ordre à celui du Chaos, de la dissection des formes et des pensées aux ivresses dionysiaques, des calculs du Parthénon au trépied de la Pythie. Il ne reflète guère les sérénités factices dont on a prétendu l'accabler. »* (*Le Soleil se lève en Grèce,* p. 74.) En un mot, l'Ordre grec est né d'un effort de compensation, et la « raisonnable Grèce » est le premier des mythes grecs.

2° Les effets d'un milieu sur ses habitants sont infiniment plus complexes que ne les envisage ici F. Maraini. Ils dépendent non seulement des décors naturels, mais d'une géographie, d'une géologie, d'une météorologie particulières ; et d'autres circonstances. Peut-être que la véritable loi des rapports pourrait s'exprimer de la manière suivante : *« Étant donné une certaine famille humaine fixée dans une certaine région fortement caractérisée, les croyances se développeront naturellement dans un sens, et pas dans un autre. »*

161. E. T. Norton, *35*, p. 201.

162. Cité par Saint-Loup, *113*, p. 201. Sur les démons andins, voir également Cl. Arthaud et F. Hébert-Stevens, *Andes*, pp. 144-145, édit. Arthaud.

163. Égayé, parce qu'en vertu du mécanisme d'expulsion déjà signalé le Satan chrétien a souvent joué le rôle de bouc émissaire, hideux mais burlesque, en sorte que ce diable-là, tout compte fait, n'était qu'un pauvre diable. Assombri, parce que ce rideau de plaisanteries dissimulait mal la profonde terreur suscitée par l'Ange des ténèbres, la menace de son enfer éternel et flamboyant ; en l'honneur duquel se manifestèrent tant de contraintes, tant de névroses, et s'édifièrent tant de bûchers préalables.

164. *Cf.* W.A.B. Coolidge, dans *Josias Simler, 92.* En fait, dès l'an 12 av. J.-C., Auguste faisait aménager un passage entre le val d'Aoste et le Valais. Un refuge et un édifice consacré à Jupiter furent élevés au lieu (toujours) dit Plan de Jupiter. Ils furent sans doute détruits, le premier au VIe siècle, par les Lombards, et le second dès le IVe siècle, sous Théodose. On a retrouvé dans les ruines des inscriptions votives telles que : *Deo Pennino optimo maximo donum dedit : Poenino pro itu et reditu :* A Penn pour (avoir protégé) l'aller et le retour. Au début du Xe siècle, des bandes hongroises et sarrasines (?) envahirent la région, rétablirent un culte au sommet du col, et rançonnèrent les voyageurs. Ce sont ces diables-là que Bernard, archidiacre d'Aoste, chassera vers le milieu du XIe siècle. Il s'agit donc d'une deuxième désinfection.

Une autre tradition d'émigration diabolique veut qu'après le concile de Trente (1563) tous les démons du Tyrol se soient réfugiés dans le val Ginovra.

165. *Lu Diabllo, l'Anchan* (l'Ancien, le Serpent ancien), *l'Autro, le Maffi* (Malfaisant), *la Mala Bîthia* (Mauvaise Bête), *le Maudé* (Maudit), *le Mechein* (Méchant), *le Manou* (du latin : *manes* = fantôme d'enfer), *le Grabbi,* ou *Grabelliou* (du celtique (?) : *grabana* = le Pilleur, l'Accrocheur), *le Vaudai* (influence de Wotan ?), *le Kagou* (du grec : *xaxos*), *l'Ozé* (l'Oiseau de malheur, la chauve-souris), *le Mitou* (le Rusé), *le Nortché* (celui qui fait enrager), *le Veintoura* (animal revêche et malin. Peut-être à rapprocher de Ventoux-Ventur ?), *le Bocan* ou *Baccan* (de l'italien *baccano*, latin : bacchanal, avec l'influence de bouc, d'où boucan = tapage infernal [A. Dauzat], *l'Einemi, le Tofrou* (toujours dehors), *le Garo* (d'un *garo* celtique (?) = cruel, d'où loup-garou), *le Tanai* (l'habitant des cavernes (tannes), etc. (*Cf.* A. Cérésole, *95*, pp. 77 et suiv.)

166. A. Cérésole, *95*.

167. C'est le thème du roman *Derborence* de Ramuz.

168. Un engagement entre anges et démons aurait eu lieu en Dauphiné, aux sources du Riou-Peirou et... n'aurait pas tourné à l'avantage des premiers. Un autre au mont du Ciel, dans le Doubs, point de départ des âmes des justes vers l'En-Haut. Une grande bataille entre les forces du Bien et celles du Mal a laissé des traces dans le val d'Enfer, au mont Bégo.

169. Guido Rey, *112*, p. 59.

170. A. Cérésole, *95*.

171. Voici, d'après les meilleurs grimoires la véritable signature de Maître Satanas :

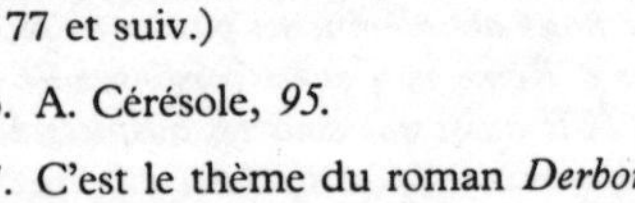

172. E. Begin, *171*.

173. Ces coraules ressemblent « diablement », c'est le cas de le dire, aux fameuses « Chasses » qui défilent avec les nuées au fond de tant de ciels de légendes... *« Entendez-vous la rafale de*

nuit ? Elle courbe la cime inquiète des chênes, pourtant puissants, elle fait craquer les cahutes en leurs jointures, elle gémit puis mugit dans la gorge des monts. Emportées dans une traînée noire c'est la Chasse sauvage, c'est la Chasse volante qui passe. » (H. Dontenville)... La Chasse Gallery, la Chasse Hellequin, celle du roi Arthur, celle du roi Salomon qui vole du pic d'Anie au pic d'Aurie, et sur l'Akelarre de Cize en Navarre. Celle d'Hubi au Lautenbach, et celles des Alpes tyroliennes qui poursuivent sauvagement les Petites femmes de mousse, et tuent tout ce qu'elles rencontrent.

174. Guido Rey, *112*, pp. 63, 64.

175. *Saint Théodule* : déconfit le diable au col qui porte à présent son nom et chasse les serpents en différents points du Valais.
Saint Bernard : en fait autant sur l'ancien passage Pennin, et confine le diable « jusqu'à la consommation des temps » dans les précipices du mont Mallet (mont Blanc).
Saint Michel : comme saint Georges, grand spécialiste de la chasse aux démons, culbute partout où il rencontre l'ancien dieu Gargan, et s'installe à sa place sur différents monts. C'est le patron de Chamonix, au pied des montagnes maudites.
Saint Denis : révéré à Lanslebourg, protège le passage du Mont-Cenis (qui pourrait être en réalité Denis... qui pourrait être l'ancien Dionysos), et patronne un village au-dessus de Saint-Jean-de-Maurienne.
Saint Gothard, saint Barnabé, saint Bernardin : gardent différents cols.
Sainte Marthe l'Hospitalière, sainte Marie-Madeleine, saint Véran, saint Grat : surveillent les chemins de montagne.
Saint Antoine et saint Sébastien : préservent en Maurienne le bétail des épidémies.
Saint Guérin (ou *Garin*) guérit le bétail.
Saint Martin : garde les ponts et routes.
Saint Rupert : en Savoie, s'occupe des orages.
Sainte Agathe : en Sicile, des éruptions volcaniques.
Saint Elie et *saint Galaerd* : au Caucase, ont passé à l'ennemi, étant devenus des divinités montagnardes. Le premier est orageux.
La Sainte Vierge protège de nombreux sites montagnards, et les sources des anciennes Matres : Notre-Dame-des-Neiges sur le Righi, Notre-Dame-de-la-Vie en Tarentaise, Notre-Dame-de-la-Gorge dans le val Montjoie. Elle aurait chassé un Jupiter tonnant du sommet de Rochemelon, etc.

176. L'idée du Purgatoire est absente des deux Testaments et rejetée par les Églises protestantes. Par contre, elle devint article de foi dans l'Église catholique, à partir du concile de Trente, en décembre 1563.

177. D. Macdonald, *106*, p. 80.

178. Ch. Autran, *134*, p. 270.

179. H. Günther, *136*, p. 278.

180. D'après les *Walliser Sagen.*

181. Mario, *67*, p. 52.

182. *Walliser Sagen.* Sur le thème voisin de la danse sacrilège, Estella Canziani (*26*, pp. 77-78) recueillit de la bouche même du curé des Gets une histoire assez hallucinante : « *En 1793, la municipalité des Gets invita les habitants à un bal public qui devait se tenir sur la place carrée devant l'église le Vendredi saint. Après quelque temps, comme la fête battait son plein, les danseurs se sentirent peu à peu saisis d'une puissance étrange et insurmontable, et ne purent s'arrêter de danser. Même quand la musique cessa, ils continuèrent de tourner. C'était un spectacle horrible, car leurs visages exprimaient la terreur et leurs cheveux dépeignés se hérissaient et voletaient de tous côtés. Cela dura deux jours de suite, sans une minute de répit, et ne cessa que quand tous les danseurs eurent disparu. Les spectateurs terrifiés constatèrent de quelle étrange manière ils disparurent tour à tour : d'abord s'effacèrent leurs pieds ; puis leurs jambes diminuèrent peu à peu de longueur, de sorte que seuls les troncs continuaient à danser et à tourner follement. Bientôt les torses aussi s'évanouirent et on put voir tourner sur la terre des têtes se faisant vis-à-*

vis, aux traits convulsés, aux yeux fixes de terreur ; enfin il ne resta plus visibles que des touffes de cheveux qui s'enfoncèrent à leur tour. Le curé me dit qu'un vieillard lui avait juré, il y a trente ans (ce récit date de 1907 environ), *que c'était là une relation fidèle de l'événement ; on se rappelle encore de nos jours aux Gets le nom des danseurs disparus. »*

Nous ne sommes plus très loin des récits terrorisants du Tibet. Celui-là est assez remarquable parce qu'il traduit clairement l'amplitude du choc subi par la psyché collective à la suite d'un acte toujours jugé sacrilège dans le secret des cœurs. Lorsque des croyants tentent de culbuter brutalement leur propre foi, ils se font écraser sous les décombres.

183. Nous laissons systématiquement de côté toutes les histoires de lieux hantés, de revenants, qui n'ont rien de spécifiquement montagnardes.

184. Mario, *67*, p. 42.

185. E. Bégin, *171*, p. 172.

186. E. Canziani, *26*, p. 10.

187. *Walliser Sagen.*

188. E. Manker, *93*, p. 240.

189. R. Decary, *104*, p. 231.

190. Ch. P. Mountford, *118*, p. 114.

191. Ces dimensions furent réduites trois cents ans plus tard à... 9 mètres, dans les évaluations de jésuite Kircher. Il s'agissait en réalité d'ossements d'*éléphas primogenius.* Quant au détail de l'œil frontal, et indépendamment de toute autre source purement mythique, il pouvait naître du fait que, sous un certain angle, le crâne de l'*Éléphas* paraît présenter au milieu du front un gros trou qui est en réalité celui des fosses nasales (Dr O. Abel).

192. T. H. Gaster, *132.*

193. B. Péret, *3*, p. 194.

194. Le disque terrestre et la coupole du ciel se rejoignent à ces frontières du monde, mais cette coupole n'est pas immobile. Elle est animée d'une sorte de respiration, de battement cosmique, monte et s'abaisse, et le Héros doit profiter d'un temps d'expansion pour pénétrer dans l'autre monde, celui de l'intense lumière.

195. H. R. Rieder, *60*, p. 120.

196. « Longueur d'automne », du skalde Thiodolf de Hvin, Xe siècle. D'après Renauld-Krantz, *Anthologie de la poésie nordique ancienne*, édit. N.R.F.

197. M. Grandjean, *8*, p. 118. Les traditions populaires ont fait ici un beau mélange de thèmes ! Celui du roi-ancêtre géant changé en pierre, comme dans les Andes chiliennes, mais dans ce cas à la suite d'une faute ; celui de la cime axiale au centre du monde qui échappe au déluge ; celui de l'Éden et du Couple initial...

198. M. Grandjean, *8.*

199. Guido Rey, *112.* C'est le thème du Paradis perdu, dont il sera plus loin question.

200. Les origines de Gargantua, dont la renommée précéda l'œuvre de Rabelais, demeurent mystérieuses, car ces étranges « baleines » dont les carcasses viennent s'échouer, comme celle de l'arche, sur *« la plus haulte montaigne de Orient »* pourraient bien dissimuler un certain grand dieu Belen, sorte d'Apollon celtique que ce dernier n'aurait jamais supplanté dans les Gaules. (*Cf.* H. Dontenville, *124* et *41.*)

201. Fils de Zeus et d'une mortelle, descendant de Persée, lui-même tombeur de monstres, Héraklès, la figure la plus populaire de la mythologie classique, joue en plusieurs épisodes le rôle du bon géant montagnard. Il remue d'énormes blocs, dresse ceux de Gibraltar et de Ceuta, fatigue à la course, dans une neige épaisse, le sanglier de l'Érymanthe, court après ses bœufs dans les montagnes de Thrace, se bagarre dans celles de Thessalie avec les Centaures, qui primitivement ne sont eux-mêmes que des géants velus, escalade le Caucase et délivre Prométhée. Enfin, brûlé à mort par la tunique de Nessos, il

monte sur l'Œta, s'étend sur le bûcher, et s'élève au ciel en apothéose à travers les fracas de la foudre.

202. Gil. G. Reicher, *94,* p. 33.

203. *Cf. Soleils en Provence,* par l'auteur.

204. A. Cérésole, *95,* p. 130.

205. E. Canziani, *26.*

206. Sur le continent, les Huldufolk sont des nains accompagnant la fée Hulda.

Il n'est peut-être pas inutile d'ajouter ici que les Islandais sont très civilisés et, au XXe siècle, certainement plus cultivés que la moyenne des Français. Mais le climat mental est là-bas fort différent du nôtre. Et cela vient à l'appui de ce qui a été dit précédemment (note 160) sur les influences locales. A la fois hommes de pensée et hommes d'action, les Islandais demeurent ouverts à une vision dynamique et poétique de leur univers, un univers toujours palpitant de présences, et traversé de mystérieux influx. C'est une attitude qui fait partie de l'héritage ancestral. Ils ignorent ce que nous nommerons « la réaction du ricanement », hélas « bien française », et ne s'en portent humainement pas plus mal.

D'ailleurs, on ne peut juger ces choses de loin. Il faut avoir vécu l'expérience des grands espaces et des silences pour saisir le processus de genèse de nombreuses légendes et comprendre à quel point la nature y invite obstinément les hommes à découvrir un envers au décor.

207. D'après *Always a little further,* d'Eneas Maskay, 1947. Dans l'anthologie de E. C. Pyatt et W. Noyce : *British Crags and Climbers,* édit. Dennis Dobsin, London. L'un des témoins n'était autre que Norman Collie, ancien camarade de Mummery au Nanga Parbat. A notre avis, ces battements rythmés rappellent surtout les histoires de « tambours des solitudes », etc.

208. Ch. P. Mountford, *118,* p. 79.

209. Dr R. Gessain, *Les Eskimaux du Groenland à l'Alaska,* édit. Bourrelier, p. 64.

210. W. Thalbitzer, *100,* p. 92.

211. *Cf.* A. David-Neel, *114,* pp. 60 et suiv. La rencontre du colonel Henniker, elle, appartient au domaine de l'humour. Ce personnage, vers 1930, traversait un col de 5 200 m au Ladakh, par froid vif et chute de neige, quand il se trouva nez à nez avec une « créature » à peu près nue, laquelle lui souhaita brusquement « Happy Christmas » ! « *C'était un jeune Indou, licencié de Cambridge,* explique W. T. Tilman, *qui faisait un pèlerinage pour le bien de son âme.* »

212. D'après C. G. Reicher, *94,* et E. Cordier, « Croyances des anciens Basques », *Bulletin de la Société Ramond,* 1867.

213. D'après Ch. Joisten, *46.*

214. A. David-Neel, *10,* pp. 139 et suiv.

215. Le sens du mot Yet Teh est confus. *Yeh* = ce qui est dans les hauteurs, ou « très grand ». *Teh* est le même mot que le *Dre* tibétain et désigne l'ours brun. Mais le tout ne signifie pas davantage « l'ours brun des hauteurs » que, dans notre langue, « chauve-souris » une souris chauve. Il s'agit seulement d'une désignation imagée (d'après B. Heuvelmans).

De leur côté, les sherpas népalais parlent du Yeh-Teh (ou Yeh-dah, Yid-dah, Yeh-te, Yi-té...) à propos d'un être fabuleux à la gorge aussi fine qu'une aiguille et à l'estomac aussi gros qu'une montagne.

216. *Cf.* C. G. Jung et Ch. Kerényi, *89,* p. 100... « *Une chose est certaine,* écrit B. Heuvelmans, *c'est que toutes ces histoires* (de nains) *se ressemblent diablement et, à moins de supposer qu'elles aient été basées à l'origine sur des faits authentiques et similaires, on ne voit pas comment elles auraient pu naître de façon simultanée dans des régions aussi éloignées (...). Rappelons à ce propos qu'à la fin du siècle dernier on a découvert au Schweizerbild, près de Schaffouse, en Suisse, les restes osseux d'hommes de taille minuscule, véritables pygmées de l'Age de la pierre récente. Koll-*

mann, qui les a examinés, considère comme certain que leur nanisme ne peut être attribué à des causes pathologiques. Il est possible, écrit James Geikie, géologue écossais, comme le suggère Nüesch, que la légende très répandue relative à l'existence passée de nains et de gnomes qui hantaient, disait-on, des cavernes ou des retraites cachées dans les montagnes, soit une réminiscence de ces pygmées néolithiques. »

217. M. Grandjean, *8*, pp. 99 et suiv.

L'histoire rapportée par Norbert Casteret (*11*, p. 243) permet de saisir sur le vif le passage de la chronique à la légende : *« Un jour* (grotte de Ganties, Haute-Garonne), *des chasseurs réussirent à capturer l'un de ces nains dans les bois. C'était une femme lilliputienne, « comme un enfant de cinq ans », mais admirablement faite et d'une grande agilité. Elle avait de longs cheveux flottants, des yeux brillants et farouches, et elle mordit cruellement ses ravisseurs. Quand on l'eut réduite à l'impuissance, on s'aperçut avec stupéfaction qu'elle avait des pieds d'oie. Amenée au village, elle fut l'objet d'une grande curiosité, et il fut décidé qu'on la conduirait le lendemain à la ville ; toutefois, personne n'osa garder chez soi une telle créature et, finalement, on l'enferma pour la nuit dans une cage de bois placée à la maison commune. Le lendemain, la cage, dont plusieurs barreaux étaient rongés, fut trouvée vide...*

Cette patte d'oie pourrait bien être, nous semble-t-il, la clef de l'énigme et paraît rendre compte des déformations successives que la tradition orale a fait subir à l'histoire de ces malheureux. »

Casteret fait ici allusion à la tradition pyrénéenne des Cagots parias, décrits comme de petite taille, ordinairement contrefaits, vivant à l'écart, plus ou moins confondus avec les lépreux, et obligés d'ailleurs à porter le signe distinctif de la patte d'oie.

« Elle a dû se transformer dans le conte », poursuit l'auteur d'*Au fond des gouffres*, *« en patte d'oie véritable en guise de pieds ; la petite taille des Cagots est devenue lilliputienne ; le son rauque de leur gorge attaquée par la lèpre a été pris pour un idiome inconnu »*.

On peut aussi faire remarquer que la « patte d'oie », la « pè d'auca » — d'où le nom de Pédauque, reine des Wisigoths — est la marque ordinaire des fées en pays chrétien (H. Dontenville, *124*, p. 185). Les Cagots ont existé ; et il y a encore en Estramadure espagnole, retirée dans la montagne et vivant à l'écart du siècle, une communauté de nains appelés *Hurdès.*

218. W. Thalbitzer, *100*, p. 148. Car ce chant étrange accompagne leurs dégringolades. Kong-kong n'est pas eskimo mais iroquois. (Voir l'histoire de la « Grosse Tête ».)

En Islande, juste avant Noël, les Jolasveinar (Jol = Noël) descendent joyeusement de la montagne. Dans l'ancien temps, on en comptait neuf, mais à présent ils sont treize, hauts comme des marmots, et tous enfants de la vilaine sorcière Gryla et de son Lappaludi d'époux, lequel n'est pas spécialement joli à voir. Leurs noms sont suffisamment pittoresques pour qu'avec un brin de bonne volonté on aperçoive leurs bonnets pointus, du plus beau rouge naturellement :

Stekkjastaur = Porte d'une clôture d'agneau.

Giljagaul = Celui qui hurle dans les gorges.

Stufur = Celui-là se contente d'être petit.

Thvörusleikir = Celui qui lèche la louche.

Pottaskefill = Celui qui gratte le fond de la marmite.

Askasleikir = Celui qui lèche le bol de skyr (lait caillé).

Hurdaskellir = Celui qui claque la porte.

Skyrjarmur = Celui qui bêle pour avoir son skyr.

Bjugnakraekir = Celui qui vole le saucisson.

Gluggagaegir = Celui qui vous regarde à travers la fenêtre.

Gattathefur = Celui qui renifle autour de la porte mal fermée.

Ketkrokur = Celui qui vole la viande.

Kertasnikir = Celui qui chipe les bougies.

Le dernier arrive le 24 décembre, et ils regagnent la montagne le 6 janvier. Ces nains de Noël font désormais partie des traditions enfantines, et tiennent lieu de père Noël dans l'île des Vikings.

219. C. G. Reicher, *94,* p. 66.

220. En Auvergne, c'étaient les *Fatons.* En Provence, les *Dracs* (même racine que dragon), dans le Jura les *Fouletots.* A Chamonix, les *Foulatons.* Dans les Alpes du Dauphiné, les *Matagots,* les *Solèves.* En Savoie, les *Servants,* ou *Serveins.* Dans les Pyrénées, les *Sarvans.* Dans le Valais, c'est le *Serfou,* le *Nion-ne-l'oû* (nul ne l'entend), le *Chauterai* (Celui qui gambade), le *Fameïli* (le Familier), le *Dié* (lutin), le *t'Hauskauairou* (à la queue retroussée). Cette queue-là les fait choir dans la marmite des diablotins.

En pays de langue allemande, Oberland, Tyrol, on trouve partout les *Bergmännlein* (les petits hommes de la montagne), qui portent aussi des noms locaux tels que *Scheotelli* (Zug, Grindelwald, Meyringen).

Ils se nomment encore *Heinzelmänncken, Wichtëlmanner, Arvan* (Prusse), *Norkes, Gnomes, Katnihah* (Laponie suédoise), *Kobolds...* etc. Les Kobolds apparaissent déjà chez les Grecs ! Sous la forme de génies malicieux associés au cortège de Dionysos : Κόβαλοι.

221. Fr. Lane, *Histoire des Montagnes.*

222. A Méribel-les-Allues, un vieux du pays qui s'activait aux monte-pentes (1970), quand il était en confiance racontait qu'il en avait vus dans sa jeunesse.

223. Ce sont des histoires typiques de hantises, attribuées ici au servant. Le même mot « poltergeist » désigne d'ailleurs en Allemagne une certaine classe d'esprits et les phénomènes eux-mêmes. On en trouve dans les montagnes comme ailleurs. Ils n'ont rien de spécifiquement alpestre.

224. Car le petit peuple a horreur du fer, détail partout répété. On a pu en déduire (Edward Taylor, *La Civilisation primitive*) *« que ces croyances appartenaient essentiellement à l'Age de la pierre : aussi le métal nouveau est-il représenté comme leur étant funeste et odieux ».*

225. M. Grandjean, *8,* pp. 92 et suiv.

226. C'est cette passion de l'or qui entraîna le vieux Jacques Balmat, du mont Blanc dans les précipices de Sixt, où il s'abîma pour finir.

227. L'interdit a des significations superposées. Il résulte d'abord de l'idée très ancienne que tout ce qui se trouve dans le ventre de la terre est vivant, en gestation lente. Les minéraux et les pierres « mûrissent ». Leur extraction avant terme est un acte coupable et dangereux, donc interdit au commun des mortels, et les transgressions se trouvent sévèrement et implacablement punies. (*Cf.* Mircéa Éliade, *64.*)

L'idée de la maléficience des trésors arrachés à la terre se transmettra jusqu'à la conscience moderne. Certaines pierres précieuses, dit-on, « portent malheur » ; comme, historiquement, le diamant Hope. *« Ruine, suicide, meurtre, mort et passion suivirent "la pierre du destin".»* (Félix Hermann, *65.*)

228. J. Siegen, *97.*

229. C'est sans doute une assimilation aux « Sarrasins » — dont elles occupent parfois les trous.

230. Elles dansaient aussi au sommet du mont Aiguille, aux Ormonds, au Honneck, sur le plateau de Donnezan, dans le val des Fades (Puy-de-Dôme), au Soum deu Poey, à la Pène de Biou, à la Pène Rouye, dans les Pyrénées, etc.

231. P.-Y. Sébillot, *58,* I, p. 243, et *Annuaire du Club Alpin Français, 1883,* p. 212.

232. A. Cérésole, *95,* p. 60. Mais qu'a-t-elle vu précisément ? Ou que n'a-t-elle pas vu ? Une belle jeune femme, l'eau qui bruit dans l'ombre, ou qui brusquement va sourdre, le thème est éternel. Le même

décor se trouve planté à travers le temps : seuils changent les noms de l'apparition : nymphe... mater... fée... Puis apparaît la Vierge dans la tradition chrétienne. Et l'eau, en toutes ces incarnations, devient facilement guérisseuse (Lourdes).

233. D'après A. Van Gennep, *61,* II, p. 542.

234. J. Laborde, *55,* p. 29.

235. D'après Karl des Monts, *96.*

236. A. Cérésole, *95.* La « lessive », ce sont les névés.

237. *56.* Description d'une remarquable platitude. Pourtant les mots eux-mêmes sont incantatoires... Or, cristal, escarboucle ouvrent à qui sait les entendre les perspectives du rêve : Or, avec son O comme un soleil, son Orée, et cette Onde sonore, dorée, qui se prolonge à l'infini sous les Orbes des voûtes... Cristal : froissement d'ailes, reflets craquants, scintillants, dans l'altissime hauteur. Escarboucle : globe, dardant ses feux écarlates en l'écrin des ténèbres. Ce sont bien là les « sortilèges du Verbe » dont parle Matila G. Ghyka. Mais ces gemmes deviennent des cailloux entre des mains inexpertes.

238. Lettre de Conrad Gesner à Jacques Vogel, Zurich, 1541, publiée par W. A. B. Coolidge, dans *Josias Simler...*, *92.*

239. Ch. Kerényi, *126,* pp. 104, 179.

240. D'après E. Canziani, *26.* C'est le thème universel de la sirène, où la mort se dissimule sous un masque fascinant : la *Lorelei* germanique, la *Lola* andine, la *Soumou Moung* du Sikkim. Chez les Grecs, ce double visage est initialement celui d'Artémis-Astarté.

241. De Fata, déesse latine des destinées, d'après *fatum* = destin.

Fata en italien, *Fadha* en espagnol, *Fadh* (celte), *Fada, Fayette, Fadette, Fenette... Fadas, Hadas, Encantadas, Blanquettes, Sarrazines,* dans les Pyrénées. *Mithonae* (Corbières). *Margot-la-Fée* (Morgane). *Martes. Martines. Dragas* (association reptilienne). Filandières (du destin). Lavandières (association fantomatique). Bonnes Dames. Dames blanches. Dames vertes. Bienheureuses Demoiselles. Reines des neiges, etc.

242. Et que l'on tue, pour les mêmes raisons. Le sacrifice du grand fauve cornu apparut ultérieurement comme l'offrande majeure aux divinités, et le combat victorieux contre l'animal comme le test marquant la domination de l'Homme sur le cosmos.

243. D'ailleurs en Égypte encore :  , comme en Crète  , le hiéroglyphe désignant la montagne est à double pointe.  Et peut-être que, dans ce dernier pays, les « cornes de consécration » sont, elles aussi, une allusion à la montagne cornue. (P. Newberry, mentionné par Ch. Picard, *141,* p. 133.) En tout cas, les cornes, symboles de force (foudre), évoquent l'animal tout entier. (*Cf.* note 27.)

244. D'après Saint-Loup, *113,* p. 201. Ce « toro » Chupei est la même entité que le démon Supai, qui donne le soroche (mal des montagnes).

245. J. Przyluski, *71,* p. 111.

246. Dans le conte de l'Opossum revenant avec le feu qui embrase la terre (*cf.* p. 55), les hommes *« appelèrent notre mère, la déesse de la terre, et elle éteignit le feu avec son lait ».* (Sir J. Frazer, *121,* p. 170.)

247. C'est-à-dire de la glace de mer. Le récit évoque une naissance du monde à partir d'une déglaciation.

248. D'après Karl des Monts, *96.*

249. D'où leur attribution ironique aux cocus.

250. Un taureau tricorne fut honoré chez les Celtes. L'une des cornes était plantée au milieu du front en lieu et place de l'œil frontal. Comme chez la Licorne fabuleuse, cette corne-là témoignait probable-

ment de la présence d'une énergie particulière, cette fois d'ordre spirituel.

L'Unicorne se trouve en Inde, d'après Pline ; et les Chinois l'ont aussi connu sous le nom de K'i-lin. Une tradition répandue chez différents auteurs, chinois, mahométans et mongols, veut qu'en 1284, comme il venait de conquérir le Tibet et s'apprêtait à envahir l'Enedkek (l'Inde), l'empereur Gengis Khan rencontra sur la montagne Djadanaring un animal « semblable au cerf, avec une corne sur le front et le pelage vert... » qui s'agenouilla par trois fois devant lui. D'autres rapportent que cette bête étrange dit seulement à ses gens que « l'heure était venue pour leur seigneur de retourner sur ses terres ». Quoi qu'il en soit, frappé par cet incident merveilleux, Gengis-Khan renonça à poursuivre son expédition contre le pays des bodhisattvas. Les experts affirmèrent qu'il s'agissait d'un chiotouan, ou sérou, une variété du K'i-lin.

251. J. Siegen, *97,* p. 54.

252. Mario, *67,* p. 72.

253. D'après Karl des Monts, *96.*

254. H. Lhote, *A la découverte des fresques du Tassili,* p. 138.

255. D'après J. Siegen, *97,* pp. 56-57.

256. E. Canziani, *26,* p. 12.

257. A. Cérésole, *95,* p. 237.

258. M. Grandjean, *8,* p. 118.

259. Mario, *67,* pp. 70-71. Tout n'est pas fable dans ces histoires de chamois blancs. Les cas d'albinisme total sont rares, mais ils existent. En 1853, on tua dans les Grisons une femelle dont les sabots eux-mêmes étaient blancs. En 1913, près de Berchtesgaden, une femelle entièrement blanche mit bas un petit tout blanc, ultérieurement naturalisé au Muséum de Munich. L'année suivante, un adulte était abattu au Tennengebirge. (*Cf.* Dr Couturier, *Le Chamois.*) En 1965, une magnifique femelle albinos est repérée dans le parc italien du Grand Paradis.

Tuer un chamois blanc porte naturellement malheur. Cette erreur fut commise par l'archiduc François-Ferdinand, assassiné à Sarajevo. Comme ce meurtre déclencha la guerre de 14-18, qui elle-même engendra la seconde guerre mondiale, on peut évaluer les conséquences d'une telle chasse !

Sur les problèmes de la blancheur, voir : de R.-L. Rousseau : *Les Couleurs* (*27,* pp. 139 et suiv.). De l'auteur : *« La Neige et les sortilèges de la blancheur »,* article dans la revue *Le Ski,* septembre 1943. Sans oublier les admirables pages d'Hermann Melville à propos de sa baleine blanche, dans *Moby Dick,* ni même le Géant blanc d'Edgar Poe, à la fin des *Aventures d'Arthur Gordon Pym.*

260. D'après Symphorien Champier et Aymar Falco (cités par J. Grand-Carteret, *108,* p. 120). A vrai dire, Antoine de Ville et ses compagnons, qui, en juin 1492, sur l'ordre du roi Charles VIII, escaladèrent pour la première fois l' « Inaccessible » à l'aide de « subtilz engins », n'y rencontrèrent pas le Conin aux sept et neigeuses toisons, mais seulement oiseaux et *« une belle gareyne de chamoys ».*

261. A cause du renouvellement périodique des bois, comme, de son côté, le serpent à cause de ses mues. Mais l'un appartient à la lumière, l'autre à la nuit, en sorte que, dans les mythes, ils s'opposent et se combattent. (*Cf.* M. Éliade, *87,* p. 216.)

262. H. Günther, *136,* p. 175.

263. Ch. Kerényi, *123,* p. 146.

264. E. Petitot, *163,* p. 373.

265. *Manuel de folklore français,* p. 911. (*Cf.* également : R. Christinger et W. Borgeaud, *122,* chap. 3 en entier.)

266. J. Maringer, *85,* p. 92.

267. *Aïnou :* ancienne population de race blanche cantonnée au nord de l'archipel japonais. L'Ours est pour eux l'Aîné des dieux, et son nom signifie d'ailleurs simplement « dieu ». (*Cf.* A. E. Jensen, *116,* p. 161.)

268. D'après une version publiée par H. R. Rieder, *60,* pp. 225 et suiv. Dans une légende du Queyras, l'Ours des Gleigeaces tombe amoureux d'une fillette (d'ap. A. Bourgue). Le conte, pudiquement, n'en dit pas davantage.

269. E. Tonnelat, *125,* p. 245.

270. Mais dans la légende chrétienne le Loup, comme l'Ours et d'autres bêtes sauvages, peut se muer en humble serviteur des hommes de Dieu. Égaré l'hiver en pleine montagne, Maxime de Norique, guidé par un ours, traverse les Alpes et arrive sain et sauf chez saint Séverin. Au Tyrol, la Grosse Bête fit encore mieux. Vers la fin du IVe siècle, un ermite du nom de Romedius vivait dans la région de Nonsberg quand il apprit que son bon maître Vigilius, évêque de Trente, était tombé gravement malade. *« Il voulut le visiter; mais ne trouvant aucune monture pour le transporter rapidement à son but, et le chemin étant beaucoup trop difficile et trop long pour l'entreprendre à pied, dans une extrémité si pressante, le saint se mit à implorer, dans une fervente prière, le secours divin (...). En ce moment même un ours sortit de la forêt, s'approcha avec un air flatteur et caressant, et se mit doucement à genoux comme pour l'inviter à monter sur son dos. Le saint enfourcha l'ours, qui l'emporta à fond de train jusqu'à Trente. »* (M. Grandjean, *8,* p. 239.) De son côté, un loup conduit Ademus de Fermo († 1285), égaré, hors de la forêt. Et comment ne pas rappeler ici l'histoire du terrible loup de Gubbio, en Ombrie, qui terrorisait la contrée, et dont il est dit (*Fioretti,* chap. XXI), *« chose admirable à voir »,* qu'il se prosterna aux pieds de François d'Assise, devint doux comme un agneau, et mourut sinon en parfum, du moins en fumet de sainteté.

271. W. Golther, cité dans *122,* I, p. 42. Les garous proprement dits sont les *Werwölfe,* les *Mannwölfe* en allemand. Garou viendrait d'un *garo* celtique signifiant cruel (?). A propos de cas reconnus de lycanthropie, *cf.* I. Sanderson, *84,* p. 241.

272. Dans la saga de Hrolf, *« un brave combat sous forme d'ours pendant que son corps inerte reste à la maison ».* C'est la conception fondamentale et primitive de l'état de bersekr (W. Golther, cité dans *122, I,* p. 41).

En Pays basque, les *Gizonochoak* (Hommes-loups) sont censés se rendre à l'Akelarre, lieu de réunion satanique dans un vallon sauvage. Les blessures subies par le double sont ressenties par le sujet. G. Reicher (*94,* p. 80) précise que, si l'on coupe la patte d'un gizonochoa, quelque part un homme a une main ou un pied en moins. Ce qui s'expliquerait admirablement dans le cas d'un déguisement !

273. *94,* pp. 55 et 91.

274. E. T. Norton, *35,* pp. 137, 201.

275. Knud Rasmussen, *Report of the fifth Thule Expedition.*

276. A. H. Krappe, *66,* pp. 246 et suiv.

277. E. Canziani, *26,* p. 81. Il est vrai que le sanglier est l'un des avatars de Vishnu, mais les subtilités de la pensée indoue (*cf.* Lanza del Vasto, *Le Pèlerinage aux sources,* p. 76) n'ont vraiment rien à voir avec cette naïve histoire.

278. Jacques de Soubise, l'un des Maîtres du Compagnonnage, plus ou moins confondu avec Jacques de Molay, dernier grand maître des Templiers. Et le tout aboutit à un congrès de chats, de fort suspecte obédience !

279. Alban Bensa, *150,* p. 73. En Europe médiévale, la Panthère du Bestiaire anglosaxon du Codex d'Exeter n'a plus du fauve que le nom. C'est « un animal solitaire et suave, à la voix mélodieuse, à l'haleine parfumée. Elle fait sa demeure dans les montagnes, en un lieu secret. Elle n'a d'autre ennemi que le dragon, avec lequel elle lutte sans trêve ». (J. L. Borges, *Manuel de zoologie fantastique,* pp. 137, 138.) Comme ailleurs le taureau, cette « panthère » incarne des puissances spirituelles et bénéfiques. Quant au détail du parfum, il a peut-être été suggéré par la civette.

280. Surnommé « amigo del christiano ». Il passe même pour défendre l'homme en certaines circonstances. (*Cf.* W. H. Hudson, *Le Naturaliste à La Plata,* édit. Stock, pp. 57, 64.)

281. B. Flornoy, *31,* p. 116.

282. R. Karsten, *23,* p. 207.

283. Saint-Loup, *113,* p. 93.

284. *Cf. infra*: la légende pyrénéenne du Ramier et du Serpent (empreintes).

285. En Grèce, l'Apollon solaire combat le Python à Delphes, car *« dans l'Occident, les héros sauveurs descendant du ciel (...) ont été conçus comme les incarnations d'un principe spirituel et moral supérieur à la force vitale, aveugle, animale: celle des serpents. Dans l'Inde, par contre, le serpent et le sauveur sont deux manifestations élémentaires de la même substance divine, universelle. Et cette substance ne peut être en opposition avec aucun de ses aspects polarisés, qui sont antagonistes l'un par rapport à l'autre. L'un et l'autre se réconcilient en elle, qui les présuppose. »* (H. Zimmer, *119,* p. 89.)

286. T. H. Gaster, *132,* p. 91.

287. Saint-Loup, *113,* pp. 188 et suiv.

288. B. Péret, *3,* pp. 265 et suiv.

289. E. Petitot, *163,* p. 63. Même tradition chez les Peaux-de-lièvres.

290. E. Petitot, *163,* pp. 359-367. Cela paraît sous-entendre l'arrivée du Jeune Homme initial dans une sorte de paradis terrestre.

291. P. Radin, *75,* p. 144.

292. Uno Harva, *144,* pp. 107, 147, 354.

293. R. de Nebesky-Wojkowitz, *110,* p. 181.

A propos du fameux Oiseau-rock — peut-être la création la plus étonnante des *Mille et Une nuits* — l'envergure est si colossale qu'il nourrit sa couvée... d'éléphants. Rappelons que Sindbad le Marin, abandonné dans une île, aperçoit au loin une énorme coupole blanche tandis qu'un grand nuage lui cache le soleil. Il découvrira plus tard que cette « coupole » est un œuf gigantesque, et le nuage, l'Oiseau-rock en personne. Il s'agrippera à l'une des pattes du monstre, qui l'enlèvera jusqu'au sommet d'une montagne, sans soupçonner le passager clandestin.

294. B. Péret, *3,* p. 355.

295. P.-Y. Sébillot, *58,* I, p. 250

296. G. G. Reicher, *94,* pp. 91 et suiv.

297. E. Petitot, *163,* p. 36.

298. Il joue pourtant le rôle d'atlante au Mexique. Mais c'est alors un *serpent à plumes,* symbole des énergies terrestres, aquatiques et célestes. Ce choix n'est pas étranger au fait qu'il s'agit d'une région souvent ébranlée par les séismes.

299. Dans d'autres traditions, le « négativement » doit s'entendre avec les réserves données plus haut (note 285).

La dégradation qui s'exprime par une structure paraît dans la célèbre malédiction de la *Genèse* (III, 14): *« Parce que tu as fait cela, tu es maudit (...), tu marcheras sur ton ventre »,* etc.

300. C. G. Jung et Ch. Kerényi, *89,* p. 109.

301. Et comme l'enfer chrétien est localisé dans l'En-Bas, ces morts sont des damnés. En outre, l'être est dangereux. Il peut tuer « méchamment, perfidement », notations bien entendu anthropomorphiques. *« Tu n'es que la haine qui mord »,* écrit Hugo dans *la Légende des siècles* (XIV). Tout cela confirme la nature infernale de la Bête, qui devient l'ambassadeur du contre-ciel.

302. Ch. P. Mountford, *118,* p. 89.

303. H. R. Rieder, *60,* p. 18.

304. A. David-Neel, *170,* p. 229, note 1.

305. Gabrielle Bertrand, *159,* p. 147.

306. D'après P.-Y. Sébillot, *58,* p. 241 ; et d'autres auteurs.

307. D'après Karl des Monts, *96. « Moi*

je connais le nom du serpent de la montagne. Et je peux le dire. Il se nomme : Celui qui vit dans les flammes. » (Livre des morts égyptiens.)

308. Cité par M. Éliade, *164*, p. 253.

309. T. G. Longstaaf, *127*, p. 68.

310. *Walliser Sagen*, *99*, pp. 199 et suiv.

311. E. Canziani, *26*, p. 56. Cet événement serait à l'origine de la tresse serpentiforme en demi-cercle portée par les femmes du pays (?). Certains le prétendent.

312. Guido Rey, *112*, p. 65. Même histoire en Haute-Savoie, aux chalets d'Arlevé, derrière le Brévent, après exorcisme du curé de Servoz. (P. Payot, *148*, p. 181.)

313. A. Cérésole, *95*, p. 158. Plusieurs auteurs rapportent des rencontres avec des serpents énormes et bien réels. *Cf. Le Grand Oisans sauvage* de l'auteur (Éd. Arthaud), p. 112. Hérodote signalait déjà des serpents monstrueux dans l'Atlas. D'autre part, quelques témoins déclarent avoir aperçu (Tyrol, haute Styrie) un animal inconnu, ressemblant à un héloderme, nommé tatzelwurm, qui pourrait être à la source de la légende des dragons montagnards.

314. Ces morphologies fabuleuses font immédiatement penser aux reptiles de l'Ère secondaire, dont la présence ne coïncide pas, en principe, avec celle de *l'Homo* dit *sapiens.* Toutefois, l'opinion de certains scientifiques modernes est beaucoup plus nuancée qu'à la fin du XIXe siècle.

315. M. Granet, *139*, p. 29.

316. D'après F. Maraini, *90*, p. 149.

317. A. Cérésole, *95*, p. 126. « *Quant aux dragons des montagnes,* écrit Philostrate, *ils ont des écailles dorées et sont plus grands que ceux des plaines. Lorsque le dragon est étendu hors de sa caverne, les Indiens s'élancent sur lui, le frappent à coups de hache et s'emparent des pierres précieuses qui s'y trouvent. On dit en effet que la tête des dragons renferme des pierres brillantes et de toutes couleurs, auxquelles sont attachées des propriétés merveilleuses comme en avait la pierre du fameux anneau de Gygès* (qui rendait invisible). »

Dans son *Histoire naturelle* (XXXVII, XXIX, 20), Pline a aussi parlé de la pierre magique engendrée par le cerveau du dragon, et qui, pour conserver son pouvoir, doit être dérobée au monstre vivant. Une certaine pierre est d'ailleurs nommée « draconite ».

318. J. Grand-Carteret, *108*, I, p. 138. Probablement une interprétation des concrétions calcaires.

319. H. Dontenville, *41*, p. 165.

320. ... comme les Nâgas indous, les Loups tibétains... les dragons du jardin des Hespérides et de la Toison d'or, le Fafnir germanique...

Les Ecailleux sont parfois relevés dans cette fonction par des Griffons, autre espèce fantastique, hybride d'aigle et de lion, capable d'enlever un cheval et son cavalier. Au lointain pays des Scythes, ces inquiétants quadrupèdes veillent au fond de grottes d'or sur des émeraudes fabuleuses. L'accouplement d'un griffon et d'une jument donne naissance à un autre monstre : l'Hippogriffe, qui, d'après l'Arioste, hante les monts Ryphées, audelà des mers glaciales (?).

La notion de trésor peu s'étendre à un enseignement, à un lieu éminemment sacré : dans l'Himalaya, Nanda et Ananda gardent le centre du monde ; Python vaincu gît sous l'Ombilie à Delphes...

321. P. Payot, *148*, p. 31.

322. Mario, *67*, pp. 67 et suiv. Légende analogue dans l'Unterwald, où la chapelle de Winkelried rappelle l'exploit du Héros.

323. E. Canzioni, *26*, p. 9.

324. ... du Haut contre le Bas, de l'Ordre contre le Chaos, de l'Esprit contre la Matière, etc. Les expressions de cet antagonisme fondamental sont inépuisables.

325. Arthur Byhan, *22*, p. 202.

326. Mario, *67*, p. 113.

327. D'après H.R. Rieder, *60,* pp. 55 et suiv. On a ici résumé considérablement l'épisode. Dans le Légendaire japonais on trouve un thème analogue avec le conte de l'Octuple-Serpent de Koshi... « Il avait huit têtes et huit queues, ses yeux étaient de la couleur rouge obscur des cerises ; sur le dos il lui poussait des pins et de la mousse ; et des sapins sur le front. En rampant, il embrassait huit vallées et huit collines... » (J.C. Borges, *Manuel de zoologie fantastique,* p. 132.)

328. Il faut en revenir à l'idée qu'il n'y a point là incapacité mentale, mais plutôt système de défense, refus d'objectiver l'univers, d'abandonner les itinéraires de moindre résistance qui mènent aux sphères chatoyantes et paradoxalement familières du fantastique. L'homme des légendes est un homme qui rêve et ne tient pas à être éveillé. On aurait pourtant tout à fait tort d'identifier son cosmos avec une sorte d'éden infantile, tiède et bien fourré, en deçà de l'apparition des contraintes. « *S'imaginer un monde,* a écrit G. Bachelard, *c'est se tenir responsable de ce monde. Toute doctrine de causalité imaginaire est une doctrine de la responsabilité* » (*1,* p. 109.)

329. En 1720, aux Açores, une montagne conique de 5 km de tour et 600 m de hauteur surgit en une nuit. Un an plus tard, elle se couvrait déjà de végétation. Elle disparut comme elle était venue en 1733. (D'après H. de Monfreid.)

330. *Cf. supra,* l'histoire du Monstre de pierre, et celle de la Colonne d'or. Les Grecs contaient aussi que, lorsque les Muses commencèrent à chanter, le mont Hélicon, enthousiasmé, se mit à grandir vers le ciel ! On trouve ici à l'état pur l'équation : enthousiasme (signe +) = exaltation = croissance verticale.

331. R. de Nebesky-Wojkowitz, *110,* p. 155.

332. Uno Harva, *144,* p. 46. C'est une variante de la légende du Barattement de la mer, où le Mérou repose sur la tortue Vishnu.

333. H. Zimmer, *119,* p. 56.

334. D'après Fernando Diez de Médina : *Note pour une philosophie de la culture incaïque : l'eau* et *Un dieu secret de la théologie américaine : adoration des montagnes.*

335. Uno Harva, *144,* p. 71. Le thème est répandu de la Baltique aux Balkans, et en Asie du Nord. Au nord de l'Afghanistan, Chaïtan patronne même un sommet de 5 140 mètres.

336. P. Mus, *Barabudur, esquisse d'une histoire du bouddhisme,* Hanoï, 1935, p. 484.

337. R. Bleichsteiner, *47,* p. 27.

338. Siegfried Huber, *147,* p. 38.

339. H. Günther, *136,* p. 195.

340. Saint-Loup, *113,* pp. 166 et 172.

341. Ch. P. Mountford, *118,* pp. 100, 113, 157, 168. De même, le lichen entassé par un couple primordial eskimo devient une grande montagne dans les Rocheuses. (E. Petitot, *163,* p. 51.)

342. *Cf. Le Grand Serpent de mer,* de B. Heuvelmans, édit. Plon.

Les trois écailles en question sont de marbre. Or, pour se procurer le matériau nécessaire à l'empierrement des routes et voies ferrées, les Français ouvrirent en 1952 une carrière dans l'une des collines, ce qui suscita une protestation de l'Impératrice-mère, car les explosions des mines allaient certainement déranger le Dragon, et alors « Dieu sait » ce qu'il pourrait advenir. Depuis, il s'est passé effectivement pas mal de choses au Vietnam.

343. P.Y. Sébillot, *58,* I, p. 213 ; H. Dontenville, *124,* pp. 48 et suiv.

344. Guido Rey, *112,* p. 61. L'auteur fait justement remarquer que la légende anticipe sur les théories scientifiques concernant la formation de la pyramide du Cervin. D'autre part, dans les dernières lignes, il y a encore allusion au thème du Paradis perdu. Non seulement du temps de Gargantua le val d'Aoste était un éden mais

les gens y étaient plus savants, plus vertueux, etc.

345. L'image de cette algue a pu naître de l'émergence progressive des coulées de lave, sorte d'arborescence fumante et flamboyante s'étalant à la surface des flots.

346. Sous sa forme la plus concise, la légende se réduit à une simple dénomination : à travers *Mont Everest* et *Chomo Lungma* s'affrontent, à propos de la même cime, deux visions de l'univers.

347. T.H. Gaster, *132,* p. 119. C'est-à-dire par des *vibrations.* Qu'une tradition légendaire précède les spéculations les plus hardies de la physique contemporaine n'est pas un fait isolé.

348. A.H. Krappe, *66,* pp. 332 et suiv.

349. Ch. P. Mountford, *118,* p. 81.

350. Dans le Valais, non loin de Zeneggen, au lieu dit Hellelù, brillait jadis un beau lac, couleur de ciel ou de glace au gré des heures, et plein de poissons écaillés d'or. Malheureusement, ces richesses piscicoles, âprement convoitées, ne cessaient d'allumer des querelles parmi les montagnards ; tant et si bien qu'un mal-inspiré souhaita à haute et intelligible voix que les gnomes emportent le lac et les poissons à tous les diables. Ces propos eurent un effet rapide, car le petit peuple se mit incontinent à l'œuvre, creusa en une nuit un canal souterrain par lequel les eaux s'épanchèrent. Ainsi disparut à jamais le lac d'Hellelù. (D'après les *Walliser Sagen.*)

351. L'homme ancien, qui devait être prodigieusement attentif à tous les détails de l'environnement, a certainement repéré les fossiles et autres traces laissées par les espèces disparues, y compris les grands animaux des ères précédentes. Et il en a tiré des conclusions beaucoup plus saines que celles élaborées en Occident jusqu'au XVIIIe siècle par les Diafoirus de la Géologie (théorie des « jeux de la Nature »). En outre, du gigantisme de beaucoup d'empreintes, il a déduit celui de leurs auteurs, ancêtres, génies, dieux.

Il existe dans les Alpes un certain nombre d'empreintes gravées sur roche à l'air libre. Entre autres (empreintes de pied) au mont Bégo, au val Camonica. En haute Maurienne, au nord-est de Lanslevillard, au pied du Grand Roc Noir, vers 2 800 m d'altitude on connaît une « roche aux pieds » comportant une quarantaine de paires, plus de nombreuses cupules. Un autre ensemble analogue existe un peu plus haut dans la montagne.

352. Ch. P. Mountford, *118.*

353. Mario, *67,* p. 90. Il s'agit en fait d'empreintes pré — ou proto — historiques, taillées de main d'homme.

354. H.W. Tilman, *54,* pp. 176 et suiv. L'auteur décrit la pierre en question comme d'un beau noir verdâtre, avec une apparence cristalline. Son poids est d'environ un demi-quintal. Elle aurait été découverte par les moines dans le voisinage du camp I, c'est-à-dire tout à fait en bas de la montagne dans les moraines glaciaires. Elle pourrait dater du milieu du Tertiaire, époque où la « mer de Téthis » couvrait l'Himalaya septentrional, une grande partie du Tibet, et où les dépôts des sédiments s'accumulèrent pendant des centaines de siècles. L'auteur ajoute que *« cette empreinte est l'une des plus extraordinaires qui soient ».* Ce qui ne nous renseigne guère.

355. J. Przyluski, *71,* p. 26.

356. D'après le *Kongs-Skugg-Sio,* le « Miroir du Roi », cité par X. Marmier, *101,* p. 54.

357. D'après Eduardo Hempel : *La Expedicion a la Laguna negra,* p. 30.

358. En 1949, dans la vallée de Chamonix, nous avons encore entendu de nos oreilles attribuer un grand effondrement glaciaire à l'action diabolique ; et cela par des « estrangers ».

359. A. Cérésole, *95,* pp. 227, 228.

360. Mario, *67,* pp. 85, 86.

361. Le pape Pie IX déclare que les catastrophes sont autant de voix par lesquelles

Dieu manifeste son courroux et rappelle les hommes à l'observance de ses commandements. D'autre part, les diables deviennent assez souvent les exécuteurs des arrêts du haut Tribunal.

362. Cette couleur rouge, qui provient en réalité de fines poussières désertiques charriées à haute altitude, prend évidemment ici la signification d'un signe infernal, ultra-néfaste. Son apparition a même créé en 1656 une véritable panique à Gressoney, encore en pays d'Aoste. Et, en... 1972, dans le Sud-Ouest français. (8 février. Les journaux.). Plus récemment encore !

363. Mario, *67,* pp. 77 et suiv.

364. La science reconnaît actuellement les séries suivantes :

- La fin de la glaciation quaternaire se situe vers — 5500.
- De — 5500 à — 2500, phase de réchauffement dite « période atlantique », durant laquelle les glaciers étaient moins étendus qu'à présent.
- De — 2500 à — 500, retour du froid avec grande extension glaciaire (période sub-boréale). Le maximum de cette crue se situe entre — 800 et — 500, c'est-à-dire à l'Âge du fer.
- De — 500 à + 1000 environ : période de réchauffement avec « optimum romain » (ce qui entre parenthèses donne un autre aspect à l'exploit d'Hannibal traversant les Alpes avec des éléphants en — 218).

Cette dernière période est celle qui doit correspondre aux légendes alpestres de l'Âge d'or. A partir de + 1000 jusqu'à 1850 à peu près, nouvelle invasion sur laquelle se trouvent fondés tous les récits de glaciation. Elle présente un maximum au début du XVIIe siècle. Puis décrue générale se poursuivant jusqu'à nos jours avec des poussées partielles (1820-1850), dont une amorcée tout récemment. (Renseignements de M. Paul Veyret, directeur de l'Institut de géographie alpine.)

Indépendamment de toute confirmation scientifique, les traditions populaires se fondaient sur la transmission orale et de nombreux indices, qui se reflètent parfois dans les noms de lieux. Ainsi l'alpe *« la Pierreuse »* actuelle (Gumfluh) était jadis « l'alpe de la Verda ». La *Melkafassalpe* (alpe du Seillon, val d'Hérens) signifie qu'autrefois le pâturage était si gras que chaque vache y donnait une seille de lait. *« Tsanfleuron »,* champ fleuri, est une lande rocailleuse. Même remarque pour la *Blumlisalpe.* En Maurienne, le glacier nord-ouest de l'alpe de Charbonnel aurait recouvert une montagne « de Blanche Fleur », etc.

D'autre part, on a décelé ici et là des vestiges de l'état antérieur de la montagne, cela à la faveur de nouveaux reculs glaciaires. A Plan-Névé, en 1822, des chasseurs apercevaient dans les éboulis de pierres et de glace la voûte d'un ancien pont. Plus récemment (*95,* p. 94), l'érosion d'un torrent laissa voir à 3 m de profondeur des poutres et des rondins. En de nombreux endroits des Alpes, quelques traces de ruines subsistent sous d'énormes éboulis...

Le passage dit actuellement de Saint-Théodule, autrefois « Mons Silvius » peut-être par allusion à un vaste environnement forestier, et à une dédicace à un Sylvanus au pied du Cervin ? — fut fréquenté de très haute antiquité. *« Selon toutes présomptions, et ces présomptions se rapprochent infiniment des certitudes, le passage de Saint-Théodule avait été traversé bien avant le IVe siècle. A différentes époques, on a découvert, tant sur ses pentes qu'au sommet même* (3 320 m), *un assez grand nombre de pièces de monnaie romaines. Dans la collection de M. Seiler, de Brigue, les dates (...) représentent une période qui s'étend du IIe siècle avant au IVe siècle après J.-C. »*

(*Le Chemin de Zermatt,* de Paul Budry et Werner Kaempfen, p. 49.)

En 1895, une jeune servante de l'auberge du col découvrit, sous des pierres plates, versant italien, un trésor de 56 pièces.

Au XVIe siècle, Aegidius Tschudi, auquel on doit la première mention historique du passage (*De Alpina Rhoetia,*

1538), peut encore préciser dans *Gallia comata,* que, si le faîte du col est occupé par un névé, *« on peut toujours l'été le traverser sans crainte à cheval... »,* chose qui plus tard s'avéra impossible. Pourtant, en 1825, un marchand tenta encore l'aventure mais il disparut dans la traversée du glacier (*112,* p. 70).

En 1208, Walpert, évêque d'Aoste, inféode à des gens de Cogne les pâturages situés au midi du col de Teleccio (3 326 m) ; ce qui impliquait la traversée dudit col avec les troupeaux. Mais, en 1649, Ph. Arnod, dans sa *Relation des passages* (...) *du duché d'Aoste,* dit qu'il n'y a pas de sortie sur le versant de Cogne. Et, vers 1890, le glacier du col est qualifié de « pas facile ». *(Annuaire du C.A.F.)*

Le même Arnod essaya en 1689 de passer de Courmayeur à Chamonix *« par-dessus les glacières du mont Fréty »,* c'est-à-dire le col du Géant *« où l'on prenoit autrefois, par tradition de père en fils, un passage à droitture ».* Mais malgré les grappins aux pieds, les hachons, et les crocs de fer pour les mains des trois montagnards qui l'accompagnaient, *« il n'y eut pourtant jamais moyen de pouvoir monter ni avancer, à cause des grandes crevasses et interruptions qui se sont faites depuis des années ».*

En 1803, Bourrit écrit qu'à défaut de la vallée de Montanvers, devenue impraticable, on passait par *« l'une des gorges du glacier du Tour »* (le col du Tour, 3 280 m ?), mais que *« depuis cinquante années ce chemin se trouve entièrement fermé ».* Une autre tradition parle d'un passage par le col de l'Éboulement, coupé par l'éboulement en question.

Ces variations sont beaucoup plus rapides qu'on ne le suppose communément. En quarante années environ, nous avons vu un *niveau* glaciaire (Trè-la-Tête) s'abaisser d'une centaine de mètres. C'est énorme. Mais... l'esprit montre toujours de la paresse à admettre que les choses aient pu être autrement qu'elles ne sont. Et cela est justement en faveur de l'authenticité de récits dont les enjolivures fantastiques n'annulent pas toujours la valeur documentaire.

365. *Sur cette montagne,* édit. Arthaud, pp. 210 et suiv.

366. En 1839, et à propos du col du Schwarzberg Weissthor (env. 3 600 m), emprunté par ceux de Zermatt allant au grand pèlerinage de Varallo en val Sésia, Desor *(Excursions et séjours dans les glaciers,* p. 77) demande à son guide si *« par hasard le glacier serait moins dangereux si on le traverse pour aller en pèlerinage » ?* Celui-ci répond : *« C'est certain, je ne voudrais jamais en tenter le passage dans un autre but. »* (Cité par W.A.B. Coolidge, *92,* note p. 70). Au surplus, il renchérit en déclarant qu'alors la chose serait impossible, et il refusa d'y conduire Desor, *« car celui-ci n'était point un pèlerin ».* (G. Rey, *112,* p. 367.) On peut tirer certaines conséquences de cette attitude. Tout en recherchant d'abord les passages les plus aisés, de pieux voyageurs, portés par la foi (au physique et au moral) ont pu s'engager dans des ascensions difficiles et dangereuses, en sorte que l'histoire réelle de l'exploration des hautes régions ne coïncide certainement pas avec l'officielle.

Dans nos montagnes occidentales, profondément christianisées, l'avancée des glaces fut interprétée comme une offensive de l'Enfer.

367. Qui peut être effacé par d'autres sentiments. La neige alors n'est plus qu'un signe négatif : froideur, misère, mort, obstacle... C'est celle des hommes peinant durant des siècles dans la montagne hostile ; celle des plaines, des villes où elle se dissout rapidement en un cloaque infâme, la « lèpre de la terre », la neige de Vlaminck.

368. Knud Rasmussen, *Report of the fifth Thule Expedition* (1921-1924), *Intellectual Culture of the Iglulik Eskimos,* vol. VIII, n°1.

369. A. David-Neel, *170,* pp. 173 et suiv. Aussi la légende de saint Patrick à la fin du Ve siècle.

370. Uno Harva, *144,* p. 148.

371. Ce qui peut signifier beaucoup de choses : 1° vraie chasse aux monstres et

aux serpents ; 2° destruction des idoles d'une croyance antérieure et pourchas des « païens » obstinés ; 3° mise en ordre d'un petit univers alpestre, avec aménagement des eaux, blocage (magique) des invasions rocailleuses, neigeuses ou glaciaires : le tout attribué aux œuvres d'un surhomme, saint ou magicien. A la fin du XVIIe siècle (1690), l'évêque de Genève, puissant par définition, puisqu'il était évêque, était requis par les Chamoniards afin d'exorciser la glacière, (le glacier des bois).

372 Citations d'après W.A.B. Coolidge, *92.* Notes des pp. 66 et 270.

373. Mario, *67,* pp. 115, 116.

374. R. de Nebesky-Wojkowitz, *110,* p. 157.

375. A.H. Krappe, *66,* p. 186.

376. A. David-Neel, *128,* p. 70.

377. A. David-Neel, *10,* p. 180.

378. T.G. Longstaff, *127,* p. 133.

379. L'identification à la gerbe d'étincelles produite par le marteau du forgeron est assez évidente. Mais elle n'est pas la plus ancienne car l'image a précédé l'époque des métaux. Il faut remonter à l'Âge de pierre et songer à d'autres feux ; ceux qui jaillissent du silex. Ils « éclairent » d'un seul coup la tradition universellement répandue des « pierres de foudre », pleines de puissance, tombées du ciel, et dont la plupart sont des armes-outils préhistoriques, haches *(celtae),* pointes de lance ou de flèches, considérées comme l'extrémité du dard et la massue de l'éclair.

L'idée d'une origine céleste est sans doute tardive, car apparemment elle n'a pu naître qu'à une époque où l'on ne savait plus les fabriquer.

380. Oiseaux divers en Asie centrale ; python, bélier en Afrique occidentale. L'essentiel est qu'elle incarne une idée de puissance surhumaine.

381. Cet aigle orageux survole encore une bonne partie de l'Afrique, la Polynésie, les Indes, avec l'oiseau *Varuna,* aux yeux rouges « clignotants d'éclairs », l'Asie centrale, la Sibérie, et même la Grèce primitive, car l'Emplumé de l'Olympe est aussi un porteur de foudre.

382. Sylvain Levy et Chavannes, *L'Itinéraire d'Ou-k'ong, Journal asiatique,* 1895, II, p. 361.

383. D'après la *Chronique du Frère Salimbene de Adamo.* Cité par Coolidge, *92,* p. 149.

384. Olhagaray, *Histoire de Foix. Béarn et Navarre,* 1609.

385. Par exemple la Fontaine de Barenton, dans l'antique forêt de Brocéliande, actuellement forêt de Paimpont, à propos de laquelle l'auteur a d'ailleurs entendu des histoires analogues à celle du lac de Saint-Barthélemy.

Cf. Joisten (*46,* p. 38) cite, sans commentaires, un texte l'A. Moulis (1948) qui raconte qu'un de ses oncles, fort incrédule, monta par belle journée d'été à l'étang du Diable (pic de Saint-Barthélemy) et, se souvenant de la superstition, jeta une pierre dans le lac. Le lecteur devine la suite... Le ciel se troubla rapidement, et finalement l'orage éclata, suivi d'une pluie diluvienne à laquelle le sceptique échappa d'extrême justesse en se réfugiant dans une cabane. Ce genre d'événements enchantera toujours ceux qu'enchantent les mythes, car la Nature y joue les complices.

386. *Cf.* Introduction.

Ce qu'on appelle « le mal des montagnes » est parfois confondu avec le vertige psychologique, c'est-à-dire simultanément : l'horreur et l'attraction de l'abîme. Vertige qui, en dernière analyse, pourrait bien n'être qu'une forme particulière d'agoraphobie, déplacée sur l'axe vertical. Il s'agirait d'une impulsion plus ou moins irrésistible à combler un vide insupportable avec son propre corps.

Dans ses *Monts Pacifique* (*113,* pp. 99 et suiv.), Saint-Loup fournit des exemples impressionnants des effets du mal des montagnes particuliers aux Andes, la *puna.* Hallucinations irrésistibles dont furent d'ailleurs victimes plusieurs explorateurs andins. On peut citer des phénomènes analogues constatés dans l'Himalaya, par exemple les malaises de Norton. (*L'Épopée de l'Everest,* édit. Arthaud, p. 273.) Smythe (*15,* pp. 239 et suiv.) raconte aussi qu'il avait absolument la sensation d'une présence à ses trousses, lors d'un parcours solitaire sur l'Everest. Il faut préciser que le même genre d'impression fut éprouvé par Ernest Shackleton lors de sa traversée des montagnes de la Géorgie du Sud dans l'Antarctique. Or l'altitude y est inférieure à 3 000 mètres.

En ce qui concerne les Andes, d'après les travaux de l'Université de Cuyo (Mendoza) sur les radiations cosmiques, celles-ci atteindraient *« leur intensité mondiale maximum dans la Cordillère centrale ».*

387. Alias Mme Bernard Leclerc, *49,* chapitre : « La montagne fantastique », pp. 146 et suiv.

388. *« Des chasseurs de Gryon affirmaient avoir entendu du côté d'Anseindaz, aux environs du Nouvel An, une harmonie semblable à celle que produisaient les accords de nombreuses cloches et sonnettes de vaches. On y vit une intervention des démons et génies alpestres habitant ces solitudes. « Je voulus en avoir le cœur net, m'a raconté l'un d'eux. Je me mis en route. C'était par une belle soirée ; la neige portante, éclairée par la lune, brillait avec un scintillement d'étoiles. Je m'en fus jusqu'à Solalex. Là, je m'assis. O surprise ! Voici en effet toute une sonnerie de clochettes qui se mettent à tinter ! Ce n'était pourtant pas la saison ! Je sentis mes cheveux se dresser sur ma tête, ma peau se mit en chair de poule... »*

Finalement, le vaillant montagnard triompha de cette panique et, furetant ici et là, finit par découvrir que les sons étaient produits par le vent « jouant en flûte dans les rochers d'Argentine ». (D'après A. Cérésole, *95,* p. 115.)

Plus mystérieuse demeure l'histoire de la « vache fantôme » des Gets, dont les bergers entendaient les sonnailles en différents lieux sans jamais parvenir à repérer l'animal. En 1904, ils s'épuisèrent encore en vaines recherches, et l'un d'entre eux, excédé, gratifia la « Chose » d'un formidable juron. Dès lors le tintement les suivit partout où ils allaient, en redoublant de violence.

Pour finir, il se tint au village une sorte de conseil, où l'on décida que, s'il s'agissait d'une âme en peine, il fallait lui pardonner de bon cœur ses crimes passés, la priant en échange de ne plus terroriser les gens. Et le son dès lors disparut. (*26,* p. 77.) E. Canziani tenait ce récit du même curé qui lui avait conté l'histoire du bal du Vendredi saint. Il est à noter que c'est tout près de là, à Morzine, qu'eut lieu il y a un siècle l'affaire des « Possédées », laquelle émut violemment l'opinion publique sous le Second Empire. (*Cf.* A. Baleydier, *A propos d'un mal mystérieux à Morzine sous le second Empire,* Imprimeries réunies, Chambéry, 1949.)

389. A. David-Neel, *114,* p. 136.

390. A. Cérésole, *95,* p. 131. Dans les Pyrénées, on parle du Bassa Jahon.

391. Guido Rey, *112,* p. 69. Il s'agit évidemment d'une utile particularité acoustique repérée à la longue par les traversiers du col.

392. Au mont Omi (Setchouan), dans le temple de Wan Fo Tang, une énorme cloche de 15 tonnes, placée à côté d'un abîme, y provoque d'étranges réfractions du son. (*Cf.* P. Deffontaines, *68,* p. 258.)

393. Faut-il rapprocher du « tambour des morts » l'audition non moins énigmatique dite « des canons de Barisal », du nom d'un village pakistanais dans la région des embouchures du Gange ? Bien loin de la montagne par conséquent. Il s'agit de détonations sans cause apparente, rappelant une canonnade lointaine, d'ailleurs entendue en d'autres points du globe... Écosse, Islande, Sibérie, montagnes Rocheuses, Australie..., etc. L'une des premières observations date de 1871.

394. A. David-Neel, *170,* pp. 25 et suiv.

Des lueurs analogues se manifestèrent plus tard et dans une autre région, celle de la vallée de Nou tchou. Effets de lune, ou *mi ma yins,* ou quoi ? Prudemment, la narratrice ne conclut pas, et reconnaît l'énigme. Il n'y en a jamais pour la sottise, la prétention et l'ignorance. Ces reines du monde ont des réponses prêtes à propos de n'importe quel sujet, et elles vous les délivrent avec un sourire de supériorité intellectuelle qui est l'une des choses réjouissantes de la vie. « *Lorsque j'ai rapporté certains faits incompréhensibles, et sandaleux pour un Européen moyen,* dit un jour à l'auteur de ce livre l'exploratrice du Tibet, *on m'a demandé " des preuves, des photos ". Quand j'ai rapporté des photos, on m'a rétorqué qu'elles étaient truquées. Alors...* » Alors... en effet !

Des faits voisins sont mentionnés par Anagarika Govinda dans *Le Chemin des nuages blancs* (*op. cit.,* pp. 155-158), au Sikkim, au sommet méridional du T'ai Shan, l'une des cimes sacrées chinoises, consacrée par les bouddhistes tibétains au Dhyâni-Bodhisattva Manjushrî, incarnation de la sagesse transcendante, on apercevrait la nuit, de temps à autre, « d'innombrables boules de feu (...) vaporeuses, de couleur orange », se déplaçant majestueusement dans l'espace. (*Cf.* J. Blofeld, *The Wheel of Life,* Rider, Londres, 1959.)

395. ... ceux des Diablerets. (*Cf. p. 95,* p. 108, et *58,* p. 238.)

396. *Cf.* le chapelain Mooser, *67,* p. 56 et E. Canziani, *26,* p. 9.

397. P.-Y. Sébillot, *58,* p. 233.

398. A.F. Mummery, *50,* pp. 24 et suiv.

399. « *L'explication* (de la persistance d'une conception de la croissance des métaux) *ne serait-elle pas que de telles images traditionnelles se révèlent en fin de compte plus vraies que le résultat des observations précises et exactes sur le règne minéral ; plus vraies, parce que véhiculées et valorisées par la noble mythologie des temps lithiques ?* » (Mircéa Éliade, dans *Forgerons et Alchimistes, 64.*)

400. A. Cérésole, *95,* pp. 126-127, et 212, 215.

401. Au cours d'un bivouac à haute altitude, face nord des Dômes de Miage, l'auteur, à l'heure du couchant, a observé lui-même cette fameuse « danse ». Aux jumelles, le disque solaire gesticulait littéralement, se déformant, poussant les plus étranges protubérances. Le phénomène dura un bon quart d'heure.

402. E. Whymper, *48,* p. 399. L'auteur ajoute en note : *« Le soleil était juste derrière nous, c'est-à-dire que l'arc et les croix se trouvaient vis-à-vis du soleil. Il était 6 h 30 du soir ; les formes étaient nettes et délicates, peu colorées ; elles se développèrent graduellement et disparurent presque subitement. Les brouillards, très transparents, peu épais, se dissipèrent dans la soirée. »*

Whymper a publié deux dessins de l'apparition, qui ne coïncident pas.

Le premier, en frontispice de l'ouvrage, présente deux croix situées de part et d'autre d'une verticale, le tout contenu dans un ovale. L'autre, qui comporte des rectifications (suggérées ?), évoque nettement une parhélie.

Six ans plus tard, en septembre 1871, W.A.B Coolidge et Miss Brevoort *« furent témoins d'un phénomène absolument semblable à celui de Whymper, et cela au point même où Whymper en fut témoin lui-même ».* (F. Perrin, *Annuaire du C.A.F.,* 1882, t. IX, p. 24. Voir aussi, de L.-G. Vallette, « L'apparition du 14 juillet 1865 au Cervin », dans *Les Alpes,* revue du Club Alpin Suisse, 2e trimestre 1957.)

403. Uno Harva, *144,* p. 51. En fonction d'intentions voisines, on trouve en pays chrétiens de nombreux Golgotha, avec stations marquées par des chapelles ou calvaires, des grottes de Lourdes, etc.

Décrivant les merveilles de l'empire du Grand Khân Koubilaï, Marco Polo écrit : « *Il y a aussi vers le nord et à une portée de flèche du palais, un tertre fait de main d'homme, qui est bien haut de cent pas et a environ un mille de pourtour, lequel mont est tout plan à son sommet, et tout couvert d'arbres qui en aucune saison ne perdent leurs feuilles et sont toujours verts. Et je vous dirai que, en quelque endroit que se trouve un bel arbre, si le seigneur l'apprend, il l'envoie chercher avec toutes les racines et toute la terre qui les entoure, et le fait planter sur cette montagne à lui ; que l'arbre soit tant grand qu'il voudra, il le fait apporter par ses éléphants et, de cette manière, a les plus beaux arbres du monde. Et je vous dirai aussi que le seigneur a fait couvrir toute cette montagne de minerai d'azur qui est très vert ; de sorte que non seulement les arbres sont verts, mais la montagne aussi, et pour ce motif elle est appelée le mont Vert.*

Et sur la cime du mont, il y a un très beau palais qui est tout vert dehors et dedans. » (V. Chklovski, 172, p. 122.) Cette montagne verte était un paradis artificiel et, probablement, ce que ne nous dit pas Marco Polo, une évocation de la fabuleuse montagne cosmique Qaf des musulmans, laquelle est *verte.* Cette colline de Koubilaï subsisterait encore à Pékin sous le nom de King Shan.

Le même père des explorateurs décrit ailleurs un paradis montagnard de tout autre style, et fabriqué dans des buts beaucoup moins innocents. En fait, il s'agit, si l'histoire est authentique, d'un des moyens les plus étranges dont on ait usé à des fins d'asservissement, et il fut mis au point par une secte chiite fondée au XIe siècle dans le califat de Bagdad, celle des *Hachchachin* (de *hachisch,* d'où le mot *assassin*), et dont le chef était le célèbre *Vieux de la Montagne.*

« *Le Vieux avait fait fermer entre deux montagnes, en une vallée, le plus grand jardin et le plus beau que l'on ait jamais vu, où se trouvait le plus beau palais que l'on pût admirer. Et il y avait des conduits où coulaient très bien vin, lait, miel et eau ; et plein de dames et demoiselles, les plus belles du monde, qui savaient jouer de tous les instruments, chantaient très bien et dansaient de telle sorte que c'était un délice de voir cela. Le Vieux faisait entendre aux siens que ce jardin était le paradis (...), et ils le croyaient tous. »*

La technique des Hachchachin n'avait absolument rien à envier à celle des modernes trafiquants de stupéfiants. Au contraire, elle était beaucoup plus raffinée. Ils choisissaient leurs victimes parmi de jeunes hommes, les droguaient, et ceux-ci se réveillaient « en paradis », parmi les merveilles du Jardin et les caressantes hôtesses de cet éden fort matérialiste. Durant leur agréable séjour, on les habituait au hachisch. Puis ils étaient subrepticement replacés dans notre vallée de larmes et, quand ils reprenaient conscience, demeuraient bien entendu persuadés de la réalité du paradis de Mahomet. Dès lors ils tombaient absolument sous la coupe du Vieux, qui les envoyait exécuter quelque victime de son choix, en échange d'une promesse solennelle de retour en paradis, morts ou vifs.

Vers 1255, le chef des Tartares du Levant mit un terme à cette habile mystification, tua le Vieux de la Montagne, et démolit ses châteaux. Les survivants se regroupèrent au Pamir, en Chine occidentale, aux Indes. Ils seraient les ancêtres des Ismaéliens.

404. Il n'existe sans doute pas d'objet davantage chargé de sens qu'un bloc dressé, naturellement ou artificiellement. C'est le multisignifiant par excellence. On peut y découvrir :

La marque du Centre, le Nombril (l'Omphalos grec).

Le pivot du monde axé sur la Polaire, la verticale, ou le soleil à son zénith.

Un lien géo-céleste (contacteur-échangeur).

Un pilier soutien du ciel (usage technique, mécanique).

Un pilier-soutien revigorant du soleil (usage technique, énergétique [l'Armen-sul, avec probable allusion phallique]).

Une demeure du soleil à son zénith, ou à son lever, ou à son coucher.

La demeure d'un astre quelconque.

Un producteur de feu-foudre (symbole archer à feu).

Un symbole de la Montagne primordiale (avec toutes ses valorisations, dont la plupart se confondent avec celles indiquées plus haut).

La porte d'un monde (dans ce cas, le rocher s'ouvre magiquement, sur un trésor, ou sur l'univers inférieur).

Une figuration du phallus. Comme emblème de la vie. (A l'entrée des tombes étrusques, des cylindres phalliques indiquent le nombre des occupants (mâles), et leur âge est précisé par la hauteur relative de l'objet.)

Un objet fécondateur, mâle ou femelle.

Un symbole de l'énergie cosmique en expansion (Lingham).

Un accumulateur d'énergie. (Le destin de certaines tribus australiennes est lié à la position de pierres longues et rectangulaires rassemblées dans des aires sacrées. Si ces pierres demeurent dressées, les hommes sont forts. Si elles sont couchées, la tribu perd son potentiel vital. (Ch. P. Mountford, *118,* p. 152.)

Un être-rocher (muni des prérogatives de la vie : mobilité, fécondité, etc. : Huldufolk islandais. Hermès primitif).

Un vivant pétrifié (homme ou animal, suivant suggestion de la forme).

Un objet quelconque pétrifié.

Un ancêtre mythique pétrifié, homme ou animal. (Totémisme : Australie, Andes.)

Un géant pétrifié (Mont des Géants, en Silésie).

Un Hermès, symbole de Dieu (de Mercure). La demeure d'un esprit ou de l'âme d'un mort.

Un encloueur fixant le mort au sol, ou un verrouillage de pesanteur.

Un coupe-arc-en-ciel (Sébillot, *59,* pp. 106 et suiv.).

Sans compter, bien entendu, les usages matériels, concrets, tels que : signal en général, marquant un lieu ou rappelant un fait remarquable ; signal mortuaire, forme primitive de mausolée indiquant une tombe réelle ; pierre dressée en l'honneur de quelqu'un, ou d'un être surhumain (les « Hermès »), ex-voto, en témoignage d'une entente, d'un engagement ; borne-frontière précisant une limite ; gnomon, mesureur du temps ; statue primitive ; colonne-socle ; colonne-soutien... En tout ici indiquées plus de trente fonctions possibles... et cette liste est certainement incomplète.

405. *Cf.* A. Byhan, *22,* p. 159. L'usage s'applique aussi aux cénotaphes (cf. P. Deffontaines, *68,* p. 412) et il a traversé les temps jusqu'à l'époque moderne avec les catafalques ou monuments funéraires surélevés.

406. Cité par P. Deffontaines, *68,* p. 55.

L'élévation des tombes-montagnes est un acte si naturel à l'homme que l'usage doit en remonter dans la nuit des temps. Quant aux œuvres attribuées aux civilisations mégalithiques, certaines sont beaucoup plus anciennes qu'on ne l'a d'abord présumé : des expériences au Carbone 14 pratiquées en 1961 sur des débris extraits de certains « cist-ven » (coffres de pierre) du tumulus de Saint-Michel à Carnac ont déjà donné des dates échelonnées entre — 7000 et — 3000 environ.

407. Les *Mounds,* monticules ou collines artificielles, se trouvent dans les deux Amériques. Les formes, les structures, les usages probables varient, et il règne à leur propos une grande confusion. Les plus énigmatiques sont au Wisconsin. Ce sont des « mounds-effigies », en terre, représentant de grandes formes animales. (*Cf.* S. Canals Frau, *133,* p. 142 ; P. Radin, *75,* chap. VIII.)

408. On lit aussi dans la Bible *(Genèse,* I, 9) : « *Que les eaux qui sont au-dessous du ciel se rassemblent en un seul lieu, et que le sec paraisse.* »

En Égypte, les symboles graphiques se rapportant à cette Colline-Mère sont éloquents. Le dieu sortant des eaux, c'est le soleil levant qui surgit derrière l'Ile-montagne, d'où le hiéroglyphe  (*Pyr.,* 1022). C'est bien le lieu où il se lève, une île qui surgit de la mer. Ce signe était originairement couronné de rayons. (D'après Griffith : *Collection of Hieroglyphs,* p. 30.)

Le soleil « monte » sur la colline, d'où l'apparition d'un escalier 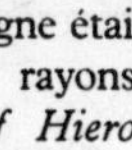, 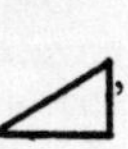. On peut remarquer que le signe s'inscrit non dans un triangle équilatéral, mais dans un triangle rectangle, forme incomplète, asymétrique en l'occurrence. Nous pensons que ce choix sous-entend l'idée d'une création en cours, inachevée. Le soleil levant, illuminant la colline, est en train de la créer. La perpendiculaire évoquerait la face d'ombre, encore inerte, non formulée. Le hiéroglyphe serait donc « orienté », au sens propre et réel de l'expression, tourné vers l'orient, vers l'astre naissant.

Le cénotaphe de Séti Ier en Abydos (Osireion) évoque la Colline primordiale. (H. Frankfort, *The Cenotaph of Seti Ier at Abydos, Memoir of The Egypt.* Exploration Society, 1933.) Creusé dans la montagne, c'est une salle rectangulaire, elle-même située au centre d'un spéo un peu plus vaste, dont elle est séparée par un fossé inondé. Cette salle est donc une île, dont chaque petit côté montre un escalier qui descend vers l'eau. Ce double escalier est celui de la montée du dieu solaire sur sa colline, puis de la descente au pays des ombres.

409. « *Surgissement* Kha de Snefrou » ; désignation de la Grande septentrionale de Dahchoûr. Dans le *Livre de l'Amdouat,* 5e heure, on trouve l'image d'une pyramide coiffant le monde des morts ; et surmontée de la tête de la déesse Maât, la Vérité, fille du Soleil.

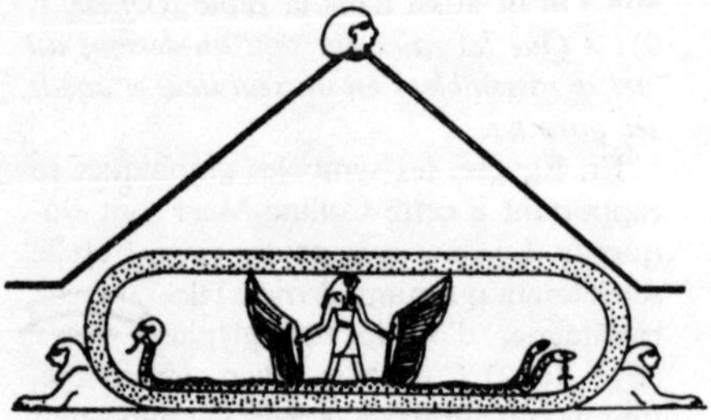

D'après Hérodote, les deux pyramides érigées au milieu du lac Mœris portaient chacune un colosse assis sur son trône.

410. Expression d'Alexandre Moret. En revanche, l'opinion suivant laquelle les pyramides seraient « exclusivement » des tombeaux, autrement dit un amas de cailloux sur un cadavre, continue à s'exprimer. D'Hérodote à... Wells, c'est la théorie du « *monument de l'orgueil humain, fruit d'une honteuse tyrannie, édifiée sur la sueur et le sang du peuple* », etc. Elle est justement celle de gens qui jugent une civilisation en fonction des seuls critères qu'ils imaginent.

Elle révèle (actuellement) l'incompréhension des méthodes de pensée familières aux grandes cultures traditionnelles. Cette pensée évolue dans un réseau complexe de relations établies entre l'homme et l'univers, en sorte que ses créations matérielles signifient toujours quelque chose d'autre que les apparences ou l'usage immédiat. Qu'il s'agisse d'un billot de boucher (travaux de l'équipe M. Griaule chez les Dogons) ou d'une pyramide — et à plus forte raison d'une pyramide ! — ces objets ont simultanément plusieurs fonctions.

Le rôle du Prince a été défini précédemment.

411. Dans l'article « A propos des pyramides de Snefrou » (*Le Musée vivant,* octobre 1954), l'éminent égyptologue Alexandre Varille signale que dans cette pyramide, « *tout est l'expression d'une dualité* » : deux murs d'enceinte parallèles, deux galeries indépendantes, deux appartements, deux trappes, deux herses... Ces recherches architecturales pourraient être en rapport avec l'attribution de deux « cœurs » au Pharaon. Une idée analogue s'exprime dans la tombe du prince thébain Sen-Nefer.

Et à propos de structures invisibles on peut rappeler celle du super-Mérou paradisiaque, ou du K'ouen-Louen.

412. Sir Leonard Wooley, *166,* p. 112.

413. L'identification de la ziggourat à la montagne est, entre autres, attestée par le fait que, dans le récit babylonien du Déluge, la cime salvatrice est désignée par le même mot. (Tablette XI de l'Épopée de Gilgamesh, v. 155.)

414. Ce que rapporte d'ailleurs Diodore de Sicile (11, 9), à propos des ziggourats en général. Comme le fait remarquer le Dr Contenau (*32,* p. 244), ces tours dominant les nappes de brouillard et la pous-

sière constituaient d'excellents observatoires. Il serait invraisemblable qu'elles n'aient pas été utilisées comme tels, surtout par des gens aussi attentifs aux astres que le furent les Mésopotamiens. Quant à Strabon, il dit que la ziggourat de Babylone aurait été le tombeau du dieu Bêl-Mardouk, ce qui introduirait une fonction supplémentaire, analogue à celle de la pyramide-tombe osirienne.

415. A titre documentaire, on citera ici deux opinions remarquables :

1° A propos de la tour de Babel *(Genèse,* XI, 4) note 4, page 10 de la *Sainte Bible* par l'abbé Crampon, édition révisée, publiée par la Société de Saint-Jean-l'Évangéliste, Desclée et Cie. Imprimatur du 1er septembre 1930 :

« *Un monument (...) visible au loin et servant de ralliement après les excursions* (sic) *: cela était contraire à l'ordre de Dieu : Remplissez la terre.* (sic) »

2° A propos de la pyramide de Sakkarah : « *Telle qu'elle avait été primitivement conçue, cette première construction ne pouvait être aperçue de la plaine, puisque le mur d'enceinte la dépassait en hauteur de deux mètres. Imhotep, pour* (sic) *rendre le monument visible à une grande distance, eut l'idée de lui superposer d'abord trois autres, et enfin deux derniers mastabas. C'est ainsi qu'il construisit une pyramide à six gradins.* » (Chr. Desroches-Noblecourt, *Le Style égyptien,* édit. Larousse, novembre 1939, p. 51.) En somme, la pyramide de Sakkarah fut construite pour qu'elle se voit par-dessus le mur.

416. Sur les ziggourats : Sir Leonard Wooley : *Ur en Chaldée (166)*; E. Dhorme, *Les Religions de Babylonie et d'Assyrie (142)*; Dr G. Contenau. *Le Déluge babylonien. Ishtar aux enfers. La Tour de Babel (32)*; André Parrot : *Ziggurats et tour de Babel.*

417. Position du chœur, de la chaire, de l'autel *(altare).*

A propos de la surélévation des monuments religieux : « *Une loi promulguée en 1793 ordonna de démolir tous les clochers et campaniles. Plusieurs habitants de Saint-Jean-de-Maurienne m'ont assuré sérieusement que ce dépassement en hauteur était contraire aux principes d'égalité (...). Le fait est que la tour* (de la cathédrale) *fut rasée exactement à la hauteur de la maison la plus élevée de la place.* » (E. Canziani, *26,* p. 22.)

418. Autres exemples de stûpas : le dagoba Anuradhapura à Ceylan (Ier siècle av. J.-C.) ; celui du temple-spéo de Karli (IIe siècle ap. J.-C.) ; celui de la 19e grotte d'Ajanta (IVe-VIIe siècle ap. J.-C.) ; celui de Badnath à Katmandou (Népal), célèbre par les yeux peints sur les quatre faces de sa tour centrale ; le « prachedi » d'Ayudhya, au Siam (XIVe-XVIIIe siècle, ap. J.-C.). A Java, le temple de Borobudur est en réalité un stûpa colossal.

419. Tibor Mende, *Aux pays de la mousson,* édit. du Seuil.

420. J. Auboyer, *156,* I, p. 43.

421. Obéissant cinq cents ans plus tard aux mêmes impulsions, les Français ont groupé autour de l'axe-centre de l'obélisque « emprunté » à la civilisation pharaonique les statues des grandes villes françaises, d'ailleurs assez laides.

422. Historiquement, les grands sacrifices impériaux, *fong* au ciel, et *shan* à la terre, ne furent accomplis au sommet du T'ai Shan, montagne cardinale de l'Est, qu'une douzaine de fois. La première en 110 av. J.-C., et la dernière en 1008.

423. Jusqu'à une date toute récente, il ne fut jamais question pour les Chinois d'escalader une montagne « pour le plaisir ». D'abord parce que, comme partout ailleurs, elles étaient frappées d'un certain tabou, en tant qu'espace sacré fréquenté par les entités célestes. Ensuite, à cause d'une règle morale assez curieuse : risquer sa vie en escaladant les rochers était considéré comme un acte d'impiété à l'égard des parents.

424. Dr A. Migot, *24,* p. 199.

425. F. Leprince-Ringuet, *Le T'aè-Houa-Chan, Annuaire du Club Alpin Français,* 1900, pp. 356 et suiv. Cette visite date de janvier 1899.

426. Dr A. Migot, *op. cit.*, pp. 235-236.

427. D'après S. N. Kramer, *74, Poème d'Enmerkar et du seigneur d'Aratta.*

428. Cité par R. Aron, *Le Dieu des origines,* Librairie Académique Perrin, p. 67.

429. Cela exige quelques commentaires. Si l'on se reporte au texte, on voit que les constructeurs édifient la tour « pour se faire un Nom » et ne pas être dispersés à la surface de la terre. Les buts sont ceux-là mêmes qui ont partout poussé les anciens peuples à se grouper autour d'un point privilégié de l'espace, afin d'assurer leur propre cohésion, matérielle et spirituelle. La Tour, lien terre-ciel, par sa présence réelle, concrète, est non seulement un symbole, mais *un instrument d'unité.*

Il n'est nullement question d'une tentative d'agression contre l'En-Haut. Mais c'est l'interprétation des Hébreux, nomades et déportés, qui paraissent d'ailleurs avoir été éblouis, subjugués, par une œuvre dont ils ne comprenaient pas, ou ne voulaient pas retenir, la signification réelle. Sensibles, bien entendu, aux suggestions de l'Altitude, et de sa traduction monumentale la plus commune et la plus immédiate : la hauteur matérielle, ils n'ont vu dans cet énorme édifice, réalisé avec tous les moyens d'un Empire florissant, que l'écrasante manifestation d'une puissance qui les avait effectivement écrasés ; d'où *l'explication orgueilleuse de l'orgueil,* celle donnée en d'autres temps et lieux pour les pyramides égyptiennes.

Mais que signifie encore « se faire un Nom » ? Ici, le malentendu paraît total. Pour juger de la portée d'un tel vœu, il faut d'abord admettre que, dans les cultures archaïques, le Nom n'est pas qu'une étiquette identificatrice collée sur tel ou tel être ou objet. C'est l'être ou l'objet lui-même. Nommer, c'est susciter l'être ou la chose. C'est accomplir en quelque sorte un geste créateur.

« Se faire un Nom » a donc ici un tout autre sens que dans l'expression moderne : se faire connaître, admirer, etc. Dans le contexte historique, il faut entendre que Babylone doit *être.* Et que, pour qu'elle soit, la cité, le peuple, l'âme collective de la nation doit prendre un corps, s'incarner dans un monument qui sera le signe et la condition de sa propre existence. Ce monument, c'est la ziggourat dont la ruine signifie la ruine et l'effondrement de l'État, et la dispersion ultérieure d'un groupe humain replongé dans le chaos, et dont les membres ont désormais cessé de s'entendre, de parler la même langue.

Le très vieux récit sumérien, presque effacé, s'il dit bien ce qu'il a l'air de dire, peut faire allusion à une aventure antérieure, à un temps où, un Centre ayant disparu, la civilisation qu'il ordonnait a éclaté. On peut se demander encore une fois si cette tradition n'aurait pas quelque rapport avec une diaspora primitive, présumérienne, au cours de laquelle des peuples, groupés autour d'un Kaïlas-Tisé iranien, auraient émigré les uns vers la Mésopotamie, d'autres vers le nord-est et les Indes. (*Cf.* note 36.)

430. De Bab-ili, et non de Bâlal, qui se traduit en effet par « confusion ». Il s'agirait d'un jeu de mots. De toute façon, il y a beaucoup de confusions dans cette affaire de la tour de Babel.

L'image de la « Porte » joue un rôle très important en Orient. C'est un lieu privilégié où l'on change de monde. (L'ancienne désignation de l'Empire ottoman était « Sublime Porte », sous-entendu : d'un univers supérieur.)

431. D'après B. Péret, *3,* p. 128.

432. *110,* p. 155. R. de Nebesky-Wojkowitz précise que cette légende, et celle d'un déluge, ont précédé l'arrivée des missionnaires. Cela ne prouve ici pas grand-chose car elle a pu s'infiltrer auparavant par le canal musulman. Outre que l'idée d'élever une tour est tout à fait insolite dans une région dominée par des cimes immenses, autant de voies d'accès aux sphères célestes, une telle entreprise s'insère mal dans le contexte mental et religieux des braves montagnards Leptchos.

433. La tour de Babel des prudents et

réalistes Chinois, la *Gin-giang-ka* (lieu d'en-haut) est destinée non pas à atteindre le ciel, mais à se sauver d'un déluge. C'est une version résolument terrienne de l'Arche.

434. A l'époque de la fondation du mythe, il s'agissait en somme de la violation d'un tabou, et de ses conséquences. C'est le drame inclus dans toutes les légendes de type prométhéen.

Cela pose un problème de première grandeur : celui de l'origine de certains tabous majeurs, qui, malgré une foule de détails pour nous souvent aberrants, ont, dans l'ensemble, assuré la survie des sociétés primitives. Il n'y a que deux explications possibles : celle d'une sagesse antérieure, énigmatique, ayant inspiré des comportements qui, dans la suite des temps, et en vertu d'une sorte de régression généralisée de la conscience, auraient pris l'aspect d'interdits automatiques.

Sinon, il faudrait accorder à l'humanité des facultés d'intuition et de prémonition collectives, une supra-conscience qui, avant toute méditation raisonnée et l'évolution des événements, se trouverait capable d'appréhender les problèmes, et de choisir les solutions les plus favorables à la survie de l'espèce.

435. Les journaux ont annoncé voici quelques années, d'après l'Agence Tass, que l'Institut du béton armé de Moscou envisageait d'élever une tour octogonale, de 140 m de diamètre à la base, et de... 2 000 m de hauteur, laquelle pourrait contenir 100 000 personnes, avec éléments culturels, bibliothèques, salles de spectacle, restaurants, etc. L'aspect gratuit de tels projets — car il y a de la place en Russie — indique assez leur origine mythique. On peut en dire autant de la tour Eiffel et de l'édification en plein Paris, sur l'emplacement de l'ancienne gare Montparnasse, d'une tour immense qui saccage l'aspect général de la capitale, n'étant pas à la proportion des autres monuments de la ville. (Par contre, les gratte-ciel new-yorkais se trouvaient initialement justifiés par suite du manque d'espace au sol.) Citons enfin, à titre documentaire, parties d'un discours prononcé le 9 juillet 1971 à l'Académie des sciences d'U.R.S.S. par M. H. Galabert, à l'occasion de la remise du Prix international d'astronautique, dont il est le fondateur :

« Depuis que sa conscience lui a fait découvrir la lumière, l'homme a contemplé en vain et sans espoir l'ineffable et vertigineuse beauté des mondes inaccessibles qui l'entourent, enchaîné, comme l'a si bien dit Tsiolkovski, à son berceau terrestre par toutes les faiblesses, les peurs, les superstitions, les insuffisances, les ignorances et les renoncements que lui imposèrent souvent les puissances de la nuit, lui refusant parfois d'assumer la dignité même de sa condition d'être.

« Cependant, l'homme, au long de ses derniers siècles, parfois au sacrifice de son âme ou de sa vie, parvint progressivement à percer ces épaisses ténèbres et à rendre à nouveau la liberté à toutes les puissances supérieures qui étaient en lui ; de cette libération est née l'humanité actuelle, qui, prenant conscience de toutes les forces qui l'habitent, acceptant de rompre certains de ses liens terrestres, regarde maintenant avec assurance et espoir vers l'univers.

« La très jeune astronautique est l'expression même de cette volonté de l'espèce humaine d'accomplir une nouvelle et importante étape de son évolution vers une ascendante destinée que l'infini ne saurait jamais clore. »

A une autre lumière, celle de l'histoire récente, il est intéressant de confronter ces paroles ailées avec une prophétie, émise au siècle dernier :

« Le développement de l'instruction, la diffusion des conquêtes scientifiques, amèneront logiquement et infailliblement l'ère de la pacification universelle. »

Et de rappeler une Vérité première qui, parce qu'elle est vérité, et parce qu'elle est première, est enfouie actuellement sous des tonnes de mots, et d'oubli : *Science sans conscience est la ruine de l'Homme.*

BIBLIOGRAPHIE

1 *Air et les Songes (L')*, G. BACHELARD, José Corti, Paris, 1943.

2 *Alpes (Les)*, W.A.B. COOLIDGE, Payot, Lausanne, 1913.

3 *Anthologie des mythes, légendes et contes populaires d'Amérique*, B. PÉRET, Albin Michel, Paris, 1960.

4 *Archéologie de l'Afrique noire*, D. P. DE PEDRALS, Payot, Paris, 1950.

5 *Art, la vie et la nature au Japon (L')*, Masaharu ANESAKI, Institut international de coopération intellectuelle, Paris, 1938.

6 *Arts et dieux de la Gaule*, F. BENOIT, Arthaud, Paris, 1969.

7 *Ascension intellectuelle de l'humanité (L')*, H. WEINERT, Payot, Paris, 1946.

8 *A travers les Alpes autrichiennes*, M. GRANDJEAN, Mame, Tours, 1893.

9 *Aube de la civilisation européenne (L')*, V. GORDON CHILDE, Payot, Paris, 1949.

10 *Au cœur des Himalayas*, A. DAVID-NEEL, Dessart, Bruxelles, 1949.

11 *Au fond des gouffres*, N. CASTERET, Perrin, Paris, 1936.

12 *Au pied des Pyrénées*, par l'auteur de *Nathalie*, Musée de Lourdes.

13 *Autre monde au Moyen Age (L')*, J. MARCHAND, De Boccard, Paris, 1940.

14 *Avant-premières à l'Everest*, G. CHEVALLEY, R. DITTERT, R. LAMBERT, Arthaud, Paris, 1953.

15 *Aventure alpine (L')*, F.-S. SMYTHE, Arthaud, Paris, 1951.

16 *Aztèques du Mexique (Les)*, G.-C. VAILLANT, Payot, Paris, 1951.

17 *Bête du Gévaudan (La)*, A. CHEVALLEY, Gallimard, Paris, 1936.

18 *Cachemire,* Louise WEISS, Hachette, Paris, 1955.

19 *Cervin (Le),* Ch. GOS, ATTINGER, Neuchâtel, 1948.

20 *Chamanisme et les techniques archaïques de l'extase (Le),* M. ÉLIADE, Payot, Paris, 1951.

21 *Civilisation aïnou (La),* Dr G. MONTANDON, Payot, Paris, 1937.

22 *Civilisation caucasienne (La),* A. BYHAN, Payot, Paris, 1936.

23 *Civilisation de l'empire inca (La),* R. KARSTEN, Payot, Paris, 1952.

24 *Chine sans murailles,* Dr A. MIGOT, Arthaud, Paris, 1958.

25 *Conquête du mont Everest (A la),* Lt-Cl HOWARD-BURY, Payot, Paris, 1924.

26 *Costumes, mœurs et légendes de Savoie,* Estella CANZIANI, Dardel, Chambéry, 1920.

27 *Couleurs (Les),* R.-L. ROUSSEAU, Flammarion, Paris, 1959.

28 *Coutumes et croyances étranges,* A. HYETT VERILL, Payot, Paris, 1953.

29 *Croisade contre le Graal (La),* Otto RAHN, Stock, Paris, 1934.

30 *Croyance aux êtres fantastiques dans le folklore dauphinois (La),* Ch. JOISTEN, « Évocations », Crémieu (Isère), 1959.

31 *Découverte des sources,* B. FLORNOY, « Je sers », Paris, 1946.

32 *Déluge babylonien (Le),* Dr CONTENAU, Payot, Paris, 1952.

33 *Déluge et arche de Noé,* A. PARROT, Delachaux et Niestlé, Neuchâtel, 1952.

34 *Démonologie (La),* E. LANGTON, Payot, Paris, 1951.

35 *Dernière expédition au mont Everest (La),* E. T. NORTON, Payot, Paris, 1928.

36 *Derniers peuples primitifs (Les),* J. W. PAGE, Payot, Paris, 1941.

37 *Deux montagnes et une rivière,* H. W. TILMAN, Arthaud, Paris, 1953.

38 *Dictionnaire de la mythologie grecque et romaine,* P. GRIMAL, Presses universitaires de France, Paris, 1951.

39 *Dictionnaire des religions,* E. ROYSTON PIKE, Presses universitaires de France, Paris, 1954.

40 *Dictionnaire des symboles,* J. CHEVALIER, A. GHEERBRANT et différents auteurs, Laffont, Paris, 1969.

41 *Dicts et récits de mythologie française (Les),* H. DONTENVILLE, Payot, Paris, 1950.

42 *Dieux des Indo-Européens (Les),* G. DUMÉZIL, Presses Universitaires de France, Paris, 1952.

43 *Dieux et héros des Celtes,* M.-L. SJOESTEDT, Leroux, Paris, 1940.

44 *Divine comédie (La),* DANTE, trad. A.-PÉZARD, N.R.F. Paris, 1968.

45 *Do Kamo,* M. LEENHARDT, Gallimard, Paris, 1947.

46 *Êtres fantastiques dans le folklore de l'Ariège (Les),* Ch. JOISTEN, Centre régional de documentation pédagogique, Toulouse, 1962.

47 *Église jaune (L'),* R. BLEICHSTEINER, Payot, Paris, 1950.

48 *Escalade dans les Alpes,* E. WHYMPER, Hachette, Paris, 1875.

49 *En campant sur l'Alpe,* Maria JALEK, Stock, Paris, 1937.

50 *Escalades dans les Alpes et le Caucase (Mes),* A. F. MUMMERY, Laveur, Paris, 1903.

51 *Ésotérisme de Dante (L'),* R. GUÉNON, Gallimard, Paris, 1957.

52 *Esprit humain (L'),* R. THURNWALD, Payot, Paris, 1953.

53 *Essais sur l'expérience libératrice,* R. GODEL, Gallimard, Paris, 1952.

54 *Everest 1938,* H. W. TILMAN, Arthaud, Paris, 1952.

55 *Fées dans le folklore pyrénéen (Les),* J.-B. LABORDE, Imp. comm. Pyr., Pau.

56 *Fées de Naye et le chasseur de Jaman (Les),* M.-A. BOVET, Spes, Lausanne.

57 *Fêtes solaires (Les),* A. AUDIN, Presses universitaires de France, Paris, 1945.

58 *Folklore de France,* P. SÉBILLOT, Guilmote, Paris, 1904-1907.

59 *Folklore de la Bretagne (Le),* P.-Y. SÉBILLOT, Payot, Paris, 1950.

60 *Folklore des Peaux-Rouges (Le),* H. R. RIEDER, Payot, Paris, 1952.

61 *Folklore du Dauphiné (Le),* I et II, A. VAN GENNEP, Maisonneuve, Paris, 1932-1933.

62 *Folklore français contemporain (Manuel du),* A. VAN GENNEP, Paris, 1943-1958.

63 *Folklore Russe (Le),* Iouri SOKOLOV, Payot, Paris, 1945.

64 *Forgerons et alchimistes,* M. ÉLIADE, Flammarion, Paris.

65 *Gemmes et les Perles dans le monde (Les),* F. HERMANN, Payot, Paris, 1949.

66 *Genèse des mythes (La),* A. H. KRAPPE, Payot, Paris, 1952.

67 *Génie des Alpes valaisannes (Le),* MARIO, Fischbacher, Paris, 1893.

68 *Géographie et religion* P. DEFFONTAINES, N.R.F., Paris, 1948.

69 *Géographie sacrée du monde grec* J. RICHER, Hachette, Paris, 1967.

70 *Grande Conquête (La),* J.R. ULLMAN, Arthaud, Paris, 1948.

71 *Grande Déesse (La),* J. PRZYLUSKI, Payot, Paris, 1950.

72 *Grecs et leurs dieux (Les),* W.K.C. GUTHRIE, Payot, Paris, 1956.

73 *Haute-Savoie (La),* F. WEY, Hachette, Paris, 1865.

74 *Histoire commence à Sumer (L'),* S. N. KRAMER, Arthaud, Paris, 1957.

75 *Histoire de la civilisation indienne,* P. RADIN, Payot, Paris, 1953.

76 *Histoire des légendes,* J.-P. BAYARD, Presses universitaires de France, Paris, 1955.

77 *Histoire de la magie et de ses dogmes,* L. CHOCHOD, Payot, Paris, 1949.

78 *Histoire naturelle des glacières de Suisse,* GROUNER, Panckoucke, Paris, 1770.

79 *Homme à la découverte du monde (L'),* P. HERRMANN, Plon, Paris, 1954.

80 *Homme dans les profondeurs de la terre (L'),* A. LUBKE, Plon, Paris, 1955.

81 *Homme et la Terre (L'),* E. DARDEL, Presses universitaires de France, 1952.

82 *Homme et le Sacré (L'),* R. CAILLOIS, N.R.F., Paris, 1950.

83 *Hommes de la pierre ancienne (Les),* H. BREUIL et R. LANTIER, Payot, Paris, 1951.

84 *Hommes des neiges et hommes des bois,* I. SANDERSON, Plon, Paris, 1963.

85 *Homme préhistorique et ses dieux (L'),* J. MARINGER, Arthaud, Paris, 1958.

86 *Ile de Pâques (L'),* A. MÉTRAUX, N.R.F., 1952.

87 *Images et symboles,* M. ÉLIADE, N.R.F., Paris, 1952.

88 *Incantation et magie,* A. CASTIGLIONI, Payot, Paris, 1951.

89 *Introduction à l'essence de la mythologie,* C. G. JUNG et Ch. KERÉNYI, Payot, Paris, 1953.

90 *Japon,* Fosco MARAINI, Arthaud, Paris, 1959.

91 *Japon (Le),* G. B. SANSON, Payot, Paris, 1938.

92 *Josias Simler et les origines de l'alpinisme jusqu'en 1600,* W. A. B. COOLIDGE, Allier Fr., Grenoble, 1904.

93 *Lapons des montagnes suédoises (Les),* Ernst MANKER, N.R.F., Paris, 1954.

94 *Légendes basques dans la tradition humaine,* G. G. REICHER, Maisonneuve, Paris, 1946.

95 *Légendes des Alpes vaudoises,* A. CÉRÉSOLE, Payot, Genève, 1921.

96 *Légendes des Pyrénées (Les),* Karl des MONTS, Michel-Lévy, Paris.

97 *Légendes du glacier (Les),* J. SIEGEN, Didier et Richard, Grenoble.

98 *Légendes et récits populaires du Pays basque,* E. CERGNAND, Ribaud, Pau, 1875.

99 *Légendes valaisannes d'après les Wallisersagen,* J.-P. BOUVIER, Attinger, Neuchâtel, 1931.

100 *Légendes et chants esquimaux du Groenland,* W. THALBITZER, Leroux, Paris, 1929.

101 *Lettres sur l'Islande,* X. MARMIER, Bonnaire, Paris, 1837.

102 *Mœurs et coutumes des Esquimaux Caribous,* F. MOWAT, Payot, Paris, 1953.

103 *Mœurs et coutumes des Malais,* R. WINSTEDT, Payot, Paris, 1952.

104 *Mœurs et coutumes des Malgaches,* R. DECARY, Payot, Paris, 1951.

105 *Mœurs et coutumes des Maoris,* T. E. DONNE, Payot, Paris, 1938.

106 *Mœurs et coutumes des Thibétains,* David MACDONALD, Payot, Paris, 1930.

107 *Mondes en collision,* I. VÉLIKOVSKY, Stock, Paris, 1952.

108 *Montagne à travers les âges (La),* J. GRAND-CARTERET.

109 *Montagne et ses noms (La),* J. GUEX, Rouge, Lausanne, 1946.

110 *Montagnes où naissent les dieux (Les),* R. DE NEBESKY-WOJKOWITZ, Julliard, Paris, 1957.

111 *Montagnes saintes du Proche-Orient,* G. THÉOTOKAS, Institut français d'Athènes, 1969.

112 *Mont Cervin (Le),* Guido REY, Dardel, Chambéry, Spes, Lausanne.

113 *Monts Pacifique,* SAINT-LOUP, Arthaud, Paris, 1951.

114 *Mystiques et magiciens du Thibet,* A. DAVID-NEEL, Plon, 1941.

115 *Mythe et métaphysique,* G. GUSDORF, Flammarion, Paris, 1953.

116 *Mythes et cultes chez les peuples primitifs,* A. E. JENSEN, Payot, Paris, 1954.

117 *Mythes et dieux des Germains,* G. DUMÉZIL, Leroux, Paris.

118 *Mythes et rites des aborigènes d'Australie centrale,* Ch. P. MOUNTFORD, Payot, Paris, 1953.

119 *Mythes et symboles dans l'art et la civilisation de l'Inde,* H. ZIMMER, Payot, Paris, 1951.

120 *Mythes, rêves et mystères,* M. ÉLIADE, N.R.F., Paris, 1957.

121 *Mythes sur l'origine du feu,* Sir J. FRAZER, Payot, Paris, 1931.

122 *Mythologie de la Suisse ancienne,* I. R. CHRISTINGER et W. BORGEAUD ; II. R. CHRISTINGER, Libr. de l'Université Georg, Genève, 1963-1965.

123 *Mythologie des Grecs,* Ch. KERÉNYI, Payot, Paris, 1952.

124 *Mythologie française (La),* H. DONTENVILLE, Payot, Paris, 1948.

125 *Mythologie générale,* Divers auteurs, Larousse, Paris.

126 *Nuits du Hoggar (Les),* G. M. HAARDT et L. AUDOIN-DUBREUIL, Devambez, Paris.

127 *Odyssée montagnarde (Mon),* T. G. LONGSTAFF, Arthaud, 1955.

128 *Ouest barbare de la vaste Chine (A l'),* A. DAVID-NEEL, Plon, Paris, 1947.

129 *Pays d'Aoste,* SAINT-LOUP, Arthaud, Paris, 1952.

130 *Pays légendaires (Les),* R. THÉVENIN, Presses universitaires de France, Paris, 1946.

131 *Pensée de l'Asie et l'Astrobiologie (La),* I et II, R. BERTHELOT, Payot, Paris, 1949.

132 *Plus Anciens Contes de l'humanité (Les),* T. H. GASTER, Payot, Paris, 1953.

133 *Préhistoire de l'Amérique,* S. CANALS FRAU, Payot, Paris, 1953.

134 *Préhistoire du christianisme (La),* Ch. AUTRAN, Payot, Paris, 1944.

135 *Problème des pyramides d'Égypte (Le),* Ch. LAUER, Payot, Paris.

136 *Psychologie de la légende,* H. GUNTHER, Payot, Paris, 1954.

137 *Quarante mille ans d'art moderne,* J.-A. MAUDUIT, Plon, Paris, 1954.

138 *Religion dans son essence et ses manifestations (La),* G. VAN DER LEEUW, Payot, Paris, 1955.

139 *Religion des Chinois (La),* M. GRANET, Presses universitaires de

140 *Religion en Afrique occidentale (La),* Geoffrey PARRINDER, Payot, Paris, 1950.

141 *Religions préhelléniques (Les),* Ch. PICARD, Presses universitaires de France, Paris, 1948.

142 *Religions de Babylonie et d'Assyrie (Les) :* E. DHORME. *Les Religions des Hittites et des Hourrites, des Phéniciens et des Syriens :* R. DUSSAUD, Presses universitaires de France, Paris, 1949.
E. TONNELAT, B.O. UNBEGAUN, Presses universitaires de France, Paris, 1948.

143 *Religions étrusques et romaines (Les) :* A. GRENIER, *Les Religions des Celtes, des Germains et des anciens Slaves :* J. VENDRYÈS, E. TONNELAT, B.O. UNBEGAUN, Presses universitaires de France, Paris, 1948.

144 *Représentations religieuses des peuples altaïques (Les),* UNO HARVA, N.R.F., Paris, 1959.

145 *Roi du monde (Le),* R. GUÉNON, N.R.F., Paris, 1958.

146 *Routes de l'autre monde (Les),* F. Bar, Presses universitaires de France, Paris, 1946.

147 *Royaume des Incas (Au),* S. HUBER, Plon, Paris, 1954.

148 *Royaume du mont Blanc (Au),* P. PAYOT, Impr. Plancher, Bonneville, 1950.

149 *Sacré (Le),* R. OTTO, Payot, Paris, 1949.

150 *Sacré à Java et à Bali (Le),* A. BENSA, Mission Merry Ottin, R. Laffont, Paris, 1969.

151 *Sacré et le Profane (Le),* M. ÉLIADE, N.R.F., Paris, 1965.

152 *Sept ans d'aventures au Thibet,* H. HARRER, Arthaud, Paris, 1956.

153 *Sur la piste des bêtes ignorées,* I et II, B. HEUVELMANS, Plon, Paris, 1955.

154 *Sur les traces du Bouddha,* R. GROUSSET, Plon, Paris, 1948.

155 *Symbolisme ascensionnel dans la liturgie et la mystique chrétiennes (Le),* L. BEIRNAERT, Rhein, Zurich, 1951.

156 *Symbolisme cosmique et monuments religieux,* I et II. Catal. du Musée Guimet, édit. des Musées nationaux, Paris, 1953.

157 *Tabou (Le),* H. WEBSTER, Payot, Paris, 1952.

158 *Terre et les Rêveries de la volonté (La),* G. BACHELARD, José Corti, Paris, 1965.

159 *Terres secrètes où règnent les femmes,* Gabrielle BERTRAND, Amiot-Dumont, Paris, 1956.

160 *Thibet secret,* Fosco MARAINI, Arthaud, Paris, 1952.

161 *Toponymie française (La),* A. DAUZAT, Payot, Paris, 1946.

162 *Touaregs du Hoggar (Les),* H. LHOTE, Payot, Paris.

163 *Traditions indiennes du Canada nord-ouest,* E. PETITOT, Maisonneuve, Paris, 1886.

164 *Traité d'histoire des religions,* M. ÉLIADE, Payot, Paris, 1953.

165 *Tristes tropiques,* Cl. LEVI-STRAUSS, Plon, Paris, 1955.

166 *Ur en Chaldée,* Sir LEONARD WOOLEY, Payot, Paris.

167 *Vallaise (Dans la). Légendes et récits,* J.-J. CHRISTILLIN, Impr. Édouard Duc, Aoste.

168 *Vie après la mort (La),* J. T. ADDISON, Payot, Paris, 1936.

169 *Volcans et dieux,* G. FRANKLIN, Leroux, Paris, 1926.

170 *Voyage d'une Parisienne à Lhassa,* A. DAVID-NEEL, Plon, 1941.

171 *Voyage pittoresque en Suisse, en Savoie et sur les Alpes,* E. BÉGIN, Belin-Leprieur et Monzot, Paris.

172 *Voyage de Marco Polo (Le),* V. CHKLOVSKI, Payot, Paris, 1948.

173 *Zoroastrisme (Le),* R. P. MASANI, Payot, Paris, 1939.

174 *Structures anthropologiques de l'imaginaire (Les),* G. DURAND, Bordas, Paris, 1960.

175 *Vagabonds de l'Occident (Les),* Jean BRUN, Desclée, Paris, 1915.

COMMENTAIRES PHOTOGRAPHIQUES

1 OMPHALOS DE DELPHES *(ph. Samivel)*

Omphalos : nombril. Ce bloc pour les Grecs marquait le Centre du monde (12, N. 404) et aussi la tombe de Python tué par Apollon, c'est-à-dire l'endroit précis où le dieu solaire avait triomphé du Chaos, et, du coup, ordonné l'univers. Cet aspect du mythe rappelle l'histoire du Serpent Losoun (192) dont la tête est écrasée au sommet de Soumer, ou celle de l'Ébranleur pyrénée (201, 208).

2 STÈLE DE NARAM SIN *(ph. musée du Louvre)*

Vers 2600 av. J.-C. Mésopotamie centrale. Elle commémore une victoire de Nâram Sin, petit-fils de Sargon et roi d'Agadé, sur des tribus montagnardes. Remarquer le casque à cornes porté par le souverain, insigne de divinité (N. 27). Au sommet de la montagne, symbolisée par un tracé graphique très pur, les puissance astrales du jour et de la nuit, Shamash (33) et Ishtar (175), ce qui sous-entend le thème d'une montagne-axe du monde.

3 L'ENFER DE DANTE vu par Eddy Legrand *(ph. B. N., Paris)*

Symbolique chrétienne de l'En-bas. De degrés en degrés encombrés par la misérable foule des damnés, le vaste entonnoir de l'Enfer plonge vers le Pôle du Poids où gît l'archange déchu, Lucifer. Cet enfer est la projection négative des architectures glorieuses de l'Éden.

4 LA DESCENTE DU GANGE *(ph. Ella Maillart, Genève)*

Détail du bas-relief du VIIe s. Mahâbalipouram (Inde). Les eaux du fleuve céleste Gangâ (fille du Seigneur des montagnes, Çiva) ruissellent sur la terre desséchée (54), et y ramènent la vie, à l'intense jubilation de tous les êtres, hommes, bêtes, génies et divinités. Dans la faille centrale ondulent le Roi et la Reine des serpents (Nâgas), formes associées au monde subterrestre, aux trésors, aux ruissellements (200).

5 LE PARADIS DU KAILAS *(ph. Ella Maillart, Genève)*

Symbolique indouiste de l'En-haut. Ce bas-relief népalais représente Çiva, le « Seigneur de la montagne » et son épouse Pârvati « Ouma, la Gracieuse », au sommet de la Cime sacrée, axiale-centrale, du Kaïlas-Mérou (25 et suiv.). Entouré de différents « gardiens » — dont le dieu-éléphant Ganéca, au sous-sol, jouant le rôle d'Atlas — le Couple divin symbolise (109) l'Unité suprême issue de l'alliance des deux principes complémentaires (et non opposés, comme dans les visions dualistes occidentales).

6 LE SITE DE THYANGBOCHÉ *(ph. Ella Maillart, Genève)*

Népal, haute vallée de l'Inya Khola, sur la route sud de l'Everest, vers 4000 m d'altitude. Un décor opposant et unissant à la fois avec évidence le monde des hommes et celui des dieux. A l'étage inférieur, des pentes herbues, fleuries, boisées, toutes les exubérances de la vie animale et végétale, les signes hospitaliers de la présence humaine : (Thyangboché signifie Grande Prairie). Au niveau supérieur les colosses de roc et de glace, polis par les silences et les vents, irradiés de lumière et culminant en plein azur : demeures des Puissances protectrices. (Ici, au fond de l'image, l'Ama Dablam : « alt. 6856 m gravie en 1961 par Michael Ward, expédition anglo-suisse-américaine » précisent les Occidentaux... « L'Ange protecteur sur notre épaule droite » disent les Népalais...). Le lien entre ces deux univers est créé par la présence d'un vieux chorten (279, 280), objet matériellement négligeable en comparaison des énormes Himalayas, mais qui pourtant témoigne à lui seul d'une pensée aérienne et dominatrice.

7 ORAGE A SURTSEY Islande *(ph. Sigurgeir Jonasson, Vestmannaeyjar) (Islande)* - 8 LAQUE CHINOISE *(ph. musée Guimet)*

... Ou comment naissent les dragons ! La comparaison de ces documents est éloquente, et, sur le seul « chapitre des dragons », montre à quel point les mythes peuvent se trouver enracinés dans ce que l'on nomme le réel. Ici, certains détails frôlent l'identité (pattes, crêtes fulgurantes...). Oui, les légendes sont bien « une manière de dire » qu'il faut se donner la peine de décrypter.

9 LE DÉMAVEND *(ph. Georges Bourdelon, Paris)*

Point culminant (5670 m) du massif de l'Elbourz, au N.-E. de Téhéran, ex-volcan de première importance, montagne sacrée du Mazdéisme (N. 43), lieu du Jugement des âmes (77)... certains indices permettent de supposer que cette cime a fourni l'axe d'une très antique civilisation iranienne, pré-sumérienne. Peut-être s'agit-il ici d'un premier Kaïlas (N. 36) et... du « Sinaï » initial... (N. 107).

10 LE FUJI YAMA *(ph. Japan National Tourist Organization)*

3776 m, Japon. Le type même de la cime sacrée, cumulant toutes les valorisations du Centre (12, 23) et celles de l'Altitude (17, 18) exprimées dans une silhouette d'une lumineuse beauté. En conséquence le Fuji a joué un rôle essentiel dans l'élaboration et le développement d'une civilisation fortement caractérisée, et inspiré une foule d'œuvres picturales, poétiques et philosophiques (112, 115).

11 PYRAMIDE DE DAHCHOUR Égypte *(ph. Audrain-Samivel)*

Édifiée par le pharaon Snefrou (2e moitié du XXVIIIe s. av. J.-C.) cette pyramide à pans coupés, dite rhomboïdale, et dont la silhouette de loin évoque celle d'un énorme cristal émergeant des sables, a donné lieu à de très intéressantes hypothèses d'Alexandre Varille (273, 274). On voit bien ici les restes considérables du revêtement lisse qui entraînait l'inaccessibilité matérielle du monument et précise la fonction majeure d'aimant céleste (270 à 272).

12 TEMPLE SOLAIRE Pérou *(Atlas-Photo. C. Lenars)*

Site de Machupicchu, début XVIe siècle. Autre type d'architecture solaire où l'on voit s'ériger la silhouette verticale d'un pilier, avec les allusions énergétiques et dynamiques qu'elle comporte universellement (N. 404).

13 EL TAJIN Mexique *(ph. Dominique Darr)*

Vue prise d'hélicoptère. Cette pyramide appartient à la civilisation dite « du golfe du Mexique » (État de Veracruz). Les 367 niches réparties sur ses flancs sont probablement en rapport avec les jours de l'année et en font un monument du Temps.

Les pyramides américaines transposent aussi sur le plan architectural les suggestions de l'Altitude, puisque la masse des monuments témoigne d'une approche artificielle des régions célestes, mais la grande différence avec celles d'Égypte, c'est qu'elles comportent des voies d'accès à un sommet où l'on rendait hommages aux dieux et où se consommaient les sacrifices (268, 269, 273).

14 KANDARIYA MAHADEO Inde *(ph. Ella Maillart, Genève)*

Klajuraho. Dynastie Chandella. Xe siècle. Les grands temples çivaïstes évoquent de la façon la plus évidente le thème de la Montagne cosmique, le Kaïmas-Mérou (25, 109, 110, ph. 5) résidence de Çiva et Pârvati. Il est intéressant de noter que Kandariya signifie caverne. La cime étant identifiée au cœur de l'univers (61, 279, 282).

15 HOUA SHAN Chine *(ph. Weiss-Viollet)*

Sur les crêtes sommitales du Houa Shan, province de Chensi, l'une des quatre cimes cardinales de l'ancienne mythologie. Demeure du Grand Empereur du Pic de l'Ouest, cet énorme piton granitique inaccessible fut peu à peu aménagé en vaste complexe religieux comportant escaliers, chaînes, rampes, plates-formes, temples, refuges, décors sacralisés, le tout autorisant le rite d'une ascension céleste à la fois symbolique et vécue (283 à 292).

16 ANGHOR. LE BAYON *(ph. J. Arthaud. Archives Editions Arthaud)*

XIIe-XIIIe siècles. La montagne a jadis fourni sa substance pour édifier le temple. Et à présent le temple retourne à la montagne (284).

17 MASQUE DÉMONIAQUE *(ph. Office National suisse du Tourisme)*

Valais. Dominant la haute vallée du Rhône, le Lötschental, encaissé entre d'énormes parois, a longtemps vécu à l'écart du monde, et les anciennes coutumes s'y sont gardées plus longtemps qu'ailleurs ; entre autres, à l'extrême pointe du printemps, quand le soleil commence à gagner du terrain, la parade des masques (fabriqués localement : bois sculpté, étoupe, lichens, etc.) symbolisant les mauvais esprits de l'hiver et de la tourmente.

18 PROCESSION EN VALAIS *(ph. Office National suisse du Tourisme)*

Quoi de plus naturel chez les peuples montagnards du monde entier, et quelles que soient les croyances, de placer leurs terres menacées, leurs futures récoltes, leur cheptel, sous la protection bienveillante des Puissances de l'En-haut ? La procession est un acte à la fois révérenciel, propitiatoire et conjuratoire. Elle établit un contact effectif entre les champs, les bois, les maisons, les bêtes, et les objets revêtus de sacralité ; en pays chrétien : ostensoir, croix, statues de saints, bannières...

19 GRAND CHORTEN Népal *(ph. Ella Maillart, Genève)*

Bodnath (ou Bhandi). Cette structure ancienne (VIe s.) comporte une base hémisphérique évoquant la tombe cosmique de Bouddha, au centre et au sommet du monde (281 à 284), sur laquelle s'érige une tour axiale à treize degrés symbolisant les treize paradis, ou états de conscience, à dépasser pour atteindre l'illumination finale. Remarquer les yeux peints sur chaque face de la tour.

Lieu de pèlerinage particulièrement fréquenté par les Tibétains, le monument est orné de nombreux drapeaux de prières. Le tout constitue sans doute l'une des structures les plus saisissantes engendrées par les symboliques de l'Altitude.

20 LA TOUR DE BABEL vue par Brueghel *(musée de Vienne)*

C'est un thème d'essence dramatique. Mais ici la bonhomie et l'humour du grand Flamand ont tout emporté. Sa Tour, dont les superstructures atteignent déjà le monde des nuées et des rêves, s'enfonce dans le ciel comme une énorme vrille, et elle se trouve si fermement assise sur ses bases (car on aime « le solide » au pays de Till Uylenspiegel...) que l'on se demande comment elle pourra bien s'effondrer ! L'œil amusé s'y promène parmi d'innombrables détails animés par un grouillement de fourmilière, et la seule critique sous-jacente, c'est justement cette « gullivérisation » générale du décor qui souligne l'énormité des contrastes et le caractère illusoire de l'entreprise.

INDEX DES PRINCIPAUX SUJETS

Les chiffres précédés d'un N. renvoient aux notes

TABLE

DU MÊME AUTEUR
chez le même éditeur

CONTES DES BRILLANTES MONTAGNES AVANT LA NUIT
Nouvelles

LE GRAND OISANS SAUVAGE
Ouvrage couronné par l'Académie Française

SOLEILS EN PROVENCE

CIMES ET MERVEILLES

L'OR DE L'ISLANDE

LE SOLEIL SE LÈVE EN GRÈCE

TRÉSOR DE L'ÉGYPTE

CONTES À PIC

chez d'autres éditeurs

IL Y AURA DE L'EAU POUR LES CYGNES
Nouvelles, Albin Michel

L'ŒIL ÉMERVEILLÉ, OU LA NATURE COMME SPECTACLE
Essai, Albin Michel

LE FOU D'EDENBERG
Roman, Albin Michel

L'AMATEUR D'ABÎMES
Récit, Stock et le Livre de Poche

Achevé d'imprimer le 26 mars 1984
sur les presses de l'Imprimerie Aubin à Ligugé
Hors-texte par l'Imprimerie Auclair à Bagneux
Brochage par la S.P.B.R. à Chevilly-Larue
N° d'édition : 1680 — N° d'impression : L 16511
Dépôt légal : avril 1984

Imprimé en France

